魏晋南朝东海王氏研究

WEIJINNANCHAO DONGHAI WANGSHI YANJIU

马金亮 著

人民出版社

目　录

上　编　综合研究

下　编　个案研究

序

  马金亮博士的这部学术专著是在其博士学位论文《魏晋南朝东海王氏家族文化研究》的基础上修改润色而成的。2015 年博士毕业后，他又继续对这一课题进行探索和研究，对书稿相关内容进行了增补和完善。这部著作可以说是他关于东海王氏研究的一个阶段性总结。

  魏晋南北朝时期，琅邪王氏、太原王氏与东海王氏是三个著名的簪缨世家。这三大王氏家族鼎足而立，各有千秋，对当时政治、文化产生了重大影响。可是现代学术界偏重于对琅邪王氏和太原王氏的研究，相关研究著述可谓"连篇累牍"、不胜枚举，而对于东海王氏的研究却较为薄弱。这与东海王氏在历史上的地位和影响力是很不相称的。有鉴于此，金亮博士以《魏晋南朝东海王氏研究》为题，对东海王氏在魏晋南朝时期的发展演变进行了全面、系统的考察和研究。该选题对于魏晋南朝政治史和学术史研究都有着很重要的学术意义。

  东海王氏仕宦显达，人才辈出。有位居三公者，有贵为皇后者，有经学大家，亦有文学大家。王朗、王肃、王元姬、王僧孺等人为东海王氏最有代表性的人物。王朗以通经入仕，为汉魏时期著名经学家、文学家，官至曹魏司空、司徒，为东海王氏兴旺发达的奠基人。王肃幼承家学、转益多师、遍注群经，为三国时期著名的经学大家。王肃经学摒弃谶纬、引申义理，在魏晋乃至整个中国经学史上占有重要地位。王元姬知书达礼、恪守门风，虽贵为皇后，但勤俭节约、敦睦九族，可谓母仪天下。王僧孺，佣书成学，能诗善文，交游广泛，官至尚书左丞，藏书万余卷，为齐梁时期著名文学家、藏书家、谱学家。此外，东海王氏还有一个"青史留名"的人物，即曾与石崇斗富的王恺。王恺是王肃第四子，晋文明皇后王元姬的弟弟，晋武帝司马炎的舅舅。他依仗外戚国舅的地位，争豪斗富，名噪天下。这虽然是历史上一个"著名"的反面人物，但由此亦可见东海王氏在当时的显赫地位。

本书对东海王氏的源流盛衰、姻娅交游、家学门风等进行了全面系统的考察，对王朗、王肃、王元姬、王僧孺等代表人物进行了深入细致的研究，探讨了东海王氏的演进轨迹和文化面貌，揭示其对政治变迁和学术发展的重要影响。

本书持论平允，逻辑清晰，结构合理，内容丰富，学风严谨，文笔流畅。约略而言，本书在如下几方面值得称道：

首先，本书是目前学术界第一部关于东海王氏的研究专著，具有拓荒意义。虽然学界已有不少有关王朗、王肃、王僧孺的研究论著，但对东海王氏尚缺乏全面、系统的研究。本书的问世，将填补这一学术空白，并促进学术界对于东海王氏及其代表人物的深入研究。

其次，本书注重通过经学、文学成就来展示东海王氏的面貌与底蕴。世家大族往往在某一方面有其突出成就，如经学世家、文学世家、书法世家、官宦世家等。东海王氏既有著名的经学家，又有著名的文学家。本书通过对王朗、王肃经学以及对王朗、王僧孺文学的研究，生动描绘出东海王氏的文化特点与文化底蕴。

再次，本书揭示了魏晋南朝时期政治与学术的互动关系，探讨了家风家学的重要意义。魏晋南北朝时期重视门第出身，盛行政治联姻，属于典型的门阀士族社会。东海王氏与高门大族的政治联姻，极大提升了其政治地位与学术影响。王朗、王肃经学得以立于学官，反过来亦影响了魏晋政治特别是魏晋礼制的实践。家学门风与家族兴衰密切相关，本书重点论述了王元姬敦睦九族与其弟王恺奢侈斗富对家风之影响，相关分析可为当下社会治理、家庭教育提供重要借鉴。

复次，本书对历来聚讼纷纭的"郑王之争"公案和王肃"伪书"公案进行了较为深入的探讨。通过比较郑玄、王肃二人经注，本书认为郑、王之说并非水火不容、势不两立，而是互有异同、各有千秋。王肃注经并非单纯标新立异，而是追求义理所安。王注引申义理、摒弃谶纬，匡正郑注者良多；王肃亦多取郑玄之说，并非一味"驳郑"。本书也对王肃"伪书"公案进行了系统的学术史梳理。清代学者大多"宗尚汉学""尊郑黜王"，王肃"伪作"《古文尚书》《孔子家语》《孔丛子》等书的说法，蔚为学界主流观点。通过考察分析，作者认为王肃"伪作"诸书之说难以成立，"证伪者"根本无法提供王肃"伪作"诸书的实质性"证据"，而只是想当然地进行"有罪推定"。可谓持之有据，言之成理。

最后，本书综合运用历史学、文献学、文学等多学科相结合的研究方法，既注重从整体上对东海王氏的世系源流、家学门风、婚姻交游、仕宦变迁等进行全面系统的综合考察，又注重对家族代表人物的经学、文学、谱学等进行细致的个案研究，从而对东海王氏形成全景式、深层次的清晰认识。

当然本书并非尽善尽美之作，还存在一些不足和需要完善之处。如王肃经学研究方面，本书侧重探讨经学渊源、经学特点及贡献、与汉魏学术之关系等，而对王肃诸经解的具体研究尚不够深入。再如王僧孺文学研究方面，由于作者非文学专业科班出身，因而对王僧孺诗歌、散文的文学性与艺术性评析还不够精到。凡此种种都有待于进一步加强和完善。

欣闻本书稿即将由人民出版社出版，很为金亮博士感到高兴和自豪！付梓之前，金亮博士索序于我，我作为他当年在山东师范大学攻读博士学位时的导师，自然义不容辞，于是便根据自己的观感所及，写出以上文字，权充本书弁言。

学问之路，道阻且长。期望金亮博士持之以恒，潜心向学，再接再厉，不断开拓，在学术研究领域作出更大的贡献。

丁鼎

2021 年 11 月 20 日于历下枕胲斋

绪　论

第一节　研究意义

中国的家族传统可以追溯到先秦时期所盛行的宗法制度。汉代以后，家族与家族所出之地域的关系日趋紧密，地望与姓氏连称即为其证。家族、地域是关乎社会政治、思想文化的重要因素，陈寅恪先生曾指出："盖自汉代学校制度废弛，博士传授之风气止息以后，学术中心移于家族，而家族复限于地域，故魏晋南北朝之学术、宗教与家族、地域两点不可分离。"[①]由此可知，地域与家族是研究魏晋南北朝历史文化的重要视角和途径。虽然家族"限于地域"，但地域亦需通过家族来扩大影响，成为地望，二者可谓相辅相成、相得益彰。正是由于地域与家族密不可分的关系，家族研究成为区域文化研究的重要内容。从某种意义上说，家族文化即代表该家族所在地域之文化。因此，家族研究成为近几十年来地域文化研究的热点。

汉武帝罢黜百家、独尊儒术，设立五经博士，儒学从此跃升为官学。博士弟子一般可以通经入仕，从而造就了许多经学世家，如济南伏氏、曲阜孔氏、汝南袁氏、弘农杨氏等。这些经学世家为了获得和巩固政治地位，往往以私学的形式扩大其累世经学的影响力，从而实现累世公卿的政

---

① 陈寅恪：《隋唐制度渊源略论稿·唐代政治史述论稿》，生活·读书·新知三联书店2001年版，第20页。

治目的。魏晋时期，门阀士族制度逐渐形成，九品中正制保证了士族在政治上的世袭特权，从而保证了当朝显贵的世袭特权。[①] 本书所论东海王氏家族正是一个以经学起家并显盛于魏晋时期的世家大族。

东海王氏的代表人物有位列三公者王朗、有经学大家王肃、有贵为皇后者王元姬、有文学家王僧孺，他们在政治、经学、文学等领域作出了重要贡献。对东海王氏进行全面、系统的研究，具有重要的学术意义和现实意义。首先，有助于深化理解汉末至南朝这一时段的政治史，特别是魏晋政治嬗变史。东海王氏与司马氏等诸多高门大族联姻，在魏晋政治舞台上扮演重要角色。其次，有助于推进王肃经学、魏晋经学的相关研究。王肃是魏晋经学的代表人物，从家族文化的视角来审视王肃及其学术，可能对王肃经学之核心、"郑王之争"、礼学与礼制关系等问题有更为准确的把握和理解。再次，有助于加深对王僧孺谱学文学和南朝文学的认识。王僧孺是南朝齐梁时期著名的文学家、藏书家、谱学家，值得进一步研究。最后，探讨东海王氏家族的家学传承与门风演变，对当代社会的家庭教育、家风培育有积极的借鉴意义。

第二节　学术史回顾

总体来说，目前学术界对东海王氏尚缺乏全面、系统的研究。究其原因，一是资料相对匮乏，做全面研究存在一定难度；二是东海王氏以经学起家，仅显赫魏晋一时，后逐渐衰落，因此不及琅邪王氏这种文化绵延长久且文学、艺术成就突出的家族更受重视。虽然学界有关东海王氏的整体性研究很少，但在个案研究方面取得了不少成果，尤以王肃及其经学研究最多。为便于论述，以下主要从家族研究、王朗研究、王肃研究、王僧孺研究等四个方面进行简要的梳理。

---

① 唐长孺：《魏晋南北朝史论拾遗》，中华书局 1983 年版，第 54 页。

一、魏晋南北朝家族研究

关于家族研究，古已有之。[①] 在现代学术框架下较早进行家族研究的学者，以吕思勉、陶希圣、高达观、瞿同祖、杨筠如、陈啸江、杨联陞、王伊同、谷霁光、陈寅恪等为代表。[②] 其中，陈寅恪先生论述魏晋南北朝世家大族与政治、学术文化之关系，可谓高见卓识，其云："魏为东汉内廷阉宦阶级之代表，晋则外廷士大夫阶级之代表。故魏、晋之兴亡递嬗乃东汉晚年两统治阶级之竞争胜败问题。"[③] 陈氏从阶级属性来分析魏晋嬗代问题，对之后的魏晋史研究影响深远。20 世纪 50 年代末至 70 年代末，受政治环境的影响，关于魏晋南北朝家族研究的成果较少。这一时期主要以唐长孺先生的相关研究为代表。[④]

20 世纪 80 年代以后，包括魏晋南北朝在内的家族研究逐渐活跃起

---

① 如《通典》《元和姓纂》《通志》《氏族谱》《资治通鉴》《十七史商榷》《廿二史札记》《日知录》等，均对家族问题有所探讨和分析。

② 相关著述有：吕思勉《中国宗族制度小史》（商务印书馆 1931 年版），陶希圣《婚姻与家族》（商务印书馆 1931 年版），高达观《中国家族社会之演变》（正中书局 1946 年版），瞿同祖《中国法律与中国社会》（中华书局 2003 年版），杨筠如《九品中正与六朝门阀》（商务印书馆 1930 年版），陈啸江《魏晋时代之"族"》（中山大学《史学专刊》第 1 卷第 1 期,1935 年），杨联陞《东汉的豪族》（《清华大学学报》1936 年第 4 期），谷霁光《六朝门阀》（《武大文哲季刊》1936 年第 6 期），王伊同《五朝门第》（金陵大学中国文化研究所 1943 年），陈寅恪《隋唐制度渊源略论稿·唐代政治史述论稿》（生活·读书·新知三联书店 2001 年版）和论文《陶渊明之思想与魏晋清谈之关系》（《图书季刊》1945年第 3—4 期）、《书世说新语文学类钟会撰四本论始毕条后》（《中山大学学报》1956 年第 3 期）等。

③ 陈寅恪：《书世说新语文学类钟会撰四本论始毕条后》，《中山大学学报》1956 年第 3 期。后收入《金明馆丛稿初编》，生活·读书·新知三联书店 2001 年版，第 48 页。

④ 20 世纪 50 年代，唐长孺在《魏晋南北朝史论丛》和《魏晋南北朝史论丛续编》中，对门阀宗族的有关问题作了深入研究，颇有创见。其《九品中正制度试释》一文认为政府推行有利于世家大族操纵官制的九品中正制，是因为现实的政权建立在世家大族所支配的经济基础上，因此所有的政治制度为其服务。唐长孺《魏晋南北朝史论拾遗》中有几篇文章也专门论及家族问题，如《东汉末期的大姓名士》《士族的形成和升降》《士人荫族特权和士族队伍的扩大》等。

来。① 其中，仇鹿鸣《魏晋之际的政治权力与家族网络》② 一书，从政治权力和家族网络的关系来分析魏晋政治的演变过程，对魏晋嬗代过程和错综复杂的人事关系有细腻而深入的分析，书中不少观点尤其是关于司马氏家族的性质及高门大族间的政治联姻的论述，颇有创见和启发意义。家族个案研究，是魏晋南北朝家族研究的重要方向。20 世纪 80 年代初，美国学者伊沛霞《早期中华帝国的贵族家庭：博陵崔氏个案研究》③ 被介绍到大陆，在我国史学界引起强烈反响。随后，家族个案研究一度成为文史研究之"显学"。④ 港台方面，钱穆《略论魏晋南北朝学术文化与当时门第之关系》⑤，阐述了门第对中古学术的培育和发展，充分肯定了士族群体的文化传承功能，是魏晋南北朝时期家族门第与学术文化关系的名作。毛汉光

---

① 通论性的研究主要有徐扬杰《中国家族制度史》，冯尔康等《中国宗族社会》等。钱杭《中国宗族制度新探》运用人类学研究方法，指出历史感、归属感、道德感、责任感是汉族宗族存在的根本原因。对于世家大族的专门研究，主要有田余庆《东晋门阀政治》、方北辰《魏晋南朝江东大族述论》、陈爽《世家大族与北朝政治》、王永平《六朝江东世族之家风家学研究》等。上述研究对理解家族制度颇有帮助。

② 仇鹿鸣：《魏晋之际的政治权力与家族网络》，上海古籍出版社 2012 年初版，2020 年再版（修订本）。

③ 该书是美国学者伊沛霞在其博士论文（哥伦比亚大学东亚语言文化专业，1975 年）基础上修订而成的，并于 1978 年由英国剑桥大学出版社出版。1982 年，周一良先生发表《〈博陵崔氏个案研究〉评介》（《中国史研究》1982 年第 1 期），引起了学界的广泛关注。直到 2011 年该书才被翻译为中文出版，参见 [美] 伊沛霞：《早期中华帝国的贵族家庭：博陵崔氏个案研究》，范兆飞译，上海古籍出版社 2011 年版。

④ 代表性的论著有：叶妙娜《东晋南朝侨姓世族之婚媾——陈郡谢氏个案研究》（《历史研究》1986 年第 3 期），萧华荣《华丽家族：两晋南朝陈郡谢氏传奇》（生活·读书·新知三联书店 1994 年版）、《簪缨世家：六朝琅邪王氏家传》（生活·读书·新知三联书店 2008 年版），王大良《中国古代家族与国家形态——以汉唐时期琅邪王氏为主的研究》（甘肃人民出版社 1999 年版），等等。此外，还有一些相关丛书，如"江南文化世家研究丛书"已于 2010 年陆续出版，计划出书 50 种；"山东文化世家书系"（中华书局 2014 年版）包括 28 个文化世家；"中华世家文化丛书"第一辑（团结出版社 2021 年版）包括 4 个文化世家。

⑤ 钱穆：《略论魏晋南北朝学术文化与当时门第之关系》，《新亚学报》第 5 卷第 2 期，1963 年。该文收入《中国学术思想史论丛》（卷三），安徽教育出版社 2004 年版。

《中国中古社会史论》，关于中国中古统治阶层社会基础、社会成分及三
国政权社会基础等问题的分析，对理解魏晋社会结构颇有助益。日本学界
很早就开始关注中古家族研究，如矢野主税《门阀社会成立史》、守屋美
都雄《中国古代的家族与国家》、川胜义雄《六朝贵族制社会研究》、谷川
道雄《中国中世社会与共同体》等。上述日本学者在制度、理论层面的研
究成果，对中古家族研究颇有启示意义。

二、王朗研究

目前，关于王朗的研究仅有数篇期刊论文。[①] 其中，以范家伟《复肉
刑议与汉魏思想之转变》和郝虹《王朗与建安儒士》为代表。范文讨论复
肉刑与汉魏思想演变之关系，认为复肉刑之议与汉末法家思想抬头有密切
关系，文中也特别论及了王朗反对恢复肉刑的问题；郝文论述了以王朗为
代表的建安儒士，在汉末天下大乱、难有安全保障的生存压力及曹魏严酷
的名法之治下，人生价值观发生了重大转变，即由儒家注重社会责任感的
人生价值观转变为明哲保身的人生价值取向；但在思想上又以坚持儒家名
教之治的保守者的面目，与建安名士中的名法派呈对立之势。总而言之，
因资料所限，关于王朗的研究尚显不足。

三、王肃研究

王肃遍注群经，摒弃谶纬，引申义理，为三国时期经学大家，在中

---

① 杨玉金《儒雅多才的魏国司徒王朗》（《临沂师专学报》1995 年第 1 期），范家伟《复肉
刑议与汉魏思想之转变》（《中国史研究》1996 年第 1 期），郝虹《王朗与建安儒士》（《史
学月刊》2002 年第 6 期），石冬梅《王朗思想略论》（《许昌学院学报》2009 年第 3 期），
梁满仓《王朗王肃的儒家思想》（《湖北文理学院学报》2015 年第 7 期），刘天宝《刘繇
王朗"今岁不战，明年不征"考——兼论献帝朝廷的和解军阀政策》（《湖北文理学院学
报》2021 年第 7 期）。

国经学史上占有重要地位。王肃志气高、个性强，其注经不拘一法，常异于郑注，甚至撰《圣证论》以论郑非，由此引发学术史上著名的"郑王之争"公案。王肃曾为《孔子家语》作注，该注本虽流传至今，但宋代时有学者怀疑其或为"伪撰"。至清代伴随《古文尚书》"伪书"公案之"定谳"，许多学者怀疑王肃"伪撰"《古文尚书》《孔子家语》《孔丛子》等书，遂使王肃"卷入"上述"伪书"公案之中。学界关于王肃的研究，主要集中在王肃经学、"郑王之争"、王肃与"伪书"公案关系等几个方面。

（一）王肃经学

王肃是曹魏时期的儒学大师，魏晋之际王肃所注诸经皆立于学官，东晋建祚江东，"王学"在南方传播开来，一直到唐代孔颖达编撰《五经正义》，"王学"才在"郑王之争"中彻底败下阵来。但不可否认，"王学"亦不乏真知灼见，故《五经正义》《周易集解》等著作对王注多有引用，历代肯定王学者亦不乏其人。① 清人关于王肃经学的研究主要表现在两方面：一是对王肃经学著述的辑佚②；二是关于王肃"伪撰"诸书问题的讨论。当代关于王肃经学的研究，则表现在探讨王肃经注、经学思想、经学贡献、治经方法、学术影响等诸多方面。

关于王肃经学的专门研究，当首推李振兴的《王肃之经学》一书③，全书除绪论、结论外，共有七章④，作者于每一章中又分经注探源、佚文

---

① 如北宋欧阳修，南宋朱熹，清代章学诚、王夫之、马国翰等人都对"王学"有肯定的评价。

② 辑佚者主要有马国翰、孙堂、黄奭、王仁俊等人，参见本书附录六《郑玄与王肃经学佚著辑本对照表》。

③ 李振兴：《王肃之经学》，华东师范大学出版社 2012 年版。

④ 第一章王肃之《周易》学，第二章王肃之《尚书》学，第三章王肃之《诗经》学，第四章王肃之"三礼"学，第五章王肃之《春秋左传》学，第六章王肃之《孝经》学，第七章王肃之《论语》学。

考释、诸家经注比较等内容①。该书是第一部系统研究王肃经学的著作，开山之功甚巨②，嘉惠后学实大。李中华从王肃生平及其学术与政治、王肃的经学著述及其学术渊源、王肃经学的主要内容及其思想倾向、王肃经学评价及其意义等四个方面，对王肃及其经学思想进行了较为深入的探讨③，特别是对"王学"学术渊源、特点意义的分析，见解独到，颇有价值。郝虹对王肃经学亦有较为深入的研究，她多年来发表了数篇与王肃经学有关的论文④，其代表作《魏晋儒学新论——以王肃和"王学"为讨论的中心》一书⑤，对汉魏思想转变、王肃反郑、王肃经学与王弼玄学之关系等问题都作了较为详细的论析，可以说是作者多年来有关王肃与魏晋儒学研究的成果汇总。丁鼎先生主编的《三礼学通史》是学界第一部关于三礼学的通史性著作，该书第二章"三国两晋时期的三礼学"中对王肃的《周礼》学、

①　其中，《周易》《尚书》《论语》为马、郑、王三家经注之比较；《诗经》《仪礼丧服经传》《礼记》《孝经》为郑、王二家经注之比较；《春秋左氏传》为贾、服、王、杜四家经注之比较。

②　因属开山之作，书中也不免存在一些文字、句读、引用等方面的微瑕。如该书第38页"需九三"条下，李氏云"案虞氏易，寇作戎"，而笔者考之黄奭辑《虞翻易注》，实际作"寇"，不作"戎"。见《续修四库全书》第1206册，上海古籍出版社2002年版，第467页。又如该页"既济六四"条下，李氏引《释文》云："郑康成曰'繻，音须'，王肃同。"而考之《经典释文》，当作"郑、王肃云音须"。见（唐）陆德明撰，黄焯汇校：《经典释文汇校》，中华书局2006年版，第58页上栏。又该书第277—282页，栏头之"尧典"当作"舜典"。又该书第560页，"殷武"条下，李氏引王肃注文"是汤为人之子孙之业，大武丁之伐与汤同"，此引文既有衍字又有句读错误，当为"是汤为人子孙之业大，武丁之伐与汤同"。

③　李中华：《王肃经学思想辨诂》，载《儒家典籍与思想研究》第二辑，北京大学出版社2010年版，第458—489页。

④　如《王肃与魏晋礼法之治》（《东岳论丛》2001年第1期），《王肃经学的历史命运》［载葛志毅主编：《中国古代社会与思想文化研究论集》（第四辑），黑龙江人民出版社2010年版］，《魏晋儒学盛衰之辨——以王肃之学为讨论的中心》（《中国史研究》2011年第3期）等。

⑤　郝虹：《魏晋儒学新论——以王肃和"王学"为讨论的中心》，中国社会科学出版社2011年版。该书是作者2005年以"王肃与魏晋儒学"为题所申报的国家社科基金青年项目之结项成果。郝氏对王肃经学有多年研究，其论文《王肃经学研究》（山东大学博士学位论文，2001年），是其研究王肃经学的较早成果。

《仪礼》学与《礼记》学进行了专门论析，考辨精当，颇有启示意义。①

　　还有不少学者对王肃经学进行了专门探讨，如郝桂敏《中古〈诗经〉文献研究》对王肃及其《诗》学有较为深入的探讨②。乐胜奎对王肃易学和礼学进行了初步探讨，他认为王肃易学是郑玄易学和王弼易学的中间环节，对于义理经学具有较大的影响；王肃礼学思想主要由天道观、礼论和政治观组成，是在与郑玄辩难的过程中形成的。③此外，还有一些有关王肃经注、经学思想及其意义的研究。④学者刘柏宏主要对王肃礼学义理体系的义理内涵与特质，以及王肃礼学在中古的实际传播历程进行了研究。作者通过历史性的追溯，重新梳理王肃形象的建构历程。应该说，从学术史的角度来分析王肃形象的建构过程，对于认清真实的王肃，是一个非常必要的研究途径。

　　(二) 郑王之争

　　关于郑王之争或郑王经注异同之比较，既有总体性的研究，也有从《诗经》、《尚书》、礼学、礼制等某一经或某一视角进行的论析。

---

① 丁鼎主编：《三礼学通史》，人民出版社 2020 年版。

② 该书专设"魏国王肃解《诗》特点研究""王肃反对郑玄《诗》学的表现及其成因"两节，又附有《王肃行年考》《王肃对后世的影响》两文。参见郝桂敏：《中古〈诗经〉文献研究》，中国社会科学出版社 2012 年版。

③ 乐胜奎：《王肃易学刍议》，《周易研究》2002 年第 4 期；乐胜奎：《王肃礼学初探》，《孔子研究》2004 年第 1 期。乐氏将《孔子家语》视为王肃之作，这一说法是值得商榷的。

④ 如任怀国《试论王肃的经学贡献》(《管子学刊》2005 年第 1 期)，南金花《王肃〈周易注〉及其易学思想》(中国人民大学硕士学位论文，2005 年)，刘敏《王肃易学研究》(福建师范大学硕士学位论文，2008 年)，王政之《王肃〈孔子家语注〉研究》(曲阜师范大学硕士学位论文，2006 年)，贾素华《〈孔子家语〉王肃注研究》(浙江大学硕士学位论文，2009 年)，郝桂敏《王肃〈诗经〉文献失传时间及原因考述》(《社会科学辑刊》2010 年第 6 期)，巴文泽《关于王肃经学思想的两点新解》(《中国哲学史》2014 年第 4 期)，陈居渊《王肃易学渊源新考》(《周易研究》2019 年第 5 期)。巴文泽对王肃经学的两点新解，一为郑学为王学来源之一，一为王肃反郑有促进学术发展之目的。其中第一点新解，李中华先生已撰文指出，参见李中华：《王肃经学思想辨诂》，载《儒家典籍与思想研究》，北京大学出版社 2010 年版，第 465 页。

1.总体性研究

关于"郑王之争"的总体性研究，前述李振兴《王肃之经学》对郑、王经注考辨较为精审。史应勇《郑玄通学及郑王之争研究》[①]一书中的"郑王之争"部分是作者在研究郑玄通学基础上的进一步研究，主要从两个方面来讨论：一是郑、王经注对比分析，二是从郑、王对名物制度的解释分歧入手来分析"郑王之争"。郝虹认为，东汉末年经今、古文的融合是经学自身发展不可逆转的趋势，"郑学"和"王学"都是这一趋势发展的结果。郑玄在融合今、古文时存在引用谶纬、注经繁琐两个主要问题，因此王肃驳郑有利于今、古文更好地融合。[②]郝氏之论，颇有见地。郝氏也从学术史、思想史、知识史三个角度对王肃反郑进行了分析，颇有价值。[③]此外，李传军讨论了"郑王之争"与政治的关系。[④]王继训通过分析认为，郑玄、王肃为了振兴经学而从不同道路对经学选择了尽力挽救。[⑤]龚杰认为王学和郑学各有优点也各有局限，但都反映了当时学术要求发展，社会要求安定的趋势。[⑥]

2.以《诗经》为视角的研究

戴维《诗经研究史》一书第四章"魏晋南北朝《诗经》研究"专门论述了王肃"申毛驳郑"的倾向，同时也以《毛诗》为例分析了郑、王后学之间的攻驳。[⑦]学者杨晋龙和邹纯敏二人均以《诗经》为例，讨论王肃"驳郑"是以人文思想取代郑玄的神权思想。史应勇主要以《诗经》为例对"郑王之争"作了诠释学的探讨。[⑧]郝桂敏对王肃注《诗》反驳郑玄之说的原因、

---

① 史应勇：《郑玄通学及郑王之争研究》，巴蜀书社 2007 年版。

② 郝虹：《王肃反郑是经今古文融合的继续》，《孔子研究》2003 年第 3 期。

③ 郝虹：《三重视角下的王肃反郑：学术史、思想史和知识史》，《史学月刊》2012 年第 4 期。

④ 李传军：《魏晋禅代与"郑王之争"——政权更迭与儒学因应关系的一个历史考察》，《孔子研究》2005 年第 2 期。

⑤ 王继训：《论汉末经学的反复：以郑玄、王肃为例》，《管子学刊》2007 年第 1 期。

⑥ 龚杰：《简论郑学与王学的异同》，《孔子研究》1990 年第 2 期。

⑦ 戴维：《诗经研究史》，湖南教育出版社 2001 年版，第 180—201 页。

⑧ 史应勇：《〈诗经〉的诠释学思考——以"郑王之争"为主要关注点》，《河南师范大学学报》2014 年第 1 期。

意义进行了论述。① 李冬梅从混合家法、兼通古今，申毛驳郑、得失互见，信从《诗序》、兴义殊郑等方面论述了王肃"申毛驳郑"的诗学观。②

3. 以《尚书》为视角的研究

史应勇《〈尚书〉郑王比义发微》对郑、王《尚书》注进行了详细比勘，作者先列李振兴《王肃之经学》的比勘按语，再将自己的按语附于后，或申李氏之言，或补李氏所未备，或驳李氏之论，可谓在李氏基础上的进一步研究，颇有益于学界。③ 程兴丽《郑玄、王肃〈书〉学之争考辨》认为王肃多站在古文家立场反郑，尤其反驳郑玄注经引用谶纬，进而得出王肃与郑玄注经的不同，主要是基于学术立场的不同，而非有意标新。④

4. 以礼学、礼制为视角的研究

礼学、礼制问题是"郑王之争"的重点。学者简博贤《王肃礼记学及其难郑大义》一文，旨在申释王说，通过比较郑玄、王肃礼说之大义，认为王肃经注不仅不劣于郑注，且优于郑注者良多。日本学者古桥纪宏《魏晋時代における礼学の研究》是作者所撰关于魏晋礼制研究的博士学位论文，后经乔秀岩删取其要，而成《魏晋礼制与经学》一文，从此删本中可知原文作者古桥氏认为，郑玄礼学立足经书，为纯粹抽象之理论研究，王肃善于结合经典和现实世界，在深入分析文本之同时，亦能构造符合实际之解释体系。王肃欲使经说合于礼俗，乃肆力纠郑，遂开魏晋议礼之端绪。⑤ 古桥氏所云"王肃善于结合经典和现实世界"，也即王肃礼学的"实践性"，颇有见地。乔秀岩后撰《论郑、王礼说异同》一文，

---

① 郝桂敏：《王肃对郑玄〈诗〉学的反动、原因及学术史意义》，《社会科学辑刊》2008 年第 1 期。
② 李冬梅：《论王肃申毛驳郑的〈诗〉学观》，《江汉论坛》2007 年第 4 期。
③ 史应勇：《〈尚书〉郑王比义发微》，华东师范大学出版社 2011 年版。
④ 程兴丽：《郑玄、王肃〈书〉学之争考辨》，《古籍整理研究学刊》2014 年第 1 期。
⑤ ［日］古桥纪宏：《魏晋時代における礼学の研究》，日本东京大学博士学位论文，2006 年。此处引文据［日］乔秀岩删要《魏晋礼制与经学》，载《儒家典籍与思想研究》，北京大学出版社 2010 年版，第 254—295 页。

分析了郑、王礼说中最重要的几个问题，认为郑、王之间，解经的目的、性质完全不同，指出郑玄对经纬文献记载互相矛盾之处，往往解释为不同情况，以便避开矛盾，因而形成庞大复杂、脱离现实的观念理论体系；王肃关注礼说的实践性，对经书进行合情合理的解释，为此目的敢于忽视各种文献中本来存在的各种差异及矛盾。① 乔秀岩所述王肃礼说重"实践性"的观点，本自古桥纪宏之说。香港学者郑丽娟《卢辩〈大戴礼记注〉与"郑、王"论说异同考》一文，通过比对卢辩《大戴礼记注》对郑、王经说的取舍，认为："卢辩注解《大戴》，于郑、王立说殊异者，或从郑说，或右王说。其进者，或补郑、王之未备，或舍郑、王之说而自为新解，并无定例。"

　　杨华《论〈开元礼〉对郑玄和王肃礼学的择从》分析了《开元礼》对郑玄、王肃礼说分别的择从情况。② 冯茜《〈开元礼〉与"郑王之争"在礼制层面的消亡——以郊祀为中心的讨论》，认为《开元礼》从学理内涵与外在形式上都彻底消解了郑王郊祀礼说之间的对立，从一个侧面反映了"郑王之争"在礼制层面的消亡。③ 张焕君《从郑玄、王肃的丧期之争看经典与社会的互动》，认为两晋以后郑学丧期之说流行，成为朝廷、民间普遍遵守的制度，但遵守的同时又意味着对郑玄当初用意的背离，人们看重的只是丧期的延长更能表达丧礼中的哀戚之心。这一过程，体现了经典与社会的互动与相互联系。④ 刘丰《王肃的三〈礼〉学与"郑王之争"》，在学界已有成果的基础上，从礼学是王肃经学的核心、郑玄与王肃礼学的争论、郑王礼学争论的性质、王肃礼学的义理化倾向等四个方面对王肃三

---

① ［日］乔秀岩：《论郑、王礼说异同》，载北京大学历史学系编：《北大史学》（13），北京大学出版社 2008 年版，第 1—11 页。

② 杨华：《论〈开元礼〉对郑玄和王肃礼学的择从》，《中国史研究》2003 年第 1 期。

③ 冯茜：《〈开元礼〉与"郑王之争"在礼制层面的消亡——以郊祀为中心的讨论》，《中国典籍与文化》2014 年第 4 期。

④ 张焕君：《从郑玄、王肃的丧期之争看经典与社会的互动》，《清华大学学报》2006 年第 6 期。

礼学和郑王之争问题进行了系统、深入的分析。① 宁镇疆《郑玄、王肃郊祀立说再审视》从郊、丘关系，周、鲁郊祀异同，郊祀与禘祀，以及由王肃证据反思《孔子家语》辨伪学相关问题等四个方面，对郑王郊祀之争进行了系统、深入的分析，考证与理论相结合，颇见学术功力。② 以上二文多有创见，对笔者启示颇多。李敦庆《郑玄、王肃学说影响下的魏晋郊祀礼制》认为郑玄与王肃的郊祀礼说对魏晋南北朝郊祀礼制的建立有重要影响，魏晋的统治者们正是在这种权衡中从有利于自己统治的方面对这两种礼说进行取舍。③

（三）王肃与"伪书"公案关系

宋代疑古之风兴起，吴棫、朱熹等学者开始怀疑《孔子家语》《古文尚书》等书，由于后世学者对"郑王之争"的看法多"是郑"而"非王"，加之疑古辨伪思潮的影响，清儒大多认为王肃伪造了《古文尚书》《孔子家语》《孔丛子》等书。特别是丁晏专门撰写《尚书余论》以"论证"王肃"伪撰"诸书后，"王肃伪撰诸书"之说遂被众多学者所接受，并长期成为学界的主流看法。王肃曾为《孔子家语》作注，并撰有《序》，同时王肃"驳郑"亦引《家语》为证，故王肃"伪撰《孔子家语》"说亦被学界所广泛认同，几成定谳。随着简帛竹书的问世以及学术研究的深入，《古文尚书》《孔子家语》等书的真伪问题再度成为学界研究的热点，迄今聚讼不已。

1. 王肃与《古文尚书》"公案"关系

清代惠栋、戴震、王鸣盛、钱大昕、孙星衍、李惇、刘端临、江声、连鹤寿、丁晏、皮锡瑞、王先谦、郑泽等人认为王肃"伪撰"《古文尚书》，其中尤以丁晏《尚书余论》影响最大。反对王肃"伪作"说的学者亦不乏

---

① 刘丰：《王肃的三〈礼〉学与"郑王之争"》，《中国哲学史》2014 年第 4 期。

② 宁镇疆：《郑玄、王肃郊祀立说再审视》，《历史研究》2014 年第 5 期。

③ 李敦庆：《郑玄、王肃学说影响下的魏晋郊祀礼制》，《湖南人文科技学院学报》2013 年第 1 期。

其人，主要有陈澧、刘师培、吴承仕、黄侃、吕思勉、刘咸炘、江瀚、张荫麟、陈梦家、李振兴、罗锦堂、蒋善国、刘起釪、虞万里、刘巍等人。

吴承仕著《〈尚书〉传王、孔异同考》将王肃《尚书注》与《孔传》一一对照比勘，"大凡王、孔异者一百二十五事，同者一百八事，孔无明文者二十三事，王说不可审知者十八事"①。从而疏证《古文尚书》非王肃伪作，遂使丁晏之说站不住脚。张荫麟《伪〈古文尚书〉案之反控与再鞫》云："肃诚伪造或传授其书，正可举为利器，何为反秘匿之，而无一言及之乎？"张氏此说颇有道理。陈梦家《尚书通论》经过一番论证，亦云："王肃伪造孔传《尚书》，是一定不能成立的。"李振兴《王肃之经学》亦列举王肃《尚书注》与《孔传》之异同，得出《孔传》非王肃所伪撰的结论。刘起釪《尚书学史》综合前说后说："所有以上这许多资料，都足证王肃没有撰伪《孔传》。"② 虞万里《以丁晏〈尚书余论〉为中心看王肃伪造〈古文尚书传〉说——从肯定到否定后之思考》一文则从学术史的角度梳理了王肃"伪造"说的前后过程，最后归纳了八条颇有价值的意见。刘巍《积疑成伪：〈孔子家语〉伪书之定谳与伪〈古文尚书〉案之关系》提出"公案学"的概念，认为《古文尚书》《孔子家语》《孔丛子》等"伪书"公案颇具有相关性，其中"证伪者"所谓"一手伪书"说对于"酿成"王肃"伪造"诸书之公案有重要影响。③ 虞万里、刘巍两位先生的思路和观点，对笔者启发很大。

2. 王肃与《孔子家语》"公案"关系

关于《孔子家语》的研究，20 世纪 70 年代以来，伴随着简帛文献的问世而有重大的进展。代表性的著作主要有李学勤《竹简〈家语〉与汉魏孔氏家学》，胡平生《阜阳双古堆汉简与〈孔子家语〉》，王承略《论〈孔子家语〉的真伪及其文献价值》，李传军《〈孔子家语〉辨疑》，陈剑、黄海烈

① 吴承仕：《〈尚书〉传王、孔异同考》，《国学丛编》第 1 卷第 1 期，1931 年。
② 刘起釪：《尚书学史》，中华书局 1989 年版，第 193 页。
③ 刘巍：《积疑成伪：〈孔子家语〉伪书之定谳与伪〈古文尚书〉案之关系》，《近代史研究》2014 年第 2 期。

《论〈礼记〉与〈孔子家语〉的关系》，宁镇疆《〈家语〉的"层累"形成考论——阜阳双古堆一号木牍所见章题与今本〈家语〉之比较》《英藏敦煌写本〈孔子家语〉的初步研究》，张固也、赵灿良《〈孔子家语〉分卷变迁考》《从〈孔子家语·后序〉看其成书过程》，陈建磊《魏晋孔氏家学及〈孔子家语〉公案》，宋鹤《〈孔子家语〉的成书及真伪研究》，廖芝馨《〈孔子家语〉研究》，郝虹《〈孔子家语〉是否王肃伪作问题新探——从汉魏思想史角度的辨析》，王化平《由〈孔子家语〉与〈礼记〉〈说苑〉诸书的关系看其价值》《论王注〈孔子家语〉两篇"后序"是魏晋时人伪撰》，吴从祥《〈孔子家语〉引〈诗〉及王肃注文献价值初探》，萧敬伟《今本〈孔子家语〉成书年代新考——从语言及文献角度考察》，邓莹《〈孔子家语〉研究》，邬可晶《〈孔子家语〉成书时代和性质问题的再研究》，刘巍《〈孔子家语〉公案探源》，等等。其中，杨朝明、宁镇疆、邬可晶、刘巍等先生在《孔子家语》的研究上贡献尤大。此外，王玉华《历代〈孔子家语〉研究述略》、张岩《〈孔子家语〉研究综述》是关于《孔子家语》的研究综述，亦颇有参考价值。

3.王肃与《孔丛子》"公案"关系

现代学术框架下的《孔丛子》研究主要有罗根泽《〈孔丛子〉探源》，阎琴南《〈孔丛子〉觏证》《〈孔丛子〉考佚》，李学勤《竹简〈家语〉与汉魏孔氏家学》，黄怀信《〈孔丛子〉的时代与作者》，李存山《〈孔丛子〉中的"孔子诗论"》，傅亚庶《〈孔丛子〉伪书辨》《〈孔丛子〉校正》，傅亚庶、张明《再论〈孔丛子〉的成书与真伪》，林琳、傅亚庶《论〈小尔雅〉与〈孔丛子〉的关系》，傅亚庶、关秀娇《论〈孔丛子〉的史料价值》，许华峰《〈孔丛子〉引〈尚书〉相关材料的分析》，王钧林《论〈孔丛子〉的真伪与价值》，李健胜《从所载子思言行看〈孔丛子〉的伪书性质》，孔德立《〈孔丛子〉与子思生年问题》，杨军《〈孔丛子〉考证》，李新民《东汉孔氏家学与〈孔丛子〉伪书公案》，孙少华《〈孔丛子〉现存版本的篇卷分合及其变化》《〈孔丛子〉真伪辨》《〈孔丛子〉的成书时代与作者及其材料来源》《论〈孔丛子〉研究的五个分期》，等等。简帛文献的出土对于推进《孔丛子》的研究有重要意义，虽然关于《孔丛子》的真伪问题仍然存在分歧，但上述研究对于厘清王肃与《孔丛子》之关系颇有价值。

四、王僧孺研究

关于王僧孺的研究，主要有几篇硕士论文和期刊文章。张立斌《王僧孺诗歌研究》[①] 从王僧孺生平与思想、诗歌的思想内容等五个方面进行了论述。陈丕武《王僧孺及其诗歌研究》[②] 分上、下两编，上编是人物论，即研究王僧孺的生平；下编是诗歌论，从诗歌的主题类型和风格特色两方面对王僧孺的诗歌进行了研究。后陈丕武又在硕士论文的基础上发表《论王僧孺的丽逸诗风》和《论王僧孺的悲美诗风》两篇文章，论述王僧孺诗歌的丽逸诗风和悲美诗风。刘丽华《王僧孺研究》[③] 从王僧孺的生平思想、诗歌题材内容及艺术风格等方面对王僧孺进行了研究。张蓓蓓《法社会学研究的新视域——以魏晋南北朝王僧孺谱学为中心》[④] 从法社会学的视角对王僧孺谱学进行了研究，颇有新意。

第三节　研究思路与方法

一、研究思路

对于任何一个家族而言，家族是个人组成之家族，个人亦是家族中

---

①　张立斌：《王僧孺诗歌研究》，福建师范大学硕士学位论文，2009 年。

②　陈丕武：《王僧孺及其诗歌研究》，广西师范大学硕士学位论文，2009 年。

③　刘丽华：《王僧孺研究》，漳州师范学院硕士学位论文，2010 年。

④　张蓓蓓：《法社会学研究的新视域——以魏晋南北朝王僧孺谱学为中心》，《北京行政学院学报》2012 年第 3 期。

之个人，因此家族文化研究既要突出家族之特色，同时更要对家族之代表
人物作重点研究。对于任何一个家族的研究最终都要落到对其代表人物的
研究上，包括这个家族的兴衰变迁、政治地位、姻娅关系和家风家学等方
面。换言之，历史与文化的根本是人，家族代表人物是家族文化的根本和
表现。对于家族人物的研究，应当关注其具体的家族环境和宏阔的历史背
景，做到以史料为依据，实事求是。基于以上所述，为使书稿眉目清晰、
结构完整，既呈现东海王氏的整体面貌，又展现东海王氏代表人物的具体
特点，故书稿分为综合研究和个案研究两编。

上编为综合研究，即对东海王氏作整体性的论述。第一章东海王氏
概说，主要从家族溯源、世系、兴衰、类型等方面对东海王氏进行总体概
述。第二章东海王氏的政治地位与姻娅关系，主要从东海王氏的仕宦成
就、姻娅关系及其与曹氏、司马氏的关系三个方面来探讨东海王氏在政治
与社会上的地位与声望。① 第三章东海王氏的家学与门风，主要从家学传
承与门风演变两方面来分析。

下编为个案研究，即对东海王氏的代表人物作系统、专门的研究。第
四章王朗研究，主要从王朗的仕宦、问学、交游、经学、文学等方面来论
述。其中，仕宦事功按其仕宦的三个阶段来探讨。问学主要指师从太尉杨
赐。王朗经学考论，主要探讨王朗经学著述情况及其《论语注》。王朗经
学著述虽多，但现存仅有经清人辑佚所得的《论语注》的部分内容。王朗
文学探析，主要是关于王朗政论散文、书信等内容的讨论。第五章王肃研
究（上）②，主要分仕宦事功、学术渊源、经学著述及特点、与两汉经学关
系等内容。其中，仕宦与事功，按其仕宦经历的三个阶段来论述。学术渊

---

① 虽然司马氏在王朗、王肃时代并未成为皇族，但这一时期是司马氏逐渐取得政治、军
　事大权的重要时期，在王肃晚年，司马氏早已取得擅政之地位，"司马昭之心，路人皆
　知"，正是真实的写照。王肃去世九年，其外孙司马炎篡魏称帝。因此，从家族地位上
　来讲，王肃时期的司马氏并不亚于"皇族"曹氏。

② 因王肃研究所涉内容较多，为保持章节布局上的平衡，故将王肃研究分为上、下两章
　来论述。

源，从家学、郑学、宋忠之学、贾马之学、其他诸儒之学等五个方面来阐述。王肃与今、古文经学之关系，是对王肃经学特点与贡献的具体探讨，也与后面探讨其与魏晋玄学之关系相呼应。第六章王肃研究（下），主要从王学与郑学比较、王肃与魏晋玄学、王肃与"伪书"公案、王肃散文研究等方面展开探讨，分析"郑王之争""伪书"公案等学术难题。第七章王僧孺研究，主要从仕宦事功、交游、诗歌研究、散文研究、谱学研究等五个方面进行论述。此外，本书设有附录部分（包括年谱、著述等），以便于整理和保留相关史料。

二、研究方法

本书所涉内容较多、所跨时段较长，主要采用以下四种研究方法：政治史与家族史相结合研究法、跨学科研究法、长时段研究法和比较研究法。

（一）政治史与家族史相结合研究

一个家族的兴衰，必然与当时的政治环境、政治势力有密切关系。与名门望族的政治联姻及政治立场，是东海王氏显盛于魏晋之际的重要原因。因此，本书采用政治史与家族史相结合的方法来研究东海王氏的兴衰变迁。

（二）跨学科研究

东海王氏代表人物在经学、文学、谱学等领域均有重要成就。因此，本书在做个案研究时，关注具体历史语境，力求做到"知人论世"；同时在研究他们具体的文学、经学、谱学成就时，采用经学、史学、文学相结合的跨学科研究法。

（三）长时段研究

"长时段"理论，是以布罗代尔为代表的法国年鉴学派所倡导的重要史学研究方法，"时间"和"结构"是这一理论的重要概念①，即强调时间的长久性和结构的稳定性。东海王氏有史可考者，从汉末以至南朝齐梁时期，绵延三百余年，可谓一个长时段。同时，魏晋南北朝时期所实行的门阀士族制、九品中正制等，很大程度上保证了社会结构的稳定性，因此本书采用长时段研究法。

（四）比较研究

分类形成系统，比较产生新知。"郑王之争"是中国经学史上的一桩学术公案，对于这一问题，本书主要采用比较研究的方法，即对郑玄、王肃经注内容进行详细的比较分析，进而探讨"郑王之争"的原因、实质、演变等相关问题。

---

① 参见张芝联：《费尔南·布罗代尔的史学方法》，《历史研究》1986 年第 2 期；孙晶：《布罗代尔的长时段理论及其评价》，《广西大学学报》2002 年第 3 期。虽然长时段理论亦有其不足之处，但本书主要借鉴其长时段、大历史的视角来审视魏晋南朝这一"长时段"的东海王氏。

上　编
综合研究

第一章　东海王氏概说

　　中国的家族传统可以追溯到先秦时期的宗法制度。周代宗法制度盛行，降至战国，社会动乱、礼坏乐崩，分封、宗法制度遭到严重破坏。秦朝废除分封，改行郡县之制。西汉时，分封、郡县制度并行。汉代分封宗室，封赏功臣、外戚，贵族爵位世代相袭，因此形成了贵族宗族。汉武帝时，罢黜百家、独尊儒术，设立五经博士，儒学从私学升为官学。虽平民亦可"学优而仕"，汉代这种通经入仕之途，造就了许多以经学起家的文化世家，如济南伏氏、曲阜孔氏、琅邪王氏、清河崔氏、东海王氏等，他们世传经学、累世公卿，社会地位颇高。魏晋时期，实行九品中正制，门阀士族制度逐渐形成，"汉末大姓、名士是魏晋士族的基础，九品中正制保证士族在政治上的世袭特权，实际上就是保证当朝显贵的世袭特权，因而魏晋显贵家族最有资格成为士族"①。东海王氏正是一个以经学起家并显赫于魏晋时期的文化世家。

第一节　东海王氏溯源

　　中国的姓氏历史源远流长，周代时即形成了较为完备的姓氏制度。姓与氏最初并非相通，而是大有分别，《白虎通义·姓名》云：

---

① 唐长孺：《魏晋南北朝史论拾遗》，第54页。

人所以有姓者何？所以崇恩爱、厚亲亲、远禽兽、别婚姻也……所以有氏者何？所以贵功德，贱伎力。或氏其官，或氏其事，闻其氏即可知其德，所以勉人为善也。①

先秦时期，姓、氏判然不同，男子称氏而女子称姓，郑樵《通志·氏族略》云：

三代之前，姓氏分而为二，男子称氏，妇人称姓。氏所以别贵贱，贵者有氏，贱者有名无氏……姓所以别婚姻，故有同姓、异姓、庶姓之别……三代之后，姓氏合而为一，皆所以别婚姻，而以地望明贵贱。②

可见先秦时期，"姓"主要用于区别婚姻，即所谓"同姓不婚"；"氏"主要用于分别贵贱，即"贵有氏而贱无氏"。秦汉以后，姓氏相通，并逐渐形成以地望来区别贵贱的传统。魏晋南北朝时期，门阀士族兴盛，形成了许多以地望和姓氏来命名的世家大族。③其中，东海王氏正是这一时期颇有特点的一个文化世家。

王氏自古以来即是大姓，关于王氏的起源，应劭《风俗通义·姓氏》云：

盖姓有九，或氏于号，或氏于谥，或氏于爵，或氏于国，或氏于官，或氏于字，或氏于居，或氏于事，或氏于职。以号，则唐、虞、夏、殷也；以谥，则戴、武、宣、穆也；以爵，王、公、侯、

---

① （汉）班固撰，陈立疏证：《白虎通疏证》，中华书局2007年版，第401—402页。
② （宋）郑樵撰，王树民点校：《通志二十略》，中华书局1995年版，第1—2页。
③ 如琅邪王氏、颜氏，陈郡谢氏、袁氏，吴郡陆氏、张氏，东海王氏、徐氏，等等。

伯也。①

应劭认为王氏由"王"这一爵位②而来，即王的后代以"王"为氏。东汉王符《潜夫论·志氏姓》亦云："王氏、侯氏、王孙、公孙，所谓爵也。"③王氏由爵位而来，所出众多，郑樵《通志·氏族略》在"以爵为氏"部"王氏"条下云：

> 天子之裔也，所出不一。有姬姓之王，有妫姓之王，有子姓之王，有虏姓之王。若琅邪、太原之王，则曰周灵王太子晋以直谏废为庶人，其子宗恭为司徒，时人号曰"王家"。若京兆、河间之王，则曰周文王第十五子毕公高之后，毕万封魏，后分晋为诸侯，至王假为秦所灭，子孙分散，时人号曰"王家"……此皆姬姓之王也……以其所出既多，故王氏之祖最为繁盛。④

王氏源头众多，非常繁盛，有姬姓、妫姓、子姓、虏姓等来源。虽然王氏所出不一，但主要是以"王"这一爵位作为氏姓而来。

东海王氏是王氏的一支。关于东海王氏的来源，唐代林宝《元和姓纂》云：

> 王姓，出太原、琅邪，周灵王太子晋后；北海、陈留，齐王田和之后；东海，出姬姓毕公高之后；高平、京兆，魏信陵君之后；天水、

---

① （汉）应劭撰，王利器校注：《风俗通义校注》，中华书局 1981 年版，第 495—496 页。
② 就爵位而言，先秦时期并无严格意义上的王爵。西周时期，"王"是专属于周天子的称呼，而诸侯国君主不可以称"王"。春秋战国时期诸侯国君主自己或互相"称王"，乃礼坏乐崩、贵贱失序的一种特殊现象。
③ （汉）王符撰，（清）汪继培笺，彭铎校正：《潜夫论笺校正》，中华书局 1985 年版，第 401 页。
④ （宋）郑樵撰，王树民点校：《通志二十略》，第 157 页。

新平、新蔡、新野、山阳、中山、章武、东莱、河东者，殷王子比干子孙，号王氏；唐王宗，隋末改王氏。①

按林宝所云，东海王氏出于姬姓，为周武王之弟毕公高之后，而其世系流传则无明文。京兆王氏亦出自姬姓毕公高之后，宋代邓名世《古今姓氏书辩证》云：

> 京兆王氏，其先亦姬姓。《元和姓纂》有"居郏县者，曰东海王氏"……京兆王氏，出自姬姓周文王少子毕公高之后，封魏。至昭王彤生公子无忌，封信陵君。无忌生间忧，袭信陵君。秦灭魏，间忧子卑子逃难于泰山，汉高祖召为中涓，封兰陵侯。时人以其故王族也，谓之王家。卑子生悼，悼生贤，济南太守。宣帝徙豪杰居灞陵，遂为京兆人。②

京兆王氏的世系源流比较清晰，周文王少子毕公高的后代封于魏，魏无忌封信陵君，其子间忧承袭信陵君爵位。秦灭魏以后，间忧之子卑子逃至泰山，汉初被刘邦召为近臣，封兰陵侯。因他们祖先为周代王族，所以世人称之"王氏"。汉宣帝时，王氏族人迁至灞陵，遂为京兆王氏。毕公高的裔孙毕万是魏国的先祖，应劭《风俗通义·六国》云：

> 魏之先，毕公高之后也。毕公与周同姓，武王灭纣，封高于毕，因以为姓。其裔孙曰毕万，事晋献公。献公伐魏，灭之，以封万……其六世称侯，侯之孙称王，到王假为秦所灭。③

---

① （唐）林宝撰，岑仲勉校记，郁贤皓、陶敏整理：《元和姓纂》，中华书局1994年版，第586页。

② （宋）邓名世撰，王力平点校：《古今姓氏书辩证》卷一四，江西人民出版社2006年版，第205—206页。

③ （汉）应劭撰，王利器校注：《风俗通义校注》，第34页。

关于秦灭魏，《史记·魏世家》记载："王假元年，燕太子丹使荆轲刺秦王，秦王觉之。三年，秦灌大梁，虏王假，遂灭魏以为郡县。"由上可知，东海王氏为姬姓毕公高之后，毕公高封毕，遂以毕为氏，其后人毕万封于魏，毕万的六世孙称侯，八世孙称王，直到为秦所灭。魏国被灭以后，魏王后人遂以"王"为氏，即郑樵所言"子孙分散，时人号曰'王家'"。按前引邓名世《古今姓氏书辩证》所云，秦灭魏之后，魏无忌之孙魏卑子逃至泰山，汉高祖刘邦封其为兰陵侯，"时人以其王族也，谓之'王家'"，即以王为氏。两汉、三国时期，兰陵县、郯县均隶属徐州东海郡，兰陵王氏与郯县王氏又皆出于姬姓毕公高之后，因此有学者将此二者混为一谈，如宋代王楙《野客丛书》云：

> 晋王氏最盛，然数派非一族也。仆不暇尽数，姑择其显然者疏之。浑、济、坦之、蒙、修之属，皆太原之裔，后汉隐士霸之后也。祥、览、敦、导、羲、献之流，皆琅琊之裔，前汉御史大夫吉之后也。浑、戎、衍、澄，亦琅琊裔，祥、览别派也。肃、恂、虔、恺，兰陵人，后汉良之后也。

考两汉、三国行政沿革，兰陵县与郯县虽皆隶属东海郡，但二地相距50余公里，中间隔有襄贲县，因此王楙径称王肃、王恂、王虔等人为兰陵人，为东汉大司徒王良之后，当属误解。本书所论王氏为东海郯县王氏，而非东海兰陵王氏，至于二者是否存在一定关系，史料无载，今且阙疑。

综上可知，东海王氏乃出于姬姓，为周文王姬昌之子毕公高的后裔。

第二节 东海王氏世系考

考诸史传文献，魏晋南朝时期东海王氏代表人物有：第一代王朗，第二代王肃，第三代王元姬、王恽、王恂、王虔、王恺等，第四代王康、王隆，第五代王景，第六代王雅，第七代王准之、王协之、王少卿，第八代王延年、王万庆、王万喜、王璿，第九代王僧孺、王元闵、王摛、王源①、王沉之，第十代王谦、王谌、王茂瑛。兹将东海王氏世系之可考者列表② 如下：

表 1-1 东海王氏世次

一世	二世	三世	四世	五世	六世	七世	八世	九世	十世
		王元姬							
		王恽							
		王恂							
王朗	王肃	王虔	王康						
			王隆	王景	王雅	王准之	王万庆③	王元闵	王谌
							王万喜	王沉之	王茂瑛
								王摛	
							王延年	王僧孺	
									王谦

① “王雅—王少卿—王璿—王源”这一世系排列，本自《文选》卷四十沈约《奏弹王源》一文；“王万喜—王沉之—王茂瑛”这一世系排列，本自 20 世纪 70 年代出土的《刘岱墓志铭》。

② 这里需要说明第七代王准之以后的世系编排及相关问题。王雅（334—400 年），为晋左光禄大夫，有三子，位皆四品以上。第九代王僧孺（463—522 年），为王雅曾孙，第十代王谌（423—491 年），为王雅玄孙。王谌后王僧孺一辈，而年龄却长王僧孺四十岁，如果谱系无误，那么这种情况只有一种解释：王谌的父辈、祖辈均婚育很早，平均二十岁左右，且王谌祖父王万庆很可能为王准之长子；王僧孺当是王延年中年（五十岁左右）所生，而王延年亦是王准之中年（五十岁左右）所生。《南史·王僧孺传》云：“父延年，员外常侍，未拜卒。”员外常侍官位五品，虽然王僧孺“幼年丧父”，但其父王延年去世时年近六十。

③ 万庆、万喜，其名当为兄弟，兹据王僧孺与王谌辈分年龄之关系，姑将万庆、万喜置于王准之名下。

续表

一世	二世	三世	四世	五世	六世	七世	八世	九世	十世
王朗	王肃	王虔	王隆	王景	王雅	王协之			
						王少卿	王璿	王源	
		王恺							
		王氏①							
	王详								

第三节　东海王氏的文化成就

　　东海王氏的文化成就主要包括王朗、王肃父子二人的经学成就和王朗、王僧孺二人在文学方面的成就。王朗以通经入仕，为曹魏时期著名经学家。据《三国志》记载，王朗"著《易》《春秋》《孝经》《周官》传、奏议、论记，咸传于世"②。王朗所作《易传》在魏曹芳时期即被立于学官。同时，王朗也是汉魏时期著名的文学家，并为曹操父子及孔融、许靖等当时名士所赞赏，其奏疏、文章被集为《王朗集》三十四卷（《隋书·经籍志》有著录），后亡佚不传，清人严可均《全三国文》辑录了王朗所撰《冬腊不得朝表》《劝育民省刑疏》《与魏太子书》等文章共计32篇。此外，王朗

---

① 《晋书·文明皇后传》载王元姬去世后，晋武帝下诏曰："郑刘二从母，先后至爱。"[（唐）房玄龄等：《晋书》卷三一，中华书局1974年版，第952页]又《世说新语·惑溺》载："孙秀降晋，晋武帝厚存宠之，妻以姨妹蒯氏。"[（南朝宋）刘义庆编，（南朝梁）刘孝标注，余嘉锡笺疏，周祖谟、余淑宜整理：《世说新语笺疏》，中华书局1983年版，第920页]由上可知，郑氏、刘氏、蒯氏（姨妹为蒯氏，则姨母亦为蒯氏），皆为王肃之女，也即晋武帝司马炎之从母。就目前文献资料可知，王肃共有八子四女。其中，可知具体姓名者有王元姬、王恽、王恂王虔和王恺五人。为使表格形式统一，兹以"王氏"一词代指郑氏、刘氏和蒯氏三人。

② （晋）陈寿撰，（南朝宋）裴松之注：《三国志》卷一三，中华书局1982年版，第414页。王朗经学著述唐代以后皆亡佚，清人马国翰《玉函山房辑佚书》辑有王朗所撰《论语王氏说》一卷。

还是东汉末年中原地区最早研读王充《论衡》一书的两位学者之一。①

　　王肃在其政治生涯中，恪尽职守、进言献策，其关于朝廷典制、郊祀、宗庙、丧纪、轻重等重大问题的奏疏、文章，多达一百余篇。清代严可均《全三国文》辑录了王肃所撰《谏征蜀书》《秘书不应属少府表》《陈政本疏》等文章共计 35 篇。在学术上，王肃主张重视义理、摒弃谶纬，反对郑玄等人重文字训诂而不重义理的治学方式。王肃遍注群经，"采会同异"，可谓继郑玄之后的又一位经学大师。陈寿评曰："王肃亮直多闻，能析薪哉！"②《隋书·经籍志》著录王肃经学著作二十二种，后多散佚不传。清人马国翰、黄奭等人对王肃部分佚著进行了辑佚。王肃经学摒弃谶纬、引申义理，上承汉代经学、下启魏晋玄学，在中国经学史上占有重要的地位。

　　王僧孺是齐、梁时期著名的文学家，曾游于竟陵王萧子良府，并与"竟陵八友"相友善。《隋书·经籍志》著录《王僧孺集》三十卷，后亡佚。明人张溥《汉魏六朝百三家集》、清人严可均《全上古三代秦汉三国六朝文》、今人逯钦立《先秦汉魏晋南北朝诗》，均对王僧孺诗文有所辑佚。南北朝时期颇重门阀，谱学也随之盛行。王僧孺亦是谱学大家，《隋书·经籍志》载其撰《百家谱》三十卷、《百家谱集抄》十五卷。此外，王僧孺也是书法家、藏书家。《南史》本传云："僧孺工属文，善楷隶，多识古事。"③关于王僧孺藏书之富，《梁书》本传云："僧孺好坟籍，聚书至万余卷，率多异本，与沈约、任昉家书相埒。少笃志精力，于书无所不睹。"④可以说，藏书丰富、勤学不辍是王僧孺"多识古事""善于用典"的重要原因，也是其成为南朝齐梁时期著名文学家学者的必要条件。

---

① 另一位是东汉文学家、书法家蔡邕。参见（南朝宋）范晔撰，（唐）李贤等注：《后汉书》卷四九，中华书局 1965 年版，第 1629 页。
② （晋）陈寿撰，（南朝宋）裴松之注：《三国志》卷一三，第 423 页。
③ （唐）李延寿：《南史》卷五九，中华书局 1975 年版，第 1461 页。
④ （唐）姚思廉：《梁书》卷三三，中华书局 1973 年版，第 474 页。

第四节 东海王氏的兴衰变迁

在中国传统社会，一个家族如同一个王朝，有其兴衰变迁的演变过程。由一个家族的兴衰变迁，可观其家族类型，而兴衰演变和类型正是我们深入了解一个家族的重要因素。本节主要从东海王氏的兴盛、衰落及类型三个方面来论述。

一、东海王氏的兴盛

东海王氏兴于汉末，盛于魏晋，王朗、王肃、王元姬为东海王氏兴盛时期的重要代表人物。王元姬长子司马炎篡魏称帝，建立晋朝，东海王氏遂为国戚望族，其地位与声望显赫一时。概括来说，东海王氏的兴盛主要表现在两方面：一是仕宦显达；二是与名门望族联姻。

（一）仕宦显达

东汉末年，王朗通经入仕，以儒雅闻名于世。曹魏建立后，历任司空、司徒，位列三公，谥成，位在一品。王肃遍注群经，为三国时期经学大师，嗣父爵，历任散骑常侍、太常、中领军等职，谥景，追赠卫将军，位在二品。王肃女儿王元姬，为晋武帝司马炎之母，晋文明皇后；王肃八子中显达者有王恂、王虔、王恺三人。王恂历任河南尹、侍中，卒赠车骑将军，位在二品。王虔历任光禄勋、尚书，位在三品。王恺曾任后将军，位在四品。由上可知，东海王氏是魏晋时期仕宦显达的名门望族。

（二）与名门望族联姻

联姻自古以来就是一种巩固家族政治地位的重要手段。东海王氏曾与弘农杨氏、泰山羊氏、谯郡夏侯氏、河内司马氏、河东毋丘氏等名门望族联姻[①]，这对其政治网络的构建和政治地位的提升均有重要意义。具体来说，东海王氏的联姻情况为：王朗娶弘农杨氏，王肃娶泰山羊氏、谯郡夏侯氏，王元姬嫁河内司马氏，王虔娶河东毌丘氏。下面简述与东海王氏联姻的诸名门望族。

弘农杨氏，为经学世家，四世三公。王朗曾师从太尉杨赐，杨赐父杨秉、杨赐祖父杨震、杨赐子杨彪皆曾任太尉一职，可见弘农杨氏在当时之地位与声望。王朗师从杨赐对其仕宦与学术都有较大影响。

谯郡夏侯氏与皇室曹氏关系密切，长期与曹氏共同掌握军权，为曹魏中前期地位仅次于曹氏的名门望族。其代表人物有夏侯惇、夏侯渊、夏侯尚、夏侯玄、夏侯霸等。夏侯惇曾随曹操南征北战，为曹魏政权立下了汗马功劳。魏文帝篡汉称帝后，命夏侯惇为大将军。夏侯惇族弟夏侯渊亦随曹操多次征战，并任征西将军。夏侯渊从子夏侯尚亦有显赫军功，历任散骑常侍、征南大将军等职。夏侯玄曾任散骑常侍、中护军等职。夏侯尚曾娶魏德阳公主，夏侯氏两代有四人与曹氏联姻。综上可知，夏侯氏堪称曹魏中前期的显赫望族。

泰山羊氏亦为当时望族，代表人物有羊续、羊秘、羊衜、羊耽、羊祜、羊琇、羊徽瑜等，《后汉书》载羊续先祖"七世二千石卿校"，羊续曾任南阳太守，羊续父羊儒曾任太常，羊续祖父羊侵曾任司隶校尉。羊续之子羊衜，曾任上党太守。泰山羊氏家族累世高官，并与孔氏、蔡氏、司马氏等高门大族联姻。羊衜先是娶孔融之女孔氏，孔氏病逝后，羊衜又续娶蔡邕之女蔡贞姬。羊衜与蔡贞姬生二子一女，即羊承、羊徽瑜和羊祜。其中，长子羊承早逝；女儿羊徽瑜嫁给司马师，武帝即位，封为弘训太后，去世后被封景献羊皇后；幼子羊祜，为政治家、军事家、文学家，在西晋建立和平定吴国的过程中发挥了重要作用，可谓佐命功臣。

---

① 关于东海王氏联姻的具体情况，详见本书第二章第二节《东海王氏的姻娅关系》。其中，关于东海王氏与弘农杨氏的联姻，乃笔者推测，聊备一说。

河内司马氏不仅在当时为望族，后来篡魏立晋，成为皇族。司马懿高祖司马钧为征西将军，曾祖司马量为豫章太守，祖父司马俊为颍川太守，父亲司马防为京兆尹。可见河内司马氏，自司马懿五世祖司马钧以来已是官宦世家。司马懿与王朗为同时代人，其军功赫赫，官位显达，历任丞相长史、大将军、太尉等职，曾三次出任曹魏顾命大臣。

河东毌丘氏以军功起家，代表人物毌丘俭曾征辽东，讨高句丽，后转为镇南将军，战功显赫。王肃之子王虔曾娶毌丘俭孙女为妻。

由上可见，东海王氏非常重视与当时的名门望族联姻以巩固和提高其政治地位和社会影响。

二、东海王氏的衰落

（一）衰落及原因

东海王氏显赫于魏晋之际，其以经学起家、传家，并与当时高门大族联姻，贵为皇亲国戚，可见东海王氏的兴盛与政治机遇有密切关系，其对政治环境的依附比较明显。所谓"历五世而亲尽"，随着时间的推移以及西晋统治的日益衰败，东海王氏与"皇亲国戚"的距离也越来越远，以致日渐衰落，这是东海王氏衰落的外因。其内因则是家学门风的传承存在问题。王朗、王肃父子均以经学闻名于世，且生活崇尚俭朴，但是到第三辈的王恺，竟然尚侈竞富，家风传承可谓一度中断。虽然如此，东海王氏在东晋南北朝时期也有一定地位，其后世子孙中也不乏官至五品以上的，只是与皇族关系日渐疏远。至第九世王僧孺，虽有复兴之气象，但与魏晋之际东海王氏如日中天之地位已不可同日而语。

总之，家风维系，兹事体大。一个家族之兴衰，必与其家学、门风之传习有重要关系，正如钱穆所云："门第传袭，必有人，必有教，决非无故而致。……若专一着眼于在其权位与财富上，谓门第即由此支持，揆之古今人情物理，殆不其然。"①因此，虽然西晋时期东海王氏贵为国戚，但子孙后代若不能恪守其门风，则其兴盛是无法长久的，而其衰落也就成为必然。

（二）"南渡"后的东海王氏

魏晋南北朝时期，西晋完成了短暂的统一，但经历了"八王之乱"及五胡乱华，国家又陷入混乱。晋祚南迁，世家大族大多南渡，当时所行"乔置郡县"制度，可谓世家大族族姓与地望密不可分之一重要体现，亦可见世家大族已成为当时社会结构的重要支柱。东海王氏虽在西晋中后期逐渐衰落，但作为世家大族亦随晋室南迁，王虔之子王康、王隆均官至四品，可见当时东海王氏尚有一定的社会地位。关于东海王氏"南渡"的具体过程与细节，因文献不足征，此处阙疑。东海王氏南渡以后，政治地位及声望总体上无法与魏晋之际相比，但第六代王雅和第九代王僧孺，可见复兴之气象。

三、东海王氏的家族类型

东海王氏的奠基者王朗以经学起家，历仕曹魏三朝，历任御史大夫、司空、司徒等职，位列三公，仕宦显达。王朗之子王肃传承家学，又师从宋忠，善贾逵、马融之学，他遍注群经，援道入儒，为三国时期经学大家。王肃之子王恂文义通博，在朝忠正，历任河南尹、侍中，建立二学，崇明五经。王肃之女王元姬少传家学，八岁能诵《诗》《论》，尤善《丧服》。后适司马昭，虽贵为皇后，然不忘素业，敦睦九族，言必合乎典礼。从家族的兴起来看，东海王氏可谓经学世家。东海王氏显赫于魏晋之际，究其

---

① 钱穆：《略论魏晋南北朝学术文化与当时门第之关系》，载《中国学术思想史论丛》卷三，安徽教育出版社2004年版，第164页。

原因，一是王朗位列三公，又是汉魏时期著名的文学家、经学家，而王肃亦位至中领军，为三国时期经学大家；二是东海王氏与高门大族尤其是司马氏联姻，成为国戚望族。虽然东海王氏作为国戚望族显赫于魏晋之际，但随着时间的推移，一方面与皇族之关系日渐疏远，另一方面在经学传承上后继无人，从而不可避免地导致家族的衰落。综上可知，从家族的兴衰演变来看，东海王氏是一个较为典型的政治机遇型经学世家。

本章小结

本章主要从溯源、世系、兴衰和类型四个方面对东海王氏作了简要论述。东海王氏为周文王姬昌之子毕公高的后裔。关于东海王氏的世系，今可考者，只有十代，上起汉魏时期著名经学家、文学家王朗，下迄南朝齐梁时期著名文学家、藏书家、谱学家王僧孺之侄——永宁县令王谦，历四百余年。东海王氏在这四百余年的历史长河中，有兴盛，亦有衰落，其中兴盛时期主要是在魏晋之际，具体表现为王朗位列三公重臣，王肃位至中领军，为三国经学大家；东海王氏与弘农杨氏、泰山羊氏、河内司马氏、谯郡夏侯氏、河东毌丘氏等高门大族联姻，不仅巩固了其政治地位，也提高了其社会影响。尤其是与司马氏联姻，使东海王氏成为国戚贵族，地位极为显赫。东海王氏在西晋中后期以后便逐渐衰落，这既有与皇族关系疏远的外在因素，又有子孙后代没有恪守家学、门风的内在因素。就其家族兴盛来看，东海王氏当属于以经学立家的世家大族。若从其倚傍皇族司马氏而显赫一时、疏离皇族而渐趋衰落来看，东海王氏又有其政治机遇型的性质，故可称为政治机遇型的经学世家。

第二章 东海王氏的政治地位与姻娅关系

东海王氏是一个显赫于魏晋之际的世家大族，其政治地位与社会影响与其仕宦事功、姻娅关系、政治网络密切相关。王朗为曹魏三朝元老，位至三公，王肃为曹魏时期经学大家。更为重要的是，东海王氏还与当时的高门大族通婚，如与泰山羊氏、谯郡夏侯氏、河内司马氏等高门联姻，大大提高了其政治地位和社会声望。王肃长女王元姬为司马昭之妻，晋武帝司马炎之母。魏晋嬗代后，东海王氏成为国戚贵族，其地位与声望可谓如日中天。东海王氏在汉晋之际风云变幻的政治局势中能够立足，实为不易，这与其政治立场和政治选择颇有关系。本章主要从仕宦成就、家族互动和姻娅关系等三个方面来分析东海王氏的政治地位与社会影响。

第一节 东海王氏的政治地位

一、东海王氏的仕宦成就

东海王氏自第一代王朗至第十代王谌、王谦，绵延四百余年，每代都有仕宦者，位高者至一品，位低者居八品，而以四品官位居多。东海王氏的仕宦成就对其政治地位和社会声望有重要影响，因下编"个案研究"中会有详述，故本节仅按世系作简要论述。

王朗（约 156—228 年），字景兴，东海郯（今山东省郯城县）人，汉魏时期经学家、文学家，曹魏三朝重臣，魏晋南朝东海王氏的奠基者。

据《三国志·王朗传》记载，东汉灵帝光和中期（约 181 年），王朗以通经拜郎中，任彭城国菑丘长，并师从时任太尉的经学家杨赐。初平四年（193 年），王朗任会稽太守。建安元年（196 年），孙策渡江略地，攻占会稽，王朗抵抗失败，遂投降。建安三年（198 年），曹操表征王朗，王朗辗转一年回到中原，拜谏议大夫，参司空事。建安十八年（213 年），曹操称魏公，王朗以军祭酒兼任魏郡太守，后历任魏国少府、奉常、大理（廷尉）。黄初元年（220 年），曹丕"继位"为魏王，擢王朗为御史大夫。是年十月，曹丕受禅称帝，王朗任司空，封乐平乡侯。太和元年（227 年），曹叡即位，王朗转任司徒，进封兰陵侯。太和二年（228 年），王朗去世，谥成侯。

王朗仕宦四十余年，位至三公，功勋卓著。魏文帝曹丕曾评曰："此三公（王朗、华歆、钟繇）者，乃一代之伟人也，后世殆难继矣！"[1] 陈寿亦评曰："钟繇开达理干，华歆清纯德素，王朗文博富赡，诚皆一时之俊伟也。魏氏初祚，肇登三司，盛矣夫！"[2] 王朗有二子[3]，但只有王肃见于史传记载。

王肃（195—256 年），字子雍，东海郯人，王朗之子，三国时期著名经学家。王肃官至太常、中领军，其所注儒家经典在魏晋之际皆列于学官，颇有影响。王肃的政治及学术地位，对东海王氏地位和声望的提高颇有助益，因此王肃可谓东海王氏的振兴者。

王肃幼承家学、聪颖善思，在父亲王朗的影响下学习今文经学。十八岁时，师从宋忠学习古文经学及《太玄》义理之学。王肃初学郑学，后善

---

[1]　（晋）陈寿撰，（南朝宋）裴松之注：《三国志》卷一三，第 396 页。

[2]　（晋）陈寿撰，（南朝宋）裴松之注：《三国志》卷一三，第 423 页。

[3]　王朗致书许靖云："仆连失一男一女，今有二男：大儿名肃，年二十九，生于会稽；小儿才岁余。"参见《三国志》卷三八《许靖传》裴注引《魏略》，第 967 页。

贾逵、马融之学，遍注群经，融汇今、古文，兼采道家思想，并结合社会现实来阐释儒家理论，从而使其学术与政治思想日渐成熟并自成体系，遂为经学大师。黄初中期（约222年），王肃任散骑黄门侍郎，标志其政治生涯的开始。太和三年（229年），王肃升任散骑常侍。王肃任职期间，恪尽职守，多次就国家军事、政治等重大问题上疏，所提建议，常被采纳。之后，王肃又以常侍之职兼任秘书监、崇文观祭酒，管理典籍和教育。正始元年（240年），王肃出任广平太守。不久，又因公事征还，拜议郎，任侍中。随后又任九卿之首太常一职，掌管国家宗庙祭祀。后因宗庙祭祀问题而遭免职。不久，再起受职，任光禄勋。嘉平六年（254年），年近六旬的王肃持节兼任太常，奉大将军司马师之命，亲迎高贵乡公曹髦于元城。后又升任中领军，加散骑常侍。甘露元年（256年），王肃薨，追赠卫将军，谥景，数百名弟子为其服丧哀悼。据《三国志》记载，王肃共有一女八子。长女王元姬，为晋文明皇后。八子中姓名可考者有四：王恽、王恂、王虔、王恺。王肃诸子，政绩、学术相比其祖、父，逊色不少，故史传对他们的记载较少。

王恽，王肃长子，生卒年不详。据《三国志·王肃传》记载，王肃去世后，长子王恽继承爵位，王恽去世后，无子嗣爵，国除。

王恂（约234—278年），字良夫，王肃之子，王元姬之弟。王恂文义通博，在朝忠正，历任侍中奉车都尉、河南尹，建立二学，崇明五经。景元四年（263年），魏元帝曹奂封王恂为兰陵侯。咸熙中期（约265年），因其父王肃功勋卓著，封为承子（第四等爵）。晋武帝咸宁三年（277年）诏曰："河南，百郡之首，其风教宜为遐迩所模，以导齐之。侍中奉车都尉王恂，忠亮笃诚，才兼外内，明于治化。其以恂为河南尹。"[1] 咸宁四年（278年），王恂卒，年四十余，赠车骑将军。

---

[1] （宋）李昉撰，夏剑钦、劳伯林校点：《太平御览》第3册，河北教育出版社1994年版，第375页。

王虔，字恭祖，王肃之子，王元姬之弟。王虔以功劳才干著称，官至卫尉，封安寿亭侯，授平东将军、假节、监青州诸军事。后征召为光禄勋，之后又转任尚书。卒于任上。

王恺，字君夫，王肃之子，王元姬之弟。王恺少有才力，历位清显。因讨伐奸臣杨骏有功，封山都县公。后任龙骧将军，领骁骑将军，加散骑常侍，不久犯事免官。后再起被用，任射声校尉，后转任后将军。王恺身为国戚，生活极其奢侈，每与石崇斗富。死后，谥曰丑。

王虔有二子，即王康、王隆。《三国志》裴注引《晋诸公赞》云："虔子康、隆，仕亦宦达，为后世所重。"[1]《晋书·王虔传》云："（王虔）卒，子士文嗣，历右卫将军、南中郎将，镇许昌，为刘聪所害。"[2]士文当是王康或王隆之字，又据《晋书·王雅传》所云"祖隆，后将军"[3]，则可以推知，士文当为王康之字。王康官至右卫将军，王隆官至后将军，故二人"为后世所重"。

王景，王隆之子，官至大鸿胪，位在三品，职掌宾客朝觐。

王雅（334—400年），字茂达，魏中领军王肃之玄孙。[4]父王景，祖王隆，曾祖王虔。据《晋书》本传记载，王雅少年知名，辟州主簿，举为秀才，后出任永兴令，以干练善理事而著称。官至尚书左丞，历任廷尉、侍中、左卫将军、丹阳尹、太子少傅等职。王雅平易近人，敬慎奉公，深得晋孝武帝司马曜的器重和礼遇。王雅位尊受宠，颇有威信，门前常停数百车骑。王雅不仅善于应对接待，礼遇访客，而且颇有识见。隆安二年（398年），王雅由领军将军改任尚书左仆射。隆安四年（400年），王雅去世，年六十七岁。死后，追赠左光禄大夫（二品），仪同三司。

王雅有三子，即王准之、王协之、王少卿，《晋书·王雅传》云："长

---

① （晋）陈寿著，（南朝宋）裴松之注：《三国志》卷一三裴注引《晋诸公赞》，第419页。

② （唐）房玄龄等：《晋书》卷九三，中华书局1974年版，第2412页。

③ （唐）房玄龄等：《晋书》卷八三，第2179页。

④ 《晋书·王雅传》以王雅为王肃之曾孙，误。

子准之，散骑侍郎。次协之，黄门。次少卿，侍中。并有士操，立名于世云。"①

王延年，为散骑侍郎王准之之子，官至员外常侍，未拜而卒。东海王氏至王准之一代尚"并有士操，立名于世"，传至王延年而家道衰落。

王万庆，《南齐书·王谌传》云："王谌，字仲和，东海郯人也。祖万庆，员外常侍。父元闵，护军司马。"②《南史·王谌传》云："王谌，字仲和，东海郯人，晋少傅雅玄孙也。祖庆，员外常侍。父元闵，护军司马。"③ 由此可知，王万庆为王雅之孙，曾任南朝宋员外常侍。

王僧孺（463—522 年），南朝梁文学家、书法家、藏书家、谱学家。东海王氏传至王延年这一辈而衰落，至王僧孺而有复兴之气象。

王僧孺历仕南朝齐梁二代。仕齐时，始任王国左常侍、太学博士。尚书仆射王晏与之深相推重，王晏任丹阳尹，召王僧孺补郡功曹，令王僧孺撰《东宫新记》。后王僧孺迁大司马豫章王行参军，兼太学博士。竟陵王萧子良招揽文学人才，王僧孺亦游于王邸。建武初年，经扬州刺史萧遥光举荐，王僧孺除尚书仪曹郎，迁治书侍御史，出为钱塘令。王僧孺与"竟陵八友"之一的任昉，同游于竟陵王西邸，二人以文会友，互相推重。梁天监初年，王僧孺任临川王后军记室参军，不久又出任南海太守。王僧孺在南海为政两年，爱民守职，政绩可观。后拜中书侍郎，领著作，复直文德省，撰起居注、中表簿，升任尚书左丞、御史中丞。之后迁少府卿，出监吴郡，又除任尚书吏部郎，参与官吏选任。后又出任仁威南康王长史，行府、州、国事，后因遭谤而免官。几年后，王僧孺又任安西安成王参军，累迁镇右始兴王中记室、北中郎南康王谘议参军，后又专管谱牒之事。普通三年（522 年），王僧孺卒，时年六十岁。④

---

① （唐）房玄龄等：《晋书》卷八三，第 2180 页。

② （南朝梁）萧子显：《南齐书》卷三四，中华书局 1972 年版，第 616 页。

③ （唐）李延寿：《南史》卷四九，中华书局 1975 年版，第 1212 页。

④ 参见本书附录三《王僧孺年谱简编》"一岁"条下之考证。

王元闵，东晋尚书左仆射王雅之曾孙，王万庆之子，曾任护军司马。

王摛，王元闵之堂弟，王谌之从叔。王摛以博学见长，《南史·王摛传》云："谌从叔摛，以博学见知。……竟陵王子良校试诸学士，唯摛问无不对。"① 王摛曾任秣陵令、永阳郡守，后卒于尚书左丞一职。

王谦，《王僧孺集》有《从子永宁令谦诔》一文，可知王谦为王僧孺之从子，且曾任永宁县令。

王谌（423—491年），字仲和，东晋尚书王雅之玄孙。祖父万庆，员外常侍。父元闵，护军司马。王谌历任南朝宋州迎主簿、州迎从事、湘东王国常侍、镇北行参军、司徒参军、尚书殿中郎、尚书左丞等职。萧齐建立后，又历任征房长史、豫章王太尉司马、辅国将军、淮南太守、骁骑将军、冠军将军等职。王谌为人贞正和谨，颇有学问，"累为帝蕃佐，朝廷称为善人，多与之厚"②。王谌少时亦家境贫寒，《南齐书》本传载："谌少贫，尝自纺绩，及通贵后，每为人说之，世称其志达。"③ 东海王氏至第九代已显没落④，王僧孺、王谌虽然出身贫寒，但是能够自力更生，锐意仕进，终至官位显达，从而使东海王氏呈现复兴之气象。

兹将东海王氏仕宦情况列表⑤ 整理如下：

表 2-1　东海王氏仕宦情况列表

世系	姓名	字	官位	官品	谥号
一	王朗	景兴	司空、司徒	一品	成
二	王肃	子雍	太常、中领军，赠卫将军	二品	景
	王详				
	王恽				
三	王恂	良夫	河南尹、侍中，赠车骑将军	二品	

---

① （唐）李延寿：《南史》卷四九，第1213页。

② （南朝梁）萧子显：《南齐书》卷三四，第617页。

③ （南朝梁）萧子显：《南齐书》卷三四，第617页。

④ 第九代王僧孺"家贫，常佣书以养母"，第十代王谌"少贫，尝自纺绩"。

⑤ 表中空白处，因史料所限，无从考证。

续表

世系	姓名	字	官位	官品	谥号
三	王虔	恭祖	光禄勋、尚书	三品	
	王恺	君夫	后将军	四品	
四	王康	士文	右卫将军、南中郎将	四品	
	王隆		后将军	四品	
五	王景		大鸿胪	三品	
六	王雅	茂达	左仆射，赠左光禄大夫，仪同三司	二品	
七	王准之		散骑侍郎	四品	
	王协之		黄门侍郎	四品	
	王少卿		侍中	三品	
八	王延年		员外常侍	五品	
	王万庆		员外常侍	五品	
九	王僧孺	僧儒	尚书左丞、御史中丞	三品	
	王元闿		护军司马	五品	
	王摛		尚书左丞	三品	
十	王谦		永宁县令	八品	
	王谌	仲和	尚书左丞	三品	

二、东海王氏与曹氏、司马氏的互动

在中国历史上，政治立场的选择，一般取决于政治势力的强弱、私谊关系以及政治观念的异同，同时也往往关系到一个家族的命运。在汉魏嬗代以至魏晋更替的过程中，王朗、王肃父子审时度势，在汉末亲曹氏，在曹魏中期以后又亲司马氏。可以说，东海王氏与曹氏、司马氏的有效互动，是其在汉晋风云变幻的政治局势中能够牢稳立足的重要原因。

（一）东海王氏与曹氏的互动

东海王氏与曹氏之关系，不仅指王朗、王肃与曹操父子及其家族的关系，更指王朗、王肃与曹魏政权的关系，但后者往往通过前者的具体关系而表现出来。下面以王朗和王肃为主线，分而言之。

1. 王朗与曹氏

王朗与曹氏的关系，首先表现在王朗与曹操的关系，而二人之关系当始于建安三年（198 年）曹操表征王朗。在此有必要先略述王朗受到表征之前的情况，以明其受表征之缘由。汉代尊崇儒学，通经入仕成为一种常态，经学世代相承，遂有累世公卿的经学世家。同时，汉末盛行清议与人物品鉴，士人若为名士所褒扬，通常可以迅速知名，极有利于其仕途之发展，这在一定程度上使士人的问学、交游逐渐突破了地域性的限制。王朗生于汉末，少时即颇有文才，为州里名士陈琳等人所褒扬，知名州里[①]，后"以通经，拜郎中，除菑丘长"，标志其仕途之开始。王朗又曾师从出身弘农杨氏、时任太尉的杨赐，这不仅对其学问之精进大有帮助，而且对其日后仕途之平顺大有裨益。

后来发生了一起对王朗仕途颇有转折意义的事件，即王朗力劝徐州刺史陶谦"勤王"事件。《三国志·王朗传》载："时汉帝在长安，关东兵起，朗为谦治中，与别驾赵昱等说谦曰：'春秋之义，求诸侯莫如勤王。今天子越在西京，宜遣使奉承王命。'谦乃遣昱奉章至长安。天子嘉其意，拜谦安东将军。以昱为广陵太守，朗会稽太守。"[②]王朗深明《春秋》大义，认为"求诸侯莫如勤王"，陶谦从其计，而王朗从中受益，拜会稽太守，仕途更上一层。王朗任会稽太守，"居郡四年，惠爱在民"，为自己赢得了很好的口碑和名声。建安元年（196 年），孙策渡江略地，攻占会稽，《三国志》本传载："朗功曹虞翻以为力不能拒，不如避之。朗自以身为汉吏，宜保城邑，遂举兵与策战，败绩，浮海至东冶。策又追击，大破

---

① 《三国志·张昭传》："张昭，字子布，彭城人也。少好学，善隶书，从白侯子安受《左氏春秋》，博览众书，与琅邪赵昱、东海王朗俱发名友善。弱冠察孝廉，不就，与朗共论旧君讳事，州里才士陈琳等皆称善之。"参见《三国志》卷五二，第 1219 页。

② （晋）陈寿撰，（南朝宋）裴松之注：《三国志》卷一三，第 406 页。

之。朗乃诣策。策以朗儒雅，诘让而不害。"①从这一材料中，可以获得两条信息，一是王朗以"身为汉吏"而与孙策战，可见其忠君之气节；二是王朗以儒雅而免遭杀身之祸，可见其当时已有令名。

建安三年（198 年），曹操表征王朗，这是王朗与曹操建立关系之始，也是东海王氏与曹氏建立关系之始。至于表征原因，大概有三：一是王朗以儒雅和文才为曹操所知；二是曹操或以征王朗之事看孙策之态度②；三是曹操欲通过王朗探知孙策之军情。王朗辗转一年至许下，拜谏议大夫，参司空军事。曹操向其询问孙策势力何以至此，王朗答曰："策勇冠一世，有俊才大志。张子布，民之望也，北面而相之。周公瑾，江淮之杰，攘臂而为其将。谋而有成，所规不细，终为天下大贼，非徒狗盗而已。"③王朗对孙策崛起颇有识见，回答亦十分清楚，从此受到曹操的重用，仕途顺利，历任魏郡太守、少府、奉常、大理等职。王朗任职大理，"务在宽恕，罪疑从轻"，以"治狱"见称。曹操曾以孙权"称臣遣贡"一事咨询王朗④，王朗对曹操事功大加赞誉。

虽然王朗对曹操事功颇为认同，但二人在政治观念上亦颇有分歧，王朗为通经儒者，在治国上重视仁义教化，而曹操则更重刑法⑤，这种分歧集中表现在"复肉刑"之议上，《三国志·陈群传》载：

> 时太祖议复肉刑，令曰："安得通理君子达于古今者，使平斯事乎！昔陈鸿胪以为死刑有可加于仁恩者，正谓此也。御史中丞能申

---

① （晋）陈寿撰，（南朝宋）裴松之注：《三国志》卷一三，第 407 页。

② 此中之义，可参照华歆受曹操表征之事观之，《三国志·华歆传》："太祖在官渡，表天子征歆。孙权欲不遣，歆谓权曰：'将军奉王命，始交好曹公，分义未固，使仆得为将军效心，岂不有益乎？今空留仆，是为养无用之物，非将军之良计也。'权悦，乃遣歆。"参见《三国志》卷一三，第 401 页。

③ （晋）陈寿撰，（南朝宋）裴松之注：《三国志》卷一三裴注引《汉晋春秋》，第 407 页。

④ （晋）陈寿撰，（南朝宋）裴松之注：《三国志》卷一三裴注引《魏略》，第 408 页。

⑤ 曹氏数代统治者均重视恢复肉刑，据《晋书·刑法志》，曹魏时期共有五次"复肉刑"之议。

其父之论乎？"群对曰："臣父纪以为汉除肉刑而增加笞，本兴仁恻而死者更众，所谓名轻而实重者也。名轻则易犯，实重则伤民。……今以笞死之法易不杀之刑，是重人支体而轻人躯命也。"时钟繇与群议同，王朗及议者多以为未可行。太祖深善繇、群言，以军事未罢，顾众议，故且寝。[①]

曹操重刑法，欲恢复肉刑，王朗时任大理坚决反对，最终使曹操迫于众议而作罢。王朗深受儒家礼乐文化熏陶，重教化，轻刑法，所以他坚决反对"复肉刑"，其治狱"务在宽恕，罪疑从轻"，亦可见儒家仁爱之精神。王朗除反对恢复肉刑外，亦重视礼制，《晋书·礼下》载："汉魏之礼云，公主居第，尚公主者来第成婚。司空王朗以为不可，其后乃革。"[②] 关于"异姓为后议"，王朗议曰："收捐拾弃，不避寒暑，且救垂绝之气，而肉必死之骨，可谓仁过天地，恩逾父母者也。"[③] 此外，王朗《论丧服书》曰："郑玄云：'兄弟犹曰族亲也，无所不关之辞也。'吾以为古学以九代之亲为九族，谓兄弟者，亦九代兄弟也。凡属乎父道者则父之兄弟，在乎祖道则祖之兄弟，在乎子道则子之兄弟，在乎孙道则孙之兄弟。故族亲亦可谓为兄弟也。"[④] 由上可见，王朗颇为重视仁义、礼制，这与曹操重刑法而轻礼教之观念大相径庭。

　　王朗与魏文帝曹丕均以文学见长，且二人关系密切，多有书信往来。曹丕为太子时即对王朗颇为敬重，《三国志》裴注引王沈《魏书》曰：

　　　　帝初在东宫，疫疠大起，时人凋伤，帝深感叹，与素所敬者大理王朗书曰："生有七尺之形，死唯一棺之土。唯立德扬名，可以不朽。

---

① （晋）陈寿撰，（南朝宋）裴松之注：《三国志》卷二二，第634页。
② （唐）房玄龄等：《晋书》卷二一，第670页。
③ （唐）杜佑：《通典》卷六九，中华书局1988年版，第1915页。
④ （唐）杜佑：《通典》卷七三，第2000页。

其次莫如著篇籍。疫疠数起，士人凋落，余独何人，能全其寿？”故论撰所著《典论》《诗》《赋》，盖百余篇，集诸儒于肃城门内，讲论大义，侃侃无倦。①

由此可见王朗与曹丕关系之密切。正因曹丕对王朗颇为敬重，在其继任魏王之后，擢王朗为御史大夫，封安陵亭侯，几个月后，曹丕受禅称帝，又擢王朗为司空，封乐平乡侯。王朗一年之内连续两迁，位至三公，官位显赫，这和他与魏文帝曹丕之间的私谊不无关系。王朗对曹丕代汉称帝颇为支持，《三国志·文帝纪》载：

> 相国华歆、太尉贾诩、御史大夫王朗及九卿上言曰：“臣等被召到，伏见太史丞许芝、左中郎将李伏所上图谶、符命，侍中刘廙等宣叙众心，人灵同谋。……臣等闻自古及今，有天下者不常在乎一姓。考以德势，则盛衰在乎强弱；论以终始，则废兴在乎期运。”②

王朗支持曹丕称帝，既有政治利益又有私谊关系的考虑，此时他属于既得利益集团，已无汉末清议那种忠节观念，或者说，他的这种观念早已转化为忠于曹魏政权。曹丕称帝后，王朗屡次上疏陈述政见，如上《劝育民省刑疏》，主张减轻赋税，慎用法狱③，又上疏谏征蜀，《三国志》本传载：

> 建安末，孙权始遣使称藩，而与刘备交兵。诏议“当兴师与吴并取蜀不？”朗议曰：“天子之军，重于华、岱，诚宜坐曜天威，不动若山。假使权亲与蜀贼相持，搏战旷日，智均力敌，兵不速决，当须军

---

① （晋）陈寿撰，（南朝宋）裴松之注：《三国志》卷二，第88页。
② （晋）陈寿撰，（南朝宋）裴松之注：《三国志》卷二，第62页。
③ （晋）陈寿撰，（南朝宋）裴松之注：《三国志》卷一三，第409页。

兴以成其势者，然后宜选持重之将，承寇贼之要，相时而后动，择地而后行，一举更无余事。今权之师未动，则助吴之军无为先征。且雨水方盛，非行军动众之时。"帝纳其计。①

王朗这一建议为文帝所采纳。后王朗又上疏谏文帝游猎晚归。魏文帝曹丕时常问政于王朗，如《长短经》载："魏文帝问王朗等曰：'昔子产治郑，人不能欺；子贱治单父，人不忍欺；西门豹治邺，人不敢欺。三子之才，于君德孰优？'对曰：'君任德则臣感义而不忍欺，君任察则臣畏觉而不能欺，君任刑则臣畏罪而不敢欺。任德感义，与夫导德齐礼、有耻且格等趋者也；任察畏非，与夫导政齐刑、免而无耻同归者也。优劣之悬，在于权衡，非徒钧铢之觉也。'"由此可见，王朗颇为推崇儒家"道之以德，齐之以礼"的政治理念。曹丕对王朗评价甚高，《三国志·钟繇传》载："时司徒华歆、司空王朗，并先世名臣。文帝罢朝，谓左右曰：'此三公者，乃一代之伟人也，后世殆难继矣！'"②由此可知，王朗与曹氏的关系在文帝时达到高峰，从而奠定了东海王氏在曹魏时期的政治地位。

黄初七年（226年），魏明帝曹叡即位，王朗改任司空。其时又有"复肉刑"之议，王朗依旧坚决反对，《三国志·钟繇传》记载：

司徒王朗议以为："繇欲轻减大辟之条，以增益刖刑之数，此即起偃为竖，化尸为人矣。然臣之愚，犹有未合微异之意。夫五刑之属，著在科律，自有减死一等之法，不死即为减。施行已久，不待远假斧凿于彼肉刑，然后有罪次也。前世仁者，不忍肉刑之惨酷，是以废而不用。不用已来，历年数百。今复行之，恐所减之文未彰于万民之目，而肉刑之问已宣于寇仇之耳，非所以来远人也。今可按繇所欲轻之死

---

① （晋）陈寿撰，（南朝宋）裴松之注：《三国志》卷一三，第411页。
② （晋）陈寿撰，（南朝宋）裴松之注：《三国志》卷一三，第395页。

罪，使减死之髡、刖。嫌其轻者，可倍其居作之岁数。内有以生易死不訾之恩，外无以刖易钛骇耳之声。"议者百余人，与朗同者多。帝以吴、蜀未平，且寝。①

由上可见，王朗一直坚决反对恢复肉刑，这体现了其信奉儒家政治理念之立场。之后王朗又上《谏东征疏》《谏修宫室疏》《屡失皇子疏》，魏明帝报曰：

> 夫忠至者辞笃，爱重者言深。君既劳思虑，又手笔将顺，三复德音，欣然无量。朕继嗣未立，以为君忧，钦纳至言，思闻良规。②

王朗以七十多岁的高龄任职于朝，屡次上疏，其对曹氏可谓尽职尽忠。其对明帝曹叡后嗣之事尤为关切，可见其与曹魏政权之密切关系。

综上可知，王朗身为曹魏三朝元老，已与曹魏政权建立了深厚的感情，虽然在"复肉刑"之议上与曹氏有分歧，但亦是基于维护曹魏政权这一出发点。

2. 王肃与曹氏

王肃与曹氏之关系，分前后两期，前期以亲曹氏为主，后期与曹氏保持距离，更亲司马氏，其态度转变的标志是太和五年（231年）王肃将女儿王元姬许配给司马懿次子司马昭。需要强调的是，我们不能说王肃后期亲司马氏，就说他对曹魏不忠，毕竟王肃未曾预料司马氏以后会篡魏，而他和司马氏联姻，只是因为司马氏在当时政治地位颇高，换言之，王肃和司马氏联姻与和夏侯氏联姻没有本质的区别。

王肃入仕较晚，年近三十始任散骑侍郎，三十五岁任散骑常侍。在此之前王肃专心治学，步入仕途后，起初多居清要之职相对清闲，所以他可

---

① （晋）陈寿撰，（南朝宋）裴松之注：《三国志》卷一三，第397—398页。
② （晋）陈寿撰，（南朝宋）裴松之注：《三国志》卷一三，第414页。

以集中精力专心治学，在任散骑常侍以后方参与朝廷政事。太和四年（230年），大司马曹真征蜀，王肃上《谏征蜀疏》《陈政本疏》力谏，其谏议被魏明帝所采纳。王肃以学问见长，尤精礼学，故常以"议礼"参与政事。太和五年（231年）三月，大司马曹真去世，王肃上《请为大司马曹真临吊表》，表示对忠臣的尊重。王肃生于汉末，并亲历汉魏嬗代的过程，故其对汉代自然存有一定的感情，这表现在汉献帝刘协去世时，王肃上疏请求魏明帝以"皇"配刘协之谥号[1]，但魏明帝没有采纳其建议。

青龙四年（236年），王肃以常侍领秘书监，兼崇文观祭酒。景初间，魏明帝大兴宫室，徭役繁重，民失农业，王肃上疏曰：

> 大魏承百王之极，生民无几，干戈未戢，诚宜息民而惠之以安静退迹之时也。夫务畜积而息疲民，在于省徭役而勤稼穑。……诚愿陛下发德音，下明诏，深愍役夫之疲劳，厚矜兆民之不赡，取常食廪之士，非急要者之用，选其丁壮，择留万人，使一期而更之，咸知息代有日，则莫不悦以即事，劳而不怨矣。[2]

王肃身为魏臣，尽职尽责，并信奉儒家"为政以德"的治国思想，可见其当时虽与司马氏联姻，但仍忠于曹魏政权。王肃甚至抗议魏明帝滥用刑法，史载：

> 魏明帝时，宫室盛兴，而期会迫急，有稽限者，帝亲召问，言犹在口，身首已分。王肃抗疏曰："陛下之所行刑，皆宜死之人也。然众庶不知，将为仓卒，愿陛下下之于吏而暴其罪。均其死也，不污宫掖，不为搢绅惊愕，不为远近所疑。人命至重，难生易杀，气绝而不续者

---

① （晋）陈寿撰，（南朝宋）裴松之注：《三国志》卷一三，第415—416页。
② （晋）陈寿撰，（南朝宋）裴松之注：《三国志》卷一三，第416—417页。

也，是以圣王重之。孟轲云：'杀一不辜而取天下者，仁者不为也。'"①

王肃敢于直谏，力陈为政以德，可见其对曹氏政权非常忠心。此外，王肃还向明帝讲述忠言逆耳、广德宽宥之深意：

> 帝尝问曰："汉桓帝时，白马令李云上书言：'帝者，谛也。是帝欲不谛。'当何得不死？"肃对曰："但为言失逆顺之节。原其本意，皆欲尽心，念存补国。且帝者之威，过于雷霆，杀一匹夫，无异蝼蚁。宽而宥之，可以示容受切言，广德宇于天下。故臣以为杀之未必为是也。"帝又问："司马迁以受刑之故，内怀隐切，著《史记》非贬孝武，令人切齿。"对曰："司马迁记事，不虚美，不隐恶。刘向、扬雄服其善叙事，有良史之才，谓之实录。汉武帝闻其述史记，取孝景及己本纪览之，于是大怒，削而投之。于今此两纪有录无书。后遭李陵事，遂下迁蚕室。此为隐切在孝武，而不在于史迁也。"②

综上可知，王肃在明帝一朝屡进忠言，希冀明帝施行仁政，宽刑爱民，可见当时王肃与曹氏关系之密切。之后随着曹氏君主的昏庸及司马氏势力的强大，王肃逐渐改变了政治立场，开始公开支持司马氏。

（二）东海王氏与司马氏的互动

东海王氏与司马氏的关系在曹魏初期并不密切，王朗虽与司马懿同朝多年，但交集似不多。王氏与司马氏关系增进的标志是二氏联姻。毫无疑问，政治联姻多据互惠原则，并出于巩固政治地位之目的。曹魏初期的东海王氏，既有三公重臣，又有经学大家，并与弘农杨氏、谯郡夏

---

① （唐）房玄龄等：《晋书》卷三〇，第916页。
② （晋）陈寿撰，（南朝宋）裴松之注：《三国志》卷一三，第418页。

侯氏、泰山羊氏等高门大族均有联姻，故司马氏选择与东海王氏联姻当是明智之举。与此同时，东海王氏也看到了司马氏家族势力的强大，司马氏经过几十年的苦心经营，逐渐由地方性乡里家族，发展为全国性的政治家族，其联姻最初只是河内乡里，后来突破地域界限，先后与泰山羊氏、谯郡夏侯氏这样的世家大族联姻。司马氏家族权势网络的编织形成，及其在曹魏政权中所集聚的力量，对于魏晋之际的政治变化有深远的影响。[①] 曹魏初期，东海王氏与司马氏尚未有密切的交往与联系，王肃与司马氏甚至在政见上存在分歧，如《宋书·礼志》载：

> 明帝即位，便有改正朔之意，朝议多异同，故持疑不决。……太尉司马懿、尚书仆射卫臻、尚书薛悌、中书监刘放、中书侍郎习干、博士秦静、赵怡、中候中诏李岐以为宜改；侍中缪袭、散骑常侍王肃、尚书郎魏衡、太子舍人黄史嗣以为不宜改。[②]

东海王氏与司马氏关系转为密切的关键一步是两家联姻。太和五年（231年），王肃将女儿王元姬嫁给司马懿次子司马昭，标志着东海王氏与司马氏正式结为政治同盟，但此时司马氏似未有篡魏之心。二氏联姻，当出于前述政治互惠原则。魏文帝去世前曾安排四位顾命大臣，即曹休、曹真、陈群、司马懿，而曹休、曹真分别于太和二年（228年）和太和五年（231年）去世，王肃选择在太和五年曹真去世之年将女儿嫁给司马昭，或是巧合，或别有用心，不得而知。[③] 之后，王肃政治立场明显倾向司马氏，如《三国志》本传载：

---

① 仇鹿鸣：《魏晋之际的政治权力与家族网络》，上海古籍出版社2012年版，第87页。关于司马氏权势网络的形成，可参该书《司马懿在曹魏政权的权势网络》一节，第62—87页。

② （南朝梁）沈约：《宋书》卷一四，中华书局1974年版，第328页。

③ 当时司马氏似尚未显示出篡逆之心，而王肃亦不可能有"党马伐魏"之志，故王肃此时嫁女，应为正常联姻。

时大将军曹爽专权，任用何晏、邓飏等。肃与太尉蒋济、司农桓范论及时政，肃正色曰："此辈即弘恭、石显之属，复称说邪！"爽闻之，戒何晏等曰："当共慎之！公卿已比诸君前世恶人矣。"①

王肃公开批评曹爽宠臣何晏等人，可见其已明显站在司马氏一边。值得注意的是，正始元年（240 年）以后，王肃政治活动明显增多。正始元年（240 年），王肃出为广平太守，后因公事征还，拜议郎。不久又任侍中，迁太常，后因宗庙之事免职。之后又起任光禄勋。②当时政治形势复杂，大将军曹爽听何晏等人之计，将司马懿架空，而王肃突然因宗庙事而免官，之后又被起用，当是曹氏与司马氏政治力量互相较量的结果。嘉平元年（249 年），司马懿趁机发动高平陵政变，诛杀曹爽一党，完全掌握政治、军事大权。

高平陵政变以后，王肃政治立场则更为明显。"魏嘉平四年春正月，（司马师）迁大将军，加侍中，持节、都督中外诸军、录尚书事。……钟会、夏侯玄、王肃、陈本、孟康、赵酆、张缉预朝议，四海倾注，朝野肃然。"③之后，王肃无疑参与了谋废邵陵厉公及迎接高贵乡公的政治事件：

嘉平六年，（王肃）持节兼太常，奉法驾，迎高贵乡公于元城。是岁，白气经天，大将军司马景王问肃其故，肃答曰："此蚩尤之旗也，东南其有乱乎？君若修己以安百姓，则天下乐安者归德，唱乱者先亡矣。"明年春，镇东将军毌丘俭、扬州刺史文钦反，景王谓肃曰："霍光感夏侯胜之言，始重儒学之士，良有以也。安国宁主，其术焉在？"肃曰："昔关羽率荆州之众，降于禁于汉滨，遂有北向争天下之志。后孙权袭取其将士家属，羽士众一旦瓦解。今淮南将士父母

① （晋）陈寿撰，（南朝宋）裴松之注：《三国志》卷一三，第 418 页。
② （晋）陈寿撰，（南朝宋）裴松之注：《三国志》卷一三，第 418 页。
③ （唐）房玄龄等：《晋书》卷二，第 26 页。

妻子皆在内州，但急往御卫，使不得前，必有关羽土崩之势矣。"景王从之，遂破俭、钦。后迁中领军，加散骑常侍。①

王肃为司马氏平定叛乱积极出谋划策，其与司马氏不仅是姻亲关系，更是政治利益共同体。王肃选择与司马氏联姻，并在魏明帝去世以后党同司马氏，客观上有助于东海王氏政治地位和社会声望的提高。

王肃政治立场的转变，当在魏明帝去世以后，这是多种因素综合作用导致的结果，既有政治环境的因素，也有王肃本人的因素。魏文帝曹丕去世前曾安排四位顾命大臣，当时司马懿为四位辅臣之一，可见其政治地位已相当高。魏明帝去世前安排曹爽（曹真之子）和司马懿为顾命大臣，尽管这一人事安排秉承了曹丕在安排顾命大臣时注重功臣与宗室势力相平衡的方针，但是魏明帝没有达成"使亲人广据职势，兵任又重"的既定政治目标，司马懿控制的部分军权以及丰富的政治经验为其最终战胜曹爽，奠定魏晋嬗代的基础。②魏明帝一朝，司马懿政治势力是一个直线上升的过程，而正是在此期间王肃将女儿王元姬嫁与司马懿次子司马昭，两家结为亲家。因此，王肃倒向司马氏一边，是其必然选择。此外，魏明帝大兴宫室、滥杀无辜，而嗣位者曹芳为其养子，且十分平庸，这也是王肃支持司马氏的一个原因。

第二节　东海王氏的姻娅关系

中古时期，世家大族盛行。在当时历史环境下，政治联姻是维系一个家族生存与发展的重要纽带。东海王氏十分注重政治联姻，这对其政治地

---

① （晋）陈寿撰，（南朝宋）裴松之注：《三国志》卷一三，第418—419页。
② 仇鹿鸣：《魏晋之际的政治权力与家族网络》，第82页。

位的巩固和提高有积极意义，特别是王肃将女儿王元姬嫁与司马昭，使东海王氏与河内司马氏结为政治同盟，进而使东海王氏成为晋代国戚望族，并显赫一时。了解东海王氏的姻娅关系，有助于加深理解东海王氏的政治立场与社会关系。本节依据史料，主要对王朗、王肃、王元姬、王虔的姻娅关系作简要论述。

一、王朗娶弘农杨氏

据史载，晋文明皇后王元姬去世后，晋武帝司马炎因对母亲追慕不已，下诏：

> 外曾祖母，故司徒王朗夫人杨氏，舅氏尊属。郑、刘二从母，先后至爱。每惟圣善，敦睦遗旨。渭阳之感，永怀靡及。其封杨夫人及从母为乡君，邑各五百户。①

司马炎念母，并及母之祖母、姊妹，故而封她们为乡君。笔者推测，王朗夫人杨氏，很可能出于弘农杨氏。《三国志·王朗传》云："（王朗）师太尉杨赐，赐薨，弃官行服。"②杨赐出身经学世家弘农杨氏，其祖杨震以经学名世，官至太尉，《后汉书·杨震传》云：

> 杨震，字伯起，弘农华阴人也。八世祖喜，高祖时有功，封赤泉侯。高祖敞，昭帝时为丞相，封安平侯。父宝，习《欧阳尚书》……震少好学，受《欧阳尚书》于太常桓郁，明经博览，无不穷究。诸儒为之语曰："关西孔子杨伯起。"……大将军邓骘闻其贤而辟之，举茂

---

① （唐）房玄龄等：《晋书》卷三一，第952页。
② （晋）陈寿撰，（南朝宋）裴松之注：《三国志》卷一三，第406页。

才，四迁荆州刺史、东莱太守……延光二年，代刘恺为太尉。①

杨震传习《欧阳尚书》，明经博览。杨震之子杨秉传习家学，亦官至太尉，《后汉书·杨秉传》云：

> 秉，字叔节，少传父业，兼明京氏《易》，博通书传，常隐居教授。年四十余，乃应司空辟，拜侍御史……桓帝即位，以明《尚书》征入劝讲，拜太中大夫、左中郎将，迁侍中、尚书……（延熹）五年冬，代刘矩为太尉。②

杨秉，传习父业，博通书传。习《欧阳尚书》，兼明京氏《易》。其子杨赐，也即王朗之师，亦传家学，官至太尉，《后汉书·杨赐传》云：

> 赐，字伯献。少传家学，笃志博闻。常退居隐约，教授门徒，不答州郡礼命。后辟大将军梁冀府，非其好也。出除陈仓令，因病不行。公车征不至，连辞三公之命。后以司空高第，再迁侍中、越骑校尉。建宁初，灵帝当受学，诏太傅、三公选通《尚书》桓君章句宿有重名者，三公举赐，乃侍讲于华光殿中。迁少府、光禄勋……（光和）五年冬，复拜太尉。③

杨赐传习家学，教授门徒，后出仕任职，亦官至太尉。由上可见，弘农杨氏为世传经学、官位显赫的世家大族。建宁元年（168 年）以前，杨赐隐居讲学，而王朗其时尚不足十二岁，以此幼龄显然不可能远赴千里之外跟随杨赐学习。王朗师从杨赐必在其"以通经拜郎中"（约 181 年）之前。

---

① （南朝宋）范晔撰，（唐）李贤等注：《后汉书》卷五四，第 1759 页。

② （南朝宋）范晔撰，（唐）李贤等注：《后汉书》卷五四，第 1769 页。

③ （南朝宋）范晔撰，（唐）李贤等注：《后汉书》卷五四，第 1775 页。

考察杨赐仕宦历程，其在熹平二年（173 年）至光和四年（181 年）间，四次因事免官在家。熹平六年（177 年）十二月，杨赐因辟党人而遭免官，此时王朗二十二岁，有能力远游求学。此外，王朗对时事较为关心，想必会对杨赐大胆选用党人之举颇为钦佩，而且弘农杨氏以经学传家而闻名，揆诸情理，王朗在此时远赴京城师从杨赐是很有可能的。

中平二年（185 年），杨赐去世，王朗为其弃官行服，足见二人关系之亲近，笔者由此揣测王朗与弘农杨氏很可能有姻亲关系。当时社会多有师徒"结亲"的现象，杨赐本人即是一例，《后汉书·桓晔传》载桓晔之姑"为司空杨赐夫人"，而杨赐曾师从桓晔从祖父桓鸾，因此杨赐之妻当是其师桓鸾的侄女或女儿。与此相似，王朗拜师杨赐，很可能受到杨赐的赏识，故而杨赐将其家族一女子（不一定是亲生女儿）许配给王朗。这只是笔者的一个猜测，因史料所限，这一推测恐难以证实，姑备一说。

另外，还有两处记载涉及王朗与弘农杨氏之关系。一是初平四年（193 年），其时天下大乱，桓晔避地会稽，《后汉书》李贤等注引《东观记》曰："（桓晔）后东适会稽……太守王朗饷给粮食、布帛、牛羊。"[1] 初平四年（193 年）王朗刚好任会稽太守，其为逃难至此的桓晔供给粮食、布帛、牛羊，可谓视桓氏为座上宾。关于桓晔，《后汉书》本传云："晔，字文林，一名严，尤修志介。姑为司空杨赐夫人。"[2] 由此可知，二人都与弘农杨氏有密切关系，故王朗热情款待桓晔自在情理之中。另一处记载是王朗荐举杨赐之子杨彪，《三国志》载：

> 黄初中，鹈鹕集灵芝池，诏公卿举独行君子。朗荐光禄大夫杨彪，且称疾，让位于彪。帝乃为彪置吏卒，位次三公。[3]

---

① （南朝宋）范晔撰，（唐）李贤等注：《后汉书》卷三七，第 1260 页。
② （南朝宋）范晔撰，（唐）李贤等注：《后汉书》卷三七，第 1259 页。
③ （晋）陈寿撰，（南朝宋）裴松之注：《三国志》卷一三，第 411 页。

魏文帝曹丕诏公卿举荐独行君子，王朗举荐光禄大夫杨彪，欲将司空之位相让。从中亦可见王朗与弘农杨氏之亲密关系。

二、王肃娶泰山羊氏、谯郡夏侯氏

（一）结亲泰山羊氏

王肃第一位夫人为羊氏。泰始三年（267年），晋武帝司马炎为外祖母羊氏追加谥号，《晋书·文明皇后传》载：

> 帝以后母羊氏未崇谥号，泰始三年下诏曰："……故卫将军、兰陵景侯夫人羊氏，含章体顺，仁德醇备。内承世胄，出嫔大国。三从之行，率礼无违。仍遭不造，频丧统嗣。抚育众胤，克成家道。母仪之教，光于邦族。诞启圣明，祚流万国。而早世徂陨，不遇休宠。皇太后孝思蒸蒸，永慕罔极。朕感存遗训，追远伤怀。其封夫人为县君，依德纪谥，主者详如旧典。"于是使使持节，谒者何融，追谥为平阳靖君。①

据诏旨所云"内承世胄，出嫔大国"，可知王肃夫人羊氏出身世家大族。在当时历史环境下，有"世胄"称谓的羊氏，则只有泰山羊氏。泰山羊氏在东汉、魏晋时期可谓高门大族。东汉时期，泰山羊氏即已是地方望族，生活在汉末桓帝、灵帝时期的羊续是泰山羊氏承前启后式的代表人物，《后汉书·羊续传》载：

> 羊续，字兴祖，泰山平阳人也。其先七世二千石卿校，祖父侵，

---

① （唐）房玄龄等：《晋书》卷三一，第951页。

> 安帝时司隶校尉。父儒，桓帝时为太常……中平三年，拜续为南阳太守……（中平六年）征为太常，未及行，会病卒，时年四十八。①

泰山羊氏繁衍至羊续一代时，已经七世秩在两千石，可谓累世高官。羊续为汉灵帝时名臣，曾任南阳太守。羊续之子羊衜，曾任上党太守。泰山羊氏家族累世高官，并与孔氏、蔡氏、司马氏等高门大族联姻。羊衜先娶孔融之女孔氏，孔氏病逝，又续娶蔡邕之女蔡贞姬。羊衜与蔡贞姬生羊承、羊徽瑜、羊祜二子一女。其中，长子羊承早逝；女儿羊徽瑜嫁给司马师，武帝即位，封为弘训太后，去世后封景献羊皇后；幼子羊祜，为政治家、军事家、文学家，在西晋建立和平定吴国过程中发挥了重要作用，从而使泰山羊氏在晋代成为显赫一时的世家大族。《晋书·羊祜传》载：

> 羊祜，字叔子，泰山南城人也。世吏二千石，至祜九世，并以清德闻。祖续，仕汉南阳太守。父衜，上党太守。祜，蔡邕外孙，景献皇后同产弟……文帝为大将军，辟祜，未就。公车征，拜中书侍郎，俄迁给事中、黄门郎……及会诛，拜相国从事中郎，与荀勖共掌机密。迁中领军，悉统宿卫，入直殿中，执兵之要，事兼内外。武帝受禅，以佐命之勋，进号中军将军，加散骑常侍……帝将有灭吴之志，以祜为都督荆州诸军事、假节，散骑常侍、卫将军如故。祜率营兵出镇南夏，开设庠序，绥怀远近，甚得江汉之心……咸宁初，除征南大将军、开府仪同三司，得专辟召。②

羊氏家族结亲司马氏，高平陵事变以后，羊祜参掌机密，有佐命之功，终至显达。可以说，羊祜的仕宦功勋，除了个人努力外，家世背景、姻亲关

---

① （南朝宋）范晔撰，（唐）李贤等注：《后汉书》卷三一，第1109页。
② （唐）房玄龄等：《晋书》卷三四，第1013页。

系也起到了重要作用。鉴于羊祜在建晋和灭吴中的卓越功勋，晋武帝曾下诏："以泰山之南武阳、牟、南城、梁父、平阳五县为南城郡，封祜为南城侯，置相，与郡公同。"①羊祜虽力辞不受，但泰山羊氏高门大族之地位与声望则更加稳固。

东海王氏与泰山羊氏联姻，同时二者又都与河内司马氏联姻，可见他们的政治立场一致，均支持司马氏。就年龄而言，王肃夫人羊氏当是羊祜、羊徽瑜的姑辈，也就是说，王肃夫人羊氏与羊衜、羊秘同辈，具体生平则不详。总之，王肃夫人羊氏，出身高门，恪守妇德，抚育众子，为王氏家族贡献殊大。遗憾的是，羊氏不幸早逝，羊氏去世后，王肃又续娶了谯郡夏侯氏。

（二）结亲谯郡夏侯氏

《晋书·文明皇后传》载：

> 其后，帝追慕不已，复下诏曰："外曾祖母，故司徒王朗夫人杨氏，舅氏尊属。郑、刘二从母，先后至爱。每惟圣善，敦睦遗旨。渭阳之感，永怀靡及。其封杨夫人及从母为乡君，邑各五百户。"太康七年，追赠继祖母夏侯氏为荥阳乡君。②

从上述材料中我们至少可以获知，诏旨之后，史家又附有"太康七年，追赠继祖母夏侯氏为荥阳乡君"一语，按司马炎的继祖母当是司马懿的继室，而考诸史料，司马懿并未娶夏侯氏，而司马师曾结亲夏侯氏，故此处所云盖有误，况且云"继祖母"而置于此处（《文明皇后传》），与语境不合。所以笔者认为，此处所指当是"外继祖母"，而非"继祖母"。换言之，司马

---

① （唐）房玄龄等：《晋书》卷三四，第1019页。
② （唐）房玄龄等：《晋书》卷三一，第952页。

炎因思念母亲，在追赠外曾祖母杨氏、两位姨母后，又于太康七年追赠外继祖母夏侯氏。而且前已论及，司马炎在此前已追赠外祖母羊氏，故此处追赠外继祖母，当是合乎情理的。此外，王肃原配夫人羊氏早卒，而王肃育有八子四女，因此其中部分子女很可能是王肃续娶的夫人夏侯氏所生。《三国志·朱建平传》载：

> 肃年六十二，疾笃，众医并以为不愈。肃夫人问以遗言，肃云："建平相我逾七十，位至三公，今皆未也，将何虑乎！"而肃竟卒。①

前已述及，王肃原配羊氏"早世殂陨"，而王肃去世前有夫人在侧，则此夫人必为续娶。综上可知，王肃第二任夫人当为谯郡夏侯氏。

谯郡夏侯氏，是曹魏时期颇为显赫的世家大族，可谓当红高门。谯郡夏侯氏的代表人物有夏侯惇、夏侯渊、夏侯尚、夏侯玄、夏侯霸等。夏侯惇，字符让，沛国谯人，夏侯婴之后，以烈气著名。曹操初起，惇常为裨将，从征伐。建安二十一年，从曹操征孙权，后都督二十六军。文帝即王位，任惇大将军。②夏侯惇随曹操南征北战，为曹魏政权的建立立下了汗马功劳，从而奠定了夏侯氏家族的地位与声望。夏侯惇族弟夏侯渊亦随曹操多次征战，并任征西将军。夏侯渊从子夏侯尚亦有显赫军功，《三国志》本传载：

> 夏侯尚，字伯仁，渊从子也。文帝与之亲友。太祖定冀州，尚为军司马，将骑从征伐，后为五官将文学。魏国初建，迁黄门侍郎。代郡胡叛，遣鄢陵侯彰征讨之，以尚参彰军事，定代地，还。太祖崩于洛阳，尚持节，奉梓宫还邺。并录前功，封平陵亭侯，拜散骑常侍，

---

① （晋）陈寿撰，（南朝宋）裴松之注：《三国志》卷二九，第810页。
② （晋）陈寿撰，（南朝宋）裴松之注：《三国志》卷九，第268页。

迁中领军。文帝践阼，更封平陵乡侯，迁征南将军，领荆州刺史，假节都督南方诸军事……平三郡九县，迁征南大将军。①

夏侯尚多次随曹操征伐，曹操去世，夏侯尚持节奉梓宫还邺。曹丕称帝后，夏侯尚任征南将军，后率军击破上庸，平三郡九县，迁为征南大将军，担负征吴重任，并多次大破吴军。夏侯尚之子夏侯玄亦颇有战功，曾任征西将军。

曹魏时期，谯郡夏侯氏之所以有极高的政治地位与社会名望，除自身军功以外，则缘自其与曹氏频繁的联姻。曹操曾将女儿清河公主嫁给夏侯惇之子夏侯楙，楙历位侍中尚书、安西镇东将军，假节。②夏侯渊及其长子夏侯衡亦与曹氏有联姻，《三国志·夏侯渊传》记载：

> 渊妻，太祖内妹。长子衡，尚太祖弟海阳哀侯女，恩宠特隆。衡袭爵，转封安宁亭侯。黄初中，赐中子霸，太和中，赐霸四弟，爵皆关内侯。③

夏侯渊娶曹操内妹，夏侯渊长子夏侯衡娶曹操侄女，均受恩宠。此外，夏侯渊从子夏侯尚亦与曹氏联姻，所娶为曹爽之姑魏德阳公主。④综上可知，夏侯氏两代四人与曹氏联姻，曹魏时期的夏侯氏堪称当红大族。

正是因为谯郡夏侯氏有如此之高的地位和声望，也就成为其他高门大族联姻的对象。王肃在原配羊氏去世后，又续娶夏侯氏，与谯郡夏侯氏结

---

① （晋）陈寿撰，（南朝宋）裴松之注：《三国志》卷九，第293页。
② （晋）陈寿撰，（南朝宋）裴松之注：《三国志》卷九，第268页。
③ （晋）陈寿撰，（南朝宋）裴松之注：《三国志》卷九，第272页。
④ 《三国志·夏侯尚传》云："尚有爱妾嬖幸，宠夺嫡室；嫡室，曹氏女也，故文帝遣人绞杀之。"《晋书·景怀夏侯皇后传》云："父尚，魏征南大将军。母曹氏，魏德阳公主。"又《三国志·夏侯玄传》云："正始初，曹爽辅政。玄，爽之姑子也。累迁散骑常侍、中护军。"由此可知，夏侯尚所娶为魏德阳公主。

亲。需要说明的是，当时曹氏与司马氏斗争尚不明显①，故联姻多出于巩固政治地位之需要。正因为夏侯氏位高权重，颇有声望，司马氏亦与之联姻②，由此可见，政治联姻是当时世家大族巩固政治地位、拓展政治网络的重要手段，因而统治阶层中的婚姻多具政治联姻之性质。

三、王元姬嫁河内司马氏

《晋书·文明王皇后传》云：

> 既笄，归于文帝，生武帝及辽东悼王定国、齐献王攸、城阳哀王兆、广汉殇王广德、京兆公主。后事舅姑尽妇道，谦冲接下，嫔御有序。③

古代女子一般十五岁举行笄礼，以示成年，可以嫁人。云"既笄，归于文帝"，可知王元姬十五岁举行完笄礼后嫁给了司马昭，这是东海王氏与司马氏联姻并开始结为政治同盟的标志。所谓母以子贵，晋武帝受禅称帝以后，尊王元姬为皇太后。王元姬知书达理，侍奉舅姑颇尽妇道，并谦逊待下，虽处尊位，不忘素业，衣食节俭，知礼守持，为后宫之典范。同时，王元姬注重和睦家族上下，言必典礼，使宫中谗言不行。④此外，王元姬亦颇有识见，《晋书》本传载："时钟会以才能见任，后每言于帝曰：'会见利忘义，好为事端，宠过必乱，不可大任。'会后果反。"⑤由此可见王元姬识见之一斑。

---

① 司马氏与曹氏的斗争，在景初三年（239年）魏明帝去世以后，开始逐渐升温并明朗化。
② 司马懿长子司马师娶夏侯尚之女夏侯徽（晋景怀夏侯皇后）。
③ （唐）房玄龄等：《晋书》卷三一，第950页。
④ （唐）房玄龄等：《晋书》卷三一，第950页。
⑤ （唐）房玄龄等：《晋书》卷三一，第950页。

河内司马氏自东汉中期以来便是官宦世家，《晋书·宣帝本纪》载：

> 宣皇帝讳懿，字仲达，河内温县孝敬里人，姓司马氏。其先
> 出自帝高阳之子重黎，为夏官祝融，历唐、虞、夏、商，世序其
> 职。及周，以夏官为司马。……楚汉间，司马卬为赵将，与诸侯
> 伐秦。秦亡，立为殷王，都河内。汉以其地为郡，子孙遂家焉。
> 自卬八世，生征西将军钧，字叔平。钧生豫章太守量，字公度。
> 量生颖川太守俊，字符异。俊生京兆尹防，字建公。帝即防之第
> 二子也。①

河内司马氏，自其先祖司马卬封王，都河内，后世子孙遂定居河内，称河
内司马氏。司马懿高祖司马钧为征西将军，曾祖司马量为豫章太守，祖父
司马俊为颖川太守，父亲司马防为京兆尹。可见河内司马氏，自司马懿五
世祖司马钧以来已是官宦世家。司马懿继承家族传统，军功赫赫，官位显
达，同时通过各种手段巩固其政治地位，从而为司马氏由世家大族转变为
皇族奠定了基础。《晋书·宣帝本纪》载：

> （司马懿）少有奇节，聪明多大略。博学洽闻，伏膺儒教。汉末
> 大乱，常慨然有忧天下心。……汉建安六年，郡举上计掾。魏武帝为
> 司空，闻而辟之。……魏国既建，迁太子中庶子。每与大谋，辄有奇
> 策，为太子所信重，与陈群、吴质、朱乐号曰四友。……魏文帝即
> 位，封河津亭侯，转丞相长史。……太和元年六月，天子诏帝屯于
> 宛，加督荆、豫二州诸军事。……四年，迁大将军，加大都督、假黄
> 钺，与曹真伐蜀。……（青龙）三年，迁太尉，累增封邑。②

---

① （唐）房玄龄等：《晋书》卷一，第1页。
② （唐）房玄龄等：《晋书》卷一，第1—9页。

司马懿为曹操、曹丕、曹叡三朝托孤重臣，德高望重，位高权重。后来司马懿于嘉平元年（249年）正月发动高平陵政变，一举消灭了曹爽集团，从而巩固了司马氏统治势力，为后来司马炎称帝奠定了基础。在司马懿发展势力、巩固地位的过程中，长子司马师、次子司马昭都发挥了重要作用。

司马懿十分注重政治联姻，长子司马师娶夏侯徽、羊徽瑜，结亲谯郡夏侯氏、泰山羊氏。次子司马昭娶王元姬，结亲东海王氏。东海王氏与河内司马氏的联姻，对双方都有重要的政治意义。王肃将女儿嫁给司马昭大概在太和五年（231年）[1]，此时司马懿任曹魏大将军，掌握军事大权。司马懿开始为巩固势力、扩大影响做准备，而东海王氏所具备的政治背景和儒学声望，自然是司马氏家族首选的联姻对象。同时，王肃亦看重司马氏家族的政治地位和社会影响，两家结亲可谓双方基于现实政治而综合考虑后的必然选择。

四、王虔娶河东毌丘氏

王肃八子的姻娅关系，唯王虔史书有所提及，《晋书·贾充传》云："时沛国刘含母，及帝舅羽林监王虔前妻，皆毌丘俭孙女。"[2] 由此可知，王虔曾娶毌丘俭孙女为妻。河东毌丘氏也是曹魏时期颇有名气的大族，《三国志·毌丘俭传》云：

> 毌丘俭，字仲恭，河东闻喜人也。父兴，黄初中为武威太守……讨贼张进及讨叛胡有功，封高阳乡侯。入为将作大匠。俭袭父爵，为平原侯文学。明帝即位，为尚书郎，迁羽林监。以东宫之旧，甚见亲待。……青龙中，帝图讨辽东，以俭有干策，徙为幽州刺史，加度辽将

---

[1] 其时，王元姬十五岁，司马昭二十一岁。

[2] （唐）房玄龄等：《晋书》卷四〇，第1172页。

军。……帝遣太尉司马宣王统中军及俭等众数万讨渊，定辽东。俭以功
进封安邑侯，食邑三千九百户。……迁左将军，假节监豫州诸军事，领
豫州刺史，转为镇南将军。①

由上可知，河东毌丘氏亦是以军功起家，毌丘俭征辽东，讨高句丽，后转
为镇南将军，战功显赫。因此可以说，王虔娶毌丘俭孙女，与河东毌丘氏
结亲，也是两家政治结盟的重要举措。但后来随着司马氏与曹氏斗争愈演
愈烈，政治局势发生变化，东海王氏亲司马氏，而毌丘氏亲曹氏。嘉平元
年（249 年）正月，司马懿发动高平陵政变，摧毁曹氏集团在中央的势力，
控制军政大权，但曹氏在地方尚有部分势力。正元二年（255 年）正月，
镇东将军毌丘俭与扬州刺史文钦起兵讨伐司马师，发动叛乱，后被司马师
镇压。毌丘俭兵败，被夷三族，标志其家族的衰败。前引称王虔前妻为毌
丘俭孙女，则很可能是毌丘俭作乱失败后，王虔以此为由休掉毌丘氏。至
于王虔续娶何人，史无记载。

　　为便于阅读，兹将可考的东海王氏姻娅关系情况，列表② 如下：

表 2-2　东海王氏姻娅关系

姓名	配偶	子女	姻亲代表人物
王朗	弘农杨氏	王肃	杨震、杨秉、杨赐、杨彪等
王肃	泰山羊氏	王元姬、王恽、王恂、王虔、王恺等	羊续、羊秘、羊衞、羊耽、羊祜、羊琇、羊徽瑜等
	谯郡夏侯氏	不详	夏侯惇、夏侯渊、夏侯尚、夏侯玄、夏侯霸等
王元姬	河内司马昭	司马炎、司马定国、司马攸、司马兆、司马广德、京兆公主	司马懿、司马师
王虔	河东毌丘氏	不详	毌丘兴、毌丘俭、毌丘甸等
	不详		

---

① （晋）陈寿撰，（南朝宋）裴松之注：《三国志》卷二八，第 760 页。

② 因史料所限，东海王氏姻娅关系难以详知，故制简表。

本章小结

　　本章主要从东海王氏的仕宦情况、姻娅关系、与曹氏和司马氏的关系三方面讨论了东海王氏的政治地位与社会影响。东海王氏之所以能够在曹魏时期站住脚，有其自身原因和外部原因。其中，东海王氏在仕宦、学术、文学上的成就是其家族崛起和兴盛的重要因素，尤其以王朗、王肃、王僧孺三人为代表。而就外部因素来说，与皇族的关系、与高门大族的联姻更是东海王氏巩固政治地位和提升社会影响的必要条件。东海王氏曾与弘农杨氏、泰山羊氏、谯郡夏侯氏、河内司马氏、河东毌丘氏等高门大族联姻，尤其是与司马氏联姻，使东海王氏成为国戚贵族，其地位与声望可谓如日中天。东海王氏在汉末、曹魏中期以前与曹氏关系密切，这是其在曹魏政权立足的重要因素，而曹魏中后期东海王氏党同司马氏，则是东海王氏审时度势的重要举措，这对提高东海王氏的政治地位和社会影响颇有助益。

第三章　东海王氏的家学与门风

　　家学与门风是门第之传统，也是一个家族赖以生存和发展的重要因素，同时也对当时的政治社会有重要影响。陈寅恪在《唐代政治史述论稿》中指出："夫士族之特点，既在于门风之优美不同于凡庶，而优美之门风实基于学业之因袭。故士族家世相传之学业乃与当时之政治社会有极重要之影响。"①钱穆也强调家学、门风的重要性，他说："当时门第传统共同理想，所希望于门第中人，上自贤父兄，下至佳子弟，不外两大要目：一则希望其能具孝友之内行，一则希望其能有经籍文史学业之修养。此两种希望，并合成为当时共同之家教。前一项之表现，则成为家风。后一项之表现，则成为家学。"②东海王氏以经学起家，王朗以通经入仕，以儒雅高才闻世，并以节俭传家。王肃传承家学，恪守家风，为三国时期著名经学家。东海王氏因王朗、王肃等几代苦心经营，成为魏晋之际显赫一时的世家大族。王肃之子王恂亦传家学，但学问规模远不及父、祖。东海王氏三代通经，可谓经学世家。关于东海王氏之门风，王朗、王肃重德、崇学、尚俭，王元姬、王恂恪守门风，崇尚节俭、清正。而王恺却以国戚之尊，与石崇等人斗富，遂使东海王氏门风为之一变，成为东海王氏家族转衰之缘由与表征。

---

① 陈寅恪：《隋唐制度渊源略论稿·唐代政治史述论稿》，第 69 页。

② 钱穆：《略论魏晋南北朝学术文化与当时门第之关系》，第 159 页。

第一节　东海王氏的家学传承

东海王氏以经学起家、传家。王朗以通经名世，王肃幼承庭训，勤学不辍，后师从宋忠学习《太玄》及贾、马古文经学，后遍注群经，成为一代大儒。第三代王恂、王元姬，对家学亦多有传承。就经学传承而言，东海王氏之家学传至第四代则湮没无闻，故本节主要探讨第二代王肃、第三代王恂的家学传承。

一、王肃的家学传承

王肃为三国时期经学大家，其父王朗以通经入仕，故家学传承可谓王肃首要学术渊源。《三国志·王朗传》载："（王朗）著《易》《春秋》《孝经》《周官》传，奏议论记，咸传于世。"[1] 可见王朗通晓诸经。王朗曾师从杨赐，而杨赐出身经学世家弘农杨氏，其曾祖杨宝，"习《欧阳尚书》，哀、平之世，隐居教授"[2]。其祖父杨震，"少好学，受《欧阳尚书》于太常桓郁，明经博览，无不穷究。诸儒为之语曰：'关西孔子杨伯起'"[3]。其父杨秉，传欧阳《尚书》，兼通京氏《易》。杨赐传习家学，官至太尉，《后汉书》本传载："赐，字伯献。少传家学，笃志博闻。常退居隐约，教授门徒，不答州郡礼命……建宁初，灵帝当受学，诏太傅、三公选通《尚书桓君章句》宿有重名者，三公举赐，乃侍讲于华光殿中。"[4] 杨赐所传欧阳《尚书》、京氏《易》等，皆属今文经学。王朗师从杨赐，以通经拜郎中，自然亦通欧阳《尚书》、京氏《易》等今文经学。此外，王

---

① （晋）陈寿撰，（南朝宋）裴松之注：《三国志》卷一三，第 414 页。
② （南朝宋）范晔撰，（唐）李贤等注：《后汉书》卷五四，第 1759 页。
③ （南朝宋）范晔撰，（唐）李贤等注：《后汉书》卷五四，第 1759 页。
④ （南朝宋）范晔撰，（唐）李贤等注：《后汉书》卷五四，第 1775 页。

朗任会稽太守时，尤善易学的经学家虞翻为功曹，二人在学问上当有切磋、交流。正始六年（245），邵陵厉公曹芳诏"故司徒王朗所作《易传》，令学者得以课试"[①]，可见王朗《易传》彼时已立于学官。而此《易传》，从某种意义上讲，当为王朗、王肃合著。[②] 王肃撰定其父所作《易传》，必然熟悉其父《易》学思想。需要注意的是，王肃虽善贾、马古文经学，但就学术内在因素来看，只有会通今、古文经学，才能对郑玄之学有所突破。王肃曾师从荆州学派代表人物宋忠学习古文经学，而其今文经学来源则只有家学一脉，因此家学传承对王肃学术地位的奠定有至关重要的影响。

此外，王肃传承家学的另一个重要方面，是从其父学习东汉思想家王充的思想。《后汉书》注引袁山松书云："充所作《论衡》，中土未有传者，蔡邕入吴始得之，恒秘玩以为谈助。其后王朗为会稽太守，又得其书，及还许下，时人称其才进。或曰'不见异人，当得异书'。问之，果以《论衡》之益，由是遂见传焉。"[③] 王肃摒弃谶纬，尊崇理性，除受社会思潮影响外，当与接触《论衡》不无关系。

综上可知，王肃传承家学对其成为经学大师有直接影响。王肃正是在传承家学的基础上，兼习古文经学，择善而从，融会贯通，可谓青出于蓝而胜于蓝。

二、王恂的家学传承

关于王肃诸子的家学传承情况，因史料所限而无从详知，兹仅从零星资料来考察王恂的家学传承。

---

① （晋）陈寿撰，（南朝宋）裴松之注：《三国志》卷四，第 121 页。
② 《三国志·王肃传》："肃善贾、马之学，而不好郑氏，采会同异……及撰定父朗所作《易传》，皆列于学官。"见（晋）陈寿撰，（南朝宋）裴松之注：《三国志》卷一三，第 419 页。
③ （南朝宋）范晔撰，（唐）李贤等注：《后汉书》卷四九，第 1629 页。

《晋书·王恂传》载："王恂，字良夫，文明皇后之弟也。父肃，魏兰陵侯。恂文义通博，在朝忠正，累迁河南尹，建立二学，崇明《五经》。"[①] 从材料所述王恂"文义通博""建立二学，崇明《五经》"，可知王恂亦善经学，故其传承家学当无疑问。但关于其经学著述情况，因史书没有记载，不得而知。此外，《晋书·贾充传》载：

> 河南尹王恂上言："弘训太后入庙，合食于景皇帝，齐王攸不得行其子礼。"充议以为："礼，诸侯不得祖天子，公子不得祢先君，皆谓奉统承祀，非谓不得复其父祖也。攸身宜服三年丧事，自如臣制。"有司奏："若如充议，服子服，行臣制，未有前比。宜如恂表，攸丧服从诸侯之例。"帝从充议。[②]

王恂奏议丧服之礼，虽不被晋武帝采纳，但可见王恂亦通晓礼学。王肃为礼学大家，对礼仪典制颇为熟悉，因此王恂通晓礼学，当与其传承家学密不可分。

第二节　东海王氏的门风演变

从历史来看，一个家族的门风往往决定了这个家族的发展方向与兴盛时间，因此门风历来为许多世家大族所重视。这些家族往往通过制定《家训》《家戒》等"家规"，来保证其门风之纯正。东海王氏门风有一个演变的过程，其中王恺斗富可谓转折点。下面从东海王氏"尊尚"之异同来看其门风的演变。

---

① （唐）房玄龄等：《晋书》卷九三，第2411页。
② （唐）房玄龄等：《晋书》卷四〇，第1169页。

一、重德、崇学、尚俭的优良门风

王朗尊崇经学，以通经入仕，其"著《易》《春秋》《孝经》《周官》传、奏议、论记，咸传于世"[①]，其《周易注》在魏曹芳时期即立于学官。在为政方面，王朗任会稽太守，"居郡四年，惠爱百姓"，任大理"务在宽刑"，并多次明确反对恢复"肉刑"。由此可见，王朗是一位真正的儒者，其身体力行，恪守儒家"为政以德"的思想。在生活方面，王朗崇尚节俭，《三国志》裴注引王沈《魏书》曰："朗高才博雅，而性严整慷慨，多威仪，恭俭节约，自婚姻中表礼赙无所受。"[②]此外，王朗还多次上疏，如《劝育民省刑疏》《谏明帝营修宫事疏》《奏宜节省》等，倡导省刑育民。综上可知，王朗重德、崇学、尚俭，为东海王氏树立了优良的门风。

王肃尊崇儒学，遍注群经，传承并发扬了东海王氏"重德、崇学、尚俭"的优良门风。王肃曾上疏力陈省刑育民之道，其《陈政本疏》云：

> 除无事之位，损不急之禄，止浮食之费，并从容之官；使官必有职，职任其事，事必受禄，禄代其耕，乃往古之常式，当今之所宜也。官寡而禄厚，则公家之费鲜，进仕之志劝。各展才力，莫相倚仗。敷奏以言，明试以功，能之与否，简在帝心。[③]

儒家讲求"家国同构""忠孝一体""修齐治平"，王肃所陈为政之本，亦是修身之本，故其云"能之与否，简在帝心"。《三国志》裴注引刘寔之言："肃方于事上而好下佞己，此一反也。性嗜荣贵而不求苟合，此二反也。

---

① （晋）陈寿撰，（南朝宋）裴松之注：《三国志》卷一三，第414页。
② （晋）陈寿撰，（南朝宋）裴松之注：《三国志》卷一三，第414页。
③ （晋）陈寿撰，（南朝宋）裴松之注：《三国志》卷一三，第415页。

吝惜财物而治身不秽，此三反也。"① 刘寔所言褒贬具在，至少可以说明王肃"方于事上""不求苟合""治身不秽"的优秀品格。这种品格正体现了儒家士大夫身上所具备的"修齐治平"之精神。

家戒、家训乃门风之重要体现，今存王肃《家戒》只保存一段关于饮酒的诫语："夫酒所以行礼，养性命欢乐也，过则为患，不可不慎。是故宾主百拜，终日饮酒，而不得醉，先王所以备酒祸也。凡为主人饮客，使有酒色而已，无使至醉。……祸变之兴，常于此作，所宜深慎。"② 曹魏时期，饮酒无度、放达不羁之风盛行，王肃意识到了这一点，故有此"所宜深慎"的诫语。笔者认为王肃《家戒》或有关于优良门风的内容③，可惜亡佚不传。钱穆在论述门第与儒学关系时指出："由于东汉之累世经学，累世公卿，而有此下士族门第之兴起。因此门第与儒学传统有其不解缘。"④ 东海王氏的兴盛与其儒学传统有密切关系，崇学乃门风之根本，正是因为尊崇儒学，也就引申出了重德、尚俭的门风传统。

综上可知，经过王朗、王肃的身体力行和努力经营，东海王氏形成了重德、崇学、尚俭的优良门风。

---

① （晋）陈寿撰，（南朝宋）裴松之注：《三国志》卷一三，第 423 页。

② （清）严可均辑，马志伟审订：《全三国文》卷二三，商务印书馆 1999 年版，第 233 页。

③ "家戒"内容一般包括诸多方面，所以王肃《家戒》除了"慎酒"外，很可能亦涉及重德、崇学、尚俭等门风内容，此可参照郑玄《诫子书》一文。郑氏《诫子书》云："吾家旧贫，不为父母群弟所容，去斯役之吏，游学周秦之都，往来幽、并、兖、豫之域，获觐乎在位通人，处逸大儒，得意者咸从捧手，有所受焉。遂博稽《六艺》，粗览传记，时睹秘书纬术之奥。年过四十，乃归供养，假田播殖，以娱朝夕。……勖求君子之道，研钻勿替，敬慎威仪，以近有德。显誉成于僚友，德行立于己志。若致声称，亦有荣于所生，可不深念邪！……勤力务时，无恤饥寒。菲饥食，薄衣服，节夫二者，尚令吾寡恨。若忽忘不识，亦已焉哉！"参见（南朝宋）范晔撰，（唐）李贤等注：《后汉书》卷三五，第 1209 页。

④ 钱穆：《略论魏晋南北朝学术文化与当时门第之关系》，第 158 页。

二、王元姬、王恂对门风之恪守

(一) 王元姬母仪天下

王元姬为王肃长女，知书达礼，聪慧孝顺，《晋书》本传载：

> 文明王皇后，讳元姬，东海郯人也。父肃，魏中领军、兰陵侯。后年八岁，诵《诗》《论》，尤善《丧服》。苟有文义，目所一见，必贯于心。年九岁，遇母疾，扶待不舍左右，衣不解带者久之。每先意候指，动中所适，由是父母令摄家事，每尽其理。祖朗甚爱异之，曰："兴吾家者，必此女也，惜不为男矣！"年十二，朗薨。后哀戚哭泣，发于自然，其父益加敬异。①

王元姬侍奉母亲，不离左右，祖父去世，哀泣自然，年龄虽小但一言一行完全合乎儒家道德规范，这不能不说与其传承家学门风密切相关。王元姬贵为皇太后，依然生活俭朴，《晋书》本传载："武帝受禅，尊为皇太后，宫曰崇化。……后虽处尊位，不忘素业，躬执纺绩，器服无文，御浣濯之衣，食不参味。而敦睦九族，垂心万物，言必典礼，浸润不行。"②王元姬虽处尊位，仍然不忘素业，"躬执纺绩"，同时"敦睦九族"，又"言必典礼""浸润不行"，恪守"崇德尚俭"门风，真可谓"母仪天下"。王元姬贵为皇太后，能够恪守并发扬重德、崇学、尚俭的优良门风，难能可贵。这与其弟王恺奢侈斗富相比，可谓天壤之别。

泰始四年（268 年），王元姬崩，时年五十二，其子晋武帝司马炎亲手书写母亲德行，令史官为《哀册》曰：

---

① （唐）房玄龄等：《晋书》卷三一，第 950 页。

② （唐）房玄龄等：《晋书》卷三一，第 950 页。

> 明明先后，兴我晋道……诞膺纯和，淑慎容止。质直不渝，体兹孝友。《诗》《书》是悦，礼籍是纪。三从无违，中馈允理。追惟先后，劳谦是尚。爰初在室，竭力致养。嫔于大邦，皇基是相。谧静隆化，帝业以创。内叙嫔御，外协时望。履信居顺，德行洽畅。密勿无荒，勖劳克让。崇俭抑华，冲素是放。虽享崇高，欢嘉未飨。①

由上可知，王元姬知书达礼，相夫教子，和睦内外，崇俭抑华，恪守了东海王氏的优良家风。同时，这也可以说是对河内司马氏的优良家风的维系与发展。王元姬不仅为东海王氏的发展作出了重要贡献，更为司马氏家族的和睦、兴盛作出了重要贡献。司马炎在母亲去世后，感伤追念不已，手书母亲德行，正说明母亲对其影响之大。母慈则子孝，家和万事兴，母亲对一个家族门风的重要影响无论如何强调都不为过。

钱穆认为古代女子教育非常重要，"当时人矜尚门第，慎重婚姻，如沈休文奏弹王源，所谓固宜本其门素，不相夺伦，王满联姻，实骇物听云云，此事极滋后人诟病。然平心论之，女子教育不同，则家风门规颇难维持。此正当时门第所重，则重婚配，亦理所宜。而一时才女贤母，亦复史不绝书"②。钱氏"女子教育不同，则家风门规颇难维持"之说可谓真知灼见，此理古今皆然。司马氏之所以与东海王氏结亲，一方面是出于政治结盟目的，另一方面当与王元姬聪慧淳孝、知书达礼颇有关系。

（二）王恂崇德自爱

王恂亦恪守东海王氏优良之门风，《晋书·王恂传》云："恂文义通博，在朝忠正……鬲令袁毅尝馈以骏马，恂不受。及毅败，受货者皆被废黜焉。魏氏给公卿已下租牛客户数各有差，自后小人惮役，多乐为之，贵势

---

① （唐）房玄龄等：《晋书》卷三一，第951—952页。

② 钱穆：《略论魏晋南北朝学术文化与当时门第之关系》，第155页。

之门动有百数。又太原诸部亦以匈奴胡人为田客，多者数千。武帝践位，诏禁募客，恂明峻其防，所部莫敢犯者。咸宁四年卒，赠车骑将军。"① 《晋起居注》云："武帝咸宁三年诏曰：'河南百郡之首，其风教宜为遐迩所模，以导齐之。侍中奉车都尉王恂，忠亮笃诚，才兼外内，明于治化。其以恂为河南尹。'"② 由上可知，王恂刚直不阿，崇德自爱，信守儒家伦理道德，恪守并传承了东海王氏重学、崇德、尚俭的优良门风。

三、王恺对门风之违逆

（一）王恺斗富

王恺生活奢侈，崇尚斗富，违逆、破坏了东海王氏优良之门风。《晋书·王恺传》载："恺，字君夫，少有才力，历位清显，虽无细行，有在公之称。以讨杨骏勋，封山都县公，邑千八百户。迁龙骧将军，领骁骑将军，加散骑常侍，寻坐事免官。起为射声校尉，久之，转后将军。恺既世族国戚，性复豪侈，用赤石脂泥壁。石崇与恺将为鸩毒之事，司隶校尉傅祗劾之，有司皆论正重罪，诏特原之。由是众人金畏恺，故敢肆其意，所欲之事无所顾惮焉。及卒，谥曰丑。"③ 又《晋书·石崇传》载："财产丰积，室宇宏丽。后房百数，皆曳纨绣，珥金翠。丝竹尽当时之选，庖膳穷水陆之珍。与贵戚王恺、羊琇之徒以奢靡相尚。恺以秅澳釜，崇以蜡代薪。恺作紫丝布步障四十里，崇作锦步障五十里以敌之。崇涂屋以椒，恺用赤石脂。崇、恺争豪如此。武帝每助恺，尝以珊瑚树赐之，高二尺许，枝柯扶疏，世所罕比。恺以示崇，崇便以铁如意击之，应手而碎。恺既惋惜，又以为嫉己之宝，声色方厉。崇曰：'不足多恨，今还卿。'乃命左右悉取珊

---

① （唐）房玄龄等：《晋书》卷九三，第 2411—2412 页。
② （宋）李昉撰，夏剑钦、劳伯林校点：《太平御览》第 3 册，第 375 页。
③ （唐）房玄龄等：《晋书》卷九三，第 2412 页。

瑚树，有高三四尺者六七株，条干绝俗，光彩曜日，如恺比者甚众。恺恍然自失矣。"[1] 王恺身为国舅不但没有以身作则，反而有恃无恐，其斗富行为严重破坏了东海王氏崇德尚俭的优良门风。

（二）王恺斗富原因探析

王恺斗富行为，并不是偶然的。司马氏从曹魏到西晋的过渡，虽有风险，但最终还是以"禅让"的和平方式完成。从曹魏到西晋，统治阶层在构成上并没有发生质变。换言之，原来支持曹魏政权的世家大族，在很大程度和比例上又支持司马氏，正如西晋刘颂所云："泰始之初，陛下践阼，其所服乘皆先代功臣之胤，非其子孙，则其曾玄。"[2] 司马氏要巩固其统治，也要对这些相互之间具有盘根错节关系的原统治阶层及其后裔进行拉拢，正如毛汉光在《中国中古社会史论》中所说："士大夫家族——士族，是中国中古社会上一股最有力量的社会势力。政治统治者为了要稳定其政权，设若无法摧毁这股势力，以自己所建立的社会势力代之，则必须觅取这股社会势力的合作，分享政治地位与政策。拥有社会势力者一旦参与政治统治阶层，既可以保持其现有的社会地位与利益，由于政治地位之获得，还可以增强其原有的社会地位与利益。"[3] 司马氏对统治阶层的拉拢、安抚与纵容，必然助长了西晋统治阶层的僵化和腐化，而魏晋统治阶层也缺少新鲜血液的注入，其腐败与奢侈之风的形成也就不可避免，这是王恺斗富的社会背景，或者说必然性。

王恺斗富的另一个原因是，他是晋武帝的舅父，有专宠之恃，《晋书》本传载："石崇与恺将为鸩毒之事，司隶校尉傅祇劾之，有司皆论正重罪，诏特原之。由是众人金畏恺，故敢肆其意，所欲之事无所顾惮焉。"[4] 王恺

---

① （唐）房玄龄等：《晋书》卷三三，第 1007 页。
② （唐）房玄龄等：《晋书》卷四六，第 1296 页。
③ 毛汉光：《中国中古社会史论》，上海书店出版社 2002 年版，第 9 页。
④ （唐）房玄龄等：《晋书》卷九三，第 2412 页。

斗富得到晋武帝的默许和原谅，因此更加有恃无恐，肆无忌惮。王恺生活腐化，奢侈斗富，其行径败坏了东海王氏的优良门风，对东海王氏的社会声望产生了消极的影响。

本章小结

家学和门风是一个家族的支柱和灵魂，也是其兴衰变化的重要因素。本章主要从家学传承、门风演变两个方面探讨了东海王氏的家学和门风。东海王氏以经学起家，又以经学传家，王朗、王肃皆为曹魏时期著名的经学家，二人经注在曹魏时期即立于学官，影响颇大。作为典型的博雅儒者，王朗、王肃重视儒学，崇尚仁义道德、节约俭省。在王朗、王肃父子的努力下，东海王氏形成了重德、崇学、尚俭的门风。王元姬贵为皇太后，不忘素业，敦睦九族。王恂在朝忠正、文义通博。皆可见姐弟二人传承家学，恪守门风。但身为国舅的王恺却崇尚斗富，败坏了东海王氏优良的门风。可以说，东海王氏的衰落，与其门风转变有重要关系。王恺斗富既有深层次的社会原因，即西晋统治集团的奢侈腐化，也有其主观原因，即王恺凭借其国舅身份而有恃无恐，肆意妄为。

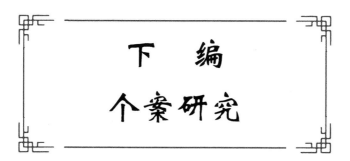

下　编

个案研究

第四章　王朗研究

　　王朗（约156—228年），字景兴，东海郯人，历仕东汉、曹魏二朝，官至魏司空、司徒，为汉魏时期著名经学家、文学家。王朗的政治、学术地位及其建立的政治网络，尤其是婚姻网络，为日后东海王氏显赫于魏晋之际奠定了重要的基础。因此可以说，王朗是东海王氏的奠基者。

第一节　王朗仕宦与事功考略

　　东汉末年，王朗以通经入仕，后官至魏司空、司徒，位在一品。其仕宦长达四十余年，可大致分为三个阶段：通经入仕，任职会稽；北回中原，受到重用；荣登三公，功勋卓著。

一、通经入仕，任职会稽

　　汉魏时期人物品藻盛行，《三国志·张昭传》载："（张昭）与琅邪赵昱、东海王朗俱发名友善。弱冠察孝廉，不就，与朗共论旧君讳事，州里才士陈琳等皆称善之。"[1]王朗为乡里名士陈琳等人所褒扬，颇有助于其知名乡里。东汉灵帝光和（178—184年）年间，王朗"以通经，拜郎中，

---

[1]　（晋）陈寿撰，（南朝宋）裴松之注：《三国志》卷五二，第1219页。

除菑丘长"①，标志其仕途的开始。王朗以通经入仕，并师从时任太尉的经学家杨赐，这对其日后的政途亦有一定影响。中平二年（185 年），太尉杨赐去世，王朗弃官服丧。之后，王朗被大将军何进辟为府掾，并因此结识孔融、边让等名士。中平六年（189 年），何进被宦官设计杀害，王朗归家。随后不久，王朗被徐州刺史陶谦举为茂才，这是其仕途道路上的重要一步，《三国志》本传载：

> 徐州刺史陶谦察朗茂才。时汉帝在长安，关东兵起。朗为谦治中，与别驾赵昱等说谦曰："春秋之义，求诸侯莫如勤王。今天子越在西京，宜遣使奉承王命。"谦乃遣昱奉章至长安。天子嘉其意，拜谦安东将军。以昱为广陵太守，朗会稽太守。②

王朗因通经而被徐州刺史陶谦举为秀才，并擢为治中。当时董卓以"除宦"之名进驻洛阳，并胁迫汉献帝至长安，一时间群雄并起讨伐董卓，天下大乱。王朗与赵昱等人可谓"识时务者"，他们共同劝说陶谦"勤王"。此举不仅使陶谦受益，而且王朗、赵昱亦获太守之职。初平四年（193 年），王朗出任会稽太守，这是其仕途生涯中的重要一步。王朗任太守期间，关爱百姓，力行德政，《三国志》裴注引《朗家传》曰："会稽旧祀秦始皇，刻木为像，与夏禹同庙。朗到官，以为无德之君，不应见祀，于是除之。居郡四年，惠爱在民。"③可见王朗为典型的儒家官员，非常重视孔子所提倡的"为政以德"思想。会稽远离中原战火，相对安静，王朗居郡期间，应该说生活相对安适，其子王肃即出生于其任职会稽期间。但是好景不长，建安元年（196 年），孙策为扩张地盘，攻占会稽，《三国志·王朗传》载："孙策渡江略地。朗功曹虞翻以为力不能拒，不如避之。朗自以身为

---

① （晋）陈寿撰，（南朝宋）裴松之注：《三国志》卷一三，第 406 页。
② （晋）陈寿撰，（南朝宋）裴松之注：《三国志》卷一三，第 406—407 页。
③ （晋）陈寿撰，（南朝宋）裴松之注：《三国志》卷一三，第 407 页。

汉吏，宜保城邑，遂举兵与策战，败绩，浮海至东冶。策又追击，大破之。朗乃诣策。策以朗儒雅，诘让而不害。虽流移穷困，朝不谋夕，而收恤亲旧，分多割少，行义甚著。"①面对孙策进犯，虽然功曹虞翻以回避相劝，但王朗以汉吏自居，试图力保城邑。之后王朗战败投降，孙策以其儒雅，未曾加害。王朗"收恤亲旧，分多割少"，可谓仁义之至。身为会稽太守，王朗有守城护民之责，其坚守城池，足见其忠于汉室及维护自身名节之立场。但败绩后，为求生计，王朗无法顾及名节尊严，其回复孙策使者之诘问曰：

> 朗以琐才，误窃朝私，受爵不让，以遘罪网。前见征讨，畏死苟免。因治人物，寄命须臾。又迫大兵，惶怖北引。从者疾患，死亡略尽。独与老母，共乘一栭。流矢始交，便弃栭就俘，稽颡自首于征役之中。朗惶惑不达，自称降虏。缘前迷谬，被诘惭惧。朗愚浅驽怯，畏威自惊。又无良介，不早自归。于破亡之中，然后委命下隶……叱咤听声，东西惟命。②

王朗这一"投诚"之言，可谓极尽谦卑之辞。当时王朗身边上有老、下有小，加之顾及亲朋故旧，故其投降应属无奈之举，无可厚非。正如王朗好友许靖所云："守官自危，死不成义。"③王朗彼时大概也持有这一"明哲保身"的想法。王朗虽然投降孙策，但志不可夺，拒绝为孙氏效力，《三国志》裴注引《汉晋春秋》云："孙策之始得朗也，谴让之。使张昭私问朗，朗誓不屈，策忿而不敢害也，留置曲阿。"④张昭与王朗为故交好友，因此

---

① （晋）陈寿撰，（南朝宋）裴松之注：《三国志》卷一三，第407页。
② （晋）陈寿撰，（南朝宋）裴松之注：《三国志》卷一三《王朗传》裴注引《献帝春秋》，第407页。
③ （晋）陈寿撰，（南朝宋）裴松之注：《三国志》卷三八《许靖传》裴注引《蜀记》，第963页。
④ （晋）陈寿撰，（南朝宋）裴松之注：《三国志》卷一三，第408页。

可以私问王朗之志。王朗发誓以明志，足见其忠君之志。孙策无奈，只好暂将其留置曲阿。

以上是王朗仕宦的第一阶段，这一时期王朗以汉吏自居，其对汉室之忠义及自身名节之护爱，可谓昭然可见。

二、北回中原，受到重用

建安三年（198年），曹操表征王朗，孙策遣之。王朗自曲阿辗转江海，历时一年回到中原。建安四年（199年），王朗受到曹操的重用，拜谏议大夫，参司空事。建安十三年（208年），王朗跟随曹操南征。建安十八年（213年），汉献帝封曹操为魏公，魏国初建，王朗以军祭酒领魏郡太守，后迁少府、奉常、大理[①]等职。王朗任大理时，"务在宽恕，罪疑从轻"，与当时"明察当法"的钟繇，俱以治狱见称。[②] 建安末年，孙权遣使称藩，并请曹操出兵，协助其讨伐刘备，其时有"当兴师与吴并取蜀否"之诏议，时任大理的王朗议曰：

> 天子之军，重于华、岱，诚宜坐曜天威，不动若山。假使权亲与蜀贼相持，搏战旷日，智均力敌，兵不速决，当须军兴以成其势者，然后宜选持重之将，承寇贼之要，相时而后动，择地而后行，一举更无余事。今权之师未动，则助吴之军无为先征。且雨水方盛，非行军动众之时。[③]

王朗认为，虽然孙权遣使称臣，但不能轻易出兵助其伐蜀，等吴军与蜀军决战且相持不下之时，再出兵也不迟，而此时孙权尚未出兵，又值雨水时

---

① 大理，官名，原称廷尉，职掌刑狱。
② （晋）陈寿撰，（南朝宋）裴松之注：《三国志》卷一三，第407—408页。
③ （晋）陈寿撰，（南朝宋）裴松之注：《三国志》卷一三，第411页。

节，不宜先发兵。王朗所上奏议颇有道理，故为曹操所采纳。

汉武帝以后，儒家思想定于一尊，并成为正统之学。东汉中叶，儒家思想已日益受到质疑并趋于僵化。东汉末年，以儒家名教治理天下已难以维系，在此之际，政治家们纷纷从儒家思想以外来寻求统治理论，而"不肯专儒"，于是名、法、道、墨等诸子思想并起。其中，肉刑问题讨论的复炽，与汉魏时期先秦诸子学复兴有很大关联。正如唐长孺所说："那些著书立说的人，与其说他们是在研究先秦诸子，毋宁说是在研究现实政策问题。"①曹操重名法之治，"揽申、商之法术，该韩、白之奇策"②，故其秉政不久即有"复肉刑"之议，御史中丞陈群曰：

> 臣父纪以为，汉除肉刑而增加笞，本兴仁恻而死者更众，所谓名轻而实重者也。名轻则易犯，实重则伤民……今以笞死之法易不杀之刑，是重人支体而轻人躯命也。③

陈群建议恢复"髡、劓、刖、灭趾"等肉刑，以代替笞杖之刑。当时钟繇与陈群之议同，而王朗等人认为肉刑太过残酷，不宜恢复。曹操虽然倾向陈群、钟繇的说法，但最后"以军事未罢，顾众议，故且寝"④。王朗身为大理，职掌刑狱之事，其在治国理念上主张实行儒家仁政，因而坚决反对恢复肉刑。可以说，在促成曹操"停议"复肉刑一事上，王朗功不可没。

以上是王朗仕宦的第二阶段，这一时期王朗加入曹氏阵营，并积极进谏献策，受到曹操的重用，也为其日后晋升三公奠定了基础。

---

① 转引自范家伟：《复肉刑议与汉魏思想之转变》，《中国史研究》1996 年第 1 期。
② （晋）陈寿撰，（南朝宋）裴松之注：《三国志》卷一，第 8 页。
③ （晋）陈寿撰，（南朝宋）裴松之注：《三国志》卷二二，第 634 页。
④ （晋）陈寿撰，（南朝宋）裴松之注：《三国志》卷二二，第 634 页。

三、荣登三公，功勋卓著

黄初元年（220 年）一月，曹丕嗣位为丞相、魏王。二月，王朗迁御史大夫，封安陵亭侯。十月，曹丕受禅称帝，王朗改任司空，封乐平乡侯。王朗在曹丕践祚称帝之时，便以三公的身份活跃在政治舞台，即所谓"魏氏初祚，肇登三司"①。黄初七年(226)，曹叡继位，王朗改任司徒，进封兰陵侯。这一时期，其事功勋绩主要表现在五个方面：劝"育民省刑"、反对恢复肉刑、崇俭奏议、军事奏议、荐士。

（一）劝"育民省刑"

魏文帝曹丕称帝后，司空王朗上疏劝"育民省刑"曰：

> 兵起已来，三十余年。四海荡覆，万国殄瘁。……今远方之寇未摈，兵戎之役未息，诚令复除足以怀远人，良宰足以宣德泽，阡陌咸修，四民殷炽，必复过于曩时而富于平日矣。……夫治狱者得其情，则无冤死之囚……嫁娶以时，则男女无怨旷之恨；胎养必全，则孕者无自伤之哀；新生必复，则孩者无不育之累；壮而后役，则幼者无离家之思；二毛不戎，则老者无顿伏之患。医药以疗其疾，宽繇以乐其业，威罚以抑其强，恩仁以济其弱，赈贷以赡其乏。十年之后，既笄者必盈巷。二十年之后，胜兵者必满野矣。②

王朗这封上疏，旨在劝说魏文帝育民、省刑。育民，重在免除或减轻赋役，王朗所言"复除足以怀远人""必复过于曩时""新生必复""壮而后役""二毛不戎""宽繇以乐其业"等，均强调免除或减轻赋役对百姓安居

---

① （晋）陈寿撰，（南朝宋）裴松之注：《三国志》卷一三，第 422—423 页。
② （晋）陈寿撰，（南朝宋）裴松之注：《三国志》卷一三，第 408—409 页。

乐业的重要性。同时，育民工作还要注意医药、赈贷等社会救助。省刑，重在"治狱者得其情"，即减少或避免冤狱。王朗认为，如果做到"育民省刑"，十年、二十年之后，则会出现人口繁盛、社会安定的景象。王朗所上奏疏，可以说富有长远眼光，切中时弊，对三国鼎立时期的魏国建设颇具战略意义。

（二）反对恢复肉刑

前已述及，曹操曾令群臣议论是否"恢复肉刑"，当时王朗就曾明确表示反对。魏明帝曹叡继位后，又召群臣议论此事，时任司徒的王朗仍然明确表示反对，其云：

> 繇欲轻减大辟之条，以增益刖刑之数，此即起偃为竖，化尸为人矣。然臣之愚，犹有未合微异之意。夫五刑之属，著在科律，自有减死一等之法，不死即为减。施行已久，不待远假斧凿于彼肉刑，然后有罪次也。前世仁者，不忍肉刑之惨酷，是以废而不用。不用已来，历年数百。今复行之，恐所减之文未彰于万民之目，而肉刑之问已宣于寇仇之耳，非所以来远人也。今可按繇所欲轻之死罪，使减死之髡、刖。嫌其轻者，可倍其居作之岁数。内有以生易死不訾之恩，外无以刖易钛骇耳之声。[1]

王朗认为，刑律中本来就有减死之法，不死即是减刑，无须用刖刑、剕刑等肉刑来代替死刑。而且肉刑惨酷，已废止数百年，如果再恢复使用，恐怕会骇人听闻，与预想之效果适得其反。此次议论的结果是："议者百余人，与朗同者多。帝以吴、蜀未平，且寝。"[2]虽然魏明帝曹叡及钟繇等名

---

① （晋）陈寿撰，（南朝宋）裴松之注：《三国志》卷一三裴注引《魏名臣奏》，第398页。
② （晋）陈寿撰，（南朝宋）裴松之注：《三国志》卷五，第398页。

法之臣，均想恢复肉刑，但由于王朗所言更符合人性与事实，为众议者所赞同，故魏明帝只好以"吴、蜀未平"之由作罢。实际上，曹氏祖孙一直强调的恢复肉刑之议，正体现出了统治阶层中以钟繇为代表的名法派和以王朗为代表的儒士派在这一问题上的根本分歧。儒士派强调"仁德教化"，而名法派则强调"以刑止刑"。这种分歧也正是儒学与名法学的分歧：儒学重视长期的潜移默化的道德感化，黄老名法学则更看中眼前的立竿见影的实际效用。①

（三）崇俭奏议

魏文帝曹丕践祚以后，要举行祀天地、明堂等大祭，因当时的祭祀典礼过于繁富奢华，王朗上疏请求节省，其奏曰：

> 若夫西京云阳、汾阴之大祭，千有五百之群，祀通天之台……牛则三千其重，玉则七千其器……政充事猥，威仪繁富，隆于三代，近过礼中……既违茧栗愿诚之本，扫地简易之指，又失替质而损文、避泰而从约之趣……谨按图牒所改奏，在天地及五帝、六宗、宗庙、社稷，既已因前代之兆域矣。夫天地则扫地而祭，其余则皆坛而埒之矣……七郊虽尊祀尚质，犹皆有门宇便坐，足以避风雨。可须军罢年丰，以渐修治。②

王朗认为祭祀典礼过于繁富，违背愿诚、简易之本旨，又失质朴、从约之意，因此建议天地、宗庙等祭祀应因循前代的兆域，祭祀天地时应扫地而祭，其余的祭祀当类于坛祭。此外，祭祀天地和五帝的"七郊"礼，应该有门宇以供躲避风雨。王朗建议等年丰、没有战事之时，再逐一修建。由

---

① 郝虹：《王朗与建安儒士》，《史学月刊》2002 年第 6 期。
② （晋）陈寿撰，（南朝宋）裴松之注：《三国志》卷一三，第 409—410 页。

上可见王朗对节俭之重视。

魏明帝继位后，追谥其母甄皇后为文昭皇后，"使司空王朗持节奉策以太牢告祠于陵"①，王朗奉命至邺祭拜文昭皇后陵，路见百姓有缺衣少食者，而当时魏明帝正营造宫室，于是王朗上疏曰：

> 臣顷奉使北行，往反道路，闻众徭役，其可得蠲除省减者甚多。愿陛下重留日昃之听，以计制寇……今当建始之前，足用列朝会；崇华之后，足用序内宫；华林、天渊，足用展游宴。若且先成阊阖之象魏，使足用列远人之朝贡者；修城池，使足用绝逾越，成国险。其余一切，且须丰年。一以勤耕农为务，习戎备为事，则国无怨旷，户口滋息，民充兵强，而寇戎不摈，缉熙不足，未之有也。②

王朗上疏，请求魏明帝曹叡崇尚节俭，蠲免赋税，等待丰年时再考虑营造宫室之事。当今之计，一切应以勤耕农、习戎备为重，这样一来，则社会安定，民富兵强，人口繁衍，从而有助于征服寇贼、统一天下。

以上是王朗从祭祀典礼和营造宫室两方面向魏明帝劝谏，请其崇尚节俭。《文心雕龙·奏启》云："魏代名臣，文理迭兴。若高堂天文，王观教学，王朗节省，甄毅考课，亦尽节而知治矣。"③可见王朗力劝节省，尽职辅政，为后世所推重。

（四）军事奏议

王朗任司空期间，有不少重要的军事奏议，其中较有代表性者有二：一是有关兵农合一、养精蓄锐的奏议；一是劝谏东征的奏疏。

---

① （晋）陈寿撰，（南朝宋）裴松之注：《三国志》卷五《甄皇后传》，第161页。
② （晋）陈寿撰，（南朝宋）裴松之注：《三国志》卷一三，第412—413页。
③ （南朝梁）刘勰撰，范文澜注：《文心雕龙注》卷五，人民文学出版社1958年版，第422页。

魏文帝曹丕称帝以后，刘备、孙权相继称帝，魏、蜀、吴成三足鼎立之势，时任司空的王朗奏曰：

> 当今诸夏已安，而巴蜀在画外。虽未得偃武而弢甲，放马而戢兵，宜因年之大丰，遂寄军政于农事。吏士小大，并勤稼穑，止则成井里于广野，动则成校队于六军。省其暴繇，赡其衣食。《易》称"悦以使民，民忘其劳。悦以犯难，民忘其死"，今之谓矣。粮畜于食，勇畜于势，虽坐曜烈威而众未动，画外之蛮，必复稽颡以求改往而效用矣。①

王朗认为应对蜀国，要实行养精蓄锐、兵农合一的策略。战士训练之外，要勤于稼穑。同时，减少赋税，减轻农民负担，使百姓愿意为国出力效劳。如此一来，则衣丰食足，国势强盛。王朗称蜀国会"稽颡效用"，似显夸张，但其兵农合一、蓄势以动的策略则是非常可取的。

黄初四年（223 年），孙权欲遣子孙登"入侍"，后未至。魏文帝曹丕当时在许下大兴屯田，意欲借此东征，王朗上疏力谏：

> 往者闻权有遣子之言而未至，今六军戒严，臣恐舆人未畅圣旨，当谓国家愠于登之逋留，是以为之兴师。设师行而登乃至，则为所动者至大，所致者至细，犹未足以为庆。设其傲狠，殊无入志，惧彼舆论之未畅者，并怀伊邑。臣愚以为宜敕别征诸将，各明奉禁令，以慎守所部。外曜烈威，内广耕稼，使泊然若山，澹然若渊，势不可动，计不可测。②

王朗认为出师当有名，不能出师无名。如果以孙登未至而出师东征，未免小题大做。如果出师后而孙登至，未免劳师动众，有损威严。如果孙登"入

---

① （晋）陈寿撰，（南朝宋）裴松之注：《三国志》卷一三，第 410 页。
② （晋）陈寿撰，（南朝宋）裴松之注：《三国志》卷一三，第 412 页。

侍"只是东吴政权的一个阴谋,当地百姓并不知晓此事,那么出师东征则会陷我方于不义。因此,王朗主张外曜烈威,内广稼穑,以不变应万变。后来,孙权之子未至,曹丕临江而返。王朗之论,可谓远见卓识,亦足见其作为三公重臣政见之成熟,处事之稳重。

(五)荐士

王朗任大理时,曾向曹操荐举主簿张登,未被擢用。黄初初年,时任司空的王朗又与太尉钟繇联名上表,"称登在职勤劳",魏文帝因此下诏:"登忠义彰著,在职功勤。名位虽卑,直亮宜显。饔膳近任,当得此吏。今以登为太官令。"[①]黄初中,魏文帝诏公卿举荐独行君子,王朗称疾,并举荐光禄大夫杨彪代替自己司空之位。魏文帝于是为杨彪置吏卒,位次三公。又《晋书·郑袤传》载:

> 魏武帝初封诸子为侯,精选宾友,袤与徐干俱为临淄侯文学,转司隶功曹从事。司空王朗辟为掾,袤举高阳许允、扶风鲁芝、东莱王基,朗皆命之,后咸至大位,有重名。[②]

王朗任职司空,对府掾郑袤所推荐的许允、鲁芝、王基等人,均提拔重用。后来这些人皆官至高位,有重名。王朗选贤任能,提拔后进,于此可见一斑。

此外,王朗还十分关心曹氏国祚的继承。魏明帝皇子频频夭折,而后宫临产待娩者又少,对此,王朗上疏曰:

> 老臣倦倦,愿国家同祚于轩辕之五五,而未及周文之二五,用为

---

① (晋)陈寿撰,(南朝宋)裴松之注:《三国志》卷一三,第411页。
② (唐)房玄龄等:《晋书》卷四四,第1249页。

伊邑。且少小常苦被褥泰温，泰温则不能便柔肤弱体，是以难可防护，而易用感慨。若常令少小之缊袍，不至于甚厚，则必咸保金石之性，而比寿于南山矣。①

王朗希望魏明帝能像黄帝一样，有二十五个儿子，而现在还不到十个，故而忧虑。他认为皇子频频夭折，很可能与包裹婴儿的缊袍过厚有关，小孩体弱肤柔，包裹不宜过厚。王朗所言，不仅极为恳切，而且颇合情理。魏明帝读过奏疏，感慨道："夫忠至者辞笃，爱重者言深。君既劳思虑，又手笔将顺，三复德音，欣然无量。朕继嗣未立，以为君忧，钦纳至言，思闻良规。"②魏明帝曹叡称王朗所言为深言笃辞、良规至言，可见其对王朗颇为敬重和信赖。

太和二年（228 年）十一月，王朗去世，谥成。纵观王朗的仕途生涯，其以通经入仕，后出任陶谦治中、会稽太守，遇孙策略地，败绩投降。之后北回中原，为曹操重用。曹氏初祚，位登三公，持重尽职，功勋卓著。魏文帝曹丕称其为"一代之伟人也"③，当非溢美之词。

第二节　王朗问学与交游考

一、王朗问学考

王朗为汉魏时期经学家、文学家、政治家，高才博雅，文博富赡。关于其问学师承情况，仅知其师从杨赐，《三国志》本传云："王朗，字景兴，东海郡郯人也。以通经，拜郎中，除菑丘长。师太尉杨赐，赐薨，弃官行

---

① （晋）陈寿撰，（南朝宋）裴松之注：《三国志》卷一三，第 414 页。
② （晋）陈寿撰，（南朝宋）裴松之注：《三国志》卷一三，第 414 页。
③ （晋）陈寿撰，（南朝宋）裴松之注：《三国志》卷一三，第 396 页。

服。举孝廉，辟公府，不应。"①王朗师从杨赐，而杨赐出身四世三公的经学世家，其祖杨震，官至太尉，以明经著称，尤精于欧阳《尚书》，其父杨秉，少传父业，明京氏《易》，博通书传，常隐居教授。杨赐传习家学，亦通欧阳《尚书》，《后汉书》本传载："建宁初，灵帝当受学，诏太傅、三公选通《尚书》桓君章句宿有重名者，三公举赐，乃侍讲于华光殿中。迁少府、光禄勋。"②杨赐受三公、太傅共荐，为灵帝讲授《尚书》桓君章句，即其祖杨震所传之欧阳《尚书》，可见其不仅传习家学，且颇为精通。在建宁元年（168年）之前，杨赐以隐居讲学为主，其时王朗尚幼，不可能远游问学。此后杨赐入仕京都，考其仕宦历程，在熹平二年（173 年）至光和四年（181 年）间，杨赐四次因事免官。王朗问学于杨赐，当在杨赐免官居家之时，且在王朗"以通经，拜郎中"（约 181 年）之前，熹平六年（177 年）十二月，杨赐因辟"党人"而第二次遭免官。杨赐以经学闻名，尤其精于欧阳《尚书》和京氏《易》，王朗倾心经学，对时事较为关心，想必会对杨赐大胆选用"党人"之举颇为钦佩，故而萌生拜师之心，亦在情理之中。因此笔者推测，王朗很有可能在熹平七年（178）春天拜师于杨赐。

此外，杨赐传习家学，当亦明京氏《易》。王朗曾作《易传》，于正始六年(245 年) 十二月被列为考试科目③，可见王朗所作《易传》，颇受重视。从师承关系来讲，王朗师从杨赐，必在《周易》《尚书》学上颇有造诣。

二、王朗交游考

王朗少年出名，喜交名士，又仕宦南北，善于辞藻，故其交游广泛。兹依时间之先后、关系之远近略论之。

---

① （晋）陈寿撰，（南朝宋）裴松之注：《三国志》卷一三，第 406 页。
② （南朝宋）范晔撰，（唐）李贤等注：《后汉书》卷五四，第 1776 页。
③ 《三国志·齐王芳传》："（正始六年）十二月辛亥，诏故司徒王朗所作《易传》，令学者得以课试。"（晋）陈寿撰，（南朝宋）裴松之注：《三国志》卷四，第 121 页。

（一）刘阳

《三国志·王朗传》裴注引《王朗家传》曰："朗少与沛国名士刘阳交友。阳为莒令，年三十而卒，故后世鲜闻。初，阳以汉室渐衰，知太祖有雄才，恐为汉累，意欲除之而事不会。及太祖贵，求其嗣子甚急。其子惶窘，走伏无所。阳亲旧虽多，莫敢藏者。朗乃纳受积年，及从会稽还，又数开解。太祖久乃赦之，阳门户由是得全。"①王朗少年时与沛国名士刘阳交友。刘阳见汉室衰落，知曹操有野心，打算除掉曹操，以绝后患，但未成功，曹操深以为憾。之后，曹操称相，挟天子以令诸侯，其时刘阳已去世，曹操欲杀刘阳嗣子以解心头之恨。当时刘阳亲友虽多，但只有王朗愿意收留其子。由"朗乃纳受积年，及从会稽还，又数开解"可知，王朗任职会稽太守时，可能刘阳之子既已投奔王朗。王朗从会稽北回中原，数次为刘阳之子开解，曹操最终同意赦免，刘氏门户因此得以保全。王朗冒着危险收留老友之子，并为之开解，可见王朗为重情重义之人。

（二）张昭

王朗与张昭年少时即互相友善，称名乡里，《三国志·张昭传》载："（张昭）少好学，善隶书，从白侯子安受《左氏春秋》，博览众书，与琅邪赵昱、东海王朗俱发名友善。弱冠察孝廉，不就，与朗共论旧君讳事，州里才士陈琳等皆称善之。"②汉末大乱后，张昭南渡，避难扬州，后任孙策长史、抚军中郎将，辅佐孙策攻城略地。孙策攻陷会稽以后，曾派张昭私下问王朗是否愿意归降，"朗誓不屈，策忿而不敢害也，留置曲阿"③。孙策没有杀害王朗，一方面与王朗儒雅有声名有关，另一方

---

① （晋）陈寿撰，（南朝宋）裴松之注：《三国志》卷一三，第407页。
② （晋）陈寿撰，（南朝宋）裴松之注：《三国志》卷五二，第1219页。
③ （晋）陈寿撰，（南朝宋）裴松之注：《三国志》卷一三，第407页。

面可能与张昭从中调解有关。王朗与张昭为故交，且对其颇为推重，《三国志》裴注引《汉晋春秋》云："建安三年，太祖表征朗，策遣之。太祖问曰：'孙策何以得至此邪？'朗曰：'策勇冠一世，有俊才大志。张子布，民之望也，北面而相之。周公瑾，江淮之杰，攘臂而为其将。谋而有成，所规不细，终为天下大贼，非徒狗盗而已。'"① 张昭为"民之所望"，辅佐孙策建功立业。可见，张昭在孙策势力的崛起中扮演了重要的角色。孙策死后，张昭继而辅佐孙权。王朗北回中原后，与张昭联系不多，二人各为其主，但皆互相尊重。嘉禾五年（236 年），张昭卒，年八十一。

（三）赵昱

如前所云，王朗与赵昱、张昭为少年好友，后王朗、赵昱共事徐州刺史陶谦，王朗为治中，赵昱任别驾，《三国志·王朗传》云："时汉帝在长安，关东兵起，朗为谦治中，与别驾赵昱等说谦曰：'春秋之义，求诸侯莫如勤王。今天子越在西京，宜遣使奉承王命。'谦乃遣昱奉章至长安。天子嘉其意，拜谦安东将军。以昱为广陵太守，朗会稽太守。"② 王朗与赵昱劝陶谦勤王，不仅促成陶谦升任安东将军，其二人也分别成为地方长官。汉献帝初平四年（193 年），王朗出任会稽太守，赵昱出任广陵太守。二人分居二地，联系中断。赵昱在任广陵太守期间为笮融杀害，年四十余。

（四）许靖

许靖，字文休，汝南平舆人。少与从弟许劭俱以人伦臧否而知名。董卓摄政后，以周毖为吏部尚书，周毖与吏部郎许靖共谋议，"进退天下

---

① （晋）陈寿撰，（南朝宋）裴松之注：《三国志》卷一三，第 408 页。

② （晋）陈寿撰，（南朝宋）裴松之注：《三国志》卷一三，第 406—407 页。

之士，沙汰秽浊，显拔幽滞。进用颍川荀爽、韩融、陈纪等为公、卿、郡守，拜尚书韩馥为冀州牧，侍中刘岱为兖州刺史，颍川张咨为南阳太守，陈留孔伷为豫州刺史，东郡张邈为陈留太守"①。韩馥等人到官后，却举兵讨伐董卓，董卓一怒之下杀了吏部尚书周毖。许靖为避祸，投奔孔伷，后又投奔王朗。《三国志》本传云："靖惧诛，奔伷。伷卒，依扬州刺史陈祎。祎死，吴郡都尉许贡、会稽太守王朗素与靖有旧，故往保焉。靖收恤亲里，经纪振赡，出于仁厚。"②王朗时任会稽太守，与许靖为旧交，颇相亲善，因此许靖投奔王朗。会稽远离中原战火，相对安静，许靖得以安身。王朗晚年曾在致许靖的信中回忆起当年二人在会稽情景，并希望两人可以见面"共陈往时避地之艰辛，乐酒醑宴，高谈大噱，亦足遗忧而忘老"③。建安元年（196 年），孙策攻占会稽，王朗抵抗失利，遂投降。许靖乘船南逃至交州，后仕蜀。王朗北回中原，后仕魏，二人虽处异地，但通信不断，情谊笃厚。《三国志·许靖传》载："始，靖兄事颍川陈纪，与陈郡袁涣、平原华歆、东海王朗等亲善。歆、朗及纪子群，魏初为公辅大臣，咸与靖书，申陈旧好，情义款至。"④王朗、华歆、陈群虽为曹魏大臣，但均与身在蜀国的许靖互通书信，情谊可见。王朗晚年曾致信老友许靖云：

> 文休足下：消息平安，甚善甚善。岂意脱别三十余年而无相见之缘乎！诗人比一日之别于岁月，岂况悠悠历累纪之年者哉！自与子别，若没而复浮，若绝而复连者数矣……侪辈略尽，幸得老与足下并为遗种之叟，而相去数千里，加有遭塞之隔，时闻消息于风声，托旧情于思想，眇眇异处，与异世无以异也……久阔情愊，非夫笔墨所

---

① （晋）陈寿撰，（南朝宋）裴松之注：《三国志》卷三八，第 963 页。
② （晋）陈寿撰，（南朝宋）裴松之注：《三国志》卷三八，第 963 页。
③ （晋）陈寿撰，（南朝宋）裴松之注：《三国志》卷三八，第 967 页。
④ （晋）陈寿撰，（南朝宋）裴松之注：《三国志》卷三八，第 967 页。

能写陈，亦想足下同其志念。今者，亲生男女凡有几人？年并几何？仆连失一男一女，今有二男：大儿名肃，年二十九，生于会稽；小儿才岁余。临书怆恨，有怀缅然。①

信中王朗表达了对老友的思念之情，可谓情意真切，感人肺腑。王朗也问及许靖子女情况，表达对老友生活近况的关心。王朗与许靖早年相识，互相钦佩，又共同经历乱世之秋，老来互相慰藉，可谓知心之交。

（五）孔融

孔融，字文举，鲁国人，孔子二十世孙。王朗与孔融因同为大将军何进府掾而结识，交谊非浅。何进死后，王朗任陶谦治中，孔融出任北海相。建安三年（198 年），曹操表征王朗，王朗辗转一年才到许下。其时孔融任将作大匠，王朗到许下之前，孔融曾写信问候王朗：

> 世路隔塞，情问断绝，感怀增思。前见章表，知寻汤武罪己之迹，自投东裔同鲧之罚，览省未周，涕陨潸然。主上宽仁，贵德宥过。曹公辅政，思贤并立。策书屡下，殷勤款至。知棹舟浮海，息驾广陵，不意黄熊突出羽渊也。谈笑有期，勉行自爱！②

孔融问候、宽慰王朗，其言"贵德宥过，思贤并立"，是指王朗投降孙策之事。同时，言"谈笑有期，勉行自爱"，流露欣喜企盼之情，足见二人情谊之深。王朗当时收到好友此信，想必心生暖意，感慨良多。王朗到许下后，二人当有不少接触，特别是孔融，乐于交际，当时"宾客日盈其门"。

---

① （晋）陈寿撰，（南朝宋）裴松之注：《三国志》卷三八裴注引《魏略》，第967—968 页。
② （晋）陈寿撰，（南朝宋）裴松之注：《三国志》卷一三，第408 页。

王朗与孔融在思想上颇有共鸣之处，如关于"复肉刑"之议，孔融与王朗均持反对态度，《后汉书·孔融传》载：

> 时论者多欲复肉刑。融乃建议曰："古者敦厖，善否不别。吏端刑清，政无过失。百姓有罪，皆自取之。末世陵迟，风化坏乱，政挠其俗，法害其人。故曰上失其道，民散久矣。而欲绳之以古刑，投之以残弃，非所谓与时消息者也。纣斫朝涉之胫，天下谓为无道……汉开改恶之路，凡为此也。故明德之君，远度深惟，弃短就长，不苟革其政者也。"朝廷善之，卒不改焉。[1]

孔融所云，可谓颇合时宜，颇近人情，故为朝廷所采纳。王朗反对复肉刑之论，前已论及。孔融性情刚直，疾恶如仇，也因此而招致杀身之祸。建安十三年（208年），孔融为曹操所杀，时年五十六。

（六）华歆

华歆，字子鱼，平原高唐人。中平六年（189年），灵帝崩，大将军何进辅政，征华歆，《三国志·华歆传》载："灵帝崩，何进辅政，征河南郑泰、颍川荀攸及歆等。歆到，为尚书郎。"[2]是年，何进谋诛宦官，反被宦官杀害。当时王朗为何进府掾，王朗、华歆二人很可能在此时结识。何进被杀后，王朗归家，后起任徐州刺史陶谦治中，初平四年(193年)，任会稽太守。此时，华歆任豫章太守。建安元年（196年）八月，孙策渡江掠地，攻占会稽，王朗战败投降。随后，孙策欲攻豫章，华歆知孙策善用兵，幅巾奉迎，不战而降。建安三年（198年），曹操表征王朗，建安五年（200年），又表征华歆。至此，王朗与华歆开始共同效力于曹操及曹魏政权。

---

① （南朝宋）范晔撰，（唐）李贤等注：《后汉书》卷七〇，第2267页。
② （晋）陈寿撰，（南朝宋）裴松之注：《三国志》卷三，第401页。

王朗十分推重华歆，《世说新语·德行》载："王朗每以识度推华歆。歆蜡日，尝集子侄燕饮，王亦学之。有人向张华说此事，张曰：'王之学华，皆是形骸之外，去之所以更远。'"①王朗学习华歆，在蜡日召集子侄燕饮，作为加强与晚辈交流的方式。张华言"王之学华，皆是形骸之外"，未免过于轻王。此外，《世说新语·德行》又载：

华歆、王朗俱乘船避难，有一人欲依附，歆辄难之。朗曰："幸尚宽，何为不可？"后贼追至，王欲舍所携人。歆曰："本所以疑，正为此耳。既已纳其自托，宁可以急相弃邪？"遂携拯如初。世以此定华、王之优劣。②

此言王朗与华歆共乘船避难，遇人求救之事。平心而论，王朗初有救人之心，是值得认可的；后又有相弃之意，则是不合道义的。就此而言，华歆确实更有识见。关于华歆这一识见，还有一个版本，《三国志》裴注引《华峤谱叙》云：

歆少以高行显名。避西京之乱，与同志郑泰等六七人，间步出武关。道遇一丈夫独行，愿得俱，皆哀欲许之。歆独曰："不可。今已在危险之中，祸福患害，义犹一也。无故受人，不知其义。既以受之，若有进退，可中弃乎？"众不忍，卒与俱行。此丈夫中道堕井，皆欲弃之。歆曰："已与俱矣，弃之不义。"相率共还出之，而后别去。众乃大义之。③

① （南朝宋）刘义庆编，（南朝梁）刘孝标注，余嘉锡笺疏，周祖谟、余淑宜整理：《世说新语笺疏》卷一，中华书局1983年版，第13页。
② （南朝宋）刘义庆编，（南朝梁）刘孝标注，余嘉锡笺疏，周祖谟、余淑宜整理：《世说新语笺疏》卷一，第14页。
③ （晋）陈寿撰，（南朝宋）裴松之注：《三国志》卷一三，第401页。

此则材料，较之前则，更为详细具体，足见华歆为人处事之识见与担当。曹丕称帝后，华歆出任司徒。明帝即位后，华歆进封博平侯，转为太尉。太和五年（231 年），华歆去世，谥敬。

（七）虞翻

虞翻，字仲翔，会稽余姚人。王朗为会稽太守时，任命虞翻为功曹，《三国志·虞翻传》载："太守王朗命为功曹。孙策征会稽，翻时遭父丧，衰绖诣府门。朗欲就之，翻乃脱衰入见，劝朗避策。朗不能用，拒战败绩，亡走浮海。翻追随营护，到东部候官。"[①]虞翻深知孙策人多势众，善于作战，建议王朗逃避，而王朗"自以身为汉吏，宜保城邑，遂举兵与策战"[②]，最后战败投降。虞翻虽劝王朗逃避，但亦竭尽忠心，《三国志》裴注引《虞翻别传》载："朗使翻见豫章太守华歆，图起义兵。翻未至豫章，闻孙策向会稽，翻乃还。会遭父丧，以臣使有节，不敢过家，星行追朗至候官。朗遣翻还，然后奔丧。"[③]虞翻在出使途中听闻孙策将攻打会稽，于是立刻返还，虽遭父丧，也要首先力劝王朗，足见虞翻尽忠之心。在学问方面，虞翻精通象数易学，《三国志》本传载：

> 翻与少府孔融书，并示以所著《易注》。融答书曰："闻延陵之理乐，睹吾子之治《易》，乃知东南之美者，非徒会稽之竹箭也。又观象云物，察应寒温，原其祸福，与神合契，可谓探赜穷通者也。"[④]

孔融对虞翻所著《易注》颇为推赏，比于东南之美——会稽之竹箭。《隋书·经籍志》著录虞翻所著易学著作有：《周易注》九卷，《周易日月

---

① （晋）陈寿撰，（南朝宋）裴松之注：《三国志》卷五七，第 1317 页。
② （晋）陈寿撰，（南朝宋）裴松之注：《三国志》卷一三，第 407 页。
③ （晋）陈寿撰，（南朝宋）裴松之注：《三国志》卷五七，第 1317 页。
④ （晋）陈寿撰，（南朝宋）裴松之注：《三国志》卷五七，第 1320 页。

变例》六卷，《扬子太玄经》十四卷，可见虞翻确为易学大家。王朗也善易学，正始六年（245 年）十二月，邵陵厉公曹芳曾下诏，令学者课试王朗所作《易传》。王朗任会稽太守四年，想必与功曹虞翻在易学方面多有探讨。王朗败于孙策后，虞翻继而辅佐孙策、孙权，后因得罪孙权，被徒交州，十余年后而卒，时年七十余。

（八）边让

边让，字文礼，陈留浚仪人，以才气名世，《后汉书》本传云："少辩博，能属文。作《章华赋》，虽多淫丽之辞，而终之以正，亦如相如之讽也。"① 王朗与边让的交往，始见于其任大将军何进府掾之时。大将军何进以军事征召边让，边让善辞对、占射，为时人所羡，王朗与孔融其时任职何进府掾，亦备置名帖，前往拜见边让。② 边让恃才傲物，多轻侮之言，建安中为曹操所杀。

（九）袁忠

袁忠，为汝南袁安后人，以清亮为世人所称。王朗与袁忠只有短暂的交往，《后汉书·袁忠传》载："忠，字正甫，与同郡范滂为友……初平中，为沛相，乘苇车到官，以清亮称。及天下大乱，忠弃官客会稽上虞。夜见太守王朗徒从整饰，心嫌之，遂称病自绝。"③ 董卓擅政以致天下大乱，袁忠遂弃官而逃至会稽。当时王朗任会稽太守，袁忠欲投奔王朗，但夜晚会见王朗时，发现王朗的徒从皆青绛采衣，颇显奢华，遂心有嫌弃，与王朗断绝来往。可见，袁忠为人十分清高，不屈于流俗。

---

① （南朝宋）范晔撰，（唐）李贤等注：《后汉书》卷八〇下，第 2640 页。
② （南朝宋）范晔撰，（唐）李贤等注：《后汉书》卷八〇下，第 2645 页。
③ （南朝宋）范晔撰，（唐）李贤等注：《后汉书》卷四五，第 1526 页。

（十）桓晔

晔，字文林，一名严。为人清高有志气。其姑为太尉杨赐夫人。初平四年（193年），天下大乱，桓晔避于会稽，《后汉书》李贤等注引《东观记》曰："（桓晔）后东适会稽……太守王朗饷给粮食、布帛、牛羊。"[1] 初平四年（193年），王朗任会稽太守，其为逃难至此的桓晔供给粮食、布帛、牛羊，可谓视桓氏为座上宾。王朗此番盛情，盖与桓晔为杨赐夫人之侄有关。后桓晔逃至交州，为凶人所害。

（十一）刘繇

刘繇，字正礼，东莱牟平人。繇父舆，一名方，为山阳太守。繇伯父宠，为汉太尉。繇兄岱，字公山，曾任兖州刺史。刘繇年十九，因冒死救从父而显名，后举孝廉，为郎中，除下邑长。《三国志》载："时选三署郎以补县长：琅邪赵昱为莒长，东莱刘繇下邑长，东海王朗菑丘长，洪即丘长。"[2] 王朗与刘繇结交，盖在此时。刘繇后任扬州刺史、振武将军等职，孙策东渡，刘繇本欲投奔会稽王朗，后听从许子将的建议而赴豫章。[3] 刘繇率兵讨伐笮融[4]，攻破笮融不久，即病卒，时年四十二。其时，孙策"过豫章，收载繇丧，善遇其家"，王朗致信孙策："知敦以厉薄，德以报怨，收骨育孤，哀亡愍存，捐既往之猜，保六尺之托，诚深恩重分，美名厚实也。昔鲁人虽有齐怨，不废丧纪，春秋善之，谓之得礼，诚良史之所宜籍，乡校之所叹闻。正礼元子，

---

[1] （南朝宋）范晔撰，（唐）李贤等注：《后汉书》卷三七，第1260页。

[2] （晋）陈寿撰，（南朝宋）裴松之注：《三国志》卷七，第156页。

[3] 《三国志》裴注引袁宏《汉纪》曰："刘繇将奔会稽，许子将曰：'会稽富实，策之所贪，且穷在海隅，不可往也。不如豫章，北连豫壤，西接荆州。若收合吏民，遣使贡献，与曹兖州相闻，虽有袁公路隔在其间，其人豺狼，不能久也。足下受王命，孟德、景升必相救济。'繇从之。"

[4] 笮融，丹阳人，性歼毒，曾使诈杀害广陵太守赵昱、彭城相薛礼、豫章太守朱皓等人。

致有志操，想必有以殊异。威盛刑行，施之以恩，不亦优哉！"① 由此可见，王朗对孙策收留刘繇全家非常称赞，从中亦可见其对老友刘繇之情谊。

第三节　王朗经学考论

王朗以通经入仕，为汉魏时期著名经学家。曹魏时期，由王朗主撰、王肃定稿的《易传》曾被立于学官。王朗通晓经学，儒雅多才，为时人所敬重和褒扬。② 王朗经学著述较多，且对王肃影响较大。

一、王朗经学著述考

王朗通晓今文经学，《三国志》本传载："朗著《易》《春秋》《孝经》《周官》传、奏议、论记，咸传于世。"③ 可见王朗曾注释《周易》《春秋》《孝经》《周礼》等儒家经典。《隋书·经籍志》著录王朗有《春秋左氏传》十二卷、《春秋左氏释驳》一卷、《春秋传》十卷，其他著述未见记载。可见至唐代，王朗的经学著述只有《春秋》类传世，其他皆亡佚。王朗善《周易》，正始六年（245 年）十二月，邵陵厉公曹芳"诏故司徒王朗所作《易传》，令学者得以课试"④，可见王朗所著《易传》在曹魏中期即被立于学官。王朗《易传》得以传世，也有赖王肃之"撰

---

① （晋）陈寿撰，（南朝宋）裴松之注：《三国志》卷四九，第 720 页。

② 《三国志》裴注引《益州耆旧传》曰："商字文表，广汉人，以才学称，声问著于州里……荆州牧刘表及儒者宋忠咸闻其名，遗书与商，叙致殷勤。许靖号为臧否，至蜀，见商而称之曰：'设使商生于华夏，虽王景兴无以加也。'"此虽是褒扬王商，但从许靖之言中，亦可见王朗在华夏之声望。

③ （晋）陈寿撰，（南朝宋）裴松之注：《三国志》卷一三，第 414 页。

④ （晋）陈寿撰，（南朝宋）裴松之注：《三国志》卷四，第 121 页。

定"①。王肃在"撰定"《易传》的同时也继承了其父的易学思想。

王朗善《周易》或与以下两个因素有关,一是王朗曾师从杨赐,而杨赐之父杨秉"明京氏《易》,博通书传"②,杨赐传习家学,必然明京氏《易》,因此王朗善《易》也就不难理解;二是王朗曾任会稽太守,与易学家虞翻(时任功曹)共事四年,王朗易学思想或受虞翻影响。王朗善《周易》,除了著《易传》外,还有一个表现,即奏疏、书信中常引用《周易》经文,如《劝育民省刑疏》云:"《易》称赦法,《书》著祥刑,一人有庆,兆民赖之,慎法狱之谓也。"③《节省奏》云:"《易》称'悦以使民,民忘其劳;悦以犯难,民忘其死',今之谓矣。"④又《与文休书》云:"《书》曰'人惟求旧',《易》称'同声相应,同气相求'。"⑤

综上可知,王朗经学著述有《易传》《孝经传》《周官传》《论语传》《春秋左氏传》《春秋左氏释驳》《春秋传》等七种,至宋代以后皆亡佚。

二、王朗《论语注》辨析

王朗经学著述后世亡佚不传,清人马国翰辑有《论语王氏说》一卷。马国翰《论语王氏说·序录》云:"《论语王氏说》一卷,魏王朗撰。朗,字景兴,东海郡人。魏国初建,以军祭酒领魏郡太守,迁御史大夫,改司空,进封兰陵侯,谥曰成。《魏志》有传,《志》称其著《易》《春秋》《孝经》《周官》传,不言《论语》。梁《七录》及隋、唐二《志》亦均不载,而黄侃《义疏》引四节,岂当日实有著述,史偶佚之耶?又考何晏作《集

---

① 《三国志·王肃传》:"初,肃善贾、马之学,而不好郑氏,采会同异,为《尚书》《诗》《论语》《三礼》《左氏》解,及撰定父朗所作《易传》,皆列于学官。"参见《三国志》卷一三,第419页。

② (南朝宋)范晔撰,(唐)李贤等注:《后汉书》卷五四,第1769页。

③ (晋)陈寿撰,(南朝宋)裴松之注:《三国志》卷一三,第409页。

④ (晋)陈寿撰,(南朝宋)裴松之注:《三国志》卷一三裴注引《魏名臣奏》,第410页。

⑤ (晋)陈寿撰,(南朝宋)裴松之注:《三国志》卷三八,第968页。

解》，采八家说，同时取陈群、周生烈、王肃三人。肃，朗之子，或者肃传父业，如续《易传》之类，朗说见肃书，侃及见而称之欤？姑仍皇题，列一家名，叙子雍之上，借以见家学渊源云。"① 由上可知，马国翰《论语王氏说》乃据皇侃《论语义疏》而辑。为便于考释，兹将马氏所辑注文附列于下②，间下按语。

1.《论语·为政》："子贡问君子，子曰：先行，其言而后从之。"③

　　王朗注："鄙意以为立言之谓乎？《传》曰：'太上立德，其次立言'，明君子之道，言必可则，令后世准而从之，故后从之。"④

句读与文意理解应相辅相成。黄怀信先生主撰的《论语汇校集释》将孔子之言句读为"先行，其言而后从之"，而非"先行其言，而后从之"，而关于此句之语境，黄先生解释道："此夫子疾小人有言无行而发，孔说不误，不必谓人人事事皆须先行而后言也。皇疏引又一通说及王氏笺解皆失之泥，且凡为物楷之言、垂世立教之言，岂有皆先行之者哉？其说不可从。"⑤ 笔者认同黄先生的句读和解释，王朗此处的注解是有问题的。

2.《论语·公冶长》："子曰：宁武子邦有道则知，邦无道则愚。其知可及也，其愚不可及也。"

　　王朗注："或曰：详（佯）愚盖运智之所得，缘有此智，故能有此愚，岂得云同其智而阙其愚哉？答曰：智之为名，止于布德尚善、动而不黜者也，愚无预焉。至于详（佯）愚，韬光潜彩，恬然无用，支

---

① （清）马国翰：《玉函山房辑佚书》，载《续修四库全书》第 1203 册，第 20 页。
② （魏）王朗：《论语王氏说》，马国翰《玉函山房辑佚书》，载《续修四库全书》第 1203 册，第 20—21 页。
③ 此断句，本自黄怀信主撰：《论语汇校集释》，上海古籍出版社 2008 年版，第 149 页。
④ （清）马国翰：《玉函山房辑佚书》，载《续修四库全书》第 1203 册，第 20 页。
⑤ 黄怀信主撰：《论语汇校集释》，第 150 页。

流不同，故其称亦殊。且智非足者之目可有，虽审其显而未尽其愚者矣。"①

这是孔子对宁武子的称赞，赞其审时度势。政治秩序正常时，则布德尚善、贡献才智；政治秩序混乱时，则韬光养晦、明哲保身。王朗注解准确到位。

3.《论语·述而》："子曰：加我数年，五十以学《易》，可以无大过矣。"

　　王朗注："鄙意以为《易》盖先圣之精义，后圣无间然者也。是以孔子即而因之，少而诵习，恒以为务，称五十而学者，明重《易》之至，故令学者专精于此书，虽老，不可以废倦也。"②

《论语》此句，历来争议较多。争议的焦点主要有三，一是"加"字是否作"假"；一是"五十"是否有误；一是"易"字，是否为"亦"字之讹。黄怀信《论语汇校集释》在"汇校"此句后作按语说："'加'不误，作'假'非。'五十'亦不误，改'卒'，改'吾'，改'九十''七十'皆妄。"③并注释此句说："加，增加。加我数年而五十，是时年不足五十，皇、邢之说不误。学，谓学文。此孔子向人道学文的好处，勉人勿以年长而不学也。言即使让他再年长几年，到五十岁才开始学文，也可以使终身无有大过。旧不知'易'当为'亦'，而以天命易数为说，穿凿之甚。学《易》岂可以无过？陈氏所疑甚是。"④黄先生所解，颇有道理，今从之。王朗所见版本为"易"，非"亦"，故有上引解释，因版本传写之误，无可厚非。

---

① （清）马国翰：《玉函山房辑佚书》，载《续修四库全书》第1203册，第20页。
② （清）马国翰：《玉函山房辑佚书》，载《续修四库全书》第1203册，第20—21页。
③ 黄怀信主撰：《论语汇校集释》，第608页。
④ 黄怀信主撰：《论语汇校集释》，第611页。

4.《论语·述而》："子曰：我三人行，必得我师焉，择其善者而从之，其不善而改之。"

王朗注："于时道消俗薄，鲜能崇贤尚胜，故托斯言以厉之。夫三人之行，犹或有师，况四海之内，何求而不应哉？纵能尚贤而或滞于一方者，又未尽善也，故曰'择其善者而从之，其不善而改之'。或问曰：'何不二人，必云三人也？'答曰：'二人则彼此自好各言我是，若有三人，则恒一人见二人之有是非明也。'"①

此句与今通行本略有区别，今通行本作"三人行，必有我师焉。择其善者而从之，其不善者而改之"。不同者有三：一是今本无"我"字；一是今本"必得"为"必有"；一是今本尾句"善"后有"者"字，皇侃注疏本无"者"字。黄怀信先生于"汇校"后作按语说："作'三人行必有我师焉'义虽可通，但如此则'三人'为不相干之人，可以泛指，恐非孔子原意。且下云'择其善者而从之，其不善者而改之'，若为不相干之人而己不与行，则其善不善何以知之？见孔子本必谓'我三人行'。后人盖以下复有'我'字，故删之。'必得'亦不误，作必有，亦当是后人所改。"②并于"集释"后复作按语说："行，当谓行事，与后'二三子'章'无行'之'行'同。我三人行事，意见必不能一，然其二人所言必有所是，不必我皆是，故曰必有我师焉。其善、其不善，指二人之主见，非谓其人，钱说近是。此孔子诲人不可固执己见也。旧以行为行路，行路岂有善不善之别？既行路，又何知其善不善？且彼二人何必一善一不善？朱子误甚。"③黄先生之按语甚是，准此以观王朗所解，可谓大致准确。只是最后解为何三人时，称有

① （清）马国翰：《玉函山房辑佚书》，载《续修四库全书》第 1203 册，第 21 页。
② 黄怀信主撰：《论语汇校集释》，第 622 页。
③ 黄怀信主撰：《论语汇校集释》，第 623 页。其中，《朱子集注》云："三人同行，其一我也。彼二人者一善一恶，则我从其善而改其恶焉，是二人者皆我师也。"朱子所言的确误甚。

一人恒见二人之是非，则似牵强。

通过对王朗《论语注》之分析可知，王朗注解《论语》既有得当之处，亦有失当之处。这里既有版本的原因，也有个人理解的原因。总体而言，王朗的注解以义理阐发为主，不太注重文字训诂，此注解风格与王肃解经风格类似，正体现出汉魏思想及解经风气的转变。

第四节　王朗文学探析

王朗虽以通经入世，但亦擅长文学，并知名海内。《三国志》裴注引《吴书》曰："纮（张纮，字子纲）见楠榴枕，爱其文，为作赋。陈琳在北见之，以示人曰：'此吾乡里张子纲所作也。'后纮见陈琳作《武库赋》《应机论》，与琳书深叹美之。琳答曰：'自仆在河北，与天下隔，此间率少于文章，易为雄伯，故使仆受此过差之谭，非其实也。今景兴（王朗）在此，足下与子布（张昭）在彼，所谓小巫见大巫，神气尽矣。'"[①]陈琳以文学见长，为建安七子之一，其称与王朗、张纮、张昭相比，如同"小巫见大巫"，虽是自谦，亦可见王朗在其时颇以文学知名。同时，王朗也因儒雅、擅长文学，为魏文帝曹丕所欣赏和敬重。[②]《隋书·经籍志》著录《王朗集》三十四卷，《旧唐书》《新唐书》皆著录《王朗集》三十卷，后亡佚不传。清人严可均《全三国文》，辑录了王朗所撰《冬腊不得朝表》《劝育民省刑疏》《奏宜节省》《议不宜复肉刑》《与魏太子书》《论丧服书》《相论》等文章共计32篇。其中，以政论散文为主。

---

① （晋）陈寿撰，（南朝宋）裴松之注：《三国志》卷五三，第1246页。

② 《三国志·本纪二》："（魏文）帝好文学，以著述为务，自所勒成垂百篇。又使诸儒撰集经传，随类相从，凡千余篇，号曰《皇览》。"又《三国志》裴注引魏书曰："帝初在东宫，疫疠大起，时人凋伤，帝深感叹，与素所敬者大理王朗曰：'生有七尺之形，死唯一棺之土，唯立德扬名，可以不朽，其次莫如著篇籍。疫疠数起，士人凋落，余独何人，能全其寿？'故论撰所著典论、诗赋，盖百余篇，集诸儒于肃城门内，讲论大义，侃侃无倦。"

　　王朗散文可分为奏疏类、书信类和其他类三种。《汉书杂事》云："群臣奏事上书，皆为两通：一诣后，二诣帝。凡群臣之书通于天子者四品：一曰章，二曰奏，三曰表，四曰驳议。"[①] 为便于论述，今据《汉书杂事》将表类、奏类、疏类、议类等四种上书统一归于奏疏类。

一、奏疏类

　　奏疏类政论散文，是王朗散文的重要内容，这类散文主要是向皇帝进言，或建议，或答问，或劝谏，根据名称不同又可细分为表、上奏、疏、议等四小类。

（一）表类

　　表，即表明上书之意，内容一般比较简单。王朗表类著述，有《冬腊不得朝表》《论乐舞表》《上求正贷民表》《谏行役夜表》《答文帝表》等五篇。其中，《冬腊不得朝表》关于冬天腊祭不得上朝。《论乐舞表》，讨论乐、舞之关系及其功能，其言："凡音乐以舞为主……乐，所以乐君之德；舞，所以象君之功。"[②]《上求正贷民表》，关于重视水利建设，发展农业生产。《谏行役夜表》，是王朗劝谏魏文帝曹丕不要夜间行役。《答文帝表》现存只有两句："夫张大网以漉鳅虾，辱九鼎以烹蛙黾。"[③]此乃表达大材小用之意，劝文帝不必兴师动众。

（二）奏类

　　王朗奏类文章有《奏宜节省》《奏贺朔故事》《上请叙主簿张登》《上

---

① （宋）李昉编纂，任明、朱瑞平、李建国校点：《太平御览》卷五九四引《汉书杂事》，第 676 页。

② （清）严可均辑，马志伟审订：《全三国文》卷二二，第 214 页。

③ （清）严可均辑，马志伟审订：《全三国文》卷二二，第 214 页。

刘纂等樗蒲事》等四篇。其中,《奏宜节省》是王朗所上建议节省的奏疏,奏疏中王朗云:"当今诸夏已安,而巴蜀在画外。虽未得偃武而鞍甲,放马而戢兵,宜因年之大丰,遂寄军政于农事……粮畜于食,勇畜于势,虽坐曜烈威而众未动,画外之蛮,必复稽颡以求改往而效用矣。"① 因为当时三国鼎立,随时面临战争,故王朗上疏请求节省,发展农事、养精蓄锐。《奏贺朔故事》言"殿下设两百华镫……月照星明,虽夜由昼矣"②。这是王朗上奏过去正月贺朔之事。《上请叙主簿张登》是王朗上奏请求文帝擢用张登。《上刘纂等樗蒲事》只有"左中郎乐林得纂面肉,共啖汤饼"③一句,未知所奏何事。

(三) 疏类

疏类文章,主要为比较重要的劝谏类文章,一般篇幅较长。王朗此类文章有《劝育民省刑疏》《谏文帝游猎疏》《谏东征疏》《谏明帝营修宫室疏》《屡失皇子上疏》等五篇。其中《劝育民省刑疏》是王朗向文帝所上奏疏,主要围绕育民和省刑两点,其中育民主要从嫁娶、胎养、医药、赈贷、宽徭等方面着手,以做到休养生息、民富国强;省刑强调"治狱者得其情,则无冤死之囚"。王朗于奏疏中十分关切民生之疾苦,颇见儒者仁爱之心,如其言:

> 夫治狱者得其情,则无冤死之囚;丁壮者得尽地力,则无饥馑之民;穷老者得仰食仓廪,则无馁饿之殍;嫁娶以时,则男女无怨旷之恨;胎养必全,则孕者无自伤之哀;新生必复,则孩者无不育之累;壮而后役,则幼者无离家之思;二毛不戎,则老者无顿伏之患。医药以疗其疾,宽繇以乐其业,威罚以抑其强,恩仁以济其弱,赈

---

① (晋)陈寿撰,(南朝宋)裴松之注:《三国志》卷一三裴注引《魏名臣奏》,第410页。
② (清)严可均辑,马志伟审订:《全三国文》卷二二,第216页。
③ (清)严可均辑,马志伟审订:《全三国文》卷二二,第216页。

贷以赡其乏。十年之后，既笄者必盈巷。二十年之后，胜兵者必满野矣。①

王朗所言，与当年孟子向梁惠王所述施行仁政之语如出一辙，可见王朗是真正的儒者。《谏文帝游猎疏》是王朗劝魏文帝出行要谨慎，不要晚归，以防不测。《谏东征疏》是黄初四年王朗劝谏曹丕东征吴国。《谏明帝营修宫室疏》是王朗劝谏魏明帝曹叡不要大肆营建宫室。《屡失皇子上疏》是王朗因魏明帝屡失皇子、继嗣未立而上疏，王朗不仅表达关心还提出中肯建议，魏明帝对此非常感动。②

（四）议类

王朗议类政论散文有《四孤议》《兴师与吴取蜀议》《改元议》《遗针御衣议》《议不宜复肉刑》《议》等六篇。其中，王朗《四孤议》云："收捐拾弃，不避寒暑，且救垂绝之气，而肉必死之骨，可谓仁过天地，恩逾父母者也。吾以为田议是矣。"③所谓四孤，是指"遇兵饥馑有卖子者；有弃沟壑者；有生而父母亡，无缌亲，其死必也者；有俗人以五月生子妨忌之不举者"④。王朗认为，收养四孤，仁过天地，并认同博士田琼的观点。⑤王朗之议是否被采纳不得而知，但他力陈救人于垂绝之际，其仁过于天地，其恩大于父母（孤之父母），并认为可以四孤为后，而不必拘泥于礼，可见王朗乃真正的仁者。《兴师与吴取蜀议》力劝曹丕不宜出兵，应该"坐

---

① （清）严可均辑，马志伟审订：《全三国文》卷二二，第214—215页。
② 《三国志·王朗传》载魏明帝报曰："夫忠至者辞笃，爱重者言深。君既劳思虑，又手笔将顺，三复德音，欣然无量。朕继嗣未立，以为君忧，钦纳至言，思闻良规。"
③ （唐）杜佑：《通典》卷六九，第1915页。
④ （唐）杜佑：《通典》卷六九，第1914页。
⑤ 《通典》卷六九载博士田琼议曰："虽异姓不相为后，礼也。《家语》曰：'绝嗣而后他人，于理为非。'今此四孤，非故废其家祀。既是必死之人，他人收以养活。且襁姒长养於襃，便称曰襃，姓无常也。其家若绝嗣，可四时祀之于门户外；有子，可以为后，所谓'神不歆非类'也。"可知田琼认为可以异姓为后。

曜天威，不动若山"。

《改元议》是王朗对于纪年称谓的修改建议，对统一纪年颇有意义，但未被采纳。《遗针御衣议》是关于"遗针御衣，惧伤至尊之体，故加之以髡刑"的奏议，王朗认为要"惩戒先伤，以防绝后伤"，仍是出于仁义之心。魏明帝时提出是否"复肉刑"之议，钟繇认为应当恢复肉刑，王朗《议不宜复肉刑》乃针对钟繇之议而发，议论的结果是："议者百余人，与朗同者多。帝以吴、蜀未平，且寝。"[1]因王朗所言合情合理，故为廷议众人所认同。《议》现仅存一句："晏平仲以齐君奢，故浣其朝冠，振其鹿裘。"[2]王朗表达尚俭之意。

二、书信类

王朗书信类文章有《遗孙伯符书》《与魏太子书》《与许文休书》《与钟繇书》等四篇。《遗孙伯符书》是王朗写给孙策的书信，其时王朗好友刘繇刚去世不久，孙策"西伐江夏，还过豫章，收载繇丧，善遇其家"[3]，王朗此信乃是对孙策的善举表示赞誉，其云："知敦以厉薄，德以报怨，收骨育孤，哀亡愍存，捐既往之猜，保六尺之托，诚深恩重分，美名厚实也。昔鲁人虽有齐怨，不废丧纪，春秋善之，谓之得礼，诚良史之所宜藉，乡校之所叹闻。正礼元子，致有志操，想必有以殊异。威盛刑行，施之以恩，不亦优哉！"[4]信中亦能看出王朗对友情的珍视。《与魏太子书》今存唯有三句："不遗惠书，所以慰沃。奉读欢笑，以藉饥渴。虽复萱草

① （晋）陈寿撰，（南朝宋）裴松之注：《三国志》卷五，第398页。
② （清）严可均辑，马志伟审订：《全三国文》卷二二，第219页。
③ （晋）陈寿撰，（南朝宋）裴松之注：《三国志》卷四九，第1185页。
④ （清）严可均辑，马志伟审订：《全三国文》卷二二，第220页。刘繇，字正礼，东莱牟平人。《三国志·臧洪传》云："洪体貌魁梧，有异于人，举孝廉为郎。时选三署郎以补县长：琅邪赵昱为莒长，东莱刘繇下邑长，东海王朗菑丘长，洪即丘长。"王朗与刘繇结交，盖在此时。

忘忧、皋苏释劳，无以加也。"① 由"萱草忘忧""皋苏释劳"这两个典故以及"奉读欢笑，以藉饥渴"，可见王朗对曹丕所作之诗（或文）的高度评价。曹丕与王朗多有书信往来，正史记载以外②，此又为一证。

《与许文休书》③是王朗给好友许靖的书信，现存有三通。第一通书信写作时间可考，信中言"岂意脱别三十余年而无相见之缘乎""今有二男，大儿名肃，年二十九，生于会稽"④，王肃生于汉献帝兴平二年（195 年），则此信写于魏文帝黄初四年（223 年）。但这里也有一个需要解释的"矛盾"之处，因为据《三国志·许靖传》记载，许靖卒于章武二年（222 年），也就是说，在王朗写这封信时，许靖已经去世。如果史书对于时间记载无误的话，似乎只有一种解释，许靖在章武二年给王朗回了一封信，之后不久就去世了。当时交通不便，书信很可能在途中耽搁，王朗辗转数月才收到信。⑤ 因此王朗回信之时并不知晓老友已去世，所以才出现了书信与事实相抵牾之处。王朗致信老友，一方面表达思念之情，如第一通信中言"诗人比一日之别于岁月，岂况悠悠历累纪之年者哉""是时侍宿武皇帝于江陵刘景升听事之上，共论道足下，至于通夜不寐，拳拳饥渴，诚无已也""《书》曰'人惟求旧'，《易》称'同声相应，同气相求'""久阔情慅，非夫笔墨所能写陈，亦想足下同其志念""临书怆悢，有怀缅然"等，皆可见朋友间之真情厚谊；另一方面书信也带有政治意图，这在另一通信中更为明显：

---

① （清）严可均辑，马志伟审订：《全三国文》卷二二，第 220 页。释，原作"择"，当是传写之误，今改正。
② 《三国志》裴注引魏书曰："帝初在东宫，疫疠大起，时人凋伤，帝深感叹，与素所敬者大理王朗书曰……"
③ （清）严可均辑，马志伟审订：《全三国文》卷二二，第 220—221 页。
④ 严可均辑《全三国文》作"三十九"，误。因为若是三十九，则是魏明帝青龙元年（233 年），彼时王朗早已去世五年，故当从《三国志·许靖传》裴注引《魏略》的记载，作"二十九"。
⑤ 王朗在另一通信中云"前夏有书而未达，今重有书，而并致前问"，所谓"前夏有书"盖指第一通书信。王朗言"未达"，当是因许靖没有回信，而竟不知好友许靖已去世。

皇帝既深悼刘将军之早世，又愍其孤之不易，又惜使足下、孔明等士人气类之徒，遂沉溺于羌夷异种之间，永与华夏乖绝，而无朝聘中国之期缘，瞻睎故土桑梓之望也。故复运慈念而劳仁心，重下明诏，以发德音，申敕朗等，使重为书与足下等。以足下聪明，揆殷勤之圣意，亦足悟海岱之所常在，知百川之所宜注矣。①

在当时政治环境下，二人各为其主，无可厚非。在政治以外，从纯粹个人的感情来讲，王朗与许靖早年相识，互相钦佩，又共同经历乱世之秋，可谓知心之交。

此外，《对孙策诘》《答太祖遣谯孙权称臣》因类于书信，姑且归于此类，此二者在论述王朗仕宦时已述及，不再赘述。

三、其他类

除以上两大类，王朗还有《论丧服书》《相论》《杂箴》《贫窭语》《塞势》等几篇文章，因不好归类，姑附论于此。

王朗《论丧服书》是针对郑玄所云"兄弟犹曰族亲也"而发，其言："吾以为古学以九代之亲为九族，谓兄弟者，亦九代兄弟也……故族亲亦可谓为兄弟者也。"②王朗认为同辈族亲可以称为兄弟。《相论》是针对当时流行的人物品藻的评论，其云："夫子以言信行，失之于宰予；以貌度性，失之于子羽。……若夫周之叔服，汉之许负，各以善相称于前世，而书专记其效验之尤著者，不过公孙氏之二子，与夫周氏之条侯而已。"③可见王朗对相术持怀疑和批判态度，颇有理性精神。王朗这一相论思想，或受王充《论衡》一书之影响，因为《论衡》一书专有《相骨》一篇。《杂箴》

---

① （晋）陈寿撰，（南朝宋）裴松之注：《三国志》卷三八裴注引《魏略》，第968—969页。
② （清）严可均辑，马志伟审订：《全三国文》卷二二，第222页。
③ （清）严可均辑，马志伟审订：《全三国文》卷二二，第222页。

云："家人有严君焉，井灶之谓也。俾冬作夏，非灶孰能？俾夏作冬，非井孰闲？"① 这是王朗对严君在家中关键地位的称道。刘勰《文心雕龙·铭箴》对王朗《杂箴》一文有所评价："王朗《杂箴》，乃置巾履，得其戒慎，而失其所施；观其约文举要，宪章戒铭，而水火井灶，繁辞不已，志有偏也。"②《贫窭语》今仅存一句："谚曰：鲁班虽巧，不能为乞丐者颜。"③ 似表达对贫苦者之同情。《塞势》似讲《九章》计数之事。

后世对王朗文学造诣多有评价，如《三国志》作者陈寿评曰："钟繇开达理干，华歆清纯德素，王朗文博富赡，诚皆一时之俊伟也。"④ 刘勰《文心雕龙·才略》云："王朗发愤以托志，亦致美于序铭。"⑤ 李绰《尚书故实》云："魏受禅碑，王朗文、梁鹄书、钟繇镌字，谓之三绝。"可见王朗文学造诣之高。

本章小结

由于王朗具有政治家、经学家、文学家等多重身份，故本章主要从仕宦、经学、文学、交游等方面对王朗作个案研究。王朗以通经入仕，汉末曾任会稽太守，居郡四年，惠爱百姓；后北回中原，为曹操重用，加入曹魏智囊团；王朗以文学见长，与同样擅长文学的曹丕私谊甚好，故曹丕称魏王后，即擢王朗为御史大夫，受禅登基不久又擢王朗为司空，位列三公。王朗曾师从太尉杨赐，这对其治学、仕宦当有重要影响。王朗儒雅多才，交游广泛，在士林颇有声名。

---

① （清）严可均辑，马志伟审订：《全三国文》卷二二，第 222 页。
② （南朝梁）刘勰撰，范文澜注：《文心雕龙注》卷三，第 195 页。
③ （清）严可均辑，马志伟审订：《全三国文》卷二二，第 222 页。
④ （晋）陈寿撰，（南朝宋）裴松之注：《三国志》卷一三，第 422 页。
⑤ （南朝梁）刘勰撰，范文澜注：《文心雕龙注》卷十，第 699 页。

　　王朗的经学著述较多，他曾为《周易》《春秋》《孝经》《周官》等经典作注，其中《周易注》在曹魏时期曾立于学官。王朗经学著述在宋代以后皆亡佚不传，清儒马国翰辑有《论语王氏说》四则。王朗文学著述颇多，《隋书·经籍志》著录《王朗集》三十四卷。清儒严可均辑有《王朗集》一卷，收录《冬腊不得朝表》《劝育民省刑疏》《奏宜节省》等文 32 篇。其中多数为政论散文，从中可知王朗的为政主张，亦可见王朗为真正的儒者。总之，王朗在政治、经学、文学等领域均有不凡成就，为东海王氏的发展奠定了重要基础。

第五章　王肃研究（上）

王肃转益多师、遍注群经，为三国时期著名经师。汤用彤《魏晋玄学论稿》云："汉魏之际，中华学术大变。然经术之变为玄谈，非若风雨之骤至，乃渐靡使之然。"①此语可谓道出了汉魏学术演变之真谛，而王肃正是"渐靡使之然"过程中的重要代表人物之一。王肃之学在经学史上居于承前启后的地位：上承汉代经学，继续融合今古文经学；下启魏晋玄学，开魏晋学术之新风气。王肃官至太常、中领军，并结亲司马氏，遂使东海王氏显赫于魏晋之际。因此可以说，王肃是东海王氏的振兴者。因王肃研究所涉内容较多，兹分上、下两章来论述。本章主要从王肃仕宦事功、学术渊源、经学特点与贡献以及王肃与今古文经学之关系等四个方面进行探析。

第一节　王肃仕宦与事功考略

王肃（195—256 年），字子雍，曹魏时期著名经学家，官至太常、中领军，位在三品。其仕宦历程大致可分为三个阶段：第一阶段，黄初中期（约222 年）至太和二年（228 年），出任侍郎，以备垂问；第二阶段，太和二年（228 年）至景初三年（239 年），嗣承父爵，任职常侍；第三阶段，景初三年

---

① 汤用彤：《魏晋玄学论稿》，上海古籍出版社 2005 年版，第 69 页。

(239年) 至甘露元年 (256年)，党司马氏，仕宦显达。

一、出任侍郎，以备垂问

黄初中期（约222年）至太和二年（228年），王肃出任散骑侍郎，侍奉魏文帝曹丕左右，以备垂问。侍郎一职相对比较清闲，且地位较低。此时，王肃尚未至而立之年，其经学体系尚未构建起来，政治思想也并不成熟[1]，故其出任散骑侍郎，很可能只是挂名而已，很可能与其父王朗时任司空有关。由于散骑侍郎一职相对清闲，所以王肃此时可以集中精力读书治学。因此这一阶段关于王肃政事活动的记载，笔者尚未发现。

二、嗣承父爵，任职常侍

太和二年(228年)，司徒王朗去世，王肃袭父爵。太和三年(229年)，王肃出任散骑常侍，位在三品，入则规谏过失，出则骑马侍从，以备明帝曹叡垂问咨询。这一时期，王肃因任常侍之职，政事奏议较多，其奏议、规谏主要表现在军事、礼仪、为政、官制改革等方面。

（一）军事奏议

太和四年（230年），大司马曹真率大军征蜀，孤军深入，又遇雨受阻，实乃兵家之大忌，王肃上疏谏曰：

> 前志有之，"千里馈粮，士有饥色，樵苏后爨，师不宿饱"，此谓平途之行军者也。又况于深入阻险，凿路而前，则其为劳，必相百

---

[1]　王肃在45岁以前，也即魏明帝去世（景初三年）以前，主要从事学术活动，构建其经学思想体系，而在仕宦的第二阶段，由于任散骑常侍，故政事奏疏较多。

也。今又加之以霖雨，山坂峻滑，众逼而不展，粮悬而难继，实行军者之大忌也。闻曹真发已逾月，而行才半谷，治道功夫，战士悉作。是贼偏得以逸而待劳，乃兵家之所惮也……兆民知圣上以水雨艰剧之故，休而息之，日后有衅，乘而用之，则所谓"悦以犯难，民忘其死"者矣。①

王肃认为，战士行军千里，就算平路亦受劳苦，更何况深入险阻之地，加之淋雨，山路陡滑，粮草供应不足，这是行军之大忌。曹真行军月余才行至半路，可见行进缓慢，遇阻较大，而蜀军以逸待劳，在战争准备上占有优势。王肃因此上疏，请求休养生息，以待良机。王肃的奏疏合乎事实、颇有道理，故明帝曹叡诏令曹真班师回都。值得一提的是，"悦以犯难，民忘其死"，语出《周易》，王朗、王肃父子均引之以为谏言，可见二人均熟稔《周易》且在政治理念上颇为相近。

（二）礼仪奏议

王肃精通三礼，故多有礼仪方面的奏议，太和五年（231 年）大司马曹真去世，王肃上《请为大司马曹真临吊表》曰：

> 在礼：大臣之丧，天子临吊。诸侯之薨，又庭哭焉。同姓之臣，崇于异姓。自秦逮汉，多阙不修。暨光武颇遵其礼，于时群臣莫不竞劝。博士范升上疏称扬以为美。可依旧礼，为位而哭之，敦睦宗族。②

魏明帝接受了王肃的建议，亲自到城东为曹真吊丧，"张账而哭之"③。随

---

① （晋）陈寿撰，（南朝宋）裴松之注：《三国志》卷一三，第 414—415 页。
② （唐）杜佑：《通典》卷八一，第 2202—2203 页。
③ （唐）杜佑：《通典》卷八一，第 2203 页。

后，王肃又上"为大臣发哀，荐果宗庙"①的奏疏，亦为明帝所认可。

青龙二年（234年），山阳公刘协去世，王肃上《请山阳公称皇配谥疏》曰：

> 今山阳公承顺天命，允答民望，进禅大魏，退处宾位。公之奉魏，不敢不尽节。魏之待公，优崇而不臣。既至其薨，槥敛之制，舆徒之饰，皆同之于王者，是故远近归仁，以为盛美。且汉总帝皇之号，号曰皇帝。有别称帝，无别称皇，则皇是其差轻者也。故当高祖之时，土无二王，其父见在而使称皇，明非二王之嫌也。况今以赠终，可使称皇以配其谥。②

王肃认为，山阳公（汉献帝）禅位于魏，尽节有德，可以称"皇"以配谥，表达了对汉献帝的崇敬之意。相较而言，"皇"字名高而位低，所以王肃认为是"差轻"，但明帝没有接受王肃这一建议，而是追谥汉献帝为"汉孝献皇帝"。可见，王肃与魏明帝在对汉献帝的评价上存在分歧。

汉献帝去世后，由其嫡孙刘康沿袭爵位。刘康受爵时素服拜受，魏尚书认为服丧期间"素服拜受"有夺人情，这涉及王侯在丧袭爵的礼仪问题，王肃对此提出了较为合理的建议，其《王侯在丧袭爵议》曰：

> 尊者临卑，不制缌麻，故为之素服。今康处三年丧，在缞绖之中，若因丧以命之，则无复素服。若以尊崇王命，则吉服以拜受。按尚书，康王受策命，吉服而受之。事毕，又以吉服出应门内，以命诸侯。皆出，然后王释冕服。故臣以为诸侯受天子之命，宜以吉服。又

---

① （晋）陈寿撰，（南朝宋）裴松之注：《三国志》卷一三，第415页。
② （晋）陈寿撰，（南朝宋）裴松之注：《三国志》卷一三，第415—416页。

礼，处三年之丧，而当除父兄之丧服，除服卒事，然后反丧服。则受天子命者，亦宜服其命服，使者出，反丧服，即位而哭，既合于礼，又合人情。①

王肃认为"尊者临卑，不制缞麻"，穿素服受爵，是出于对王命的尊崇。礼，时为大，在丧受爵时，可以采取灵活的方式：平时服丧服，受爵时换穿吉服，受爵归后再改服丧服。这样既合乎礼仪，又合乎人情，可谓合情合礼，因此明帝"诏从之"。另外，太和六年（232 年），王肃作《答尚书难》，就尚书关于祫祭、禘祭"合食"问题的责难给予了回应。

（三）为政奏议

魏明帝太和四年（230 年），王肃上疏陈述为政之本：

除无事之位，损不急之禄，止浮食之费，并从容之官。使官必有职，职任其事，事必受禄，禄代其耕，乃往古之例程，当今之所宜也。官寡而禄厚，则公家之费鲜，进仕之志劝。各展才力，莫相倚仗。敷奏以言，明试以功，能之与否，简在帝心。是以唐、虞之设官分职，申命公卿，各以其事……及汉之初，依拟前代，公卿皆亲以事升朝……宣帝使公卿五日一朝，成帝始置尚书五人。自是陵迟，朝礼遂阙。可复五日视朝之仪，使公卿尚书各以事进。废礼复兴，光宣圣绪，诚所谓名美而实厚者也。②

王肃认为，为政之本在于除位、损禄、止费、并官四个方面，应当使官、禄相应，以才授职，从而做到设官分职，各尽其能。汉宣帝时曾有"五日

---

① （唐）杜佑：《通典》卷七二，第 1980 页。
② （晋）陈寿撰，（南朝宋）裴松之注：《三国志》卷一三，第 415 页。

视朝"的制度，到成帝时改为置尚书五人，而"五日视朝"之仪逐渐废止。因此，王肃建议恢复"五日视朝"之礼，使公卿尚书各尽其责，各言其事，以提高为政效率。王肃之论，可谓切中为政之要。

魏明帝景初年间，针对宫室大兴、民失农业、缺乏诚信、刑杀仓卒等问题，王肃上《请恤役平刑疏》：

> 夫务畜积而息疲民，在于省徭役而勤稼穑。今宫室未就，功业未讫，运漕调发，转相供奉。是以丁夫疲于力作，农者离其南亩，种谷者寡，食谷者众，旧谷既没，新谷莫继。斯则有国之大患，而非备豫之长策也……诚愿陛下发德音，下明诏，深愍役夫之疲劳，厚矜兆民之不赡，取常食廪之士，非急要者之用，选其丁壮，择留万人，使一期而更之，咸知息代有日，则莫不悦以即事，劳而不怨矣……臣愚以为自今以后，傥复使民，宜明其令，使必如期……凡陛下临时之所行刑，皆有罪之吏，宜死之人也。然众庶不知，谓为仓卒。故愿陛下下之于吏而暴其罪。钧其死也，无使污于宫掖而为远近所疑。且人命至重，难生易杀，气绝而不续者也，是以圣贤重之。[1]

王肃认为，休养生息的关键在省徭役、勤稼穑，而现在大兴宫室，徭役繁重，影响了正常的农业生产，这是国家大患，非长治久安之计。在建造宫室上，王肃建议魏明帝深恤百姓，可以选择壮丁分期轮流来完成任务，从而使百姓劳而不怨。在役使百姓时，要注重诚信，"使必如期，无或失信"。在刑杀问题上，更要慎重，人命关天，不能过于仓促。这一点，可以说王肃与其父王朗任大理时"慎刑爱民、疑必从轻"的主张一致。可见，王朗、王肃父子的为政理念较为一致，体现出典型的儒家仁政思想。

---

[1] （晋）陈寿撰，（南朝宋）裴松之注：《三国志》卷一三，第416—417页。

(四) 官制改革奏议

青龙四年 (236 年),王肃以散骑常侍领秘书监,兼崇文观祭酒。王肃领秘书监后,认为应该提高秘书丞、郎的地位,遂上《论秘书丞郎表》:

> 臣以为秘书职于三台为近密,中书郎在尚书丞郎上,秘书丞、郎宜次尚书郎下。不然,则宜次侍御史下。秘书丞、郎俱四百石,迁宜比尚书郎,出亦宜为郡,此陛下崇儒术之盛旨也。尚书郎、侍御史皆乘犊车,而秘书丞、郎独乘鹿车,不得朝服,又恐非陛下转台郎以为秘书丞、郎之本意也。①

王肃认为,秘书之职与尚书台、御史台、谒者台三台之职相近,若论地位,秘书丞、郎应仅次于尚书郎或侍御史,秘书郎升迁应类于尚书郎,也应当可以出任郡职。而且,在乘车、朝服方面,秘书郎的地位也低于尚书郎和侍御史,这有违尊崇儒术之旨。王肃为经学大师,十分重视儒学发展。除建议提高秘书郎的地位以外,王肃还认为秘书监不应隶属于职掌皇室服御的少府,并上《论秘书不应属少府表》:

> 魏之秘书,即汉之东观,郡国称敢言之上东观。且自大魏分秘书而为中书以来,传绪相继,于今三监未有隶名于少府者也。今欲使臣编名于驺隶,言事于外府,不亦黩朝章而辱国典乎?太和中,兰台、秘书争议,三府奏议,秘书司先王之载籍,掌制书之典谟,与中书相亚,宜与中书为官联。②

---

① (唐) 杜佑:《通典》卷二六,第 734 页。
② (宋) 李昉撰,夏剑钦、劳伯林校点:《太平御览》第 3 册,第 227 页。

东汉时期，东观为贮藏档案典籍、修撰史书的机构。曹操称魏王时，曾设秘书令，典尚书奏事，兼掌管图书。魏文帝时，改秘书令为中书令，典尚书奏事，同时设秘书监，专掌艺文图书之事。王肃认为，秘书隶属于内廷之少府，而言事于外廷，不合朝章国典，而且太和中，三公曾奏议，秘书司典籍、掌制书，与中书相近，应该与中书联合治事。王肃这一建议，为明帝所采纳，自此以后，秘书监不再隶属于少府，其地位有所提高。

王朗、王肃父子均尊崇儒学，其政治立场偏向儒家仁政。司马懿与曹操不同，他虽征战沙场，以军功立身，但亦尊崇儒家。《晋书·宣帝纪》曰："（司马懿）少有奇节，聪明多大略，博学洽闻，伏膺儒教。"① 东海王氏与司马氏由于政治立场趋近，所以更易结为政治联盟。结盟方式不一，其中联姻是一个非常重要的结盟手段与表现形式。太和五年（231年），王肃长女王元姬嫁与司马懿次子司马昭②，标志着东海王氏与司马氏在政治上正式结盟。

三、党司马氏，仕宦显达

随着司马氏力量的壮大和曹魏统治的衰落，尤其在魏明帝曹叡去世以后，统治集团内部不可避免地形成"亲曹氏"与"亲司马氏"两大阵营。王肃很显然是亲司马氏的③，而王肃党同司马氏的开始时间以魏明帝曹叡去世为标志。曹叡去世后，司马氏野心膨胀，并开始了篡魏的实际行动。

---

① （唐）房玄龄等：《晋书》卷一，第1页。
② 《晋书·文明皇后传》云："（王元姬）年十二，朗薨。……既笄，归于文帝。"文中只言"既笄"，而无确切时间。依照古礼，古代女子一般在十五岁举行笄礼，今姑且将出嫁时间定于太和五年（231年），也即王元姬十五岁时。
③ 需要说明的是，王肃从亲司马氏到党同司马氏有一个过程，其亲司马氏的标志是王元姬嫁给司马昭，而其党同司马氏则始于魏明帝去世。详见本书第二章第一节中的"东海王氏与曹氏、司马氏的互动"部分。

景初三年（239 年），魏明帝曹叡去世，王肃就明帝丧事问题作《答尚书访》，又有《已迁主讳议》。魏明帝临终前，诏见太尉司马懿与大将军曹爽，以后事相托，二人遂为顾命大臣，共同辅佐年仅八岁的齐王曹芳。不久，曹爽为争权，听从丁谧的建议，奏请皇帝转司马懿为太傅，"外以名号尊之，内欲令尚书奏事，先来由己，得制其轻重"①。司马懿虽晋升太傅但并无实权，曹爽由此得以专权，此举正式拉开了曹氏与司马氏明争暗斗的序幕。正始元年（240 年），王肃出任广平太守。正始五年（244 年），王肃因公事征还，拜议郎。王肃的典郡与征还，当与曹氏、司马氏的政治斗争有关。②正始六年(245 年)，王肃任侍中，迁太常。太常为九卿之首，掌管宗庙、天地祭祀与文化教育，地位尊贵。可见，此时司马氏集团在权力斗争中并未处于绝对劣势。

毋庸置疑，曹氏与司马氏的斗争有一个由晦到明的过程。曹爽阵营中的何晏、丁谧、邓飏等人在两派的政治斗争中，常常煽风点火、推波助澜，《三国志·曹爽传》记载：

> 初，爽以宣王年德并高，恒父事之，不敢专行。及晏等进用，咸共推戴，说爽以权重不宜委之于人。乃以晏、飏、谧为尚书，晏典选举，轨司隶校尉，胜河南尹，诸事希复由宣王。宣王遂称疾避爽。③

《晋书·宣帝本纪》也有类似记载：

> （正始）八年夏四月……曹爽用何晏、邓扬、丁谧之谋，迁太后于永宁宫，专擅朝政。兄弟并典禁兵，多树亲党，屡改制度。帝不能

---

① （晋）陈寿撰，（南朝宋）裴松之注：《三国志》卷九，第 282 页。
② 可以大体推测：曹爽辅政，排挤异己，王肃出为广平太守；之后，又迫于司马氏阵营之压力而将其召回。
③ （晋）陈寿撰，（南朝宋）裴松之注：《三国志》卷九，第 284 页。

禁，于是与爽有隙。五月，帝称疾不与政事。[1]

正始八年（247年）四月，曹爽听信何晏、邓飏、丁谧等人的谗言，迁太后于永宁宫后，开始专擅朝政。曹爽身为大将军，又任命其弟曹羲为中领军、曹训为武卫将军，曹氏掌管禁军，同时提拔亲信，控制中枢部门。至此，曹爽一派权倾朝野。太傅司马懿老谋深算，并未与曹爽正面冲突，而是称病回避，以见机行事。就在曹爽专政，尚书何晏、丁谧、邓飏等党附曹爽变乱法度之时，出现了日食天象，齐王曹芳诏群臣问得失，太尉蒋济上疏曰：

> 应天塞变，乃实人事。今二贼未灭，将士暴露已数十年，男女怨旷，百姓贫苦。夫为国法度，惟命世大才，乃能张其纲维以垂于后，岂中下之吏所宜改易哉？终无益于治，适足伤民，望宜使文武之臣各守其职，率以清平，则和气祥瑞可感而致也。[2]

太尉蒋济的上疏，是借天象来批评何晏等人的"胡作非为"。何晏、邓飏、丁谧等人变乱法度、肆意妄为，在社会上已经形成了极坏的影响，当时首都洛阳甚至有歌谣曰："何、邓、丁，乱京城。"[3]其时，许多大臣也像太尉蒋济一样，对政治现状深以为忧，时任并州刺史的孙礼就曾痛苦流涕地向司马懿陈述"社稷将危，天下凶凶"的担忧，司马懿则劝慰道："且止，忍不可忍。"[4]可见，面对曹爽阵营的专权妄行，司马懿采取了以退为进、韬光养晦的策略。

在曹氏专横、司马氏暂处劣势的背景下，王肃因宗庙之事而遭免官。

---

① （唐）房玄龄等：《晋书》卷一，第16页。
② （晋）陈寿撰，（南朝宋）裴松之注：《三国志》卷一四，第454页。
③ （唐）房玄龄等：《晋书》卷一，第16页。
④ （晋）陈寿撰，（南朝宋）裴松之注：《三国志》卷二四，第693页。

王肃免官，当是两股政治势力斗争的一个结果。王肃属于司马氏阵营，而且曾在时政议论中，斥责何晏、邓飏等人为奸臣，《三国志·王肃传》记载：

> 时大将军曹爽专权，任用何晏、邓飏等。肃与太尉蒋济、司农桓范论及时政，肃正色曰："此辈即弘恭、石显之属，复称说邪?!"爽闻之，戒何晏等曰："当共慎之！公卿已比诸君前世恶人矣。"①

弘恭、石显为西汉宣帝、元帝时期的宦官佞臣，王肃公开斥责何晏、邓飏等人为奸佞之流，也即批评他们肆意妄为、为虎作伥。后来曹爽听说此事，告诫何晏、邓飏等人行事要小心。可见，当时的政治斗争已趋白热化。在当时司马懿称病、曹氏擅权的背景下，王肃此举难免受到曹氏阵营的打击报复，其被免官，也是情理中事。

嘉平元年（249 年）正月，曹爽兄弟及其亲信皆随从魏帝曹芳到高平陵祭拜明帝曹叡。司马懿乘此机会，同太尉蒋济、长子司马师、次子司马昭等人发动政变。其以郭太后名义下令，关闭城门，占据武库，命令司徒高柔持节代理大将军职事，占据曹爽营地；命令太仆王观代理中领军职事，占据曹羲营地。同时，司马懿亲自率兵据守洛水浮桥，并向魏帝禀奏曹爽兄弟的罪行。曹爽兄弟未听从司农桓范挟天子到许昌的建议，而是认罪投降，最后遭司马懿诛灭三族。这一政变史称"高平陵事变"。之后，司马氏控制了曹魏政权，为司马炎篡魏立晋奠定了基础。

嘉平元年（249 年）二月，王肃以太常之职奉命册封太傅司马懿为丞相。嘉平三年（251 年），王肃任光禄勋，位在三品，职掌宫殿守卫。嘉平五年（253 年），王肃徙为河南尹，位在三品，职掌京师之政。正元元

---

① （晋）陈寿撰，（南朝宋）裴松之注：《三国志》卷一三，第 418 页。

年（254年）九月，司马师废齐王曹芳。十月，王肃持节兼任太常，奉法驾，迎高贵乡公于元城。随后不久，王肃预见到东南作乱之事，《三国志》本传载：

> 是岁，白气经天，大将军司马景王问肃其故，肃答曰："此蚩尤之旗也，东南其有乱乎？君若修己以安百姓，则天下乐安者归德，唱乱者先亡矣。"①

果然不出王肃所料，正元二年（255年）正月，镇东将军毌丘俭、扬州刺史文钦起兵谋反。大将军司马师向王肃寻求策略，王肃为其出谋划策并劝其亲征，《三国志》本传载：

> 镇东将军毌丘俭、扬州刺史文钦反，景王谓肃曰："霍光感夏侯胜之言，始重儒学之士，良有以也。安国宁主，其术焉在？"肃曰："昔关羽率荆州之众，降于禁于汉滨，遂有北向争天下之志。后孙权袭取其将士家属，羽士众一旦瓦解。今淮南将士父母妻子皆在内州，但急往御卫，使不得前，必有关羽土崩之势矣。"景王从之，遂破俭、钦。②

司马师学习霍光尊儒之故事，问计于经学家王肃。王肃认为镇压毌丘俭、文钦，可以效仿当年孙权袭取关羽之故事。司马师采纳了王肃的建议，最终平定叛乱。随后，王肃任中领军，位在三品，掌禁卫诸军，同时加散骑常侍。

甘露元年（256年），王肃去世，追赠卫将军，谥景。王肃博学多闻，

---

① （晋）陈寿撰，（南朝宋）裴松之注：《三国志》卷一三，第418—419页。
② （晋）陈寿撰，（南朝宋）裴松之注：《三国志》卷一三，第419页。

德高望重，仕宦三十余年，曾任散骑常侍、太常、中领军等要职，晋史家陈寿评曰："王肃亮直多闻，能析薪哉！"①

第二节　王肃学术渊源考

就学术成功而言，除了个人的天赋、努力外，机遇是一个不可或缺的重要因素。在王肃的学术生涯中，"转益多师"（亲炙与私淑），对其影响很大。王肃精通今古文，遍注群经，为三国时期经学大家，其学术渊源概括来说主要有五个方面：一是家学；二是郑玄今古文经学；三是宋忠古文经学及义理之学；四是贾、马古文经学；五是其他诸儒之学。

一、家学

《三国志·王朗传》云："（王朗）著《易》《春秋》《孝经》《周官》传，奏议论记，咸传于世。"② 正始六年（245年），曹芳诏"故司徒王朗所作《易传》，令学者得以课试"③。可见王朗不仅通晓诸经，且其学亦被官方所认可。可以说王肃从小即拥有良好的家学条件。此外，王朗曾师太尉杨赐，学习欧阳《尚书》、京氏《易》等今文经学。王肃秉承家学，自然亦通欧阳《尚书》、京氏《易》等今文经学，这有利于奠定其今文经学之基础。王肃治学摒弃谶纬，颇具理性精神，在一定程度上亦受其父影响，《后汉书》李贤等注引袁山松书云："充所作《论衡》，中土未有传者，蔡邕入吴始得之，恒秘玩以为谈助。其后王朗为会稽太守，又得其书，及还许下，时人称其才进。或曰：'不见异人，当得异书。'问之，

---

① （晋）陈寿撰，（南朝宋）裴松之注：《三国志》卷一三，第423页。
② （晋）陈寿撰，（南朝宋）裴松之注：《三国志》卷一三，第414页。
③ （晋）陈寿撰，（南朝宋）裴松之注：《三国志》卷四，第121页。

果以《论衡》之益，由是遂见传焉。"①王朗为较早获得、研习《论衡》之人，可以想见，王肃在读书成长的过程中，无疑亦受《论衡》理性思想之影响。综上可知，王肃受家学影响，主要表现在三个方面：耳濡目染之家学氛围；学习《欧阳尚书》《京氏易》等今文经学；接触《论衡》而具有反谶纬的理性精神。

二、郑玄经学

汉魏之际，郑学为显学，学者治学大多始于学习郑学。王肃亦初学郑学，后发现郑注"不安违错者多"，遂立志"夺而易之"②。王肃要做到对郑学"夺而易之"，至少要具备三个条件：一是对郑玄经学非常熟悉；二是精通今古文经学；三是建立起自己的经学体系。王肃自幼学习郑学，在"学郑"与"驳郑"的过程中，既熟悉了郑学，也逐步构建了自己的理论体系。因此可以说，郑学是王肃经学的学术渊源之一。事实上，王肃经学在相当程度上来源于郑玄经学。正如李中华先生所说，虽然王肃在注经时自觉地与郑玄立异，但由于经学自身的特点，不可能使二者全异，如在文本、字句的解释等方面，有许多地方是不能回避的，因此也就客观上使郑玄经学成为王肃经学的重要来源。③郑学融合了今古文经学，故王肃在学习和攻驳郑学的过程中，亦进一步夯实了自己的今古文经学基础。

三、宋忠之学

王肃曾师从汉末荆州学派的代表人物宋忠，这一求学经历应该说

---

① （南朝宋）范晔撰，（唐）李贤等注：《后汉书》卷四九，第1629页。
② 杨朝明、宋立林主编：《孔子家语通解》，齐鲁书社2009年版，第582页。
③ 李中华：《王肃经学思想辨诂》，载《儒家典籍与思想研究》，第465页。

对其学术生涯有重要影响。宋忠，一名衷，字仲子，南阳章陵人，汉末古文经学家。建安初，荆州牧刘表治理荆州，"招诱有方，威怀兼洽，其奸猾宿贼更为效用，万里肃清，大小咸悦而服之"①。当时四方学者投奔刘表者数以千计，宋忠亦在其中。刘表设立学官，发展儒学，《后汉书》本传载："关西、兖、豫学士归者，盖有千数。表安尉赈赡，皆得资全。遂起立学校，博求儒术，綦毋闿、宋忠等撰立《五经》章句，谓之'后定'。爱民养士，从容自保。"②刘表建立学校，命綦毋闿、宋忠等撰定《五经》章句，颇有助于儒学的传播和发展。当时有不少学者前往荆州求学，《三国志·尹默传》载："尹默，字思潜，梓潼涪人也。益部多贵今文而不崇章句，默知其不博，乃远游荆州，从司马德操、宋仲子等受古学。皆通诸经史，又专精于《左氏春秋》。"③又《三国志·李譔传》载：

> 李譔，字钦仲，梓潼涪人也。父仁，字德贤。与同县尹默俱游荆州，从司马徽、宋忠等学。譔具传其业，又从默讲论义理，五经、诸子，无不该览……著《古文易》《尚书》《毛诗》《三礼》《左氏传》《太玄指归》，皆依准贾、马，异于郑玄。与王氏殊隔，初不见其所述，而意归多同。④

由上可知，蜀地学者李仁与尹默同往荆州，师从宋忠、司马徽等学者学习古学，他们不仅受宋忠《太玄》学的影响，亦受荆州学派"后定"之学的影响。建安十三年（208 年），刘表去世。此后，刘表次子刘琮归降曹操，宋忠亦来到北方。

---

① （南朝宋）范晔撰，（唐）李贤等注：《后汉书》卷七四下，第 2421 页。
② （南朝宋）范晔撰，（唐）李贤等注：《后汉书》卷七四下，第 2421 页。
③ （晋）陈寿撰，（南朝宋）裴松之注：《三国志》卷四二，第 1026 页。
④ （晋）陈寿撰，（南朝宋）裴松之注：《三国志》卷四二，第 1026—1027 页。

建安十七年（212年），王肃师从宋忠"读《太玄》，而更为之解"①。扬雄《太玄》乃仿《周易》而作，颇具哲理性。王肃师从宋忠读《太玄》，并为之作解，在义理方面当有很好的训练和提高。同时，宋忠亦以古文经学见长，亦当对王肃古文经学有较大影响。特别值得注意的是，李譔"皆依准贾、马，异于郑玄"，著《太玄指归》。而王肃"善贾、马之学，而不好郑氏"②，著《扬子太玄经注》。二人虽然殊隔，而"意归多同"，应该说这并非巧合，当与他们有共同的师承渊源有关。李譔虽没有直接师从宋忠，但其传承父业，又从尹默学，可谓宋忠再传弟子。可见王肃与李譔之学，并出宋忠，均受荆州学派"后定"之学的影响，因此二人治学"意归多同"则不难理解。相比而言，王肃受荆州学派氛围的直接影响可能没有尹默等人明显，因为王肃问学宋忠之时，荆州学派已解散。但是，王肃师从宋忠及接触荆州"后定"之学，对其日后经学思想体系的构建以及"驳难郑学"都有很大影响。

四、贾马之学

《三国志·王肃传》云："初，肃善贾、马之学，而不好郑氏，采会同异，为《尚书》《诗》《论语》《三礼》《左氏》解。"③在王肃经学体系中，贾逵、马融之学占有重要地位，王肃正是在贾、马之学的基础上"采会同异"而为群经作注。贾逵、马融之学为古文经学，王肃受古文经学的影响当与其师从宋忠有密切关系。如前所述，蜀地学者李仁（李譔之父）、尹默亦师从宋忠学习贾、马古文经学，而且李譔治学路数和治学取向与王肃颇有相通之处。正是因为王肃善贾、马之学，并在注经过程中采会同异，遂使其学后出转精，可与郑学比肩。

---

① （晋）陈寿撰，（南朝宋）裴松之注：《三国志》卷一三，第414页。
② （晋）陈寿撰，（南朝宋）裴松之注：《三国志》卷一三，第419页。
③ （晋）陈寿撰，（南朝宋）裴松之注：《三国志》卷一三，第419页。

五、其他诸儒之学

王肃博览群书，其治学可谓采会异同，不拘一法。其学术渊源，除家学，郑学，宋忠之学，贾、马之学以外，也包括其他诸儒之学。以《易》学为例，王肃《易注》，除采择郑玄、马融之说外，亦采择孟喜、京房、费直、荀爽、虞翻等人之说。[①] 由此可知，其他诸儒之学，亦可谓王肃学术渊源之一。

综上可知，王肃经学的学术渊源主要来自王朗今文经学，郑玄今古文经学，宋忠古文经学、义理之学，贾逵、马融古文经学以及孟喜、虞翻等其他诸儒之学。王肃之学虽渊源有自，但其治学并非拘于所受，而是融会贯通，择善而从，这正体现了其注经"依违诸家、不拘一法"的特点。

第三节　王肃经学著述、特点及贡献考略

王肃遍注群经，著述宏富，在中国经学史上占有"承前启后"之重要地位：一方面总结汉学，进一步融合今、古文经学；另一方面在很大程度上，为魏晋玄学的兴起和发展扫除了障碍。

一、王肃经学著述考

王肃一生勤于治学，著述宏富。在中国经学史上，除郑玄以外，王肃可谓经学著述最多的经学家之一。根据《经典释文·序录》《隋志》《旧唐志》《新唐志》的著录可知，王肃经学著述达 30 余种，且在隋唐时期大多

---

① 李振兴：《王肃之经学》，第 29—38 页。

见存于世，至宋代以后逐渐亡佚。为便于论述和阅读，兹将王肃经学著述列表^① 如下：

表 5-1　王肃经学著述列表

《周易》类	《周易注》十卷 《周易音》	（《序录》等） （《序录》）
《尚书》类	《尚书传》十一卷 《尚书驳异》五卷 《尚书答问》三卷	（《序录》） （《隋志》） （《隋志》）
《毛诗》类	《毛诗注》二十卷 《毛诗义驳》八卷 《毛诗奏事》一卷 《毛诗问难》二卷 《毛诗音》	（《序录》） （《隋志》） （《隋志》） （《七录》） （《序录》）
《周礼》类	《周官礼注》十二卷	（《序录》）
《仪礼》类	《仪礼注》十七卷 《丧服经传注》一卷 《丧服要记》一卷 《丧服变除》	（《隋志》） （《隋志》等） （《隋志》） （《晋书·礼志》）
《礼记》类	《礼记》三十卷 《祭法》五卷 《明堂议》三卷 《宗庙诗颂》十二篇	（《序录》） （《七录》） （《七录》） （《宋书·乐志》）
"三礼"类	《三礼音》三卷	（《序录》）
《春秋》类	《春秋左氏传注》三十卷 《春秋外传章句》二十二卷	（《序录》） （《七录》）
《孝经》类	《孝经解》一卷	（《隋志》）
《论语》类	《论语注》十卷 《论语释驳》三卷	（《序录》） （《七录》）
《孔子家语》	《孔子家语解》二十一卷	（《隋志》）

---

① 表 5-1 所列王肃经学著述为广义的经学著述，即与经学相关的著述。

续表

其他	《圣证论》十二卷	（《隋志》）
	《扬子太玄经注》七卷	（《七录》）
	《玄言新记道德》二卷	（《唐志》）
	《王子正论》十卷	（《隋志》）
	《禘祭议》①	（《通典》）
	《郊庙乐舞议》	（《隋书·音乐志》）
	《王侯在丧袭爵议》	（《通典》）
	《已迁主讳议》	（《通典》）
	《祀社议》	（《通典》）
	《告瑞祀天宜以地配议》	（《通典》）
	《宗庙颂》	（《初学记》）
	《集》五卷，录一卷	（《隋志》）
	《家戒》	（《艺文类聚》）
	……	……

　　由表5-1可知，王肃著述达三十余种，可谓著述宏富，著作等身。但遗憾的是，宋代以后这些著述大多亡佚不传，经学相关著作仅《孔子家语解》传世。清代辑佚之学大兴，马国翰、黄奭、余萧客、王谟等学者对王肃经学著述均有辑佚②，这对我们研究王肃之学颇有帮助。

二、王肃经学特点与贡献论略

　　王肃遍注群经，其经注既绍述先贤又多有发明，上可以昌明圣道，下可以启示后学，故其经师地位可与郑玄比肩。王肃经学的特点主要表现在三个方面：一是摒弃谶纬，推引古学；二是删繁化简，引申义理；三是援道入儒，潜创新说。③王肃经学的贡献主要表现在两个方面：一是继续

---

① 《禘祭议》以下至《宗庙颂》，采自《全三国文》，均为王肃奏议答问，可视为一类。参见（清）严可均辑，马志伟审订：《全三国文》，第223—233页。

② 参见本书附录六《王肃与郑玄经学佚著辑本对照表》。

③ 参见李中华：《王肃经学思想辨诘》，载《儒家典籍与思想研究》，第484—489页。

融合今古文经学，摒弃谶纬；二是解经从简，并尚义理，开魏晋玄学之风气。从学术史角度来看，王肃之学，上承汉代经学，下启魏晋玄学，在经学史上占有重要地位。

（一）摒弃谶纬，继续融合今古文经学

王肃治学与郑玄有一明显区别，即王肃不注纬书，注经亦不引谶纬。郑玄恰好相反，不仅遍注纬书，且常常引用谶纬以解经。谶纬的流行与汉代社会环境有关，且多见于今文经学中，《隋书·经籍志》云：

> 宋均、郑玄并为谶律之注。然其文辞浅俗，颠倒舛谬，不类圣人之旨。相传疑世人造为之后，或者又加点窜，非其实录。起王莽好符命，光武以图谶兴，遂盛行于世。汉时，又诏东平王苍，正五经章句，皆命从谶。俗儒趋时，益为其学，篇卷第目，转加增广。言五经者，皆凭谶为说。唯孔安国、毛公、王璜、贾逵之徒独非之，相承以为妖妄，乱中庸之典。故因汉鲁恭王、河间献王所得古文，参而考之，以成其义，谓之"古学"。当世之儒，又非毁之，竟不得行。魏代王肃，推引古学，以难其义。王弼、杜预，从而明之，自是古学稍立。[1]

王肃注经，推引古学（即贾、马之学），并务排谶纬，极有益于学术的理性发展。如在礼注中，王肃主"一天"说，驳难郑玄"六天"说，即以理性排斥谶纬之例证。《礼记·大传》云："礼，不王不禘。王者禘其祖之所自出，以其祖配之。"郑玄注云：

> 凡大祭曰禘。自，由也。大祭其先祖所由生，谓郊祀天也。王

---

[1] （唐）魏徵等：《隋书》卷三二，中华书局1973年版，第941页。

者之先祖，皆感大微五帝之精以生，苍则灵威仰，赤则赤熛怒，黄则含枢纽，白到白招拒，黑则汁光纪，皆用正岁之正月郊祭之，盖特尊焉。《孝经》曰"郊祀后稷以配天"，配灵威仰也。"宗祀文王于明堂，以配上帝"，泛配五帝也。①

在郑玄看来，王者先祖，是"感五帝之精以生"，即"感生说"，而配天即配"灵威仰"，因此五帝即五天。又《礼记·郊特牲》孔颖达疏申明郑注云："郑氏以为天有六天，丘、郊各异……而郑氏以为六者，指其尊极清虚之体，其实是一；论其五时生育之功，其别有五：以五配一，故为六天。"②由此可知，郑玄以五帝为天，以配"昊天上帝"，故主"六天"说和"郊、丘二祭"说。与郑玄有所不同，王肃主"一天"说和"郊、丘一祭"说，他认为五帝非天，只是辅佐天，《礼记·祭法》孔疏引王肃难郑玄云：

> 案《易》"帝出乎震"，"震，东方"，生万物之初，故王者制之。初以木德王天下，非为木精之所生。五帝皆黄帝之子孙，各改号代变，而以五行为次焉。何大微之精所生乎？又郊祭，郑玄云："祭感生之帝，唯祭一帝耳。"《郊特牲》何得云"郊之祭大报天而主日"？又天唯一而已，何得有六？又《家语》云："季康子问五帝，孔子曰：'天有五行，木、火、金、水及土，分时化育以成万物。其神谓之五帝。'"是五帝之佐天也，犹三公辅王，王公可得称王辅，不得称天王。五帝可得称天佐，不得称上天。而郑玄以五帝为灵威仰之属，非也……所郊则圜丘，圜丘则郊，犹王城之内与京师，异名而同处。③

郑玄的"六天"说，来自纬书，属谶纬之言。王肃引《易》《郊特牲》《家

---

① （清）阮元校刻：《十三经注疏》，中华书局 1980 年影印版，第 1506 页。
② （清）阮元校刻：《十三经注疏》，第 1444 页。
③ （清）阮元校刻：《十三经注疏》，第 1587 页。

语》之言，驳难郑玄谶纬附会之说。在王肃看来，五帝是黄帝的子孙，并非五天帝，也并非"大微之精"所生，其改号相次只是仿照五行而为。王肃认为只有"一天"，进而反对郑玄"感生"说。王肃引孔子"五帝即五行之神"的解释，认为金、木、水、火、土这五种物质具有"佐天"的意义，五帝可以称"天佐"，但不能称"上天"，因为"天"只有一个。诚如李中华先生所云，在王肃反对"六天"说的议论中，潜在地渗透着一种自然主义精神，而不同于郑玄的谶纬神学。王肃力图清除谶纬迷雾，故通过否定"六天"说，坚持"一天"说，以恢复礼学的人间现实性。[①] 王肃所坚持的"一天"之"天"，当是客观之天。

王肃驳斥郑玄谶纬之说，颇有理性精神，既代表了当时理性主义思潮，也进一步推动了思想的解放。清代大儒王夫之对王肃力排谶纬评价尤高，其在《读通鉴论》中云：

> （郑玄）尤妖诬而不经者，为上帝之名曰耀宝魄，又立灵威仰、赤熛怒、白招矩、汁光纪之名，为四方之帝，有若父名而宾字之者，适足以资通人之一哂。而以之释经，以之议礼，诬神媟天，黩祀惑民，玄之罪不容贷矣。托之于星术，而实传之于谶纬，夫且诬为孔氏之书。王肃氏起而辨之，晋武因而绌之，于是禁星气谶纬之学，以严邪说之防，肃之功大矣哉！惜乎世远俗流，师承道圯，而肃学不传也。[②]

王肃力排谶纬，严防邪说，正本清源，具有划时代的学术意义，诚如王夫之所言，"肃之功大矣哉"！

两汉时期，经学有今古文之争，初为今古文字之不同，后内容、家

---

① 参见李中华：《王肃经学思想辨诂》，载《儒家典籍与思想研究》，第 474 页。
② （清）王夫之著，舒士彦点校：《读通鉴论》卷一一，中华书局 1975 年版，第 348 页。

法亦判然有别。事实上，两汉时期的今古文之争，并非纯学术之争，亦是利益之争。因为汉代以通经为入仕之重要途径，争立官学也就等于获得了仕途利禄，故终两汉之世，今古文经学纷争不已。就学术自身而言，无论今文经学还是古文经学，皆有优长之处，亦皆有不足，不能一概而论。以《春秋》"三传"为例，晋代学者范宁在《春秋穀梁传序》中曾评论《春秋》"三传"曰：

> 《春秋》之《传》有三，而为经之旨一，臧否不同，褒贬殊致。盖九流分而微言隐，异端作而大义乖。《左氏》以鬻拳兵谏为爱君，文公纳币为用礼；《穀梁》以卫辄拒父为尊祖，不纳子纠为内恶；《公羊》以祭仲废君为行权，妾母称夫人为合正。以兵谏为爱君，是人主可得而胁也；以纳币为用礼，是居丧可得而婚也。以拒父为尊祖，是为子可得而叛也；以不纳子纠为内恶，是仇雠可得而容也。以废君为行权，是神器可得而窥也；以妾母为夫人，是嫡庶可得而齐也。若此之类，伤教害义，不可强通者也。凡传以通经为主，经以必当为理。夫至当无二而三《传》殊说，庸得不弃其所滞，择善而从乎？既不俱当，则固容俱失，若至言幽绝，择善靡从，庸得不并合以求宗，据理以通经乎？……夫《左氏》艳而富，其失也巫；《穀梁》清而婉，其失也短；《公羊》辩而裁，其失也俗。若能富而不巫，清而不短，裁而不俗，则深于其道者也，故君子之于《春秋》，没身而已。①

在《春秋》"三传"中，《左传》属古文经学，《公羊传》《穀梁传》属今文经学。诚如范氏所云，"三传"皆有所短，唯有择善而从，"并合以求宗，据理以通经"，方可"深于其道"。正因如此，东汉末年，今古文经学的融合成为经学发展的必然趋势。经学大师郑玄融通今古文，遍

---

① （清）阮元校刻：《十三经注疏》，第2360—2361页。

注群经，取长补短，从而消弭今古文经学之争。郑玄虽然结束了今古文之争，但在对今古文经学的融合上，也有明显不足之处，一是引用谶纬以解经，二是说经过于烦琐，这也就导致了荆州学派与王肃等人的公开"驳郑"，而这可以说是今古文经学融合的继续。①

前已论及，王肃"反郑"之前，虞翻、孔融、王粲等人均已对郑学有所排斥和不满。王粲与荆州学派有密切关系，《三国志·王粲传》云："（王粲）年十七，司徒辟，诏除黄门侍郎，以西京扰乱，皆不就。乃之荆州依刘表……表卒。粲劝表子琮，令归太祖。"②由此可知，王粲自初平四年（193年）至建安十三年（208年）刘表去世，一直生活在荆州，其受荆州学派"后定"之学影响，自当无疑，而且王粲很可能师从宋忠学习古文经学。东汉末年，荆州学派是向"郑学"发难的学术阵地，蒙文通云：

> 变汉儒之学者，始于刘表，大于王肃，而极于杜预、王弼、范宁、徐邈。刘表在荆州，集慕毋阁、宋忠、司马徽诸儒，为《五经章句后定》，是后，反康成异汉说者，莫不渊源于荆州，而子雍其最也。杜预、韦昭而下，集解之风大倡，莫不检取众家之长，而定一是之说。专家之学息，而异说纷起。江左以来，遂滔滔莫之能止。③

汤用彤亦言：

> 汉魏之际，中华学术大变。然经术之变为玄谈，非若风雨之骤至，乃渐靡使之然……新义之生，源于汉代经学之早生歧异。远有今古学之争，而近则有荆州章句之后定……宋忠之学，异于郑君，王肃之术，故诘康成。王粲亦难郑之《尚书》……守故之习薄，创新之意

---

① 参见郝虹：《王肃反郑是经今古文融合的继续》，《孔子研究》2003年第3期。
② （晋）陈寿撰，（南朝宋）裴松之注：《三国志》卷二一，第598页。
③ 蒙文通：《中国史学史》，上海人民出版社2005年版，第41页。

厚。刘表"后定",抹杀旧作。宋王之学,亦特立异。[1]

据蒙、汤二先生所言可知,学术转变既有其时代背景之变迁,又有其内在理路之变化,而荆州学派"后定"之学,实发"驳郑"之最先声。郑玄经注失之烦琐和附会,荆州学派"后定"之学,正是针对郑玄此弊有为而发。《刘镇南碑》云:"(刘表)深愍末学远本离质,乃令诸儒改定《五经章句》,删划浮辞,芟除烦重,赞之者用力少,而探微知机者多。"[2] 其中,"末学远本离质",盖指汉末学术羼杂谶纬之说,远离经书之本质。"删划浮辞,芟除烦重",盖指汉末经注章句烦琐。以上二弊,亦是郑学之弊,故荆州学派最先向郑学发难。

嗣后,王肃、李譔等荆州学派传人继起,并成为"驳郑"的中坚力量。王肃"从宋忠读太玄,而更为之解",且"善贾、马之学,而不好郑氏,采会同异,为《尚书》《诗》《论语》《三礼》《左氏》解"[3]。李譔父李仁曾游荆州从宋忠、司马徽学古学,李譔具传父业,且"著《古文易》《尚书》《毛诗》《三礼》《左氏传》《太玄指归》,皆依准贾、马,异于郑玄。与王氏殊隔,初不见其所述,而意归多同"[4]。王肃与李譔均受荆州学派"后定"之学的影响,在摒弃谶纬和注经尚简方面均不遗余力。兹列表举例说明:

表5–2 郑玄、王肃注经之异举例

经文	郑玄	王肃
《周易》"贲"卦	贲,变也,文饰之貌。离为日,天文也,艮为石,地文也,相饰成贲者也。(《集解》)	贲,有文饰,黄白色。(《经典释文》)

① 汤用彤:《魏晋玄学论稿》,第69—70页。

② (清)严可均辑,马志伟审订:《全三国文》卷五六,第572页。

③ (晋)陈寿撰,(南朝宋)裴松之注:《三国志》卷一三,第419页。

④ (晋)陈寿撰,(南朝宋)裴松之注:《三国志》卷四二,第1027页。

续表

经文	郑玄	王肃
《周易·系辞上》:"河出图,洛出书。"	河以通干出天苞,洛以流坤出地符。河龙图发。洛龟书感。河图有九篇,洛书有六篇。(《正义》)	河图,八卦也。(《经典释文》)
《尚书·尧典》:"分命羲仲。"	宦名,仲叔亦羲和之子,尧既分阴阳四时,又命四子为之官,又主方岳之事,是为四岳。掌四时者,字曰仲叔,则掌天地者,其曰伯乎?(《尚书正义》)	皆居京师而统之,亦有时述职。(《尚书正义》)
《尚书·禹贡》:"冀州:既载壶口。"	载之,言事也。事谓作徒役也。禹知所当治水,又知用徒之数,则书于策,以告帝,征役而治之。(《尚书正义》)	言已赋功属役,载于书籍。(《尚书正义》)
《诗·邶风·绿衣》:"绿兮衣兮,绿衣黄里。"	褖兮衣兮者,言褖衣自有礼制也。诸侯夫人祭服之下,鞠衣为上,展衣次之,褖衣次之。次之者,众妾亦以贵贱之等服之。鞠衣黄,展衣白,褖衣黑,皆以素纱为里。今褖衣反以黄为里,非其礼制也,故以喻妾上僭。(《毛诗正义》)	夫人正嫡而幽微,妾不正而尊显。(《毛诗正义》)
《诗·唐风·绸缪》:"三星在天。"	三星,谓心星也,心有尊卑,夫妇父子之象。又为二月之合宿,故嫁娶者,以为候焉。昏而火星不见,嫁娶之时也,今我束薪于野,乃见其在天,则三月之末,四月之中,见于东方矣,故云不得其时。(《毛诗正义》)	谓十月也。(《毛诗正义》)

表5-2所列例证虽不多,然亦可从中窥见二人注经之旨趣,郑玄注经,以事解经,章句烦琐,而王肃注经,侧重义理,言语尚简。当然,注经不可以字数多少来衡量优劣,郑玄注经也有比王肃简略者。但总体而言,王肃注经有删繁化简的风格,这也是荆州学派"后定"之学的宗旨。王肃治经尚简,也正体现出了当时"清新求变"的学术风气。

王肃驳郑,或以今文学驳郑之古文学,或以古文学驳郑之今文学,其治学之旨不在分别家法,恢复汉学,而是进一步综合今古文经学,摒弃谶纬，删繁就简，如果以今古文学派的立场观之，则很难理解王肃治学之深意。清儒皮锡瑞即站在今文家的立场对王肃大加责难，其言："肃善贾、马而不好郑，殆以贾马专主古文，而郑又附益以今文乎？……郑君杂糅今古，近人议其败坏家法，肃欲攻郑，正宜分别家法，各还其旧，而辨郑之非，则汉学自明，郑学自废矣。乃肃不惟不知分别，反效郑君而尤甚焉。"[①]皮氏站在今文经学之立场，故其评论不免偏颇。李中华先生说："皮氏自是不知王肃辨郑之非，即在于以今文说之义理，化约郑氏古文说之繁密；又以古文说之质直驳郑氏今文说之荒诞。因为烦琐会遮蔽或淹没义理；荒诞（谶纬）则易使义理变谬。故王肃不仅知今古文之分且效郑君之综合古今，惟其对今古文之内容，自由取舍，而其取舍之标准是'惟义所安'。……王肃经学综合今古文的主要意义，乃在于既综合古今，又超越古今，从而克服'终日自蔽而不知变'的经学旧局面。"[②]李氏所言甚是。

综上可知，王肃治学务排谶纬，解经尚简，在很大意义上肃清了学术怪诞、冗繁的风气。其驳难郑学，正是对郑学的扬弃，颇有助于学术的纯正和发展。日本学者本田成之说："王肃在郑玄以外又出异说，以起波澜，对于经学不是恶结果，反而是欲造其极端，更给与一转机，使回复其生命的。皮锡瑞说'王肃出而郑学衰。'然假令王肃祖述郑玄恰如元、明诸儒为宋儒之说作纂疏，愈加是没生命的东西，同样，郑玄反而更衰是无疑的。王肃所以出'诡曲'的异说，是由于易代革命不得已的事情，亦是个性敏锐的人物不堪立于人下所致，由此对于经说启示自由讨究的余地，实后来经学上伟大的功绩。"[③]这一说法颇有道理。王肃"驳郑"促进了经学朝理性、自由、义理化的方向发展。

---

① （清）皮锡瑞著，周予同注释：《经学历史》，中华书局 2004 年版，第 106 页。

② 李中华：《王肃经学思想辨诂》，载《儒家典籍与思想研究》，第 486 页。

③ ［日］本田成之撰：《中国经学史》，孙俍工译，上海书店出版社 2001 年版，第 174—175 页。

（二）引申义理，援道入儒，下启魏晋玄学

西汉初年，学术壁垒分明，儒家与道家互相排斥，《史记·老子韩非列传》云："世之学老子者则绌儒学，儒学亦绌老子。'道不同不相为谋'，岂谓是邪？"① 可谓其时"儒道互绌"之明证。东汉扬雄、桓谭、王充等学者儒道双修，以"自然天道"理论批判"天人感应"及谶纬学说，颇显理性精神。汉末，战争不断，社会动荡，人们思想较之前大为解放，从《太玄》学之盛行，亦可见当时社会理性思潮的发展。王肃即深受这一理性思潮影响，这从其与扬雄《太玄》、王充《论衡》的关系中可以知晓。当时荆州学派代表人物宋忠即以治《太玄》而著名，王肃曾从宋忠习《太玄》，并为《太玄》作解，在这一过程中王肃不可避免会受《太玄》义理及儒道双修思想的影响。此外，王肃之父王朗是东汉末年中原地区最早研读王充《论衡》一书的学者之一，王肃传习家学，则无疑受王充《论衡》理性思想的影响。由于王肃受以上诸方面影响，故其在注经时有明显的引申义理、援道入儒倾向。如《诗·大雅·思齐》云："不闻亦式，不谏亦入，肆成人有德，小子有造。"王肃注：

> 不闻道而自合于法，无谏者而自入于道也，然则唯盛德乃然。故云性与天合。若贤智者则须学习，不能无过，闻人之谏乃合道也。文王性与道合，故周之成人皆有成德。小子未成，皆有所造为，进于善也。②

上引简短注文中，王肃多次提到"道"字，如"闻道""入于道""合道""性与道合"，王肃这种"援道入儒"的解经现象，正说明其试图对儒、

① （汉）司马迁：《史记》卷六三，中华书局1959年版，第2143页。
② （清）马国翰：《玉函山房辑佚书》，载《续修四库全书》第1201册，第314页。

道思想进行整合，这对此后魏晋玄学"儒道兼修"颇有影响。

魏晋时期，玄学盛行，当时学者更加注重"儒道兼修"，甚至形成"遵儒者之教，履道家之言"①的社会风气。当时玄学家们所推崇的经典有《周易》《老子》《庄子》和《论语》，如何晏著有《道德二论》和《论语集解》等，王弼著有《周易略例》《周易注》《老子指略》《老子注》和《论语释疑》等，郭象著有《庄子注》和《论语体略》等。其中，《周易》和《论语》为儒家经典，《老子》《庄子》则为道家思想之大宗。玄学家们在儒、道思想对立统一上构筑了自己的体系，如何晏、王弼"以儒合道"，向秀、郭象"以道合儒"。尽管具体的表现形式不同，学术上的"儒道兼综"却是一致的。相对于经学，玄学是一种建立在综合儒、道思想之上，层次更高、内容更加丰富的思想体系。②王肃推引古学，解经尚简，对魏晋学者颇有影响，《隋书·经籍志》载："魏代王肃，推引古学，以难其义。王弼、杜预，从而明之，自是古学稍立。"③以《周易》为例，《隋书·经籍志》载："汉初又有东莱费直传《易》，其本皆古字，号曰《古文易》。以授琅邪王璜，璜授沛人高相，相以授子康及兰陵母将永。故有费氏之学，行于人间，而未得立。后汉陈元、郑众，皆传费氏之学。马融又为其传，以授郑玄。玄作《易注》，荀爽又作《易传》。魏代王肃、王弼，并为之注，自是费氏大兴，高氏遂衰。"④王肃、王弼为费氏《易》作注，从而使费氏《易》大兴，可见王肃崇尚古学，在经注中破除谶纬，引申义理，实对王弼等玄学家影响较大。再以《论语》为例，王肃与魏玄学家何晏均注解《论语》，但二人政治立场不同，王肃亲附司马氏，而何晏亲附曹氏，《三国志·王肃传》载："时大将军曹爽专权，任用何晏、邓飏等。肃与太尉蒋济、司农桓范论及时政，肃正色曰：'此辈即弘恭、石显之属，复称说邪！'爽闻

---

① （晋）陈寿撰，（南朝宋）裴松之注：《三国志》卷二七《王昶传》，第745页。

② 王克奇：《从汉代经学到魏晋玄学》，《东岳论丛》2001年第5期。

③ （唐）魏徵等：《隋书》卷三二，第941页。

④ （唐）魏徵等：《隋书》卷三二，第912页。

之，戒何晏等曰：'当共慎之，公卿已比诸君前世恶人矣。'"① 可见王肃与何晏为政治上的敌人。但何晏著《论语集解》，对王肃经注多有采择，亦可见王肃经注在当时影响之大。

综上可知，王肃注经援道入儒，引申义理，为魏晋玄学的兴起和发展奠定了必要基础。王肃经学上承汉代经学，下启魏晋玄学，其学术贡献当受到应有的关注和重视。近人在论述荆州学派与魏晋玄学之关系时，大多将王肃一笔带过。事实上，王肃经学对魏晋玄学的展开产生了较为直接的影响。

第四节　王肃与今古文经学

今古文经学是汉代经学的主要内容，东汉末年郑玄遍注群经，融通今古，可谓"通学"之集大成者。之后，王肃继起，亦注释群经，进一步融合今古文经学。王肃既通今文经学，又善古文经学，其对今古文经学采取"扬弃"的态度，而取舍标准重在义理之所安。王肃与今古文经学之关系，主要表现在其对今古文经学的扬弃上，也即对今古文经学的进一步融合。

一、王肃研习、择从今文经学

（一）王肃注《易》采择今文家之说

王朗曾师从杨赐习欧阳《尚书》、京氏《易》。王肃传承家学，亦精通欧阳《尚书》和京氏《易》。王肃注《易》兼采今、古文，于今文主要采择孟喜、京房、虞翻等人之说。

---

① （晋）陈寿撰，（南朝宋）裴松之注：《三国志》卷一三，第418页。

1.采择孟喜说

孟喜，字长卿，东海兰陵人。西汉昭宣时期，孟喜与施雠、梁丘贺同受业于田王孙，习田何《易》。孟氏《易》为汉代今文《易》学之重要一支，王肃《易》注，或采孟氏说，兹列表[①]如下：

表 5-3　孟喜、王肃注《易》比较举例

经文	孟喜	王肃
《乾》九二：利见大人。	大人者，圣人德备。（《五经异义》）	大人，圣人在位之目。（《经典释文》）
《晋》六五：失得勿恤。	失，作矢。（《释文》）	失，作矢。（《释文》）
《丰》上六象：天际翔也。	翔，作祥。（《周易集解》）	翔，作祥。（《释文》）
《艮》九三：厉薰心。	薰，作熏。（《周易窥余》）	薰，作熏。（《汉上易传》）

由表 5-3 可知，王肃注《易》或与孟氏同。当然这种相同或相似，只能说明王肃有采择孟氏说的可能性，并不能证明其完全采自孟氏[②]，如《晋》六五"失得勿恤"，陆德明《经典释文》云："失得，如字，孟、马、郑、虞、王肃本作矢。马、王云：'离为矢。'虞云：'矢，古誓字。'"[③]此条王肃或采马融、郑玄之说，亦未可知。要之，王肃注经"采会同异"，其在注《易》过程中当或多或少对孟氏今文说有所采择。

2.采择京房说

京房，字君明，东郡顿丘人，受《易》于梁人焦延寿。西汉元帝时，京氏《易》立于学官。京房注《易》多有识见，《周易正义》《周易集解》

---

① 本表主要根据马国翰辑《周易孟氏章句》《周易王氏注》，黄奭辑《孟氏易》及唐陆德明撰《经典释文》、黄焯汇校《经典释文汇校》而作。

② 古人注经多承前说而少有说明，因此我们很难确定其说到底是承袭前说还是自己发明，若承袭前说，又是承袭何人。虽然如此，但我们不能排除相同经注的前后继承与影响关系，换言之，这种影响必然存在，因此本节所论旨在强调王肃与今、古文之间的大致关系。

③ （唐）陆德明撰，黄焯汇校：《经典释文汇校》，第 47 页。

多引其说。王朗精通京氏《易》，王肃传习家学，亦通晓京氏《易》。故王肃解《易》，亦有采择京氏说者，兹列表①举例如下：

表5-4 京房、王肃注《易》比较举例

经文	京房	王肃
《睽》上九：后说之弧。	弧，作壶。（《释文》）	弧，作壶。（《释文》）
《损》上九：得臣无家。	王者臣天下，无私家也。②	得臣则万方一轨，故无家也。（《周易集解》）
《无妄》	无妄，无所复望。（《集解》）	无妄，无所希望也。（《释文》）

由表5-4可知，王肃注《易》与京氏亦有相同或相似之处，因此可以说，王肃治《易》亦受京氏今文《易》之影响。

3.采择虞翻说

虞翻，字仲翔，会稽余姚人，三国时期著名经学家。虞翻世传今文经学，其曾上奏云："臣高祖父故零陵太守光，少治孟氏易，曾祖父故平舆令成，缵述其业，至臣祖父凤，为之最密。臣亡考故日南太守歆，受本于凤，最有旧书，世传其业，至臣五世。前人通讲，多玩章句，虽有秘说，于经疏阔。臣生遇世乱，长于军旅，习经于枹鼓之间，讲论于戎马之上，蒙先师之说，依经立注。"③由此可知，虞翻世传孟氏今文《易》学。王朗任会稽太守时，曾以虞翻为功曹。二人皆善易学，在学问上当有切磋交流。王朗所作《易传》经王肃撰定而立于学官。在这一过程中，王肃注《易》亦当受虞氏《易》之影响。兹列表④举例如下：

---

① 本表主要根据马国翰辑《周易京氏章句》《周易王氏注》，黄奭辑《京氏易》及《经典释文》《经典释文汇校》而作。

② 《汉书·五行志》："谷永曰：'《易》称"得臣无家"，言王者臣天下，无私家也。'"按：谷永为京氏学，故此语亦为京氏说。参见李振兴：《王肃之经学》，第31页。

③ （晋）陈寿撰，（南朝宋）裴松之注：《三国志》卷五七裴注引《翻别传》，第1322页。

④ 本表主要根据黄奭辑《虞翻易注》、马国翰辑《周易王氏注》及《经典释文》《经典释文汇校》而作。

表 5-5　虞翻、王肃注《易》比较举例

经文	虞翻	王肃
《同人》象：君子以类族辨物。	辨物，虞翻作辩物。(《集解》)	辩，如字，王肃卜免反。(《释文》)
《益》六三：告公用圭。	圭，桓圭也。(《集解》)	王肃作"用桓圭"。(《释文》)
《萃》象：君子以除戎器。	除，修戎兵也。(《集解》)	除，犹修治。(《释文》)
《系辞上》：冶容诲淫。	冶，作野。(《集解》)	冶，作野。(《释文》)

由表 5-5 可知，王肃治《易》当受虞氏《易》说之影响。值得注意的是，在王肃驳郑之前，虞翻既已在学术上驳难郑玄，其奏曰："玄所注五经，违义尤甚者，百六十七事，不可不正。行乎学校，传乎将来，臣窃耻之。"① 从某种意义上讲，王、虞二人可谓学术盟友，因此王肃注经采择虞氏之说，亦是情理中事。

（二）王肃传习伏生《尚书》学

王肃因家学而传习欧阳《尚书》学，清代学者洪亮吉认为王肃是伏胜十七传弟子，其《传经表序》云："《今文尚书》伏胜十七传至王肃。"② 兹将传经顺序列之如下：

伏胜（1）—欧阳生（2）—儿宽（3）—欧阳世（4）—（欧阳世家学）（5）—（欧阳世家学）（6）—欧阳高（7）—林尊（8）—平当（9）—朱普（10）—桓荣（11）—桓郁（12）—杨震（13）—杨秉（14）—杨赐（15）—王朗（16）—王肃（17）③

王肃身为伏胜《今文尚书》学十七传弟子，其与今文经学之关系，可

---

① （晋）陈寿撰，（南朝宋）裴松之注：《三国志》卷五七，第 1322 页。
② 转引自（清）皮锡瑞著，周予同注释：《经学历史》，第 107 页。
③ 转引自（清）皮锡瑞著，周予同注释：《经学历史》，第 107 页。

谓昭然可见。

(三) 王肃解《诗》或采三家诗

西汉时,《诗》学有齐、鲁、韩、毛四家。其中,齐、鲁、韩《诗》为今文经学,毛《诗》为古文经学。东汉以后,毛《诗》大兴,郑众、贾逵、马融、郑玄、王肃等人皆治毛《诗》,今文三家《诗》式微。王肃虽以毛《诗》为宗,但解经时亦采三家《诗》,兹列表[①]举例如下:

表 5-6　三家诗与王肃注《诗》比较举例

经文	三家诗	王肃注
《商颂·长发》:昭假迟迟,上帝是祇。	《齐诗》曰:昭,明也。假,至也。祇,敬也。	汤之威德,昭明遍至……故上帝敬其德。假,至也。
《大雅·民劳》:憯不畏明。	《鲁诗》憯,作惨。	憯,作惨。
《小雅·车舝》:以慰我心。	《韩诗》作"以愠我心"。愠,恚也。	慰,怨恨之意。
《大雅·崧高》:四国于蕃。	《韩诗》作藩。	言能藩屏四国。
《鲁颂·泮水》:屈此群丑。	《韩诗》:屈,收也,收敛得此众聚。	以敛此群众。

由表 5-6 可知,王肃解《诗》或采齐、鲁、韩三家《诗》,此可为其解《诗》或从今文《诗》学之明证。

二、王肃研习、择从古文经学

王肃与古文经学之关系,主要表现在两方面:一是王肃学习、采择郑玄、贾逵、马融、宋忠等人古文学说;一是王肃在著述中对古文经学,特别是对郑玄古文经学的扬弃。

[①]　本表主要根据马国翰辑《鲁诗故》《齐诗传》《韩诗故》《毛诗王氏注》及《经典释文》《经典释文汇校》而作。

（一）王肃研习古文经学

王肃师从荆州学派代表人物宋忠，《三国志·尹默传》载尹默远赴荆州，从宋忠、司马徽受古文学。可见宋忠为古文经学家。王肃受宋忠影响较大，《三国志·王肃传》云："初，肃善贾、马之学，而不好郑氏，采会同异，为《尚书》《诗》《论语》《三礼》《左氏》解。"[①] 王肃善贾、马之学而不好郑氏，其治学观念及倾向与宋忠再传弟子蜀地学者李譔颇为相似[②]，二人"意归"神似，足见二人均受宋忠古文经学的影响。此外，王肃研习并精通贾逵、马融古文经学，可知其在治学兴趣上更倾向于古文经学。

（二）王肃择从古文经学

王肃研习并善贾、马古文经学，故其注经多从古文经学：注《易》多从费氏说；注《毛诗》多述《传》意；注《书》多采司马迁、马融、郑玄等人之古文说。

1. 王肃注《易》对古文说的择从

（1）采择费氏说

费直，字长翁，东莱人。《汉书》本传云："（费直）治《易》为郎，至单父令。长于卦筮，亡章句，徒以《彖》《象》《系辞》十篇文言解说上下经。"[③] 费氏古文《易》在东汉以后大兴，《后汉书·孙期传》云："建武中，范升传《孟氏易》，以授杨政，而陈元、郑众皆传《费氏易》，其后马融亦为其传。融授郑玄，玄作《易注》，荀爽又作《易传》，自是《费氏》兴，而《京氏》遂衰。"[④] 王肃亦传费氏《易》，《隋志》载："汉初又有东莱费直传《易》，其

---

① （晋）陈寿撰，（南朝宋）裴松之注：《三国志》卷一三，第419页。

② 《三国志·李譔传》："（李譔）著《古文易》《尚书》《毛诗》《三礼》《左氏传》《太玄指归》，皆依准贾、马，异于郑玄。与王氏殊隔，初不见其所述，而意归多同。"参见《三国志》卷四二，第1027页。

③ （汉）班固撰，（唐）颜师古注：《汉书》卷八八，中华书局1962年版，第3602页。

④ （南朝宋）范晔撰，（唐）李贤等注：《后汉书》卷七九上，第2554页。

本皆古字……后汉陈元、郑众，皆传费氏之学。马融又为其传，以授郑玄。玄作《易注》，荀爽又作《易传》。魏代王肃、王弼，并为之注。自是费氏大兴，高氏遂衰。"① 王肃解《易》，多采费氏古文说，兹列表②举例如下：

表 5-7　费直、王肃注《易》比较举例

经文	费直	王肃
《屯》六三：即鹿无虞。	鹿，费氏作麓。	鹿，王肃作麓。
《随》象：君子以向晦入宴息。	向，费氏作乡。	向，王肃作乡。
《蛊》象：君子以振民育德。	育，费氏作毓。	育，王肃作毓。
《困》九四：来徐徐。	徐徐，费氏作余余。	徐徐，王肃作余余。

表 5-7 所举"麓""乡""毓""余余"诸字词，皆为古文经，可见王肃对费氏古文说多有择从。

（2）采择马氏说

马融，字季长，扶风茂陵人，东汉著名古文经学家。《后汉书》本传云："融才高博洽，为世通儒，教养诸生，常有千数。涿郡卢植，北海郑玄，皆其徒也。善鼓琴，好吹笛，达生任性，不拘儒者之节。……注《孝经》《论语》《诗》《易》《三礼》《尚书》《列女传》《老子》《淮南子》《离骚》。"③ 王肃"善贾、马之学"，其对马融古文说多有择从，今列表④举例如下：

表 5-8　马融、王肃注《易》比较举例

经文	马融	王肃
《噬嗑》九四：噬干胏。	有骨，谓之胏。	四体纯阴卦，骨之象，骨在干肉脯之象。
《噬嗑》上九象：聪不明也。	耳无所闻。	言其聪之不明。
《无妄》	妄，犹望，为无所希望也。	妄，犹望，为无所希望也。

---

① （唐）魏徵等：《隋书》卷三二，第 913 页。

② 本表主要根据黄奭辑《费直易注》、马国翰辑《周易王氏注》及《经典释文》《经典释文汇校》而作。

③ （南朝宋）范晔撰，（唐）李贤等注：《后汉书》卷七九上，第 1972 页。

④ 本表主要根据马国翰辑《周易马氏传》《周易王氏注》及《经典释文》《经典释文汇校》而作。

续表

经文	马融	王肃
《系辞上》：在天成象。	象者，日月星。	象者，日月星。
《说卦传》：参天两地而倚数。	五位相合，以阴从阳，天得三合，谓一、三与五也。地得两合，谓二与四也。	五位相合，以阴从阳，天得三合，谓一、三与五也。地得两合，谓二与四也。

由上可知，王肃治《易》多从马融之说。史称其"善马融之学"，绝非虚言。

2. 王肃治《毛诗》，多取马融之说

王肃治《毛诗》，多述《传》意，正如马国翰《毛诗王氏注序录》所云"其说申述毛旨，往往与郑不同。案郑笺《毛诗》而时参三家旧说，故《传》《笺》互异者多。《正义》于毛、郑皆分释之，凡毛之所略而不可以郑通之者，即取王注以为《传》意，间有申非其旨而十得六七。欧阳修《本义》引其释《邶风·击鼓》五章，谓郑不如王，亦持平之论也。"[1] 王肃治《毛诗》，申述毛旨，可见其宗尚古文《诗》。此外，王肃治《毛诗》亦多取马融之说，马融《诗传》今存只有十几则，而王肃即取其二，可见其的确"善马氏之学"，兹列表[2] 举例如下：

表 5-9 马融、王肃注《诗》比较举例

经文	马融	王肃
《大雅·文王序》：文王受命作《周》也。	文王受命九年而崩。	文王受命九年而崩。
《大雅·生民》：厥初生民，时维姜嫄。	帝喾有四妃，姜嫄生后稷，次妃简狄生契，次妃陈锋生帝尧，次妃诹訾生帝挚，最长，次尧，次契……姜嫄知后稷之神奇，必不可害，故欲弃之以著其神，因以自明，尧亦知其然，故听姜嫄弃之。	马融曰："帝喾有四妃，姜嫄生后稷，次妃简狄生契，次妃陈锋生帝尧，次妃诹訾生帝挚，最长，次尧，次契……尧亦知其然，故听姜嫄弃之。"肃以融言为然。

---

① （清）马国翰辑：《玉函山房辑佚书》经编诗类，载《续修四库全书》第 1201 册，第 298 页。

② 本表主要根据马国翰辑《毛诗马氏注》《毛诗王氏注》及《经典释文》《经典释文汇校》而作。

由上引二例可知，王肃不仅治《毛诗》，申说毛旨，其注《诗》有时完全袭用马融之说，可见其与古文经学之密切关系。

3.王肃注《尚书》对古文说的择从

（1）采择司马迁之说

司马迁，字子长，左冯翊夏阳人，西汉著名史学家、文学家。司马迁十岁诵古文，并师从孔安国学习《古文尚书》。《汉书·儒林传》载："孔氏有古文《尚书》，孔安国以今文字读之，因以起其家逸《书》，得十余篇，盖《尚书》兹多于是矣。遭巫蛊，未立于学官。安国为谏大夫，授都尉朝，而司马迁亦从安国问故。迁书载《尧典》《禹贡》《洪范》《微子》《金縢》诸篇，多古文说。"[①] 司马迁《史记》在引用经文时，常常"以训诂代经文"，而其"训诂"即是对经文的一种解说。由前引可知，其对《尚书》经文的训诂当属古文说。王肃注解《尚书》多引其说，兹列表[②] 举例如下：

表 5-10　司马迁、王肃注《尚书》比较举例

经文	司马迁	王肃
《尧典》：惟时懋哉。	惟是勉哉。	懋，勉也。
《皋陶谟》：庶明励翼。	众明高翼。	以众贤明为砥砺为羽翼。
《皋陶谟》：彰厥有常。	章其有常。	明其有常。
《洪范》：是训是行，以近天子之光。	是顺是行。	顺行民言，所以近天子之光。

由表 5-10 可知，司马迁引经多"以训诂代经文"，即对经文进行适当解释，而其解释基本符合经文原意，故为王肃所认同和接受。王肃《尚书》注，与司马迁之训诂多有相同或相近之处，由此可知，王肃注解《尚书》对司马迁古文说亦多有借鉴和择从。

---

① （汉）班固撰，（唐）颜师古注：《汉书》卷八八，第 3607 页。
② 本表主要根据司马迁《史记》、马国翰辑《尚书王氏注》及《经典释文》《经典释文汇校》而作。

（2）采择马融之说

王肃善贾逵、马融古文经学，其注解《尚书》时，亦多采马融之古文说，兹列表[1]举例如下：

表 5-11　马融、王肃注《尚书》比较举例

经文	马融	王肃
《泰誓》	《泰誓》后得。	《泰誓》近得，非其本经。
《皋陶谟》：俊乂在官。	才德过千人为俊，百人为乂。	才德过千人为俊，百人为乂。
《皋陶谟》：庶积其凝。	凝，定也。	凝，犹定也。
《禹贡》：冀州既载。	载，载于书也。	载，载于书籍。
《盘庚》：今汝聒聒。	聒聒，拒善自用之貌。	聒聒，拒善自用之意。

由表 5-11 可知，王肃注《尚书》，多从马融古文说。以此观之，《三国志·王肃传》所云王肃善马融之学，诚非虚言。

（3）采择郑玄之说

郑玄，字康成，北海高密人，东汉著名经学家。据《后汉书·郑玄传》载，郑玄尝诣学官，不喜为吏，后师事京兆第五元先，始通《京氏易》《公羊春秋》《三统历》《九章算术》。又从东郡张恭祖受《周官》《礼记》《左氏春秋》《韩诗》《古文尚书》。以山东无可问学者，乃入关师事扶风马融。郑玄经传熟洽，号为纯儒，注《周易》《尚书》《毛诗》《仪礼》《礼记》《论语》《孝经》《尚书大传》《中候》《干象历》，又著《天文七政论》《鲁礼禘祫义》《六艺论》《毛诗谱》《驳许慎五经异义》《答临孝存周礼难》，凡百余万言。[2]王肃初学郑氏学，后以郑注多有不安之处，故立志"夺而易之"。世人多认为王肃标新立异，实际上，王肃"驳郑"从某种意义上讲是对郑学的扬弃。换言之，王肃对郑注之"非"，夺而易之；对郑注之"是"，则信而从之。[3]郑玄曾师从张恭祖、马融学习《古文尚书》，王肃注《尚书》

---

[1]　本表主要根据马国翰辑《尚书王氏注》《尚书马氏传》及《经典释文》《经典释文汇校》而作。

[2]　（南朝宋）范晔撰，（唐）李贤等注：《后汉书》卷三五，第 1212 页。

[3]　关于郑、王经注的异同、优劣，详见本书第六章第一节《王学与郑学比较研究》。

亦采择郑玄之说，兹列表举例如下：

表 5-12　郑玄、王肃注《尚书》比较举例

经文	郑玄	王肃
《尧典》：教胄子。	胄子，国子也。	胄子，国子也。
《盘庚》：鞠人，谋人之保居，叙钦。	鞠，养也。言能谋养人安其居者，我则次序而敬之。	鞠，养也。言能谋养人安其居者，我则次序而敬之。
《洪范》：稽疑，择建立卜筮人。	言将考疑事，选择可立者为卜人筮人。	言将考疑事，选择可立者为卜人筮人。
《大诰》：知我国有疵。	知我国有疵病之瑕。	知我国有疵病之瑕。
《君奭》：我道惟宁王德延。	宁王者，即文王也。	宁王者，即文王也。

由表 5-12 可知，王肃治《尚书》不仅多采郑玄之说，有些注解甚至与郑说完全相同，一字不差。可见王肃驳郑并非"为驳而驳"，而是基于学术本身的论争。

三、王肃对今古文经学的扬弃

王肃注经，采会异同，不仅采择今文经说，亦采择古文经说，可谓择善而从，不拘一家。王肃对今古文经学的扬弃，在其驳难郑玄一事上有很好的体现。换言之，王肃驳郑，或采今文以驳郑之古文，或采古文以难郑之今文。

以解《诗》为例，王肃或以今文驳难郑之古文，如《诗·小雅·车辖》云："以慰我心。"《毛传》："慰，安也。"郑《笺》衍《毛诗》之古文说，云："我得见女之新昏如是，则以慰除我心之忧也。"王肃从《韩诗》之今文说，改"慰"为"愠"，云："《韩诗》'以愠我心'；愠，恚也。"此即王肃采择今文之一例证。此外，王肃注经亦以古文说驳难郑之今文说，如《诗·大雅·生民》云："厥初生民，时维姜嫄。生民如何？克禋克祀，以弗无子。履帝武敏歆，攸介攸止，载震载夙。载生载育，时维后稷。"郑玄《毛诗

故训传笺》取三家《诗》之感生说，以为后稷无父，感天而生，其云："祀郊禖之时，时则有大神之迹，姜嫄履之，足不能满，履其拇指之处，心体歆歆然，其左右所止住，如有人道感己者也。于是遂有身，而肃戒不复御。后则生子而养，长名之曰弃。舜臣尧而举之，是为后稷。"①王肃从《毛诗》之古文说，反对郑玄之感生说，以后稷为帝喾之遗腹子，其引马融之说云："帝喾有四妃，上妃姜嫄，生后稷。次妃简狄，生契，次妃陈锋生帝尧，次妃娵訾生帝挚，最长，次尧，次契。下妃三人皆已生子，上妃姜嫄未有子，故禋祀求子，上帝大安其祭祀而与之子。任身之月，帝喾崩，挚即位而崩，帝尧即位。帝喾崩后十月，而后稷生，盖遗腹也。虽为天所安，然寡居而生子，为众所疑，不可申说。姜嫄之后稷之神奇，必不可害，故弃之以著其神，因以自明。"②此为王肃采古文说以难郑之今文说之例证。

虽然王肃驳难郑玄之说时，或采今文，或采古文，但并不意味着王肃故意标新立异，争强好胜，而以义理之所安为鹄的，如上文所引郑、王二人解"姜嫄生后稷"之说，相较而言，王肃之说更为理性和可信。事实上，王肃对郑玄之说既有驳难，也有采择，而且其注经多有可取之处，正如马国翰《毛诗王氏注序录》所云："其说申述毛旨，往往与郑不同。……欧阳修《本义》引其释《邶风·击鼓》五章，谓郑不如王，亦持平之论也。"③由此可见，王肃对今古文说的扬弃，并非出于标新立异的目的，而是基于择善而从的审慎态度。

综上可知，王肃注经，或采今文，或采古文，择善而从，不拘一家。其解经摒弃谶纬，崇尚简约，可谓对郑学的扬弃，促进了今古文经学的进一步融合。

---

① （清）阮元校刻：《十三经注疏》，第528页。
② （清）马国翰辑：《玉函山房辑佚书》经编诗类，载《续修四库全书》第1201册，第315页。
③ （清）马国翰辑：《玉函山房辑佚书》经编诗类，载《续修四库全书》第1201册，第298页。

本章小结

本章主要从王肃仕宦、学术渊源、经学著述、经学特点和贡献、王肃与今古文经学之关系等几个方面展开论述。王肃仕宦可分为三个阶段：第一阶段任散骑侍郎，相对清闲，故王肃可以集中精力来读书治学；第二阶段王肃袭父爵，任散骑常侍，并兼任秘书监、崇文观祭酒等职；第三阶段王肃以姻亲之故，开始党司马氏。王肃在前两个阶段，主要以注经、构建经学思想体系为主。作为经学家，王肃学术渊源主要来自五个方面：家学、郑玄经学、宋忠之学、贾马之学及其他诸儒之学。

王肃经学著述多达三十余种。王肃经学是汉魏经学演变的重要一环，可谓上承汉代经学，下启魏晋玄学。其经学特点主要有三：摒弃谶纬，推引古学；删繁化简，引申义理；援道入儒，潜创新说。王肃经学与今古文经学的关系，主要表现在其对今古文经学的扬弃，王肃注经或从今文，或从古文，其择从之标准唯在义理之所安，而非个人之好恶。王肃善贾、马之学，推引古学，同时在注经时务排谶纬，与郑玄立异，有推尚古学的倾向。与此同时，王肃亦传承家学。王肃对今古文经学择善而从、融会贯通，使其成为与郑玄比肩的经学大家。王肃反郑，从一定意义上讲，是今古文经学融合的继续，其对郑学的扬弃，推动了经学向自由、理性、简洁、义理化的方向发展。

第六章　王肃研究（下）

王肃注经多有"驳郑"，过去一般认为王肃故意标新立异。实际上，王肃注经采会同异，既有"是郑"之处，亦有"驳郑"之处，其取舍标准大多在于义理之所安。从某种意义上来说，王肃"驳郑"是对郑学的"扬弃"。后世学者尤其是清儒，大都认为王肃"驳郑"乃标新立异、好为新说，因而排其学，诋其人，继而怀疑王肃"作伪"，使其卷入《古文尚书》《孔子家语》等"伪书"公案中。事实上，王肃"驳郑"自有其合理性，而其"伪撰"诸书之论，在今天看来，实为"莫须有"之罪名，其所背之冤屈，理应昭雪。王肃虽以经学名世，但亦有部分政论散文传世，从中亦可管窥其政治思想。

第一节　王学与郑学比较研究

郑玄与王肃皆为经学大家，二人遍注群经，融会今古文经学，在经学史上占有举足轻重的地位。清儒皮锡瑞即云"郑学出而汉学衰，王肃出而郑学亦衰"①。郑学、王学均为时代与学术转型之产物，二人在治学路数与兴趣上有相同之处，亦有迥异之处。通过比较郑学与王学，不仅可以理解郑、王经学思想之异同，亦可以从中探析汉魏学术变迁之脉络。关

---

① （清）皮锡瑞著，周予同注释：《经学历史》，第105页。

于郑学、王学之异同，前辈学者已做过较为精审的研究①，颇有益于后学。笔者拟在前贤时修已有成果的基础上，试对郑学、王学作进一步的对比研究。

一、汉魏之际的"宗郑"与"驳郑"

汉魏之际，政权更迭、社会动荡，学术思想亦随之变化。在这种新旧交替的历史背景下，"郑学"独尊的局面难以维持，虞翻、孔融、王粲、王肃、李譔等学者先后公开驳难"郑学"。《三国志》裴注引《翻别传》载：

> 翻初立《易注》，奏上曰："臣闻六经之始，莫大阴阳……前人通讲，多玩章句，虽有秘说，于经疏阔……若乃北海郑玄，南阳宋忠，虽各立注，忠小差玄，而皆未得其门，难以示世。"又奏郑玄解《尚书》违失事目："伏见故征士北海郑玄所注《尚书》，以顾命康王执瑁，古'月'似'同'，从误作'同'，既不觉定，复训为杯，谓之酒杯……'分北三苗'，'北'，古'别'字，又训北，言北犹别也。若此之类，诚可怪也……又玄所注《五经》，违义尤甚者，百六十七事，不可不正。行乎学校，传乎将来，臣窃耻之。"②

会稽大儒虞翻对郑玄所注《周易》《尚书》颇为不满，他甚至指出郑玄所注"五经"中严重违反经义处达167则。就学术本身而言，虽然虞翻"驳郑"之处未必皆是，但至少说明"郑学"本身存在不少问题。

---

① 如李振兴《王肃之经学》，简博贤《王肃礼记学及其难郑大义》，史应勇《郑玄通学及郑王之争研究》《〈尚书〉郑王比义发微》《〈毛诗〉郑王比义发微》，乔秀岩《论郑、王礼说异同》，刘丰《王肃的三〈礼〉学与"郑王之争"》，宁镇疆《郑玄、王肃郊祀立说再审视》等。

② （晋）陈寿撰，（南朝宋）裴松之注：《三国志》卷五七，第1322页。

虞翻曾致书孔融并附示所著《易注》，孔融回曰："闻延陵之理乐，睹吾子之治《易》，乃知东南之美者，非徒会稽之竹箭也。又观象云物，察应寒温，原其祸福，与神合契，可谓探赜穷通者也。"① 可见孔融对虞翻《易注》颇为认可。此外，孔融《与诸卿书》曰："郑康成多臆说，人见其名学，谓有所出也。证案大较，要在五经四部书，如非此文，近为妄矣。若子所执以为郊天鼓，必当麒麟之皮也，写《孝经》本当曾子家策乎？"② 由此可知，当时孔融即对郑学亦持批驳态度。

王粲亦难郑玄《尚书》学，颜之推《颜氏家训·勉学》载："俗间儒士，不涉群书，经纬之外，义疏而已。吾初入邺，与博陵崔文彦交游，尝说《王粲集》中难郑玄《尚书》事。"③《新唐书·元行冲传》载："王粲曰：'世称伊、雒以东，淮、汉以北，康成一人而已。咸言先儒多阙，郑氏道备。'粲窃嗟怪，因求所学，得《尚书注》，退思其意，意皆尽矣，所疑犹未谕焉，凡有二篇。"④ 据此可知，作为"建安七子"之一的王粲亦对郑学有所不满。由此可见当时攻驳郑玄者不乏其人，非独一二例。

王肃是"驳难"郑学的代表人物，其在《〈孔子家语〉序》中云："自肃成童，始志于学，而学郑氏学矣。然寻文责实，考其上下义理，不安违错者多，是以夺而易之。然世未明其款情，而谓其苟驳前师，以见异于前人。"⑤ 王肃最初学郑学，后又师从宋忠学习古文经学和《太玄》，以宋忠为代表的荆州学派实际上是"驳难"郑学的学术阵地。王肃研习贾逵、马融之学，并受荆州学派"后定"之学的影响，发现郑玄注经多有乖谬处，故"夺而易之"，重新作注。此外，蜀地学者李譔，亦善贾、马之学，驳难郑学，二人虽相隔千里，但治学志趣相投、理念相似，足见王、李二人

---

① （晋）陈寿撰，（南朝宋）裴松之注：《三国志》卷五七，第1320页。

② （清）严可均辑：《全后汉文》卷八二，第839页。

③ （北齐）颜之推撰，王利器集解：《颜氏家训集解》（增补本），中华书局1993年版，第183页。

④ （宋）欧阳修、宋祁：《新唐书》卷二百，中华书局1975年版，第5693页。

⑤ 杨朝明、宋立林主编：《孔子家语通解》，第582页。

同受荆州学派"后定"之学的影响。

学派相争，多有往复，有批驳者，亦有维护者，古今皆然。虽然汉魏之际有虞翻、王粲、孔融、王肃、李譔等人公开驳郑，但维护"郑学"者亦不乏其人。当时郑玄弟子孙炎即著书攻驳王肃，《三国志·王肃传》载："时乐安孙叔然，受学郑玄之门，人称东州大儒。征为秘书监，不就。肃集《圣证论》以讥短玄，叔然驳而释之，及作《周易》《春秋》例，《毛诗》《礼记》《春秋三传》《国语》《尔雅》诸注，又注《书》十余篇。"①孙炎，字叔然，乐安人，曾师从郑玄，人称东州大儒。当时王肃遍注群经，并集《圣证论》驳斥郑玄，孙炎维护师说，亦著书反驳王肃。由此可知，孙炎亦遍注群经，著述颇丰。孙炎经学著述后均亡佚，清人有辑佚。②

郑玄后学马昭亦"是郑非王"，《旧唐书·元行冲传》载："子雍规玄数十百件，守郑学者，时有中郎马昭，上书以为肃谬。"③马昭甚至怀疑《孔子家语》的真实性，其言："《家语》为王肃所增加，非郑所见。又《尸子》杂说，不可取证正经。"④后世聚讼纷纭的《家语》"伪书"公案⑤，实乃起于马昭此论。

东莱学者王基也著书反驳王肃。《三国志》本传载："王基，字伯舆，东莱曲城人也……年十七，郡召为吏，非其好也，遂去，入琅邪界游学……散骑常侍王肃著诸经传解及论定朝仪，改易郑玄旧说，而基据持玄义，常与抗衡。"⑥考诸年龄，王基或是郑玄再传弟子，其持郑玄之义反驳

---

① （晋）陈寿撰，（南朝宋）裴松之注：《三国志》卷一三，第419—420页。

② 黄奭辑有《孙炎周易例》一卷、《尔雅孙炎音注》一卷，马国翰辑有《礼记孙氏注》一卷、《尔雅孙氏注》三卷、《尔雅孙氏音》一卷，王仁俊辑有《尔雅孙叔然注》一卷。

③ （后晋）刘昫：《旧唐书》卷一〇二，中华书局1975年版，第3180页。谬，原误作"缪"，今改正。

④ （清）阮元校刻：《十三经注疏》，第1534页。

⑤ 关于这一问题，本书第六章第三节《王肃与"伪书"公案》一节将专门论及，此不赘述。

⑥ （晋）陈寿撰，（南朝宋）裴松之注：《三国志》卷二七，第751页。

王肃，或出于维护师法。王基经学著述，清人亦有辑佚①。

综上可知，汉魏之际，伴随政权转移、社会及观念之变迁，学术亦随之发生变化。学术相争乃正常现象，这里的"相争"既有关于具体学术问题的学理之争，又有因学术环境变化而带来的思想观念之争。从这一意义上来说，汉魏之际学者们对郑学的臧否，正是时代变迁与学术演变的一种表现。

二、王肃与郑玄著述比较

郑玄、王肃遍注群经，著述宏富，为便于比较二人著述，兹列表②如下：

表 6-1　郑玄、王肃著述比较

郑玄		王肃	
《周易注》十卷③，录一卷	（《序录》）	《周易注》十卷 《周易音》	（《序录》） （《序录》）
《尚书注》九卷 《尚书音》五卷 《尚书大传注》三卷	（《隋志》） （《隋志》） （《隋志》）	《尚书传》十一卷 《尚书驳异》五卷 《尚书答问》三卷	（《序录》） （《隋志》） （《隋志》）
《毛诗故训传笺》 二十卷 《诗谱》二卷 《诗音》	（《序录》《隋志》） （《序录》） （《序录》）	《毛诗注》二十卷 《毛诗义驳》八卷 《毛诗奏事》一卷 《毛诗问难》二卷 《毛诗音》	（《序录》） （《隋志》） （《隋志》） （《七录》） （《序录》）

---

① 如黄奭辑《毛诗王基申郑义》一卷、马国翰辑《毛诗驳》一卷。

② 本表主要根据刘汝霖《汉晋学术编年》（华东师范大学出版社 2010 年版）而作。郑玄著述表，载《汉晋学术编年》第 443—445 页；王肃著述表，载《汉晋学术编年》第 539—541 页。

③ 《七录》云十二卷，《隋志》云九卷，《旧唐志》云九卷，《新唐志》云十卷，可见各书著录有异。其他亦同此，不备注。

续表

郑玄		王肃	
《周官礼注》十二卷	（《序录》《隋志》）		
《周礼音》二卷	（《七录》《序录》）	《周官礼注》十二卷	（《序录》）
《答林孝存周礼难》	（《后汉书》本传）		
《仪礼注》十七卷	（《序录》）		
《礼议》二十卷	（《新唐志》）	《仪礼注》十七卷	（《隋志》）
《仪礼音》二卷	（《隋志》《序录》）	《丧服经传注》一卷	（《隋志》《序录》）
《丧服经传注》一卷	（《隋志》）	《丧服要记》一卷	（《隋志》）
《丧服纪》一卷	（《新唐志》）	《丧服变除》	（《晋书·礼志》）
《丧服变除》一卷	（《新唐志》）		
		《礼记》三十卷	（《序录》）
《礼记注》二十卷	（《序录》）	《祭法》五卷	（《七录》）
《礼记音》二卷	（《序录》）	《明堂议》三卷	（《七录》）
		《宗庙诗颂》十二篇	（《宋书·乐志》）
《三礼目录》一卷	（《隋志》）		
《三礼图》	（《隋志》）	《三礼音》三卷	（《序录》）
《五宗图》一卷	（《七录》）		
《驳何氏汉议》二卷	（《隋志》《唐志》）		
《发公羊墨守》一卷	（《新唐志》）	《春秋左氏传注》	
《箴左氏膏肓》十卷	（《新唐志》）	三十卷	（《序录》）
《起穀梁废疾》三卷	（《隋志》《新唐志》）	《春秋外传章句》	
《春秋十二公名》一卷	（《七录》）	二十二卷	（《七录》）
《春秋左氏分野》一卷	（《七录》）		
《孝经注》一卷	（《隋志》）	《孝经解》一卷	（《隋志》）
《论语注》十卷	（《隋志》）	《论语注》十卷	（《序录》）
《论语释义》十卷	（《旧唐志》）	《论语释驳》三卷	（《七录》）
《孔子弟子目录》一卷	（《隋志》）	《孔子家语解》	
《孟子注》七卷	（《隋志》）	二十一卷	（《隋志》）

续表

郑玄		王肃	
		《圣证论》十二卷	（《隋志》）
		《扬子太玄经注》七卷	（《七录》）
		《玄言新记道德》二卷	（《唐志》）
《六艺论》一卷	（《隋志》）	《王子正论》十卷	（《隋志》）
《驳许慎五经异义》	（《后汉书》）	《禘祭议》①	（《通典》）
《鲁礼禘祫义》	（《毛诗正义》引）	《王侯在丧袭爵议》	（《通典》）
《答甄子然》		《已迁主讳议》	（《通典》）
		《告瑞祀天宜以地配议》	（《通典》）
		……	……
		《宗庙颂》	（《初学记》）
《易纬注》九卷	（《七录》《隋志》）		
《干凿度注》三卷	（《宋艺文志》）		
《尚书纬注》六卷	（《七录》）		
《诗纬注》三卷	（《唐志》）		
《礼纬注》二卷	（《七录》）		
《春秋纬注》	（《文选·褚渊碑文注》）		
《孝经纬注》	（《文选·东京赋注》）		
《通卦验注》二卷	（《宋艺文志》）		
《尚书中侯注》八卷	（《七录》《隋志》）		
《礼记默房注》三卷	（《七录》）		
《洛书灵准听注》	（《初学记》引）	（王肃无纬书类著述）	
《九宫经注》三卷	（《隋志》）		
《九宫行棋经注》三卷	（《隋志》）		
《干象历注》	（《晋书·律历志》）		
《汉律章句》	（《晋书·刑法志》引）		
《九旗飞变》一卷	（《唐志》）		
《乐纬动声仪》	（《太平御览》引）		
《天文七政论》	（《宋书·历志》）		
《汉宫香法注》	（《墨庄漫录》引）		
《日月交会图注》一卷	（《七录》）		

① 《禘祭议》以下至《宗庙颂》，采自《全三国文》，均为王肃奏议答问，可视为一类。参见（清）严可均辑，马志伟审订：《全三国文》，第223—233页。

续表

郑玄	王肃
《集》二卷，录一卷　　（《七录》） 《郑志》八篇①	《集》五卷，录一卷　　（《隋志》） 《家戒》　　（《艺文类聚》）②

由表 6-1 所列郑、王经注之异同，可知二人学术取向之异同。虽然郑玄著述种类较王肃多 20 余种，但二人均遍注群经，在经书注解范围上大致相当。二人著述之异主要有五点：其一，最显著的一点，郑玄除遍注经书外，还遍注纬书，其纬书著述达 20 种之多，而王肃只注解经书，对纬书毫无涉及。这体现了二人治学旨趣之迥异，郑玄治学经纬兼收，而王肃治学则力排谶纬，这也正是汉魏学术思潮的重要转变之一。其二，王肃注《太玄》而郑玄付之阙如，可见二人对待《太玄》的态度存在较大差异。王肃解《太玄》，亦与其力排谶纬有关。扬雄著《太玄》，以《易》为基，以儒道为辅，企图综合会通一种新的思想体系。这在儒家经纬盛行的两汉之际，的确是一种大胆的尝试，所以当时受到班固、刘歆等人的批评。王肃为《太玄》作解，亦反映王肃学术思想的开放态度，同时也体现出汉魏之际学术思潮转型的特征。王肃不注纬书，郑玄不注《太玄》，正反映出二人学术倾向的不同。③ 其三，郑玄为《孟子》作注，而王肃没有为《孟子》作注。这可能与当时《孟子》地位不高，而未引起王肃注意有关。其四，王肃注解《孔子家语》，并集《圣证论》辩驳郑玄之说，而郑玄或未睹王肃所解《孔子家语》一书。④ 其五，郑玄对于《春秋》三传皆有注释，而王肃只为《左传》作注，而不涉及《公羊传》《穀梁传》。这一差异反映出郑玄在努力融合今古文之争，而王肃善贾、马之学，更倾向于古文经学。

此外，值得注意的是，《新唐书·艺文志》道家类著录"王肃《玄言

---

① 郑玄著述，共计 58 种，其中经书类 36 种，纬书类 22 种。

② 王肃著述，共计 33 种，其中经书类 33 种，无纬书类。

③ 李中华：《王肃经学思想辨诘》，载《儒家典籍与思想研究》，第 464 页。

④ 关于《孔子家语》"伪书"公案问题，详参本章第三节《王肃与"伪书"公案》。

新记道德》二卷"，而《旧唐书·经籍志》载"《玄言新记道德》二卷，王弼注"，同时《新唐志》中亦载有"王弼注《新记玄言道德》二卷"，可见此书来历不明，或是《新唐志》著录有误。《四库提要》撰者认为《玄言新记道德》一书实为王弼《老子注》，其云：

> 《隋书·经籍志》载"老子《道德经》二卷，王弼注"，《旧唐书·经籍志》作"《玄言新记道德》二卷"，亦称弼注，名已不同。《新唐书·艺文志》又以《玄言新记道德》为王肃撰，而弼所注者别名《新记玄言道德》，益为舛互。疑一书而误分为二，又颠错其文也。惟《宋史·艺文志》作王弼《老子注》，与此本同。今从之。①

若按《四库提要》的说法，则《玄言新记道德》一书实与王弼《老子注》异名同实，当归于王弼名下。李中华认为，出现著录不明的情况，最有可能是王弼、王肃均有关于《老子》的著述，而且书名相同，故著录时区别记之，其云：

> 王肃的生活年代，与正始时期的玄学家何晏、夏侯玄、钟会、王弼等完全相值，且年龄也基本相当。除钟会外，其余三人皆死于王肃之前。这四位玄学家对《老子》都有所阐发，并皆以善老、庄而闻名于世……面对玄学思潮的兴起，作为经学大家的王肃，对此不可能没有任何反应，故其著《玄言新记道德》，便完全在情理之中。②

笔者认为，李中华先生所云在学理和逻辑上是成立的。今且从之，将《玄言新记道德》一书视为王肃著述之一种。

---

① （清）永瑢等：《四库全书总目提要》卷一四六，中华书局 1965 年版，第 1243 页。
② 李中华：《王肃经学思想辨诂》，载《儒家典籍与思想研究》，第 464—465 页。

三、王肃与郑玄《周易注》比较

王肃《易》注，隋唐时期尚存，《隋书·经籍志》载："《周易》十卷，魏卫将军王肃注。"[①]《经典释文·序录》载王肃《周易注》十卷及《周易音》（未知卷数）。《旧唐书·经籍志》《新唐书·艺文志》皆著录《周易注》十卷。《宋史·艺文志》载《易传》十一卷，盖为《周易注》之别名。宋以后亡佚。清儒辑本凡五种：马国翰《玉函山房辑佚书》辑有《周易王氏注》二卷，《周易王氏音》一卷；孙堂《汉魏二十一家易注》辑有《王肃周易注》一卷；张惠言《易义别录》辑有《周易王子雍氏》；黄奭《黄氏逸书考》辑有《王肃易注》一卷；余萧客《古经解钩沉》辑有《王氏易注》。郑玄《易》注，亡佚于宋，今辑本凡有十种，其一为宋王应麟辑，其余九种为清儒所辑（详见本书附录六）。

汉代传《易》，始于田何，后分为施、孟、梁丘三家之学，又有京氏学，皆为今文经学。古文《易》始自东莱费直，马融、郑玄、王肃等人亦学古文《易》，《隋书·经籍志》载：

> 汉初又有东莱费直传《易》，其本皆古字，号曰《古文易》。以授琅邪王璜，璜授沛人高相，相以授子康及兰陵毋将永。故有费氏之学，行于人间，而未得立。后汉陈元、郑众，皆传费氏之学。马融又为其传，以授郑玄。玄作《易注》，荀爽又作《易传》。魏代王肃、王弼，并为之注。自是费氏大兴，高氏遂衰。[②]

王肃与郑玄虽然都传习费氏《易》，但王肃善贾、马之学，而不好郑氏，其注经务排谶纬，引申义理，较郑氏简明质直，这是二人不同之处，二人

---

① （唐）魏徵等：《隋书》卷三二，第909页。

② （唐）魏徵等：《隋书》卷三二，第913页。

注经亦有相同之处。为便于比较和阅读，兹列表^①如下：

表6-2　郑玄、王肃《周易注》异同比较

经文	郑注	王注	备注
1.《乾》上九：亢龙有悔。	尧之末年，四凶在朝，是以悔，未大凶也。(《周易正义》)	穷高曰亢，知进忘退，故悔也。(《周易集解》)	郑、王异。郑以事解经，王以义解经。王注佳。
2.《周易·乾》九二：利见大人。	九二，利见九五之大人。(《周易正义》)	大人，圣人在位之目。(《周易正义》)	郑、王异。王说更为具体。
3.《乾》象：大人造也。	造，为也。(《经典释文》)	造，就也，至也。(《释文》)	郑、王异。郑注较佳。
4.《屯》六二：乘马班如。	乘，马牝牡曰乘。班，郑作般。(《释文》)	班如，盘桓不进也。(《文选注》)	郑、王异。王注较佳。
5.《蒙》上九：击蒙。	击，作系。(《释文》)	击，治也。(《释文》)	郑、王异。王注更佳。
6.《需》九三：需于泥，致寇至。	寇，作戎。(《释文》)	寇，作戎。(《释文》)	郑、王同。
7.《讼》九二象：患至掇也。	掇，作惙，忧也。(《释文》)	若手拾掇物然。(《正义》)	郑、王异。王注更佳。
8.《讼》上九：或锡之鞶带，终朝三褫之。	鞶带，佩鞶之带。(《周礼注疏》) 褫，郑作拕，夺也，加也。(《淮南子注》)	鞶，作槃。褫，解也。(《释文》)	郑、王异。
9.《师》象：君子以容民畜众。	畜，养也。(《毛诗笺》)	畜，养也。(《释文》)	郑、王同。

---

① 本表主要根据马国翰辑《周易王氏注》、王应麟辑《周易郑注》及李振兴《王肃之经学》而作。

续表

经文	郑注	王注	备注
10.《师》九二象：承天宠也。	宠，光耀也。（《释文》）	宠，王本作龙。龙，宠也。（《释文》）	郑、王异。
11.《比》初六：有孚盈缶。	缶，汲器也。（《毛诗正义》）	缶者，下民质素之器。（《太平御览》）	郑、王异。按《说文》，缶为盛水浆之瓦器。郑、王注皆不全面。
12.《豫》六三：盱豫，悔。	盱，夸也。（《释文》）	盱，大也。（《释文》）	郑、王同。夸、大，义同。
13.《豫》九四：朋盍簪。	簪，速也。（《释文》）	簪，速也。（《集韵类篇》）	郑、王同。
14.《噬嗑》上九：何校灭耳。	离为槁木，坎为耳，木在耳上，何校灭耳之象也。（《集解》）	何，荷，担。（《释文》）	郑、王异。郑注详而有疏。王以荷释何，准确。
15.《噬嗑》九四：噬干肺。	肺，簀也。（《释文》）	肺，肉脯。（《初学记》）	郑、王异。王注更佳。
16.《噬嗑》上九象：聪不明也。	目不明，耳不聪。（《释文》）	言其聪之不明。（《释文》）	郑、王异。
17.《贲》	贲，变也，文饰之貌。离为日，天文也，艮为石，地文也，天文在下，地文在上，天地二文相饰成贲者也。（《集解》）	贲，有文饰，黄白也。（《释文》）	郑、王异。郑注详而王注简。
18.《贲》初九：贲其趾，舍车而徒。	贲其趾，趾，足也。舍舆而徒。（《释文》）	在下，故称趾，既舍其车，又饰其趾，是徒步也。（《集解》）	郑、王异。王注更重义理阐释。

经文	郑注	王注	备注
19.《复》初九：无祗悔。	祗，病也。(《释文》)	祗，王本作禔。(《释文》)	郑、王异。
20.《无妄》	妄，犹望，谓无所希望也。(《释文》)	妄，犹望，无所希望也。(《释文》)	郑、王同。
21.《离》象：明两作离。大人以继明照于四方。	明两者，取君明上下，以明德相承，其于天下之事，无不见也。(《文选注》)	两离相续，明之义也。(《初学记》)	郑、王异。郑注详，王注简。郑言事，王言义。
22.《离》九三：大耋之嗟，凶。	耋，年逾七十。(《毛诗正义》)	八十曰耋。(《释文》)	郑、王异。按《说文》，八十曰耄，则王注更佳。
23.《离》六五象：离，王公也。	离，作丽。(《释文》)	离，作丽，王者之后为公。(《释文》)	郑、王同。
24.《咸》九五：咸其脢。	脢，背脊肉也。(《释文》)	脢，在背而夹脊。(《正义》)	郑、王同。
25.《遯》九四：小人否。	否，塞也。(《释文》)	否，塞也。(《释文》)	郑、王同。
26.《大壮》	壮，气力浸强之名。(《释文》)	壮，盛也。(《释文》)	郑、王异。
27.《大壮》九三：羸其角。	羸，作累。(《释文》)	羸，作缧。(《释文》)	郑、王异。王注佳。
28.《大壮》六五：丧羊于易。	易，谓佼易也。(《释文》)	易，畔也。(《象指决录》)	郑、王异，王注佳。
29.《大壮》上六：不详也。	详，作祥。祥，善也。(《释文》)	详，作祥。祥，善也。(《释文》)	郑、王同。

经文	郑注	王注	备注
30.《睽》上九：先张之弧。	弧，作壶。（《释文》）	弧，作壶。（《释文》）	郑、王同。
31.《蹇》彖：往得中也。	中，和也。（《释文》）	中，适也。（《释文》）	郑、王异。王注佳。
32.《夬》九四：其行次且。	次且，作越趄。（《释文》）	次且，作越趄，行止之碍也。（《释文》）	郑、王同。
33.《夬》九五：苋陆夬夬。	苋陆，一名商陆。（《正义》）	苋陆，一名商陆。（《正义》）	郑、王同。
34.《姤》象：后以施命诰四方	诰，作诘，起一反，止也。（《释文》）	诰，作诘，止也。（《释文》）	郑、王同。
35.《萃》象：君子以除戎器	除，去也。（《释文》）	除，犹修治。（《释文》）	郑、王异。王注佳。
36.《萃》六二：孚乃利用禴。	禴，夏祭名。（《释文》）	禴，殷春祭名。（《释文》）	郑、王异。王注佳。
37.《震》六三：震苏苏。	苏苏，不安也。（《释文》）	苏苏，躁动貌。（《释文》）	郑、王同。
38.《渐》初六：鸿渐于干。	干，大水之傍，故停水处。（《释文》）	干，山间涧水也。（《释文》）	郑、王异。
39.《丰》上六象：天际翔也。	翔，作祥。（《释文》）	翔，作祥。（《释文》）	郑、王同。
40.《旅》初六：旅琐琐。	琐琐，犹小小也。（《仪礼注疏》）	琐琐，细小貌。（《释文》）	郑、王同。
41.《涣》九五：涣汗其大号。	号，令也。（《文选注》）	号，令也。（《北堂书钞》）	郑、王同。
42.《系辞上》：在天成象，在地成形。	象，日月星辰也；形，草木鸟兽也。（《太平御览》）	象者，日月星成；形者，山川群物。（《礼记正义》）	郑、王有同有异。释形，王注佳。

经文	郑注	王注	备注
43.《系辞上》:六爻之动,三极之道也。	三极,三才也。(《释文》)	阴阳、刚柔、仁义为三极。(《释文》)	郑、王异。郑注佳。
44.《系辞上》:震无咎者,存乎悔。	震,惧也。(《释文》)	震,动也。(《释文》)	郑、王异。郑注佳。
45.《系辞上》:范围天地之化而不过。	范,法也。(《释文》)	范围,作犯违。(《释文》)	郑、王异,郑注佳。
46.《系辞上》:故君子之道鲜矣。	鲜,作尠,少也。(《释文》)	鲜,作尠,少也。(《释文》)	郑、王同。
47.《系辞上》:古之聪明睿知,神武而不杀者。	杀,所戒反。(《释文》)	杀,所戒反。(《释文》)	郑、王同。
48.《系辞上》:河出图,洛出书。	河以通干出天苞,洛以流坤出地符。河龙图发。洛龟书感。河图有九篇,洛书有六篇。(《周易正义》)	河图,八卦也。(《释文》)	郑、王异。郑注详而王注简。
49.《系辞下》:上古结绳而治。	结绳者,事大大结其绳,事小小结其绳。(《尚书正义》)	结绳,识其政事。(《尚书正义》)	郑、王异。王注佳。
50.《系辞下》:居可知矣。	居,音基。(《释文》)	居,音基。(《释文》)	郑、王同。
51.《系辞下》:知者观其彖辞,则思过半矣。	彖辞,爻辞也。(《释文》)	彖,举象之要也。(《释文》)	郑、王异。
52.《系辞下》:成天下之亹亹者。	亹亹,没没也。(《释文》)	亹亹,勉也。(《释文》)	郑、王异。王注佳。

经文	郑注	王注	备注
53.《说卦传》：参天两地而倚数。	天地之数，备于十，乃三之以天，两之以地，而倚托大衍之数五十也。必三之以天，两之以地者，天三覆，地二载，欲极于数，庶得吉凶之审也。（《正义》）	五位相合，以阴从阳，天得三合，谓一、三与五也。地得两合，谓二与四也。（《正义》）倚，立也。（《释文》）	郑、王异。
54.《说卦传》：水火不相逮。	郑作"水火相逮"。	王作"水火相逮"。	郑、王同。
55.《序卦传》：豫必有随。	喜乐而出，入则随从。（《正义》）	欢豫，人必有随。随者，以为人君喜乐欢豫，则以人所随。（《正义》）	郑、王异。
56.《序卦传》：不养则不可动，故受之以大过。	以养贤者，宜过于厚。（《正义》）	过，莫大于不养。（《正义》）	郑、王异。
57.《杂卦传》：《蛊》则饬也。	饬，作饰。（《释文》）	饬，作节。（《释文》）	郑、王异。

王肃解《易》，与郑玄有相同之处，亦有不同之处，郑、王二人都学费氏《易》，都通马融之学，故解《易》多有相同之处。同时，二人今古文兼治，在注解选择上各有择从，故其解释相异也是必然的。

（一）郑、王解《易》有相同之处

表6-2中共列57条郑、王二人《周易》注文，其中二人经注相同或基本相同者有22条，可见王肃解经与郑注多有相同之处。郑玄曾师从马融学习古文经学，而王肃亦善马融之学，因此就"师传"而言，

二人经注难免有相通之处。此外，基于经注的基本特点，经注中必然有一部分是没有争议的，因此郑、王对这一部分的注解也必然相同或相近。

由郑、王解经多有相同或相近之处可知，王肃注经并非故意标新立异，其《〈孔子家语〉序》云："郑氏学行五十载矣。自肃成童，始志于学，而学郑氏学矣。然寻文责实，考其上下义理，不安违错者多，是以夺而易之。"① 王肃已明确说明，其初学亦学郑学，后来发现郑学"不安违错者多"，因此"夺而易之"。虽然郑学集今古文经学之大成，但其解经喜用谶纬，章句烦琐，故不安违错者较多，虞翻曾明确指出："玄所注《五经》，违义尤甚者，百六十七事，不可不正。行乎学校，传乎将来，臣窃耻之。"② 王肃驳郑，只是就其"不安违错者"而言，但当时郑学为显学，郑玄弟子遍布天下，因此王肃"驳郑"而遭到攻驳和"非议"也就在所难免，也正因如此，王肃才自我申辩道："然世未明其款情，而谓其苟驳前师，以见异于前人。"③ 王肃在世时已有"郑王之争"，王肃去世以后，郑学与王学之争愈演愈烈，遂成为经学史上一大学术公案，直到唐代孔颖达、贾公彦等人奉旨撰定《五经正义》，"郑王之争"才暂时告一段落。

（二）郑、王解《易》有相异之处

由表6-2可知，郑、王二人《周易注》有35例相异之处，主要表现在三方面，一是对经文文字的采择不同，二是王肃解经较为简略，三是郑玄解经多"以事解经"，而王肃多"以义理解经"。

1.经文文字上的差异

郑、王二人对经文文字的采择不同。其中，王肃解经有胜于郑玄者，

① 杨朝明、宋立林主编：《孔子家语通解》，第582页。
② （晋）陈寿撰，（南朝宋）裴松之注：《三国志》卷五七，第1322页。
③ 杨朝明、宋立林主编：《孔子家语通解》，第582页。

如第 4 条"乘马班如",郑玄作"般",而王肃作"班",王肃解"班如"为"盘桓不进也",其说优于郑说。又如第 15 条"噬干胏",郑玄释"胏"为"簀",而王肃释"胏"为"肉脯",可知王肃之说更为合理。同样,王肃解经亦有不如郑玄者,如第 43 条"六爻之动,三极之道也",郑玄释"三极"为"三才",而王肃释"三极"为"阴阳、刚柔、仁义",相较而言,郑注更佳。

2.王肃解经较郑玄简略

郑玄以今文章句之学来解经,且引用大量谶纬,故其经注有时较为烦琐,王肃务排谶纬、推引古学,其注经较郑玄简略,如第 17 条《贲》卦卦名,郑玄注云:"贲,变也,文饰之貌。离为日,天文也,艮为石,地文也,天文在下,地文在上,天地二文相饰成贲者也。"而王肃只是简明注云:"贲,有文饰,黄白也。"又如第 48 条"河出图,洛出书",郑玄引用谶纬注云:"河以通干出天苞,洛以流坤出地符。河龙图发。洛龟书感。河图有九篇,洛书有六篇。"而王肃注云:"河图,八卦也。"由此可知,王肃注经比较简略,而这一解经风格,正是时代环境与学术理路综合作用的结果,同时,王肃务排谶纬,解经尚简,亦对魏晋玄学有重要影响。

3."以事解经"与"以义理解经"

由表 6-2 可知,郑玄多"以事解经",而王肃多"以义理解经"。如第 1 条"亢龙有悔",郑玄注云:"尧之末年,四凶在朝,是以悔,未大凶也。"而王肃注云:"穷高曰亢,知进忘退,故悔也。"郑玄以"尧之末年,四凶在朝"来解释"亢龙有悔",而王肃以"知进忘退"来解释。又如第 21 条"明两作离",郑玄注云:"明两者,取君明上下,以明德相承,其于天下之事,无不见也。"王肃注云:"两离相续,明之义也。"郑玄以"君有明德,见天下之事"来解,而王肃以"两离相续,明之义也"这一简洁注释作解。由此可知,王肃在注解中多用"义理",从而使解释更为简洁、明了。清儒张惠言云:"王弼注《易》,祖述肃说,特去其比附爻象者。"① 由此可知，王肃解《易》对魏晋《易》学影响较大，从某种意义上讲，也对魏晋玄学的产生有积极影响。

四、王肃与郑玄《尚书注》比较

根据郑、王著述对照表，郑玄《尚书》学著作有《尚书注》九卷、《尚书音》五卷、《尚书大传注》三卷，王肃《尚书》学著作有《尚书传》十一卷、《尚书驳异》五卷、《尚书答问》三卷。唐代以后，郑、王《尚书》学著述逐渐亡佚，关于郑玄《尚书注》，南宋学者王应麟辑有《尚书郑氏注》十卷，清代学者黄奭辑有《尚书古文注》十卷。关于王肃《尚书注》，清代学者马国翰辑有《尚书王氏注》二卷，其《序录》云："辑录二卷，所注亦今文二十九篇，与马、郑本同，百篇之序亦有注……其学专与郑为难，郑《赞》谓：'孔子撰书，乃尊而命之《尚书》，尚者，上也。'肃《序》谓：'上所言，史所书，故曰《尚书》也。'开卷已自立异。"② 郑玄与王肃注解《尚书》亦互有异同，为便于比较，兹将二人之《尚书注》列表③ 如下：

表 6-3　郑玄、王肃《尚书注》异同比较

经文	郑注	王注	备注
1."尚书"之名	尚者，上也，尊而重之，若天书然，故曰《尚书》。（《尚书正义》）	尚书者，上所言，史所书，故曰《尚书》也。（《经典释文·序录》）	郑、王异。郑、王之说，似均未得肯綮。
2.《尧典》：曰若稽古。	稽，同也，古，天也。言能顺天而行之，与之同功。（《正义》）	顺考古道而行之。（《三国志》）	郑、王异。王说更切近本义。

① 转引自吴承仕：《经典释文序录疏证》，中华书局 1984 年版，第 42 页。

② （清）马国翰辑：《玉函山房辑佚书》，载《续修四库全书》第 1201 册，第 170 页。

③ 本表主要根据马国翰辑《尚书王氏注》、王应麟辑《尚书郑氏注》及李振兴《王肃之经学》而作。

续表

经文	郑注	王注	备注
3.《尧典》：分命羲仲。	宫名，仲叔亦羲和之子，尧既分阴阳四时，又命四子为之官，又主方岳之事，是为四岳，掌四时者字曰仲叔，则掌天地者，其曰伯乎？（《正义》）	皆居京师而统之，亦有时述职。（《正义》）	郑、王异。王说简略。
4.《尧典》：曰虞舜。	虞氏，舜名。（《正义》）	虞，地名也。（《正义》）	郑、王异。
5.《尧典》：期三百有六旬有六日，以闰月定四时成岁。	以闰月推四时，使启闭分至不失其常，著之用成岁历，以授民时，且记时事。（《春秋公羊传注疏》）	期，四时是也。一期，三百六十五日四分日之一，又入六日之内，举全数以言之，故云三百三十六日也。斗之所建是为中气，日月所在，斗指两辰之间无中气，故以为闰月也。（《正义》）	郑、王异。王说较详。
6.《无逸》：文王受命惟中身。	受命，受殷王嗣位之命。中身，谓中年。（《正义》）	文王受命，嗣位为君。（《正义》）	郑、王同。
7.《舜典》：禋于六宗。	禋，堙也，取其气达升报于阳。六宗，禋与天同名，则六者皆天神，谓星、辰、司中、司命、风伯、雨师也。（《正义》）	禋，洁祀也。（《释文》）埋少牢于泰昭，祭时也。相近于坎坛，祭寒暑也。王宫，祭日也。夜明，祭月也。幽禜，祭星也。雩禜，祭水旱也。禋于六宗，此之谓也。（《初学记》）	郑、王异。王肃谓六宗为四时、寒暑、日、月、星、水旱。
8.《舜典》：流宥五刑。	五刑五，加之流宥、鞭、朴、赎刑，此之谓九刑。其轻者，或流放之，四罪是也。（《正义》）	谓君不忍刑杀，宥之以远方。（《正义》）	郑、王异。

续表

经文	郑注	王注	备注
9.《舜典》：殛鲧于羽山。	禹治水既毕，乃流四凶。舜不刑此四人者，以为尧臣，不忍刑之。（《正义》）	郑氏以禹治水事毕，乃流四凶，若待禹治水功成，而后以鲧为无功殛之，是为舜用人子之功而放流其父，则禹之勤劳适足使父致殛，为舜失五典克从之义，禹陷三千莫大之罪，进退无据，甚迂哉！（《正义》）	郑、王异。王肃驳郑，其说有理。
10.《舜典》：正月上日，受终于文祖。	帝王易代，莫不改正建朔，文祖，五府之大名，犹周之名堂。（《史记集解》）	建寅为正，此篇二文不同，史异辞耳。（《正义》）文祖，庙名。（《释文》）	郑、王异。
11.《禹贡》：冀州：既载壶口。	载之言事也。事谓作徒役也。禹知所当治水，又知用徒之数，则书于策，以告帝，征役而治之。（《正义》）	言已赋功属役，载于书籍。（《正义》）	郑、王同。王说简略。
12.《禹贡》：五百里荒服，三百里蛮，二百里流。	禹平水土之后，每服更以五百里辅之，是五服服别千里，故一面而为差，至于五千也。尧之时土广五千里，禹弼成五服，土广万里。（《毛诗正义》）	中国方五千里，史迁之旨，以为诸小数者皆是五百里，服之别名大界，与尧不殊。（《正义》）	郑、王异。
13.《洪范》：七曰宾。	宾，掌诸侯朝觐之官，《周礼》大行人是也。（《正义》）	宾，掌宾客之官也。（《正义》）	郑、王略同。郑注更善。
14.《洪范》：三德：一曰正直；二曰刚克；三曰柔克。	正直，为中平之人。克，能也。刚而能柔，柔而能刚，宽猛相济，以成治功。又：以为三德，人各有一德，谓人臣也。（《正义》）	正直，能正人之曲直。刚能立事，和柔能治。（《正义》）	郑、王异。

经文	郑注	王注	备注
15.《洪范》：凡七，卜五，占用二衍忒。	卜五，占之用，谓雨霁圛雺克也。二衍忒，谓贞悔也。（《正义》）	卜五者，筮短龟长，故卜多而筮少。占用二者，以贞悔占六爻。衍忒者，常推衍其爻义以极其意。（《正义》）	郑、王异。王说更善。
16.《洪范》：曰豫，恒燠若。	豫，郑作舒，举迟也。言人君举事大舒，则有常燠之咎气来顺之。（《正义》）	豫，王作舒，惰也。（《正义》）	郑、王同。王说简。
17.《洪范》：日月之行，则有冬有夏。	四时之间，合于黄道也。（《礼记正义》）	日月行有常度，君臣礼有常法，以齐其民。（《正义》）	郑、王异。郑以义理解之，王以人事解之。
18.《金縢》：武王既丧。	文王十五生武王，九十七而终。终时武王八十三岁矣。于文王受命为七年，后六年伐纣，后二年有疾，疾瘳，后二年崩。时年九十三矣。（《诗谱疏》）	文王十五而生武王，九十七岁而终。时受命九年，武王八十三矣。十三年伐纣，明年有疾，时年八十八矣。九十三而崩。（《诗谱疏》）	郑、王略同。
19.《大诰》：王若曰：大诰猷尔多邦。	王，谓周公也，周公居摄，命大事，则权代王也。（《正义》）	称成王命，故称王。（《礼记正义》）	郑、王异。郑注优。
20.《皋陶谟》：彰厥有常，吉哉。	人能明其意，所行使有常，则成善人矣。（《正义》）	明其有常，则善也。言有德当有恒心。（《正义》）	郑、王异。王注更善。

由表6-3可知，二人注解《尚书》互有异同和优劣。上述20条注解，二人有5条相同，15条相异，可知二人注解《尚书》，观点相异者为多。二人注解《尚书》互有优劣，郑注优者，如第13条《洪范》："七曰宾。"郑注："宾，掌诸侯朝觐之官，《周礼》大行人是也。"王注："宾，掌宾客之官也。"郑注不仅具体，而且以《周礼》中大行人一职作解，使"宾"这一官职的

职掌较为明确。相较而言，王注略显笼统。又如第 19 条《大诰》："王若曰：大诰猷尔多邦。"郑注："王，谓周公也，周公居摄，命大事，则权代王也。"王注："称成王命，故称王。"可知，郑玄以王为周公，而王肃以王为成王。应该说，郑注确切，周公当时摄行王权，故称王，而当时成王为天子，不称王。

王注亦有优于郑注者，如第 9 条《舜典》："殛鲧于羽山。"郑注："禹治水既毕，乃流四凶。舜不刑此四人者，以为尧臣，不忍刑之。"王注："郑氏以禹治水事毕，乃流四凶，若待禹治水功成，而后以鲧为无功殛之，是为舜用人子之功而放流其父，则禹之勤劳适足使父致殛，为舜失五典克从之义，禹陷三千莫大之罪，进退无据，甚迂哉！"舜流放禹父鲧，当在禹治水成功之前，非在其后，王肃驳郑之说，颇有道理。

此外，关于郑、王解经之异，除了郑优于王、王优于郑以外，还有一种情况，即郑、王之说皆未得肯綮，如第 7 条《舜典》："禋于六宗。"郑注："禋，埋也，取其气达升报于阳也。六宗，禋与天同名，则六者皆天神，谓星、辰、司中、司命、风伯、雨师也。"王注："禋，洁祀也。埋少牢于泰昭，祭时也。相近于坎坛，祭寒暑也。王宫，祭日也。夜明，祭月也。幽禜，祭星也。雩禜，祭水旱也。禋于六宗，此之谓也。"郑玄释六宗为星、辰、司中、司命、风伯、雨师，王肃释六宗为时、寒暑、日、月、星、水旱。伏生《尚书大传》释六宗云："万物非天不生，非地不载，非春不动，非夏不长，非秋不收，非冬不藏。故《书》曰'禋于六宗'，此之谓也。"马融释六宗云："六宗，天地四时也，万物非天不生，非地不载，非春不生，非夏不长，非秋不收，非冬不藏，此其谓六宗也。"[①]马融袭用伏生之说，以天地四时解六宗。笔者认为，郑、王对于"六宗"的注解皆不确切，当以伏胜、马融之说为准，即六宗指天、地、春、夏、秋、冬。

---

① （汉）马融：《尚书马氏传》，载马国翰辑：《玉函山房辑佚书》，《续修四库全书》第 1201 册，第 148 页。

五、王肃与郑玄《毛诗注》比较

由表6-1可知，郑玄《诗经》类著述有《毛诗故训传笺》《诗谱》《诗音》三种，王肃《诗经》类著述有《毛诗注》《毛诗义驳》《毛诗奏事》《毛诗问难》《毛诗音》五种。其中，郑玄《毛诗故训传笺》和王肃《毛诗注》，均为《毛诗》注解类著作，而王肃《毛诗义驳》和《毛诗问难》则明显是辩驳之作。今存郑玄《诗经》类著述有《毛诗故训传笺》、辑本《毛诗谱》一卷，今存王肃《诗经》类著述有辑本《毛诗王氏注》四卷、《毛诗问难》一卷、《毛诗义驳》一卷、《毛诗奏事》一卷。王肃解《诗》多有优长之见，孔颖达《毛诗正义》亦多采王说，马国翰《毛诗王氏注序录》云："其说申述毛旨，往往与郑不同。案：郑笺《毛诗》而时参三家旧说，故《传》《笺》互异者多。《正义》于毛、郑皆分释之，凡毛之所略而不可以郑通之者，即取王注以为《传》意，间有申非其旨而十得六七。欧阳修《本义》引其释《邶风·击鼓》五章，谓郑不如王，亦持平之论也。"[1] 王肃注《诗》与郑互有异同，为便于比较和阅读，兹将郑、王《毛诗注》列表[2] 如下：

表6-4　郑玄、王肃《毛诗注》异同比较

经文	郑笺	王注	备注
1.《毛诗序》：哀窈窕，思贤才，而无伤善之心焉，是《关雎》之义也。	哀，盖字之误也，当为衷。衷谓中心恕之。无伤善之心，谓好逑也。	哀窈窕之不得，思贤才之良质，无伤善之心焉。若苟慕其色，则善心伤也。（《毛诗正义》）	郑、王异。郑玄释哀为衷，改字解经，此处盖有失经旨。

---

① （清）马国翰辑：《玉函山房辑佚书》经编诗类，《续修四库全书》第1201册，第298页。

② 本表主要根据马国翰辑《毛诗王氏注》、郑玄《毛诗故训传笺》及李振兴《王肃之经学》而作。

续表

经文	郑笺	王注	备注
2.《周南·关雎》：寤寐思服。	服，事也，求贤女而不得，觉寐则思己职事，当谁与共之乎？	服膺思念之。(《正义》)	郑、王异。郑注似牵强。
3.《周南·关雎》：钟鼓乐之。	琴瑟在堂，钟鼓在庭，言共荇菜之时，上下之乐皆作，盛其礼也。	自《关雎》至《芣苢》，后妃房中之乐。(《正义》)房中之乐弦歌，《周南》《召南》而不用钟磬之节。(陈旸《乐书》)	郑、王异。郑注较王注佳。
4.《邶风·柏舟》：泛彼柏舟，亦泛其流。	舟载渡物者，今不用，而与众物泛泛然俱流水中。	泛泛，流貌。(《经典释文》)	郑、王同。郑注详而王注略。
5.《邶风·绿衣》：绿兮衣兮，绿衣黄里。	禄兮衣兮者，言禄衣自有礼制也。诸侯夫人祭服之下，鞠衣为上，展衣次之，禄衣次之，次之者，众妾亦以贵贱之等……今禄衣反以黄为里，非其礼制也，故以喻妾上僭。	夫人正嫡而幽微，妾不正而尊显。(《正义》)	郑、王略同。郑注烦琐，而王注简明。
6.《邶风·终风》：愿言则嚏。	言我愿思也。嚏读当为不敢嚏咳之嚏。我其忧悼，而不能寐，汝思我心如是，我则嚏也。今俗人嚏，云人道我，此古之遗语也。	愿以母道往加之，则嚏劫而不行。(《正义》)	郑、王异。郑注较王注可信。民间有"打喷嚏，有人想"的说法，由来尚矣。
7.《邶风·击鼓》：死生契阔，与子成说。执子之手，与子偕老。	从军之事，与其伍约死也。生也，相与处勤苦之中。我与子成相悦爱之恩，志在相存救也。	言国人室家之志，欲相与从生至死。契阔，勤苦而不相离。相与成男女之数，扶持俱老。(《正义》)	郑、王异。王注更合经义。"契阔"一词，释为离合更为恰当，郑、王均释为勤苦。

181

续表

经文	郑笺	王注	备注
8.《邶风·静女》：彤管有炜，说怿女美。	说怿当作说释，赤管炜炜然，女史以之说释妃妾之德，美之。	嘉彤管之炜炜然，喜乐其成女美也。（《正义》）	郑、王异。郑玄改字解经，似不妥。
9.《郑风·出其东门》：有女如荼。	荼，茅秀。物之轻者，飞行无常。	见弃又遭兵革之祸，故皆丧服也。（《正义》）	郑、王异。郑注较王注为佳，王注言"见弃"、"丧服"，颇为突兀。
10.《齐风·南山》：既曰归止，曷又怀止？	怀，来也。言文姜既曰嫁鲁侯矣，何复来为乎？非其来也。	文姜既嫁于鲁，适人矣，何为复思与之会而淫乎？（《正义》）	郑、王同。
11.《唐风·绸缪》：今夕何夕，见此良人。	今夕何夕者，言此夕何月之夕乎？而女以见良人，言非其时。	婚姻不得其时，故思咏嫁娶之夕，而欲见此美室也。（《正义》）	郑、王异。郑注以事实言，王注以期待言。
12.《秦风·蒹葭》：所谓伊人，在水一方。	伊，当作繄，繄犹是也。所谓是知周礼之贤人，乃在大水之一边，假喻以言远。	维得人之道，乃在水之一方。一方难至矣。水以喻礼乐，能用礼则至于道也。（《正义》）	郑、王略同。
13.《豳风·伐柯》：伐柯伐柯，其则不远。	则，法也，伐柯者必用柯，其大小长短，近取法于柯，所谓不远求也。王欲迎周公使还，其道亦不远，人心足以知之。	以治人则不远。（《正义》）	郑、王异。郑注详，且较王注有道理。
14.《小雅·白华》：啸歌伤怀，念彼硕人。	硕，大也。申后见黜，褒姒之所为，故忧伤而念之。	硕人，谓申后也。（《正义》）	郑、王同。郑详而王简。
15.《大雅·文王》：商之孙子，其丽不亿，上帝既命，侯于周服。	于，於也。商之孙子，其数不徒亿，多言之也。至天已命文王之后，乃为君于周之九服之中，言众之不如德也。	商之孙子，有过亿之数，天既命文王，则维于周服，盛德不可为众。（《正义》）	郑、王略同。

经文	郑笺	王注	备注
16.《大雅·思齐》：肆成人有德，小子有造。	成人，谓大夫士也。小子，其弟子也。文王于宗庙，德如此，故大夫士皆有德，子弟皆有所造成。	文王性与道合，故周之成人，皆有成德。小子未成，皆有所造为，进于善也。（《正义》）	郑、王略同。
17.《周颂·昊天有成命》：夙夜基命宥密。	早夜始顺天命，不敢解倦。行宽仁安静之政，以定天下。宽仁所以止苛刻也，安静所以息暴乱也。	言其修德常如始，《易》曰：日新之谓盛德。（《正义》）	郑、王略同。郑注尤详。
18.《商颂·长发》：相土烈烈，海外有截。	截，整齐也。相土居夏后之世，承契之业，入为王官之伯，出长诸侯，其威武之盛，烈烈然，四海之外率服，截尔整齐。	相土能继契，四海之外，截然整齐而治。言有烈烈之威。则相土在夏为司马之职，掌征伐也。说《春秋》者亦以太公为司马之官，故得征五侯九伯。（《正义》）	郑、王略同。
19.《商颂·玄鸟》：商之先后，受命不殆，在武丁孙子。	后，君也。商之先君受天命，而行之不解殆者，在高宗之孙子。言高宗兴汤之功，法度明也。	殷质以名篇，商之先君成汤受天命，所以不危殆者，在武丁之为人孙子也。（《正义》）	郑、王略同。
20.《商颂·殷武》：有截其所，汤孙之绪。	绪，业也。所，犹处也。高宗所伐之处，国邑皆服其罪，更自救整，截然齐一。是乃汤孙太甲之等功业。	于所伐截然大治，是汤为人子孙之业大，武丁之伐与汤同。（《正义》）	郑、王略同。

　　由表 6-4 可知，王肃与郑玄注解《诗经》亦互有异同和优劣。表 6-4 所列 20 条中，郑、王注解相同或相近者，有 10 条，由此亦可知郑、王注经异同参半，而非通常所认为的——王肃处处与郑"立异"。郑注优于王注者，如第 3 条《周南·关雎》："钟鼓乐之。"郑注："琴瑟在堂，钟鼓在

庭，言共荇菜之时，上下之乐皆作，盛其礼也。"王注："自《关雎》至《芣苢》，后妃房中之乐。房中之乐弦歌，《周南》《召南》而不用钟磬之节。"郑玄认为钟鼓在庭，钟鼓乐之为盛其礼。王肃言《关雎》为房中之乐，且用弦歌，不用钟鼓，那此处钟鼓乐之，就不从解释，王注前后矛盾，故郑注较王注合理。又如第6条《邶风·终风》："愿言则嚏。"郑注："言我愿思也。嚏读当为不敢嚏咳之嚏。我其忧悼，而不能寐，汝思我心如是，我则嚏也。今俗人嚏，云人道我，此古之遗语也。"王注："愿以母道往加之，则嚏劫而不行。"郑玄解嚏为打喷嚏，用古俗中的"打喷嚏，有人想"作解，以今度古，以今况古，贴切而有理。相较而言，王肃之解，则显牵强。

王肃之解亦有优于郑注者，如第2条《周南·关雎》："寤寐思服。"郑注："服，事也，求贤女而不得，觉寐则思己职事，当谁与共之乎？"王注："服膺思念之。"思、服，当为同义反复或意思相近，均表示思念爱慕之义。郑玄释"服"为"事"，解为"思职事"，显然比较牵强。相较而言，王肃释"思服"为"服膺思念"，则切近经文本义。又如第8条《邶风·静女》："彤管有炜，说怿女美。"郑注："说怿当作说释，赤管炜炜然，女史以之说释妃妾之德，美之。"王注："嘉彤管之炜炜然，喜乐其成女美也。"郑玄改字以释经，将"怿"解为"释"，似牵强难通。王肃将"说怿"解为"悦怿"，则比较合理。"说""悦"二字相通，古书中多假借互用，如《论语·学而》首句"学而时习之，不亦说乎"，即是此例。而且，"悦""怿"意义相近，二字连用亦自然通畅，故王肃之解胜于郑玄之解。

此外，又有郑玄、王肃之解皆未得肯綮者，如第7条《邶风·击鼓》："死生契阔，与子成说。执子之手，与子偕老。"郑注："相与处勤苦之中。"王注："勤苦而不相离。"郑、王均释"契阔"为"勤苦"之意。实际上，二人对"契阔"的解释均不够准确，"契阔"当释为"离合"，孙奕《示儿编》云："契，合也。阔，离也。谓死生离合，与汝成誓言矣。"①

---

① （清）马瑞辰撰，陈金生点校：《毛诗传笺通释》，中华书局1989年版，第121页。

孙氏之解，可谓鹄的之言。

表6-4所列王肃经解，皆出于马国翰辑《毛诗王氏注》，王肃除《毛诗注》以外，还著有《毛诗义驳》《毛诗奏事》《毛诗问难》。马国翰辑有《毛诗义驳》一卷，其在《序录》中云：“《毛诗义驳》一卷，魏王肃撰。肃注《毛诗》，以郑《笺》有不合于毛者，因复为此书。曰《义驳》者，驳郑氏义也。《隋志》八卷，《唐志》作《杂义驳》，卷同。今佚，辑录凡十二节……王基、孙毓、陈统之徒，反复辩难，门户各争，则景侯（王肃）为之倡也。”① 马国翰又辑有《毛诗问难》一卷，其《序录》云：“《毛诗问难》一卷，魏王肃撰。肃于《毛诗》注外，有《义驳》《奏事》，皆攻击郑氏，此之《问难》，大抵亦申毛以难郑也。”② 可见，王肃不仅在《毛诗注》中驳郑，还专门著有《毛诗义驳》《毛诗奏事》《毛诗问难》以难郑。今以《毛诗义驳》中二例说明，《诗·豳风·鸱鸮》：“鸱鸮鸱鸮，既取我子，无毁我室。”王肃云：

郑《笺》云：“时周公竟武王之丧，欲摄政成周道，致太平之功，管叔、蔡叔等流言云：‘公将不利于孺子’，成王不知其意而多罪其属，党与者喻此诸臣乃世臣之子孙，其父祖以勤劳有此官位、土地，今若诛杀之，无绝其位，夺其土地，王意欲诮公，此之由。”然按经传内外，周公之党具存成王，无所诛杀。横造此意，其非一也。说有所诛，不救其无罪之死，而请其官位、土地，缓其大而急其细，其非二也。设已有诛，不得云无罪，其非三也。③

又《诗·小雅·节南山》：“不自为政，卒劳百姓。”王肃云：

---

① （清）马国翰辑：《玉函山房辑佚书》经编诗类，载《续修四库全书》第1201册，第324页。
② （清）马国翰辑：《玉函山房辑佚书》经编诗类，载《续修四库全书》第1201册，第328页。
③ （清）马国翰辑：《玉函山房辑佚书》经编诗类，载《续修四库全书》第1201册，第325页。

　　郑《笺》云："欲使昊天出图书，有所授命，民乃得安。"礼，人臣不显谏，谏犹不显，况欲使天更授命？诗，献之于君，以为箴规，包藏祸心，臣子大罪，况公言之乎？①

由上可见，王肃驳郑，既重事实又兼顾义理，着力对郑玄谶纬说给以驳斥和责难。总之，王肃注《诗》与郑玄既有相同之处，亦有不同之处；既有以古文经驳郑之今文经，又有以今文经驳郑之古文经；既有胜于郑注者，又有不及郑注者。因此，在看待郑、王经注时，应持以客观、理性的态度，作全面、具体的分析。

六、王肃与郑玄《仪礼注》《礼记注》比较

　　礼是中国传统文化的核心，郑玄与王肃均重视对三礼的研究，三礼学可谓郑学与王学的核心。郑、王三礼学著作较多，据郑、王著述对照表可知，郑玄三礼学著作有《周官礼注》十二卷、《周礼音》二卷、《答林孝存周礼难》，《仪礼注》十七卷、《礼议》二十卷、《仪礼音》二卷、《丧服经传注》一卷、《丧服纪》一卷、《丧服变除》一卷，《礼记注》二十卷、《礼记音》二卷、《三礼目录》一卷、《三礼图》，共计 13 种。王肃三礼学著述有《周官礼注》十二卷，《仪礼注》十七卷、《丧服经传注》一卷、《丧服要记》一卷、《丧服变除》，《礼记》三十卷、《祭法》五卷、《明堂议》三卷、《宗庙诗颂》十二篇、《三礼音》三卷，共计 10 种。历史上对郑、王礼学的评价有所不同，宗郑者，持"礼学为郑氏学"②之说，尊王者，以王夫之为代表，其在《读通鉴论》中云：

---

① （清）马国翰辑：《玉函山房辑佚书》经编诗类，载《续修四库全书》第 1201 册，第 326 页。
② 唐代学者孔颖达在《礼记正义》中即持此说，今人杨天宇先生亦有专文讨论"礼是郑学"，参见杨天宇：《略论"礼是郑学"》，《齐鲁学刊》2002 年第 3 期。

晋始建国，立七世之庙，除五帝之座，罢圜丘方泽之祀，合之于郊，皆宗王肃而废郑玄也。于是而知王肃之学，醇正于郑玄远矣。后世经学传郑氏，肃之正义，没而不传，则贾公彦、孔颖达之怗专师而晦道也。①

平心而论，郑、王之学各有优劣，因此比较二人之学，既要有宏阔的学术视野，又要针对具体问题而作具体之分析。因王肃《周礼注》亡佚，且没有辑佚材料，因此下面主要对二人的《仪礼注》和《礼记注》进行比较。

(一)《仪礼注》比较

郑玄《三礼注》在唐代孔颖达《礼记正义》、贾公彦《仪礼注疏》《周礼注疏》中得以保存和流传下来。王肃三礼学著述后世亡佚，清代学者有相关辑佚著述，如马国翰辑有《丧服经传王氏注》一卷，《王氏丧服要记》一卷，《礼记王氏注》二卷。就现存资料来看，郑玄、王肃二人之《仪礼注》比较，主要集中在"丧服"方面，为便于比较，兹将郑玄、王肃《仪礼注》列表② 如下：

表 6-5　郑玄、王肃《仪礼注》异同比较

经文	郑注	王注	备注
1.《仪礼·既夕礼》：履外纳。	纳，收余也。	外纳，正向外编之。（《仪礼注疏》）	郑、王略同。
2.《仪礼·既夕礼》：朝一溢米，夕一溢米。	二十两曰溢，为米一升二十四分升之一。	满手曰溢。（《释文》）	郑、王异。郑注较佳。

---

① （清）王夫之著，舒士彦点校：《读通鉴论》卷一一，第348页。
② 本表主要根据马国翰辑《丧服经传王氏注》《王氏丧服要记》，郑玄《仪礼注》及李振兴《王肃之经学》而作。

续表

经文	郑注	王注	备注
3.《仪礼·丧服》：丧服，斩衰裳，直绖杖，绞带。	绞带，像革带。	绞带，如要经。（《仪礼注疏》）	郑、王异。
4.《仪礼·丧服》：子嫁，反在父之室，为父三年。	谓遭丧后而出者，始服齐衰期；出而虞，则受以三年之丧；受既虞而出，则小祥亦如之；既除丧而出，则已。凡女子行于大夫以上曰嫁，行于士庶人曰适人。	嫌已嫁而反，与在室不同，故明之。遭丧，未练而出，则三年；既练而出，则已；未练而反，则周；既练而反，则遂之。（《通典》卷八八）	郑、王互有异同。
5.《丧服》：疏衰裳齐。	疏，犹粗也。	疏以名衰，轻乎斩也。斩不同数，粗可知也。承裳以齐，制而后齐也。（《通典》卷八七）	郑、王异。郑注释疏为粗，较为确切。
6.《丧服》：父卒继母嫁，从，为之服，报。《传》曰：何以期也。贵终也。	尝为母子，贵终其恩。	从乎继母而寄育，则为服；不从，则不服也。服也则报，不服则不报。（《通典》卷八九）	郑、王异。王注较郑注佳。
7.《丧服》：无服之殇，以日易月。	以日易月，谓生一月者，哭之一日也。殇而无服者，哭之而已。	日易月者，以哭之日易服之月。殇之期亲，则以旬有三日哭，缌麻之亲，则以三日制。（《仪礼注疏》）	郑、王异。
8.《丧服》：妇人虽在外，必有归宗，曰小宗，故服期也。	曰小宗者，言是乃小宗也。	嫌所宗者唯大宗，故曰小宗。明各自宗其为父后者也。（《通典》卷九十）	郑、王异。王注较佳。
9.《丧服》：大夫之子为世父母、叔父子、昆弟、昆弟之子、姑、姊、妹、女子子无主者：为大夫命妇者，唯子不报。	命者，加爵服之名，自士之上公凡九等，君命其夫，则后夫人亦命其妻矣。此所为者，凡六大夫，六命妇。	姑姊本大功，今以无主为之期，故亦报。己以期，女子子亦大功，今以无主为之期，女子子为父母服，今虽具报，自其本服，故曰唯子不报。（《通典》卷九十）	郑、王异。王注详细。

经文	郑注	王注	备注
10.《丧服》：丈夫、妇人为宗子，宗子之母、妻。《传》曰：何以服齐衰三月也？尊祖也。	妇人，女子子在室及嫁归宗者也。宗子，继别之后，百世不迁，所谓大宗也。	此谓族人无复五属者，为其宗子服也。（《通典》卷九十）	郑、王异。
11.《丧服》：曾祖父母。《传》曰：何以齐衰三月也。小功者，兄弟之服也。不敢以兄弟之服服至尊也。	正言小功者，服之数尽于五，则高祖宜缌麻，曾祖宜小功也。据祖期，则曾祖宜大功。高祖宜小功也。曾祖、高祖皆有小功之差，则曾孙、玄孙为之服同也。重其衰麻，尊重也。减其日月，恩杀也。	祖父周，则曾祖大功。而《传》以小功为说者，服本以周为正，父则倍之，故再周。祖亦如焉，故服周。曾祖恩轻。加所不及，正当小功，故《传》曰以小功言之耳。《传》言小功者，兄弟之服，是据祖父而言也。从祖、祖父、从祖父昆弟，此三者，其亲皆从祖父而来也，而己皆为之小功。从祖昆弟，同与己为兄弟之族，而从祖父与己父为从父兄弟者也。从祖祖父，则与己祖父为兄弟，故曰：小功者，兄弟之服也。不敢以祖父兄弟小功之服服祖父之尊者，故曰：不敢以兄弟之服服至尊。（《通典》卷九十）	郑、王异。王注甚为详明。
12.《丧服》：不杖麻屦者。	此亦齐衰，言其异于上。	言与杖期同制，唯杖屦异。（《通典》卷九十）	郑、王异。
13.《丧服》：其长殇，皆九月缨绖，其中殇七月，不缨绖。	绖，有缨者，为其重也。自大功以上，绖有缨，以一条绳为之，小功以下，绖无缨也。	大功已上，以绳为绖之缨也。（《通典》卷九一）	郑、王同。

经文	郑注	王注	备注
14.《丧服》：大夫之妾为君之庶子。	下《传》曰：妾为君之党，服得与女君同，指为此也。妾为君之长子亦三年，自为其子期，异于女君也。士之妾为君之众子亦期。	大夫之妾为他妾之子，大功九月，自诸侯以上不服。（《通典》卷九一）	郑、王异。
15.《丧服》：夫之姑姊妹娣姒妇报。《传》曰：娣姒妇者，弟长也。	夫之姑姊妹不殊，在室及嫁者，因恩轻略从降。娣姒妇者，兄弟之妻相名也。长妇谓稚妇为娣妇，娣妇为长妇为姒妇。	按《左氏传》曰：鲁之穆姜，晋子容之母，皆以稚妇为娣妇，长妇为姒妇，此妇二义之不同者。（《通典》卷九二）	郑、王异。郑注较王注为清晰。
16.《丧服》：君母之父母、从母。	君母，父之嫡妻也。从母，君母之姊妹。	君母，庶子之嫡母。（《通典》卷九二）	郑、王同。
17.《丧服》：大夫之妾为庶子、适人者、庶妇。	君之庶子，女子子也，庶女子子在室大功，其嫁于大夫亦大功。	适士降一等，在小功。（《通典》卷九二）	郑、王异。
18.《丧服》：庶孙之妇，庶孙之中殇。	庶孙者，成人大功，其殇中从上，此当为下殇，言中殇者，字之误尔。又诸言中者，皆连上下也。	此见大夫为孙服之异也。士为庶孙大功，则大夫为之小功。降而小功者，则殇中从上，故举中以见之。（《通典》卷九二）	郑、王异。
19.《丧服》：改葬缌。	谓坟墓以他故崩坏，将亡失尸柩也。言改葬者，明棺物毁败，改设之如葬时也。其奠如大敛，从庙之庙，从墓之墓，礼宜同也。服缌者，臣为君也，子为父也，妻为夫也。必服缌者，亲见尸柩，不可以无服，缌三月而除之。	本有三年之服者，道有远近，或有艰，故既葬而除，不待有三月之服也。非父母无服，无服则吊，服加麻。（《通典》卷一〇二）	郑、王异。郑注较王注为明晰。

由表 6-5 可知，郑玄与王肃之《仪礼注》亦是互有异同和优劣，而且同者少、异者多，郑注优于王注者少。具体来说，郑注与王注相同者，如第 16 条《丧服》："君母之父母，从母。"郑注："君母，父之嫡妻也。"王注："君母，庶子之嫡母也。"郑玄与王肃分别从父和子的角度来解释"君母"，可谓殊途而同归。郑、王《仪礼注》相异者较多，其中，郑注优于王注者，如第 2 条《仪礼·既夕礼》："朝一溢米，夕一溢米。"郑注："二十两曰溢，为米一升二十四分升之一。"王注："满手曰溢。"二者相较，可知郑注较为严谨，而王注似失之随意。又如第 19 条，郑注比王注更为明晰。王注优于郑注者，如第 6 条《丧服》："父卒继母嫁，从，为之服，报。《传》曰：何以期也。贵终也。"郑注："尝为母子，贵终其恩。"王注："从乎继母而寄育，则为服；不从，则不服也。服也则报，不服则不报。"显然，王注比郑注更为明晰。又如第 11 条，王注比郑注更为详明。

《丧服》篇是《仪礼》中的重要篇目，所谓"礼，莫重于丧"，正缘于此，郑玄和王肃皆有专门之《丧服》篇著述，后世虽亡佚，但清代学者多有辑佚，如马国翰辑有《郑氏丧服变除》一卷[①]，《丧服经传王氏注》一卷[②]。郑玄、王肃均重视对《丧服》篇的注解，这在很大程度上体现了二人礼学思想的差异。正如表 6-5 所示，王肃与郑玄之注解大多相异，这与前文《诗经注》《周易注》《尚书注》中二人经注异同之处近乎"参半"的现象有明显不同，可见王肃与郑玄"立异"主要体现在礼学思想上，二人对礼经的解释多有不同，对礼制的认知亦有分歧。两晋南北朝时期，不论朝廷典礼还是官学、私学，都对郑、王礼学各有择从，可谓郑、王礼学"相争"之明证。

[①] 关于郑玄《丧服》著述，除马国翰有辑佚外，黄奭辑有《丧服变除》一卷（附《变除注》），丁晏辑有《郑玄丧服变除》一卷，袁钧辑有《丧服变除》一卷，孔广林辑有《丧服变除》一卷（附《变除注》）。

[②] 关于王肃《丧服》著述，除马国翰有辑佚外，黄奭辑有《王肃仪礼丧服注》一卷、《王肃丧服要记》一卷，王谟辑有《丧服要记》一卷，王仁俊《丧服要记》一卷。

(二)《礼记》学比较

郑玄《礼记注》保存于孔颖达《礼记正义》中,王肃《礼记注》后来亡佚,清人马国翰辑有《礼记王氏注》二卷。为方便论述,兹将郑玄、王肃《礼记注》列表①如下:

表6-6 郑玄、王肃《礼记注》异同比较

经文	郑注	王注	备注
1.《曲礼上》:敖不可长。	四者慢游之道,桀纣所以自祸。	敖,五高反,遨游也。(《经典释文》)	郑、王异,郑注为优。
2.《曲礼上》:是以君子恭敬,撙节,退让以明礼。	君子,卿大夫,若有异德者。	君上位,子下民。(《礼记正义》)	郑、王略同。
3.《曲礼上》:庙中不讳。	为有事于高祖,则不讳曾祖以下,尊无二也。于下则讳上。	祝则名君,不讳君也。(《通典》卷一〇四)	郑、王异,郑注为优。
4.《曲礼上》:日而行事,则必践之。	日,所卜筮之吉日也。践,犹读曰善,声之误也。	践,如字。履也。(《释文》)卜得可行之日,必履而行之。(《正义》)	郑、王异。王注为优。
5.《檀弓上》:曾子曰:朋友之墓,有宿草而不哭焉。	宿草,谓陈根也。为师心丧三年。于朋友期可。	谓过周不复哭。(《通典》卷一〇一)	郑、王略同。
6.《檀弓上》:孔子少孤,不知其墓。	孔子之父,与颜氏之女征在野合而生孔子,征在耻焉,不告。	无此事,注记者谬。(《博物志》卷八)	郑、王异。
7.《檀弓上》:死而不吊者三:畏、厌、溺。	人或时以非罪攻己,不能有以说之死之者。孔子畏于匡。	犯法狱死,谓之畏。《尔雅》曰:畏,刑者也。(《通典》卷八一)	郑、王异。
8.《月令》:以迎春于东郊。	王居明堂礼曰:出郊十五里迎岁。盖殷礼也。周则近郊五十里。	东郊八里,因木数也。(《后魏书·刘芳传》)	郑、王异。

---

① 本表主要依据马国翰辑《礼记王氏注》,郑玄《礼记注》及李振兴《王肃之经学》而作。

续表

经文	郑注	王注	备注
9.《王制》：五十养于乡，六十养于国。	天子诸侯养老同也。国，国中小学。在王宫之左。	养于乡，云不为力政。养于国，云不与服戎。皆谓养庶人之老也。（《正义》）	郑、王异。王注为优。
10.《明堂位》：天子负斧依南乡而立。	武王崩时，成王十岁。	武王崩时，成王十三岁。（《正义》）	郑、王异。
11.《乐记》：物至知知，然后好恶形焉。	至，来也。知知，每物来，则又有知也。言见物多则欲益众。形，犹见也。	事至以智知之，然后情之好恶见。（《史记·乐书集解》）	郑、王异。王肃释"知知"为"智知"，较郑注为优。
12.《乐记》：先王之制礼乐，人为之节。	言为作法度，以遏其欲。	以人为之节，言得其中也。（《史记·乐书集解》）	郑、王异。郑注为优。
13.《乐记》：善，则行象德矣。	行象德，民之行，顺君之德也。	君行善，即臣下之行，皆象君之德。（《史记·乐书集解》）	郑、王略同。
14.《乐记》：百度得数而有常。	百度，百刻也。言日月书夜不失正也。	至乐之极，能使然耳。（《史记·乐书集解》）	郑、王异。
15.《玉藻》：君子之饮酒也，受一爵而色洒如也。二爵而言言斯。礼已三爵，而油油以退。	洒如肃敬貌。洒，或为察。言言，和敬貌。斯，犹耳也。油油，说敬貌。	洒，作察，明貌也。油油，亦作二爵而言。云：饮二爵可以语也。言斯礼，语必以礼。三爵而油，悦敬貌，无以及下油字也。（《释文》）	郑、王略同。
16.《服问》：夫人如外宗之为君也。	外宗，君外亲之妇也。其妇与诸侯为兄弟服斩，妻从服期。诸侯为天子服斩，夫人亦从服期。	外宗，外女之嫁于卿大夫者也。为君服周。（《通典》卷八一）	郑、王略同。郑注为详。
17.《祭义》：如欲色然。	以时人于色厚，假以喻之。	欲色，如欲见父母之颜色。（《正义》）	郑、王异。

193

续表

经文	郑注	王注	备注
18.《杂记》：王父母、兄弟、世父、叔父、姑姊妹、子与父同讳。	父为其亲讳，则子不敢不从讳也。	王父母之兄弟、伯父、叔父、姑姊妹，皆父之所讳也。(《通典》卷一〇四)	郑、王略同。
19.《祭法》：幽宗，祭星也，雩宗，祭水旱也。	宗，皆当为禜，字之误也。幽禜，亦谓星坛也。星以昏始见，禜之言营也。雩禜亦谓水旱坛也。雩之言吁嗟也。	宗如字。(《释文》) 此为六宗，岁之常礼。宗伯不见，文不具也。(《正义》)	郑、王异。
20.《坊记》：子云：孝以事君，弟以事长，示民不贰也。	不贰，不自贰于尊者也。自贰，谓若郑叔段者也。	《传》曰：太子之贰。又云：子者身之贰，旁人称贰。(《正义》)	郑、王异。郑注为优。

由表 6-6 可知，王肃与郑玄《礼记注》亦互有异同和优劣。就异同而言，异者明显多于同者。就优劣而言，郑注和王注互有优劣，平分秋色。具体而言，郑注优于王注者，如第 1 条《曲礼上》："敖不可长。"郑注"敖"为"慢游"，也即傲慢。王肃释"敖"为"遨游"。显然，郑注优于王注。又如第 12 条《乐记》："先王之制礼乐，人为之节。"郑注："言为作法度，以遏其欲。"王注："以人为之节，言得其中也。"郑玄认为制礼乐，即为作法度，以遏制欲望，此解合乎经文之旨。王肃以"得其中"强解"节"字，未免偏离经文大义。王注亦有优于郑注者，如第 4 条《曲礼上》："日而行事，则必践之。"郑注："日，所卜筮之吉日也。践，犹读曰善，声之误也。"王注："践，如字。履也。卜得可行之日，必履而行之。"郑玄释"践"为"善"，而王肃释"践"为"履"，践履之义。相较而言，王注较郑注为善。又如第 9 条《王制》："五十养于乡，六十养于国。"郑注："天子诸侯养老同也。国，国中小学。在王宫之左。"王注："养于乡，云不为力政。养于国，云不与服戎。皆谓养庶人之老也。"郑玄释"国"为"国中小学"，似不妥。相较而言，王肃之说更为合理。因篇幅所限，表 6-6 仅胪列郑、王

《礼记注》20条，而根据丁鼎先生《三礼学通史》可知，"现存王肃《礼记注》187条注文中，因郑玄未注释相应经文，难以比较郑、王注异同者，有21条；因郑玄、王肃对同一经文注释字、词不同，而无法比较者，有8条；其余郑、王皆注，且存在歧异者，计114条"[1]。由此可见，郑、王《礼记注》存在较多歧异。而其歧异原因，主要包括以下几个方面：郑玄《礼记注》自身存在的错误、不当；《礼记》经文本义不明，有关记载含糊、歧义；各人理解有异；郑、王学术师承及思想来源差异；王肃个人秉性与其学术抱负，如其不甘居人下的性格、追求优势的学术地位和声望；郑、王《礼记》文本差异及句读差异等。[2]

综上可知，郑玄礼学著述颇多，其兼治《周礼》《仪礼》《礼记》，遂有三礼之学，后世治礼经者多以郑玄《三礼注》为宗，故唐代孔颖达《礼记正义》称"礼是郑学"。王肃礼学著述亦甚多，除经注外，尚有礼仪奏议，清人严可均辑《王肃集》中有王肃所撰《禘祭议》《以迁主讳议》《祀五郊六宗及厉殃议》《诸王国相宜为国王服斩衰议》《王侯在丧袭爵议》《答尚书访》《祀社议》《告瑞祀天宜以地配议》等礼仪奏疏[3]，可见王肃对礼制十分熟悉。可以说，王肃与郑玄三礼经注及礼学思想之差异，是其与郑玄"立异"的主要方面，二人对后世礼制、礼学所产生的影响，也主要集中在礼说方面。

七、王肃与郑玄《春秋》学略述

据表6-1可知，郑玄《春秋》学著述有《驳何氏汉议》二卷、《发公羊墨守》一卷、《箴左氏膏肓》十卷、《起穀梁废疾》三卷、《春秋十二公名》一卷、《春秋左氏分野》一卷，共计六种。郑玄遍注群经，按理他当为《左

---

[1]　丁鼎主编：《三礼学通史》，人民出版社2020年版，第168—169页。

[2]　丁鼎主编：《三礼学通史》，第177页。

[3]　(清)严可均辑，马志伟审订：《全三国文》，第223—233页。

传》作注，然考之史书，并未发现其有传世的《春秋左氏注》。关于这一问题，《世说新语》记载：

> 郑玄欲注《春秋传》，尚未成，时行与服子慎遇，宿客舍，先未相识。服在外车上与人说己注《传》意，玄听之良久，多与己同。玄就车与语曰："吾久欲注，尚未了。听君向言，多与我同。今当尽以所注与君。"遂为服氏注。①

若此说可信，则郑玄不仅为《春秋传》作过注，而且服虔《春秋左氏传解》中的部分内容必出自郑玄之手。王肃《春秋》学著作只有《春秋左氏传注》三十卷和《春秋外传章句》二十二卷两种。二人《春秋》学最明显的区别是，郑玄兼治"三传"，而王肃只治《左传》，从中可见二人学术旨趣之差异。

清人马国翰辑有《春秋左传王氏注》一卷，其《序录》云："魏王肃撰，肃于《易》《书》《诗》《礼》皆有注，其注《春秋左氏传》，隋、唐《志》并三十卷，今佚，辑录一帙。肃父朗有《传注》十二卷，《隋志》别载之，似肃因父书增多十八卷，故两注并行于代。其本字往往与杜氏殊异，杜《集解》非一家，则异字或由杜而改。"② 黄奭辑有郑玄《箴左氏膏肓》一卷，可借以了解郑氏之《春秋》学。关于郑、王《春秋》学之比较，笔者试图以黄奭所辑郑玄《箴左氏膏肓》与马国翰所辑王肃《春秋左传王氏注》作比较。经统计，辑本郑玄《箴左氏膏肓》共有经注 32 条，辑本王肃《春秋左传王氏注》共有经注 56 条。遗憾的是，二者经文注释没有交集，无法进行对比分析。因此郑、王《春秋》学的比

---

① （南朝宋）刘义庆著，（南朝梁）刘孝标注，余嘉锡笺疏，周祖谟、余淑宜整理：《世说新语笺疏》卷四，第 192 页。

② （清）马国翰辑：《玉函山房辑佚书》经编春秋类，《续修四库全书》第 1202 册，第409 页。

较，则只能付之阙如。

最后，需要说明的是，本书主要以上述《易》《书》《诗》《仪礼》《礼记》等"五经"为例来管窥郑、王二人经学之异同。实际上，二人治学之异同，并不局限于以上"五经"之注解①，例如从《论语注》中亦可探析二人治学之异同、短长之处，马国翰《王氏论语义说序录》称："肃好攻驳康成，往往强词求胜，前儒多非之，然其说如管仲不死纠难，以为君臣之义未正成，实有特识。乃知古人拔帜自树一垒，以与往哲角敌者，夫岂漫无挟持哉?"② 斯言甚是，王肃"驳郑"虽有"强词"，但亦不乏真知灼见。香港学者郑丽娟通过详细比对卢辩《大戴礼记注》对郑、王经说的取舍，认为："卢辩注解《大戴》，于郑、王立说殊异者，或从郑说，或右王说。其进者，或补郑、王之未备，或舍郑、王之说而自为新解，并无定例……卢辩以后，研治《大戴》而兼取肃说者，宋有杨简《先圣大训》、朱熹《仪礼经传通解》、王应麟《困学纪闻》《玉海》等，及至清代，《大戴之学》渐盛，戴震、卢文弨、孔广森、王念孙、汪昭、王聘珍等，皆参王肃群经故训、《家语》注解，校雠《大戴》。"可见王肃经说胜于郑说者良多，不独上文所举"五经"。

综上可知，郑、王经注互有异同、优劣，当具体分析，不可一概而论。王肃解经或取郑说，或别为注解，其解经不乏真知灼见，实有匡正郑说之功。

---

① 郑玄、王肃还为《孝经》《论语》作过注，而且二人还有其他经学著述。关于郑、王《孝经注》的比较，可参考李振兴《王肃之经学》第六章第三节；关于郑、王《论语注》的比较，可参考李振兴《王肃之经学》第七章第三节、史应勇《郑玄通学及郑王之争研究》第十章第六节。另外，郑玄、王肃争论的焦点在"礼"，而杜佑《通典》中有不少相关的材料，可为进一步研究之方向。

② （清）马国翰辑：《玉函山房辑佚书》经编论语类，《续修四库全书》第1202册，第21页。

第二节　王肃与魏晋玄学

　　王肃经学上承汉代经学，下启魏晋玄学，在中国经学史上占有重要地位。就社会环境而言，汉魏之际天下大乱、政权转移，成为士人思想变化的外部因素。就学术本身而言，郑学集今古文经学之大成，为汉末之显学，但同时亦因自身经解问题而遭到一些学者的驳难，王肃可谓"驳郑"之代表。王肃解经尚简，摒弃谶纬，引申义理，援道入儒，这些特点在一定程度上启示了魏晋玄学的开展。

一、魏晋玄学及其产生的原因

　　魏晋玄学是指魏晋时期存在的一种以有无、体用等本体论哲学为主的社会思潮。魏晋士人崇尚《老子》《庄子》和《周易》，称其为"三玄"。所谓玄学，顾名思义，即为玄远之学。它是对两汉经学的反思与超越，同时又与现实政治有密切关系。魏晋玄学的代表人物主要有何晏、王弼、阮籍、嵇康、夏侯玄、钟会、向秀、郭象等人。魏晋玄学的发展可粗略分为四个时期：正始时期，在理论上多以《周易》《老子》为根据，以何晏、王弼为代表；元康时期，在思想上多受《庄子》学的影响，"激烈派"的思想流行；永嘉时期，至少一部分人士上承正始时期"温和派"的态度，而有"新庄学"，以向秀、郭象为代表；东晋时期，亦可称为"佛学时期"[①]。由于魏晋士人所处政治环境的限制，魏晋玄学主要表现为玄谈的形式，前期的玄谈，承袭了东汉清议风气，"为当时清谈者本人生活最有关系之问题，纯为实际性质，及当日政治党系之表现"，后期的玄谈，"仅限于口头及纸上，纯是抽象性质"[②]。

---

① 汤用彤：《魏晋玄学论稿》，第 109—110 页。

② 陈寅恪：《金明馆丛稿初编》，第 47 页。

由此可见，前期和后期的玄学有较大的差异。而且，魏晋较之东汉的"谈玄"也有所不同，东汉谈玄，虽摒弃谶纬之说，但仍不免本天人感应之义，"魏晋玄学则不然，已不复拘拘于宇宙运行之外用，进而论天地万物之本体。汉代寓天道于物理，魏晋绌天道而究本体，以寡御众，而归于玄极；忘象得意，而归于物外。于是脱离汉代宇宙之论而流连于存存本本之真……汉代偏重天地运行之物理，魏晋贵谈有无之玄致。二者虽均尝托始于老子，然前者常不免依物象数理之消息盈虚，言天道，合人事；后者建言大道之玄远无朕，而不执著于实物，凡阴阳五行以及象数之谈，遂均废置不用。因乃进行纯玄学之讨论。汉代思想与魏晋清言之别，要在斯矣"[1]。

关于魏晋玄学产生的原因，学界已有较为全面和深入的研究[2]，根据前贤时修的研究，可知魏晋玄学的产生有多方面的原因，归纳来讲，可从外部社会环境和内在学术理路两个角度来分析。首先，就外部社会环境来说，主要是社会现实尤其是政治态势的需要，或者说，魏晋玄学产生的根本条件，应当是也必然是魏、晋的社会的实际的需要。[3]汉魏之际政治大一统的局面遭到破坏，经学独尊的地位产生动摇，从而为玄学的产生创造了条件。"魏、晋之际，天下多故，名士少有全者"[4]，正是出于保全性命之计，魏晋士人多借助道家之玄虚来表达自己的观点而非直接针砭时弊，

---

[1]　汤用彤：《魏晋玄学论稿》，第38—39页。

[2]　如汤用彤、任继愈《魏晋玄学中的社会政治思想和它的政治背景》（《历史研究》1954年第3期），唐长孺《魏晋玄学之形成及其发展》（载《魏晋南北朝史论丛》，生活·读书·新知三联书店1955年版），汤用彤《汉魏学术变迁与魏晋玄学的产生》（《中国哲学史研究》1983年第3期），王晓毅《黄老复兴与魏晋玄学的诞生》（《东岳论丛》1994年第5期），李军《论魏晋玄学生成的学术渊源与理论逻辑》（《杭州大学学报》1997年第3期），陈立旭《儒学精神旨趣与魏晋玄学的兴起》（《福建论坛》1999年第1期），张廷银《论曹操与魏晋玄学》（《清华大学学报》2001年第3期）等。

[3]　汤用彤、任继愈：《魏晋玄学中的社会政治思想和它的政治背景》，《历史研究》1954年第3期。

[4]　（唐）房玄龄等：《晋书》卷四九《阮籍传》，第1360页。

他们或论及玄远，或闭口不谈政事。①汉魏之际，世家大族力量不断壮大，曹魏时期所实行的九品中正选官制度，正是出于保障世家大族利益的目的，而魏晋玄学家所主张的老子"无为而治"思想，也正体现了其维护自身阶层利益的目的。"魏武好法术，而天下贵刑名；魏文慕通达，而天下贱守节"②，所谓上行而下效，曹操、曹丕提倡法术、通达，由此引起了社会上名法、才性之辩的思潮，这也是魏晋玄学产生的社会背景之一。③

其次，魏晋玄学的文化生成，不仅是汉魏世局变更之故，就学术理论的内在逻辑发展而言，实亦两汉四百年间儒、道文化彼此消长、互为表里、相反相成、兼融合流之结果④，从学术内在演变来看，魏晋玄学的形成可以下图⑤来表示：

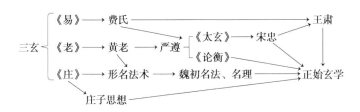

图 6-1　魏晋玄学形成示意图

王葆玹先生认为，三玄（《易》《老》《庄》）是构成魏晋玄学渊源的三条主线，费氏、严遵、扬雄、王充、宋忠、王肃是分枝。⑥事实上，从汉代经学到魏晋玄学有一个理论发展的轨迹，即从"儒道互绌"到"儒道双修"，从

---

① 闭口不谈政事者，可以魏晋名士阮籍为代表，司马昭曾言："天下之至慎，其惟阮嗣宗乎！每与之言，言及玄远，而未曾评论时事，臧否人物，真可谓至慎矣。"（《三国志》卷一八裴注引王隐《晋书》）

② （唐）房玄龄等：《晋书》卷四七《傅玄传》，第 1317 页。

③ 关于才性之辩与魏晋玄学之关系，可参陈寅恪《书世说新语文学类钟会撰四本论始毕条后》（载《金明馆丛稿初编》，第 47—54 页）、张廷银《论曹操与魏晋玄学》（《清华大学学报》2001 年第 3 期）。

④ 李军：《论魏晋玄学生成的学术渊源与理论逻辑》，《杭州大学学报》1997 年第 3 期。

⑤ 魏晋玄学形成示意图，参自王葆玹：《正始玄学》，齐鲁书社 1987 年版，第 32 页。

⑥ 参见王葆玹：《正始玄学》，齐鲁书社 1987 年版，第 32 页。

"分文析字"的训诂到"辨名析理"的玄思,从经学神学目的论到玄学的宇宙本体论,从宇宙哲学到人格哲学,这一演变,使得思想界的面貌为之一新。[①]

总之,魏晋玄学的产生是现实政治和学术理论内外两方面综合作用的产物,正如唐长孺先生所云,由于理论本身的发展,更由于现实政治的发展,名理学就归本于道家而形成了玄学。魏晋玄学家抬出道家来有两种意义,一是重新发挥老子无为而治的主张,指导怎样做一个最高统治者,这种政治主张随着门阀的发展与巩固,实质上是要削弱君权,放任世家大族享受其特权;其二是一些不得意的士人,以愤世嫉俗的心情提出"自然"来反抗当局所提倡的名教。[②]从汉代经学到魏晋玄学,并非一蹴而就,而是有一个演变的过程。其中,学者解经风格的变化是学术演变的重要标志,而王肃解经尚简、引申义理正体现了这一过渡特点。

二、王肃经学对魏晋玄学的影响

王肃解经具有摒弃谶纬、删繁化简、援道入儒、引申义理等特点,在学术史上具有承前启后的地位和影响。关于王肃经学对魏晋玄学的影响,可从以下三个方面简述之。

(一) 王肃、王弼与荆州学派之关系

东汉末年,以刘表、宋忠等人为代表的荆州学派在两汉经学向魏晋玄学的转变中扮演重要角色:既是向"郑学"发难的学术阵地[③],也是启发魏晋玄学的学术阵地。[④]王肃师从宋忠,与荆州学派有密切关系。荆州学

---

① 参见王克奇:《从汉代经学到魏晋玄学》,《东岳论丛》2001年第5期。

② 参见唐长孺:《魏晋南北朝史论丛(外一种)》,河北教育出版社2000年版,第310页。

③ 参见蒙文通:《中国史学史》,第41页;汤用彤:《魏晋玄学论稿》,第69—70页。

④ "所谓荆州学风,是指那个特定时期荆州士大夫共同的学术风尚,表现为反对繁琐虚伪,追求简约自然的思想风尚和儒道兼融的倾向。"(王晓毅:《王弼评传》,南京大学出版社1996年版,第175页)荆州学派这一学术风气,对魏晋玄学的产生有重要影响。

派推引古学、注经尚简、芟除繁重、崇尚义理，对王肃和王弼均有重要影响。至于王弼与荆州学派间的关系，学界大致有两种看法：一是由荆州学派到王肃再到王弼的传承关系，如汤用彤先生说："王弼之家学，上溯荆州，出于宋氏。夫宋氏重性与天道，辅嗣好玄理，其中演变应有之连系也。又按王肃从宋忠读《太玄》，更为之解。张惠言说，王弼注《易》，祖述肃说，特去其比附爻象者。此推论若确，则由首称仲子，再传子雍，终有辅嗣，可谓一脉相传者也。"① 二是由荆州学派直接到王弼的传承关系，如王葆玹先生说："曹操统一北方后，仍用严酷的军事方式进行统治，荆州士人自然会有所不满，而对刘表的文治成就产生怀恋之情。宋忠之子、王粲二子及刘伟等人参与魏讽谋反的原因，即在于此。由此可见王弼家族与宋忠家族长期患难与共，其密切程度远胜于王弼与王肃的关系。王弼对荆州学的继承是直接的，而不是通过王肃。"② 笔者认为，虽然王弼很有可能直接继承荆州学，但王肃对王弼也必然有直接的影响。王肃遍注群经，尚简约、重义理，对同辈及晚辈学者都有较大影响，"王弼注《易》，祖述肃说，特去其比附爻象者（张惠言说），杜预注《左传》，亦阿附肃说（丁晏说），明二家皆推肃义以述作"③，而且何晏著《论语集解》，亦对王肃说多有借鉴。王肃在景初三年（239 年）即已基本完成了学术体系的构建④，而当时王弼只有十四岁，因此王弼承袭、借鉴王肃之说是符合逻辑的。

综上可知，王肃、王弼与荆州学派都有密切关系，王弼不仅直接受荆

① 汤用彤：《魏晋玄学论稿》，第 71—72 页。汤用彤先生此说参考了蒙文通《经学抉原》之论，可见蒙文通先生亦持此说。参见蒙文通：《经学抉原》，上海人民出版社 2006 年版，第 77 页。

② 王葆玹：《正始玄学》，第 21 页。此外，郝虹也认为："将荆州学派、王肃经学、王弼玄学看作一个接一个的继承关系虽无不可，但还有一种解释也可考虑，那就是：王肃经学和王弼玄学均从荆州学派脱胎而来，相同地继承了荆州学派反谶纬、反繁琐、重义理的学风。"参见郝虹：《王肃〈周易注〉、王弼〈周易注〉与荆州学派关系初探》，《大连大学学报》2003 年第 1 期。

③ 蒙文通：《经学抉原》，第 77 页。

④ 参见李中华：《王肃经学思想辨诂》，载《儒家典籍与思想研究》，第 460—461 页。

州学派影响,亦直接受王肃影响。

(二)王肃儒道兼修、引申义理

王肃引申义理、儒道兼修,是继承荆州学派思想的集大成者,其学承上启下,对魏晋玄学的开展有重要影响。正如张岂之先生所说:"(王肃)在经学衰微时代,引进了道家思想,把儒家的名教与道家的无为互相融合,建立了一种新的思想体系的雏形。"[1]王肃治学,试图对儒家经典进行重新阐释,他重视义理,援道入儒,建立了新的思想体系的"雏形"。这种建立新体系的努力尝试,意味着王肃在儒家经学内部孕育了玄学思潮的萌芽。吴承仕云:"汉儒说经各守师法,至郑君遍治经纬,兼通古今,择善而从,不执一说,蔚为大师,其学足以易天下。子雍继起,远绍贾、马,近传父业,乃专与郑学为雠,其言心之精神是谓圣,又为玄学之宗。然则伪孔之传,清言之绪,亦自子雍启之。其关于学术升降者,盖亦大矣。"[2]王肃在中国学术史上的确有承上启下之功,吴氏对汉魏之际这一学术史的概括,可谓准的之言。

王肃注经有明显的援道入儒、引申义理倾向,兹举例示之,如《诗·大雅·思齐》云:"不闻亦式,不谏亦入,肆成人有德,小子有造。"王肃注云:

不闻道而自合于法,无谏者而自入于道也,然则唯盛德乃然。故云性与天合。若贤智者则须学习,不能无过,闻人之谏乃合道也。文王性与道合,故周之成人皆有成德。小子未成,皆有所造为,进于善也。[3]

又如《诗·大雅·皇矣》云:"帝迁明德,串夷载路。"王肃注云:"天以周

---

[1] 张岂之主编:《中国儒学思想史》,陕西人民出版社1990年版,第265页。

[2] 吴承仕:《经典释文序录疏证》,第42页。

[3] (魏)王肃:《毛诗王氏注》卷三,第314页。

家善于治国，徙就文王明德，以其由世习于常道，故得居是大位也。"①

上引两则简短注文中，王肃多次提到"道"字，如"闻道""入于道""合道""性与道合""常道"，汤用彤认为，玄学生成的两个主要因素之一，就是从研究《周易》《太玄》等发展出一种新的"天道"观，奠定了玄学本体论之基础②，而王肃这种"援道入儒"、引申义理的解经现象，正是一种颇为理性的"天道"观，也正说明其试图整合儒、道思想，因此可以说，王肃经学对魏晋玄学的产生和发展有重要影响。

（三）王弼注《易》多承王肃《易》说

王肃注经重视义理、援道入儒，对以王弼为代表的玄学家有不可忽视的影响。清代学者张惠言曾言："肃注书务排郑氏，故于《易》义马、郑不同者则从马，马与郑同者则并背马……王弼祖述王肃，而弃其比附爻象者。"③朱伯崑先生说："《彖》《象》二传，特别是《彖》解经文，以取义为主。此种观点后被费氏《易》的系统所继承和发扬。王肃解《易》，亦主取义说，当不排斥取象，其取象只限于本卦上下二体，并以传文中的取象说解之，又不同于汉易中的取象说。王弼易学则进一步发挥了取义说。"④事实上，王弼注《易》确实对王肃《易》说多有承袭，这里所说的承袭既有体例、注经方式上的，也有具体注释内容上的⑤。在体例、方式上，二人均反对烦琐，不仅扫落卦变、互体，还以传解经⑥，尽废"汉代象数"⑦。关于王弼对王肃《周易》注的继承，为便于分析，兹列表举例如下：

---

① （魏）王肃：《毛诗王氏注》卷三，第 314 页。

② 汤用彤：《魏晋玄学论稿》，第 106 页。

③ 转引自吴承仕：《经典释文序录疏证》，第 42 页。

④ 朱伯崑：《易学哲学史》上册，北京大学出版社 1986 年版，第 241 页。

⑤ 详见本书附录八《王肃与王弼〈周易注〉对照表》。

⑥ 郝虹：《王肃〈周易注〉、王弼〈周易注〉与荆州学派关系初探》，《大连大学学报》2003年第 1 期。

⑦ 参见张沛：《王肃〈易〉注对"汉代象数"的舍弃与保留》，《人文杂志》2014 年第 1 期。

表 6-7　王肃、王弼《周易注》比较

《周易》经传文	王肃注	王弼注
《屯》六二：乘马班如。	班如，盘桓不进也。	"屯"时方屯难，正道未通，涉远而行，难可以进，故曰"乘马班如"也。
《贲》初九：贲其趾，舍车而徒。	在下，故称趾。既舍其车，又饰其趾，是徒步也。	在贲之始，以刚处下，居于无位，弃于不义，安夫徒步以从其志者也。故饰其趾，舍车而徒，义弗乘之谓也。
《剥》六四：剥床以肤，凶。	在下而安人者，床也。在上而处床者，人也。坤以象床，艮以象人，床剥尽以及人身，为败滋深，害莫甚焉。故剥床以肤，凶也。	初二，剥床，民所以安，未剥其身也。至四，剥道浸长，床既剥尽，以及人身，小人遂盛，物将失身。岂唯削正，靡所不凶。
《颐》六二：颠颐，拂经于丘。颐，征凶。	养下曰颠。拂，违也。经，常也。丘，小山，谓六五也。二宜应五，反下养初，岂非颠颐违常于五也？故曰"拂经于丘"矣。拂丘虽阻，常理养下，故谓养贤。上既无应，征必凶矣，故曰"征凶"。	养下曰颠。拂，违也。经，犹义也。丘，所履之常也。处下体之中，无应于上，反而养初居下，不奉上而反养下，故曰"颠颐，拂经于丘"也。以此而养，未见其福也。以此而行，未见有与，故曰"颐，征凶"。
《损》上九：弗损，益之，无咎，贞吉，利有攸往，得臣无家。	处损之极，损极则益，故曰"不损，益之"。无咎也，为下所益，故无咎。据五应三，三阴上附，外内相应，上下交接，正之吉也。故利有攸往矣。刚阳居上，群下共臣，故曰"得臣"矣。得臣则万方一轨，故"无家"也。	处损之终，上无所奉，损终反益。刚德不损，乃反益之，而不忧于咎。用正而吉，不制于柔，刚德遂长，故曰"弗损，益之，无咎，贞吉，利有攸往"也。居上乘柔，处损之极，尚夫刚德，为物所归，故曰"得臣"。得臣则天下为一，故"无家"也。
《归妹》象："无攸利"，柔乘刚也。	以征则有不正之凶，以处则有乘刚之进也，故无所利矣。	以征则有不正之凶，以处则有乘刚之逆。①

---

① 除此表所列之外，二人在《坤》"西南得朋"、《讼》九五、《比》初六、《萃》六二、《既济》六二等经传文的注释上也多有相近之处，亦有一定的承袭关系。

由表6-7王肃、王弼部分《周易注》的对比可知,王弼在注释《周易》时对王肃《易》说多有参考和承袭。① 同时,王肃崇尚义理、援道入儒的解经风格对王弼、何晏、杜预等人也有重要影响。概言之,王肃易学对王弼易学乃至魏晋玄学都有重要的影响。

第三节 王肃与"伪书"公案

王肃遍注群经,精通三礼,为三国时期著名经学家。其注经立说多与郑玄立异,二人之门生、后学亦参与辩驳,此即学术史上所谓的"郑王之争"。也正因为王肃多有"驳郑",后世学者尤其是清代学者对王肃之人品颇为质疑,加之疑古之风盛行,王肃遂"卷入"《古文尚书》《孔子家语》《孔丛子》等"伪书"公案中。平心而论,王肃"伪撰"诸书说,多有"层累造成""积非成是"之成因。换言之,欲厘清王肃与"伪书"公案之具体关系,一是要对"伪书"公案之源流有个清晰的了解;二是要清楚"郑王之争"的实质及王肃与三部"伪书"的具体关系。关于"郑王之争"的实质,前文已有论及,下面主要从"伪书"公案之源流、王肃与"伪书"之具体关系两方面来分析王肃与"伪书"公案之关系。

一、王肃与《古文尚书》"伪书"公案

(一)《古文尚书》"伪书"公案之源流

在中国经学史上,先后有两次《古文尚书》"伪书"公案。第一次为西汉成帝时东莱张霸所献102篇《古文尚书》,该书在成帝时即被认定为

---

① 当然,王弼注《易》亦有不同于王肃者,详见本书附录八《王肃与王弼〈周易注〉对照表》。

张霸所伪撰，故此"伪书"公案早已成定谳；第二次为东晋豫章内史梅赜所献 58 篇《古文尚书》（即"梅本《古文尚书》"），该书据梅赜称是西汉孔安国所传，故又称"孔传《古文尚书》"。梅本《古文尚书》除包含伏生所传《今文尚书》29 篇（但析为 33 篇）外，又有《大禹谟》《五子之歌》《咸有一德》等 25 篇，共计 58 篇。其中不同于《今文尚书》的 25 篇，因晚出之故，亦被后世称为"晚书"。

《隋书·经籍志》记载梅本《古文尚书》之流传曰："至东晋，豫章内史梅赜，始得安国之传，奏之，时又阙《舜典》一篇。齐建武中，吴姚方兴于大桁市得其书，奏上，比马、郑所注多二十八字，于是始列国学。梁、陈所讲，有孔、郑二家，齐代唯传郑义。至隋，孔、郑并行，而郑氏甚微。自余所存，无复师说。"[①] 由此可知，梅本《古文尚书》在南朝齐明帝时即立于学官，之后更为学界及官方所认可，至唐代孔颖达奉旨撰定《五经正义》，将梅本《古文尚书》列为官方之定本，今《十三经注疏》中之《古文尚书》即梅本《古文尚书》。

孔传《古文尚书》被疑为伪书，作俑于宋代吴棫、朱熹，经元代吴澄、明代梅鷟之再疑，至清代阎若璩作《尚书古文疏证》八卷一百二十八条，系统"论证"孔传《古文尚书》之"伪"，可谓集历代辨伪之大成。自阎氏《疏证》一出，援引、盛赞其说者蔚然成风[②]，当时虽有毛奇龄等学者撰书驳斥阎氏之观点，但收效不大，《古文尚书》"伪撰"说基本被视为定谳，如四库馆臣为阎氏《疏证》所作之"提要"云：

> 自吴棫始有异议，朱子亦稍稍疑之。吴澄诸人本朱子之说，相继抉摘，其伪益彰，然亦未能条分缕析，以抉其罅漏。明梅鷟始参考诸书，证其剽剟，而见闻较狭，搜采未周。至若璩乃引经据古，一一陈

---

① （唐）魏徵等：《隋书》卷三二，第 915 页。

② 如惠栋、钱大昕、戴震、王鸣盛、皮锡瑞等人。

> 其矛盾之故，古文之伪乃大明。所列一百二十八条，毛奇龄作《古文
> 尚书冤词》，百计相轧，终不能以强辞夺正理。则有据之言，先立于不
> 可败也……反复厘别，以去千古之大疑，考证之学则固未之或先矣。①

四库馆臣这一说法颇有代表性，亦颇有影响力。民国时期，疑古思潮再起，《古文尚书》"伪书"说再次被强化，似乎成为一种"集体记忆"而为学界所接受。

　　20 世纪 70 年代以后，随着简帛材料的问世，不少学者开始重新审视《古文尚书》案②，甚至专门撰文论证《古文尚书》"不伪"，试图进行翻案。相关成果中，以张岩先生《审核古文〈尚书〉案》最具代表性，该书是迄今为止对《古文尚书》证伪者批驳最全面、最系统、最深刻的著作，许多论断击中了以阎若璩为代表的孔传《古文尚书》证伪者在学理和逻辑方面所存在的漏洞和软肋，足以证明阎若璩等人的《古文尚书》证伪工作确实存在着"旁搜曲引，吹毛索瘢，锻炼成狱"的弊端。③针对张岩先生之论，房德邻先生又撰《驳张岩先生对〈尚书古文疏证〉的"甄别"》④一文予以

---

① （清）永瑢等：《四库全书总目提要》，第 78 页。
② 如王保德《〈古文尚书〉非伪作的新考证》（《文坛》第 124—129 期，1970 年 10 月—1971 年 3 月）、李学勤《失落的文明》（上海文艺出版社 1987 年版，第 329—331 页）、郭沂《郭店竹简与中国哲学论纲》（载《郭店楚简国际学术研讨会论文集》，湖北人民出版社 2000 年版）、吕绍纲《〈郭店楚墓竹简〉辨疑两题》（载《纪念孔子诞辰 2550 周年国院学术讨论会论文集》，国际文化出版公司 2000 年版）、王世舜《略论〈尚书〉的研究和整理》（《聊城师范学院学报》2000 年第 1 期）、杨善群《辨伪学的歧途——评〈尚书古文疏证〉》（《淮阴师范学院学报》2005 年第 3 期）、姜广辉《梅鷟〈尚书考异〉考辨方法的检讨——兼谈考辨〈古文尚书〉的逻辑基点》（《历史研究》2007 年第 5 期）、刘建国《古文尚书伪书辨正》（载《先秦伪书辨正》，陕西人民出版社 2004 年版，第 43 页）、郑杰文《〈墨子〉引〈书〉与历代〈尚书〉传之比较——兼议"伪古文〈尚书〉"不伪》（《孔子研究》2006 年第 1 期）、张岩《审核古文〈尚书〉案》（中华书局 2006 年版）、黄怀信《由清华简〈尹诰〉看〈古文尚书〉》（《鲁东大学学报》2012 年第 6 期）等。
③ 丁鼎：《"伪〈古文尚书〉案"平议》，《古籍整理研究学刊》2010 年第 2 期。
④ 房德邻：《驳张岩先生对〈尚书古文疏证〉的"甄别"》，《清史研究》2011 年第 2 期。

反驳。张岩先生又撰《古文尚书真伪与病态学术——与房德邻、姜广辉、钱宗武三位先生商榷》①，更作进一步的讨论。由上可知，《古文尚书》"伪书"公案远非定谳之案，其事实真相或许仍要借助今后更多的出土文献和学界更为深入系统的研究来彻底"澄清"。

(二) 王肃与《古文尚书》之关系

上文已述《古文尚书》"伪书"公案之源流，至于《古文尚书》是否为"伪书"，非笔者所讨论之内容，笔者旨在探讨王肃与《古文尚书》之关系，进而厘清王肃与《古文尚书》"伪书"公案之关系。

《古文尚书》证伪者对于作伪之人说法不一，归纳而言，主要有梅赜②、王肃、王肃后学③、皇甫谧④、东晋孔安国⑤、孔晁⑥等说法。其中，持王肃伪作说者最为众多，如惠栋、戴震、王鸣盛⑦、钱大昕、孙星衍、李惇、刘端临、江声、连鹤寿、丁晏、皮锡瑞、王先谦、郑泽等人，故此说流布最广，影响最大。戴震曾引述钱大昕之论：

> 疑《古文尚书》乃肃私为之，故东晋始出。肃未见《逸书》十六篇，乃博采传记所引《书》辞，为伪书二十五篇，假托于孔氏而为之《传》，其意欲以证己之言而难郑。盖即伪作《孔子家语》之故智耳。非王肃无此淹博，亦不能如此善摩古也。肃既自为今文作解，又为伪《古文书传》，使后人得之，惊服其解之精确，与古人合。《家语》《古

---

① 张岩：《古文尚书真伪与病态学术——与房德邻、姜广辉、钱宗武三位先生商榷》，《孔子学刊》第三辑，上海古籍出版社 2012 年版。

② 持梅赜伪作说者，主要为阎若璩、惠栋等人。惠栋亦持王肃伪作说。

③ 持王肃后学伪作说者，主要为王鸣盛、崔述、吕思勉等人。

④ 持皇甫谧伪作说者，主要为梅鷟、李绂、王鸣盛、牟廷等人。

⑤ 持东晋孔安国伪作说者，主要为冯登府、陈寿祺、陈梦家等人。

⑥ 持孔晁伪作说者，主要为蒋善国等人。

⑦ 王鸣盛观点不明确，其亦持皇甫谧伪作说、王肃之徒伪作说。

文尚书》皆肃伪本。①

钱大昕的论据主要有三：王肃伪作《古文尚书》以难郑；王肃学问淹博，有作伪之能力；王肃已伪作《孔子家语》，自会伪作《古文尚书》。戴震的说法与钱氏无异，其云："今之《古文尚书》及《孔传》殆出于王肃，犹之《孔子家语》出于王肃私定也。肃欲夺郑氏而冀行其学，故往往假托以为佐证。"② 李惇《群经识小》亦云：

> 是书（指《孔传》，引者注）既汉以前人所作，汉以后非子雍之明敏博洽，亦不能作……子雍旷代之才，使其平心静气，研精覃思，何难与康成并驾？惜其克伐之心太甚，以康成压其前，专欲为异说以胜之。作《圣证论》未已也，又出孔氏《家语》。出孔氏《家语》未已也，又为《孔传》。是书虽成而未遽出，又数十年后乃出于梅赜。其所争者在后世之名，故不必及其身而出之也。后人妄意古人，虽曰出于逆意，要亦十得八九矣。③

戴震、钱大昕为乾嘉学派的领军人物，其说影响极大。李惇所述仍是以王肃为驳郑而伪撰经书作为预设前提，这种预设本身是有问题的，因为王肃驳郑本身应全面、辩证地看待。前已论及，王肃驳郑虽有一定的意气成分，但主要仍是为了"义理之所安"。另外，《孔子家语》"伪书"说在今天看来，也是很难成立的。以一种疑似之说来推定另外一种疑似之说，甚至互相推定，显然太过臆断，不符合实事求是的考据方法和客观理性的学术精神。李惇末句说"妄意古人"，确实如此，然又说"十得八九"，实在武断、偏颇。显然以上几种说法都是基于对王肃人品的质疑和否定，而并

---

① （清）戴震：《经考附录》卷二，载《戴震全书》第 2 册，黄山书社 1994 年版，第 466 页。
② （清）戴震：《尚书义考》卷首，载《戴震全书》第 1 册，黄山书社 1994 年版，第 10 页。
③ （清）李惇：《群经识小》卷二，载《续修四库全书》第 173 册，第 47 页。

没有坚实有力的学理论据。

丁晏对王肃"伪作"进行了细致的考证，其《尚书余论》搜集并分析了王肃"伪作"《古文尚书》的二十三条"证据"，其中，第一、二两条论《家语》和《孔丛子》为王肃一手伪造，揭示王肃有作伪之前科，进而预设王肃伪造《古文尚书》。第四条谓《古文尚书》盛行于西晋，是王肃借助于外戚之地位。第十二条揭示王肃驳难郑玄，故摘录经传、孔《疏》及诸子中王肃《书注》与郑《注》相异者若干条，证成其说。其中涉及《孔传》与《论语》孔《注》相同者，直谓"并《论语》孔《注》皆肃一手伪书"。第十三条摘录《古文尚书》经传中与王肃《尚书注》相同者若干条，以证《古文尚书》经传为王肃伪造。第十四、十五条，专论《尧典》与《舜典》、《皋陶谟》与《益稷》之分合，皆自王肃始。第十六条更进一步征及群书① 所引王肃《尚书注》与《孔传》相同者，进而得出结论称："晚出古文皆缀集逸书而成，其文雅密，非梅氏所能为也。微肃之学淹而博，未易构此。"上述第十二至十六条，是丁晏论证王肃"伪作"《古文尚书》的最重要"证据"。丁晏的"考证"及其王肃"一手伪造"说颇有影响，从其说者大有人在，如皮锡瑞《经学通论》云："至丁晏《尚书余论》据《家语·后序》定为王肃伪作……可谓搜得真脏实证矣……《孔书》经传一手所作，伪则俱伪。"② 皮氏《经学历史》亦云："（王肃）伪造孔安国《尚书传》《论语注》《孝经注》《孔子家语》《孔丛子》，共五书，以互相证明；托于孔子及孔氏子孙，使其徒孔衍③ 为之证。"④ 皮锡瑞认为王肃一手伪造《古文尚书传》《孔子家语》《孔丛子》等五书，

---

① 如裴骃《史记集解》，刘恕《通鉴外纪》，《礼记正义》，《毛诗正义》等。

② （清）皮锡瑞：《经学通论》，中华书局1954年版，第83页。

③ 孔衍有汉代之孔衍、晋代之孔衍二人，皮氏以晋代之孔衍为王肃之徒，误。晋代之孔衍，据《晋书》本传，其卒于大兴三年（320年），年五十三，则其生年为泰始四年（268年）。王肃卒于甘露元年（256年），故晋代之孔衍不可能为王肃之徒。《孔子家语》后序所载上书之孔衍，为汉代孔安国之孙，皮氏误，周予同注释亦误。盖皮氏将王肃之徒孔猛误为孔衍。

④ （清）皮锡瑞著，周予同注释：《经学历史》，第106页。

可谓直接受丁晏"一手伪造"说的影响。王仁俊、胡玉缙、王先谦、郑泽等人亦持王肃伪造说。郑氏《伪〈古文尚书〉之〈论语〉化》云："伪《古文尚书》之为王肃伪作，至今日已成为不可磨灭之事实。"[①]

丁晏对王肃"伪作"《古文尚书》的"论证"，可主要归纳为两点：一是王肃伪造了《孔子家语》《孔丛子》等书，有再次作伪的嫌疑和能力；二是王肃《尚书注》与《孔传》多有相同之处，故王肃伪造了《孔传》。第一点颇为主观臆断，首先《孔子家语》《孔丛子》"伪书"说本身需要证实，其次即使王肃伪造了《孔子家语》《孔丛子》等书，也无法证明其伪造《古文尚书》。第二点则有失之以偏概全，虽然《尚书注》与《孔传》多有相同之处，但二者亦多有不同之处，因此以此为据论证王肃"伪撰"《古文尚书》，颇有"存同去异"之偏见。

虽然丁晏王肃"伪作《古文尚书》"说颇有影响，但其论据颇有以偏概全和主观臆断之处，故自晚清以来驳其说者不乏其人，主要有陈澧、刘师培、吴承仕、黄侃、吕思勉、刘咸炘、江瀚、张荫麟、陈梦家、李振兴、罗锦堂、蒋善国、刘起釪等人。其中，尤以吴承仕考辨最详，吴氏著《〈尚书〉传王、孔异同考》，将王肃《尚书注》与《孔传》一一对照比勘，"大凡王、孔异者一百二十五事，同者一百八事，孔无明文者二十三事，王说不可审知者十八事"[②]。其所用方法主要是比对王肃与孔安国《尚书注》之异同，正如其在《经典释文序录疏证》中所云：

> 清儒治《尚书》者，如惠栋、王鸣盛、孙星衍、李惇、刘端临等，因陆、孔疑似之词，据王、孔扶同之义，遂谓《孔传》盖肃所伪作，然亦未敢辄定也。至丁晏撰《尚书余论》始质言之，尔后遂奉为不刊之论。愚尝审核马、郑、王、孔、杜预、皇甫谧诸家《书》说，

---

① 郑泽：《伪〈古文尚书〉之〈论语〉化》，《国立第一中山大学语言历史学研究所周刊》第 40 期，1928 年 8 月。

② 吴承仕：《〈尚书〉传王、孔异同考》，第 3 页。

著为《异同考》四卷，疏证伪《书》非出王肃，而丁氏所立遂一时摧破矣。①

吴承仕《〈尚书〉传王、孔异同考》缕析、归纳了丁晏等人"证伪"中的十二条弊端，为便于理解吴氏考辨之思路，今摘录数条如下：

> 《尚书正义》称肃私见古文，固也。而《益稷》篇题下，则谓王肃不见古文而妄为说，《毛诗正义》亦屡言王肃不见古文。然则颖达本为存疑之词，而丁氏执为诚证。其弊一也。王氏注本，盖与马、郑大同，义多从马，而亦有同郑者。《孔传》义多从王，而亦有舍王而用郑者。而丁氏于王、孔异义，则弃置不道，偏执一边，据为伪作之证。使其失而不举，则近于粗疏；苟为知而不言，则邻为蔽乱。二者之咎，将尸其一。其弊二也。克之为能，钦之为敬，诸此事类，本《尔雅》之故言，经典之常训。虽伏生、马迁、欧阳、夏侯、卫、贾、马、郑诸儒，宜莫与易也。以此为同，又非其实。其蔽三也。王义多本贾、马，《孔传》同王，或即上同贾、马也。今舍贾、马而独责王肃，则失其本末矣。其蔽四也。王义有同郑而异孔者，说者乃谓故为参错，以掩其作伪之迹。以此蔽狱，惧非惟明克允之义。其弊五也……有马、郑无文，仅存王、孔二说者，清儒唯王鸣盛、刘逢禄等间有攟拾，其余则讳言王、孔，乃干没其义而据为己有。其弊十二也。②

吴氏所指十二条弊端，逻辑清晰，驳斥有力，尤其是"丁氏于王、孔异义，则弃置不道，偏执一边，据为伪作之证"一句，道出了持"王肃伪作说"

---

① 吴承仕撰，秦青点校：《经典释文序录疏证》，中华书局 1984 年版，第 68 页。
② 吴承仕：《〈尚书〉传王、孔异同考》，第 1—2 页。

者之通病，可谓切中丁晏诸人所述"证据"之要害，诚如吴氏自己所云："总此诸弊，遂成偏颇，与夺任心，臧否自己，则违于忠信之道远矣。"①毋庸讳言，丁晏诸人在认定王肃伪造《古文尚书》时，对王肃之人品持有鄙夷态度，鄙夷其人品，遂怀疑其学术，以一种先入为主的偏见来"考证"，难免会误入歧途，不得事实之真相。

刘咸炘《旧书别录》则从情理上怀疑王肃作伪，其云："王肃造《书》之说本无显证，特近儒以其反郑而臆之，实则肃欲反郑，增窜古书以为己证可也，若因反郑而造古书则太费事，非人情！"②张荫麟亦云："王肃注经固与郑玄相冰炭者也。而《晚书》多合于肃说，而不合于郑氏者也。肃诚伪造或传授其书，正可举为利器？何为反秘匿之，而无一言及之乎？"③陈梦家、李振兴、蒋善国、刘起釪等诸先生亦主"非王肃伪造"说④。刘起釪《尚书学史》云："从起码的情理和逻辑来看，王肃在魏时自己撰的《古文尚书注》立于学官，仗自己的贵戚地位，其学成为当时'显学'，谁也要敬重它、传习它，可以说如'日月经天'，大家都要遵读的。王肃自己当然是踌躇满志，高兴自己的古文学击败了郑氏学，将会子孙万世之业似地占据着官学地位的。怎么会自己预料到自己的《古文尚书》学将来会消失，等待着自己的书消失后，会有人献出自己编造的这部孔氏《古文尚书》来取代王氏《古文尚书》呢！真会荒谬得像李惇所说的'其所争者在后世之名，固不必及其身而出之'吗？那他伪冒孔安国名义，只是替孔安国争后世之名，而不是替王肃争后世之名了。"⑤刘起釪先生从情理和逻辑角度的分析是很有道理

① 吴承仕：《〈尚书〉传王、孔异同考》，第2页。
② 刘咸炘著，黄曙晖编校：《丛书别录·孔丛子》，载《刘咸炘学术论集·子学编》下册，广西师范大学出版社2007年版，第432页。
③ 张荫麟：《伪〈古文尚书〉案之反控与再鞫》，《燕京学报》第5期，1929年6月。
④ 参见陈梦家《尚书通论》（中华书局1985年版）、李振兴《王肃之经学》、蒋善国《尚书综述》（上海古籍出版社1988年版）、刘起釪《尚书学史》。
⑤ 刘起釪：《尚书学史》，第191页。

的，若王肃伪撰《古文尚书》，从动机上来讲是说不通的。朱彝尊《经义考》云："《正义》谓王肃注《书》，始似窃见孔《传》，故注'乱其纪纲'为夏太康时。然考陆氏《尚书释文》所引王注不一，并无及于增多篇内只字，则子雍亦未见孔氏古文也。"[1] 可见王肃并未见到《古文尚书》，因此也就没法援引以"驳郑"。又据前述吴承仕等学者的有力论证，则完全可以证明"王肃伪撰《古文尚书》"这一说法是不成立的，应当予以摒弃。

综上可知，王肃并未伪造《古文尚书》，他与梅本《古文尚书》本没有任何关系。王肃之所以被牵涉进"伪《古文尚书》案"，从学术史的角度看，当是"层累"地造成的。而造成这一"伪作"公案很重要的一个因素是，王肃因"驳郑"而其人品受到怀疑。事实上，王肃人品绝非后世学者所臆断的那样不堪，观《三国志》本传及其经学著述、政论散文，应肯定其人品、学品。后人"是郑非王"，以好恶定是非，可谓偏颇之甚，此诚为治学之人所当戒慎者也。

二、王肃与《孔子家语》"伪书"公案

（一）《孔子家语》"伪书"公案之源流

班固《汉书·艺文志》在《论语》类之下云"《孔子家语》二十七卷"[2]，这是有关《孔子家语》的最早记录。三国大儒王肃曾为《孔子家语》作解，自王肃注解以后，《孔子家语》便广泛地流传开来，《隋书·经籍志》著录"《孔子家语》二十一卷，王肃解"[3]。与王肃同时代的博士马昭乃郑玄后学，

---

① （清）朱彝尊撰，林庆彰等主编：《经义考新校》第 4 册，上海古籍出版社 2010 年版，第 1431 页。
② （汉）班固撰，（唐）颜师古注：《汉书》卷三〇，第 1765 页。
③ （唐）魏徵等：《隋书》卷三二，第 912 页。

215

其因"郑王之争"而攻驳王肃,《礼记正义》载王肃著《圣证论》引《家语》《尸子》以难郑玄,而马昭反驳道:"《家语》王肃所增加,非郑所见。又《尸子》杂说,不可取证正经。"①唐代颜师古注《汉书》,称二十七卷《家语》"非今所有《家语》"②,因颜氏未见《汉书》所著录之《家语》,故其言"非今所有",盖针对卷数之不同而言。马昭、颜师古之说盖起后世疑《家语》之风,宋代以至清代,不少学者开始怀疑《孔子家语》为"伪书",其中以宋代王柏,清代孙志祖、范家相、丁晏、皮锡瑞等人为代表。

王柏首倡《家语》为王肃伪造之说,其《家语考》云:"今之《家语》十卷,凡四十有四篇,意王肃杂取《左传》、《国语》、《荀》、《孟》、二戴《记》之余绪,混乱精粗,割裂前后,织而成之,托以安国之名。"范家相怀疑王肃伪撰《古文尚书》和《孔子家语》,其云:"夫《古文尚书》已不可尽信,而王肃因先见而袭之。是其作伪,故不独《家语》一书矣。"③又疑"孔安国《序》"为王肃伪作:"此《序》恰是经师说经语气,其出于王氏之手无可疑也。"④孙志祖亦以《孔传》与《家语》皆为王肃伪撰,其《家语疏证》搜集《家语》与《孔传》内容相近者,作为王肃伪撰二书之"证据",并云:"愚疑伪《孔传》与《家语》并出王肃之手。"⑤至丁晏撰《尚书余论》,更是认为王肃伪撰诸书,皮锡瑞踵接并发挥丁晏之说,其云:"至丁晏《尚书余论》据《家语·后序》定为王肃伪作……可谓搜得真脏实证矣。"⑥又云:"(王肃)伪造孔安国《尚书传》《论语注》《孝经注》《孔子家语》《孔丛子》,共五书,以互相证明。"⑦《四库提要》亦云:"王肃袭取《公冠》篇为《冠颂》,已误合孝昭冠辞于成王冠辞,故删去先帝陛下字,窜改王字。《家语》袭《大

---

① (唐)孔颖达:《礼记正义》卷三八,载(清)阮元校刻:《十三经注疏》下册,第1534页。

② (汉)班固撰,(唐)颜师古注:《汉书》卷三〇,第1775页。

③ (清)范家相:《家语证伪》卷一一,载《续修四库全书》第931册,第192页。

④ (清)范家相:《家语证伪》卷一一,载《续修四库全书》第931册,第184页。

⑤ (清)孙志祖:《家语疏证》卷一,载《续修四库全书》第931册,第200页。

⑥ (清)皮锡瑞:《经学通论》,第83页。

⑦ (清)皮锡瑞著,周予同注释:《经学历史》,第106页。

戴》，非《大戴》袭《家语》，就此一条，亦其明证。其割裂他书，亦往往类此。反覆考证，其出于肃手无疑。特其流传已久，且遗文轶事，往往多见于其中，故自唐以来，知其伪而不能废也。"①由上可见《孔子家语》"伪书"说之流行。

需要说明的是，在王肃"伪书"说流行的同时，学界一直存在相反的观点，这是公案得以"存在"的必要条件。如宋代朱熹云："其书虽多疵，然非王肃所作。"②又云："《孔子家语》虽记得不纯，却是当时书。"③宋代叶适在《习学记言序目》中云："《孔子家语》四十四篇，虽安国撰次，按后序，实孔氏诸弟子旧所集录，与《论语》《孝经》并时，取其正实而切事者别为《论语》，其余则都集录之，名曰《孔子家语》。"④叶适不仅认为《家语》非伪书，甚至认为《孔子家语》与《论语》《孝经》为同时之书。清人陈士珂辑《孔子家语疏证》，其同族陈诗在为此书所作的《序》中引述了陈士珂的观点："夫事必两证而后是非明，小颜既未见安国旧本，即安知今本之非是乎？且子观周末汉初诸子，其称述孔子之言，类多彼此互见，损益成文，甚至有问答之词主名各别，如《南华》重言之比，而溢美溢恶时时有之，然其书并行，至于今不废，何独于是编而疑之也？"⑤陈诗亦认同此说。

相较而言，由于"证伪者"的有力"论证"，加之"伪《古文尚书》"案的影响，《孔子家语》"伪书"说在清代中后期以后成为学术界的主流观点，这导致《孔子家语》在很长一段时间里不被学者所关注。直到20世纪70年代以后，随着竹简、木牍的问世以及英藏敦煌写本的公布，这种"受冷遇"的局面才被打破，《孔子家语》研究进入一个新的时期。借助于

---

① （清）永瑢等：《四库全书总目提要》，第212页。

② （宋）黎靖德编，王星贤点校：《朱子语类》卷一七，中华书局1986年版，第834页。

③ （宋）黎靖德编，王星贤点校：《朱子语类》卷一七，第849页。

④ （宋）叶适：《习学记言序目》卷一七，中华书局1977年版，第231—232页。

⑤ （清）陈诗：《孔子家语疏证序》，载陈士珂辑：《孔子家语疏证》，上海书店1987年版，第1页。

出土文献资料，学者们开始从各个角度对《孔子家语》真伪问题进行研究，这些研究主要可分为两类，一类主《孔子家语》非伪书说，一类重证《孔子家语》伪书说。但总体来看，《孔子家语》"伪书"说开始从"主流"观点变为"非主流"观点。换言之，越来越多的人开始倾向于《孔子家语》并非"伪撰"之书。

（二）王肃与《孔子家语》之关系

王肃曾注解《孔子家语》，为《孔子家语》在后世的广为流传作出了重要的贡献。其《孔子家语序》云：

> 郑氏学行五十载矣。自肃成童，始志于学，而学郑氏学矣。然寻文责实，考其上下义理，不安违错者多，是以夺而易之。然世未明其款情，而谓其苟驳前师，以见异于前人……孔子二十二世孙有孔猛者，家有其先人之书，昔相从学。顷还家，方取已来。与予所论，有若重规叠矩……今或者天未欲乱斯文，故令从予学，故予从猛得斯论，以明相与孔氏之无违也。斯皆圣人实事之论，而恐其将绝，故特为解，以贻好事之君子。①

王肃在《序》中叙述了自己注解《家语》的目的及《家语》一书的由来。此序并无可疑之处，有学者由此序来断定王肃伪造《家语》，恐怕过于武断。历代持王肃"伪造"《家语》说者，不外有以下几种"证据"：一是马昭言《家语》王肃所增加；二是颜师古言《汉书》著录者"非今所有《家语》"；三是《家语》袭《左传》《国语》等书之内容（宋人王柏《家语考》首倡此说，影响尤大）；四是王肃为驳郑，一手伪造《古文尚书》《孔子家语》等书，且《家语》与《孔传》内容多有相近（清人孙志祖、范家相、

---

① 杨朝明、宋立林主编：《孔子家语通解》，齐鲁书社 2009 年版，第 582—583 页。

丁晏等人主此说）。下面笔者逐一分析上述四种"证据"。

第一种"证据"，马昭只是说王肃"增加"，而并未说王肃"伪造"，因此不能据马昭之言而认定王肃"伪造"《家语》。此外，马昭为郑玄后学，有意攻驳王肃以维护师说，王志平先生说："马昭是很强烈地维护师道尊严的人，但更准确的说，马昭是为了维护师严而非道尊。"①此说可谓允当，故马昭所云"《家语》王肃所增加"一语，是值得怀疑的。一是郑玄未曾征引《家语》，则很可能未见《家语》，此由王肃《孔子家语解序》亦可知；二是马昭对王肃"增加"《家语》的指控，也似想当然之说，如果马昭见"未增加"的《家语》原本，则可以条举一二，以明证王肃"增加"，但马昭没有举证，至少从现有文献中无从得知。同样作为郑玄后学的孙叔然虽专门著书反驳王肃，但并未言王肃"伪造"或"增加"《家语》，因此马昭之说，有孤证不立之嫌。②但马昭的说法，无疑对后世影响深远，唐代孔颖达主持编纂的《五经正义》中多次言及的"《家语》王肃所足，故郑不见""《家语》王肃私定""《家语》言多不经，未可据信"等语，当本自马昭之说。刘巍先生说："在《家语》为王肃伪造案锻炼成狱的过程中，马昭的'增加'说虽有发凡起例的功效，群经之疏又有推波助澜的作用。"③此说甚是。

---

① 王志平：《中国学术史·三国两晋南北朝卷》，江西教育出版社 2001 年版，第 148 页。

② 刘巍：《积疑成伪：〈孔子家语〉伪书之定谳与伪〈古文尚书〉案之关系》，《近代史研究》2014 年第 2 期，第 66 页。刘巍先生亦援引郑玄弟子田琼称引《家语》而未攻击王肃为说，这一说法值得商榷。考诸《通典》原文，其云"博士田琼""大理王朗"，而田琼任博士时间为建安、黄初（196—226 年）年间，王朗任大理的时间大致在建安十九年至黄初元年（214—220 年）间，因此田琼称引《家语》当在建安十九至黄初元年（214—220 年）这七年时间里，而这一时段王肃的年龄为 20 至 26 岁（虚岁），考之王肃生平，他在这一年龄段收徒并注解《家语》的可能性不大，因此田琼所引《家语》很有可能不是王肃所注《家语》，换言之，田琼所引《家语》之文很可能出自别本《家语》或他书之引文，因此田氏也就不可能有"攻击"王肃之可能。事实上，田琼所引《家语》曰："绝嗣而后他人，于理为非"，并不见于今本《家语》，这说明田氏"引文"并非出自今本《家语》，抑或是今本《家语》在流传中有脱文。

③ 刘巍：《〈孔子家语〉公案探源》，社会科学文献出版社 2014 年版，第 26 页。

第二种"证据"，即颜师古"非今所有《家语》"之说，涉及古书流传及篇卷演变问题。古书流传过程中，篇卷或有分合，实属正常，若仅凭篇卷之数相异而论真伪，恐失之偏颇。这里需要特别强调的是，颜师古虽称《汉书》著录之《家语》并非唐代所流传之所有《家语》，但并未称"今之《家语》"为伪书，而且清人陈士珂所云"事必两证而后是非明"颇有道理，颜氏并未见"古本"《家语》，因此其"非今所有《家语》"之说，盖只就卷数相异而言。因此，后世学者不应误解颜氏之说，更不应据之作为王肃"伪撰"《家语》的"论据"。关于《孔子家语》之卷数，《汉书·艺文志》著录"《孔子家语》二十七卷"，《隋书·经籍志》著录"《孔子家语》二十一卷"，《旧唐书·经籍志》以下均著录"《孔子家语》十卷"，虽然卷数著录有异，但内容未必差异很大。张固也、赵灿良《〈孔子家语〉分卷变迁考》通过分析敦煌本《家语》残卷的分卷方法，对汉唐时期《家语》分卷变迁作出了较为合理的解释："周秦汉魏时期书写材料主要为简帛，一卷书籍的篇幅通常为二千多字，所以《老子》五千言需要分成上下二卷。《家语》古本平均二千一百字分为一卷，显然是很恰当的。东晋以后纸取代了简帛，书写方式、装帧方式等有所改进，书籍制作更加便利，书卷的篇幅随之增多，一卷书通常都在五千字以上，甚至达到一万字。《家语》王肃注比较简略，所以汉代按其正文分为二十七卷尚属正常，而到唐代即使加上注文，按原来的分卷，每卷也只有一二十页，合为十卷，正是理所当然。"他们进而得出结论："魏代王肃作注时所依据的，毫无疑问就是汉代二十七卷本，因与今本不符而起的伪书说，可以休矣！"[①]张、赵两先生对《家语》分卷变迁的探讨，颇有意义。因此，颜师古"非今所有《家语》"说，实在难以作为王肃"伪撰"《孔子家语》的证据。

第三种"证据"涉及《家语》与《国语》《左传》《说苑》等书的重文问题。王柏《家语考》称："王肃杂取《左传》、《国语》、《荀》、《孟》、二戴《记》

---

① 张固也、赵灿良：《〈孔子家语〉分卷变迁考》，《孔子研究》2008年第2期。

之余绪，混乱精粗，割裂前后，织而成之，托以安国之名。"①王柏此说实开后世"论证"王肃抄袭他书之风气。据刘巍先生的研究，王肃注解《家语》实际上做了大量严谨的校勘工作，一方面王肃注解《家语》时明白举出所引典籍名称，另一方面虽然王肃有时未引书名，但引文也是出于考校的目的。王柏根据《家语·后序》，加以曲解后提出所谓《家语》历经数变、弥失本真之说，又兼据王肃之校勘工作，调转方向以为其"杂取"与伪托，是故从证据运用上，对今本《家语》采用了"买椟还珠"的方式，从动机与逻辑上看，是《中庸》分篇说之无根推演的结果。这是王柏所谓王肃伪造《家语》说之真谛。②这一考证颇有道理。古书有重文是很正常的现象，《家语》在成书过程中参考他书，它书在成书过程中参考《家语》，或者《家语》与他书同源都是有可能的。无论哪种因素所占比例大，都无法证明王肃伪造了《家语》，而王肃只是注解者。

第四种"证据"涉及王肃"伪造"诸书驳难郑玄的问题。其中，常被"证伪"者所称道的"证据"是《家语》与《孔传》内容多有"一致"之处。这里所谓的"一致"之处，可用前文所述吴承仕《〈尚书〉传王、孔异同考》一文之方法考证。实际上，《家语》与《孔传》互有异同，"证伪者"之所以将"一致"作为证据，完全是"扶同排异"的片面之见，是以对王肃人品的怀疑为前提的。因此可以说，王肃伪造《古文尚书》《孔子家语》《孔丛子》等书的说法，都有这种预设之成分，甚至起了非常重要的作用。刘咸炘先生曾云："若因反郑而造古书则太费事，非人情！"③以此推之，王肃若真如王柏所言，通过"混乱精粗，割裂前后"来伪造《家语》，不仅不合"人情"，恐怕也不合王肃儒者之风范。

综上可知，王肃并未"伪造"《孔子家语》，王肃"伪作"说应当摒弃。王肃注解《孔子家语》，颇有助于《家语》之流传，其有功于后世颇大，

---

① （宋）王柏：《鲁斋集》卷九《家语考》，第 123 页。
② 参见刘巍：《〈孔子家语〉公案探源》，第 69—94 页。
③ 刘咸炘著，黄曙晖编校：《丛书别录·孔丛子》，第 432 页。

后世学者不应妄意古人，特别是涉及"伪书"问题，更应言之有理、持之有据。

三、王肃与《孔丛子》"伪书"公案

(一)《孔丛子》"伪书"公案之源流

《孔丛子》亦称《孔丛》，其为目录学书所著录，始见于唐代《隋书·经籍志》："《孔丛》七卷，陈胜博士孔鲋撰……《孔丛》《家语》，并孔氏所传仲尼之旨。"① 此后，历代史志、目录多有著录，《旧唐书·经籍志》云："《孔丛子》七卷，孔鲋撰。"② 而《新唐书·艺文志》云："《孔丛》七卷。"③ 宋王尧臣等编《崇文总目》"杂家"类著录"《孔丛子》三卷"，而晁公武《郡斋读书志》"杂家"类著录"《孔丛子》七卷"。《宋史·艺文志》云："《孔丛子》七卷，汉孔鲋撰。朱熹曰：'伪书也。'"④ 由上可知，唐、五代时期《孔丛》《孔丛子》之名并行，宋代以后独称《孔丛子》，而且，《孔丛子》在宋代以前并未被世人所怀疑，北宋庆历以后，疑经、惑经之风兴起，《孔丛子》"伪书"说亦随之而起。

南宋洪迈首先怀疑《孔丛子》为伪书，其在《容斋三笔》中云：

> 所谓《丛子》者，本陈涉博士孔鲋子鱼所论集，凡二十一篇，为六卷。唐以前不为人所称，至嘉祐四年，宋咸始为注释以进，遂传于世。今读其文，略无楚、汉间气骨，岂非齐、梁以来好事者所作乎？

① （唐）魏徵等：《隋书》卷三二，第 904 页。
② （后晋）刘昫：《旧唐书》卷四六，第 983 页。
③ （宋）欧阳修、宋祁：《新唐书》卷五七，第 788 页。
④ （元）脱脱等：《宋史》，中华书局 1977 年版，第 528 页。

洪迈怀疑《孔丛子》为南朝齐梁之人所作，朱熹亦从文字气骨、粗细等方面怀疑《孔丛子》为伪书，《朱子语类》记载朱子之言：

> 《尚书孔安国传》，此恐是魏晋间人所作，托安国为名，与毛公《诗传》大段不同。今观序文亦不类汉文章。汉时文字粗，魏晋间文字细。如《孔丛子》亦然，皆是那一时人所为……后汉人作《孔丛子》者，好作伪书……只《孔丛子》说话，多类东汉人文，其气软弱，又全不似西汉人文……《孔丛子》乃其所注之人伪作。读其首几章，皆法《左传》句，已疑之。及读其后序，乃谓渠好《左传》，便可见。①

上引材料中，关于《孔丛子》的"伪作"者，朱熹提出了魏晋人、东汉人、宋咸等三种说法。可见朱熹只是怀疑，而没有明显的证据。南宋学者持《孔丛子》"伪书"说者，尚有杨简、高似孙、陈振孙、叶适、薛季宣等人。与此同时，持《孔丛子》"不伪"说者，亦大有人在。郑樵《通志》著录《孔丛子》，言"陈胜博士孔鲋撰"。晁公武《郡斋读书志》也认为《孔丛子》作者为孔鲋。此外，范处义、王蘭、吕祖谦、卫湜、王应麟、叶廷珪、章如愚等人亦信《孔丛子》为真。②

　　元明时期，学者对于《孔丛子》真伪问题各有认同，可谓众说纷纭。降至清代，由于受《古文尚书》《孔子家语》"伪书"公案的直接影响，《孔丛子》"伪书"说几乎成为"定谳"。其中，丁晏、皮锡瑞等人所认定的王肃"一手伪造"说，影响巨大。丁晏《尚书余论》搜集了王肃"伪作"《古文尚书》的二十三条"证据"，其中，第一、二两条"证据"主要论述《家

---

① （宋）黎靖德编，王星贤点校：《朱子语类》卷七八、一二五、一三七，第1823、2988、3272页。
② 孙少华：《试论〈孔丛子〉研究的五个分期》，载《齐鲁文化研究》总第六辑，齐鲁书社2007年版，第252页。

语》和《孔丛子》为王肃一手伪造，揭示王肃有作伪之前科，进而预设王肃伪造《古文尚书》。皮锡瑞对丁晏之论颇为赞同，并进而申说："（王肃）伪造孔安国《尚书传》《论语注》《孝经注》《孔子家语》《孔丛子》，共五书，以互相证明；托于孔子及孔氏子孙。"[①] 虽然学界也有不同看法[②]，但《孔丛子》"伪书"说基本成为学界"主流"看法。直到 20 世纪 70 年代以后，随着简帛文献的出土，这一"主流"看法，才逐渐有所改变。

（二）王肃与《孔丛子》之关系

罗根泽先生《孔丛子探源》一文称："《孔丛子》东汉各书不见征引，始征引者见王肃的《圣证论》，他说：'学者不知孟轲字，《子思》书及《孔丛子》有孟子车，即是轲也。轲少居贫坎坷，故名轲字车也。'"[③] 据罗先生之说，王肃作为最早征引《孔丛子》的学者，与《孔丛子》关系密切。如前所述，宋元明时期的学者虽然怀疑《孔丛子》为伪书，但直到清代学者们才开始明确怀疑王肃"伪造者"，丁晏《尚书余论》认为王肃一手伪造《古文尚书》《孔子家语》《孔丛子》，皮锡瑞发挥丁说，认为王肃伪造孔安国《尚书传》《论语注》《孝经注》《孔子家语》《孔丛子》等五书。臧琳《经义杂记》云："尝疑《孔子家语》、孔安国《书》传、《孔丛子》皆出肃手，故其文往往互相祖述。"顾实《重考古今伪书考》云："《孔丛子》《孔子家语》并出王肃依托。"黄云眉《古今伪书考补证》、罗根泽《孔丛子探源》等亦主此说。由于《古文尚书》《孔子家语》"伪书"公案的影响，《孔丛子》王肃"伪作"说几乎被视为定谳。当然，在当时亦有持不同意见者，如刘咸炘《旧书别录》云：《孔丛子》被丁晏《尚书余论》"定为与《古文尚书》《家语》同为王肃所造，此则未免臆断"，"然王肃造《书》之说本无显证，

---

① （清）皮锡瑞著，周予同注释：《经学历史》，第 106 页。

② 如张之洞《书目答问·子部》云："《孔丛子》三卷（《汉魏丛书》本三卷。儒，有依托，不尽伪。金山钱氏有宋咸注七卷本，未刊）。"

③ 罗根泽：《孔丛子探源》，《古史辨》第 4 册，上海古籍出版社 1982 年版，第 193 页。

特近儒以其反郑而臆之，实则肃欲反郑，增窜古书以为己证可也，若因反郑而造古书则太费事，非人情！"①刘咸炘先生从现实人情角度来推测，颇有道理，但尚缺乏有力论证。

20世纪70年代以后，随着出土文献的大量问世，学者们开始重新审视王肃"伪作"之说。李学勤先生《竹简家语与汉魏孔氏家学》一文认为："今本《古文尚书》《孔丛子》《孔子家语》很可能陆续成于孔安国、孔僖、孔季彦、孔孟等孔氏学者之手，有很长的编纂、改动、增补过程，它们是汉魏孔氏家学的产物。"②黄怀信先生《〈孔丛子〉的时代与作者》一文开篇即对王肃"伪造"说进行了驳斥：

> 前人论证《孔丛子》出王肃之手，实际论据可以说只有以下两条：一为其书有与王肃相同之说；一为王肃最先征引其书并造了孟轲的字……事实上，两条论据均不切实。因为：说相同，固然有祖述的可能，但未必就出王肃。要证其出自王肃，必须有切实的证据证明其书之撰作或流传与王肃有关，至少其书、其说之产生得不早于王肃。而事实是，其书不仅撰作、流传与王肃没有任何关系，而且时代也早于王肃。即以后一论据言，孟轲的字，《孔丛子》并未直言，只是《杂训篇》第三节载："孟子车尚幼，请见子思，子思甚悦其志"，第九节又云："孟轲问（子思）牧民何先"。据此，前之"子车"有可能就是孟轲的字。王肃魏"即是轲也"，无疑本之于此。古人的名与字往往有意义上的联系，"轲"《说文》训"接轴车"，那么名轲字车的意义显而易见……据此一点，即知孟轲字车必非王肃所造。再说王肃明言其事还见《子思》书，而《子思》明著于《汉书·艺文志》，又怎么能是王肃所造？司马迁、班固各家未言，可能是由于《子思》

---

① 刘咸炘著，黄曙晖编校：《丛书别录·孔丛子》，第432页。

② 李学勤：《竹简家语与汉魏孔氏家学》，《孔子研究》1987年第2期。

　　书没有直言的缘故……孟轲字既非王肃所造，那么"始征引"之事就只能说明《孔丛子》出在王肃之前而非王肃所造，不管前人征引与否。《孔丛子》既出王肃之前，"说相同"就不能成为王肃伪造的证据。[①]

　　黄先生此论，切中肯綮，诚为不刊之论。因此，王肃伪造《孔丛子》的说法，是没有依据的诬告。而这一"诬告"，与当时《古文尚书》《孔子家语》"伪书"公案以及疑古思潮有密切的关系，这是《孔丛子》"伪书"案的学术史缘由。

　　综上可知，王肃既然并未"伪造"《孔丛子》，而其被卷入《孔丛子》"伪书"公案，当是后世"积疑成伪"而"层累"造成的结果。

第四节　王肃散文述论

　　王肃在其政治生涯中，恪尽职守，积极进言献策，其论驳朝廷典制、郊祀、宗庙、丧纪、轻重等重大问题的奏疏、文章，多达一百余篇。严可均《全上古三代秦汉三国六朝文》辑录了王肃所撰《格虎赋》《谏征蜀书》《秘书不应属少府表》《陈政本疏》《上疏请恤役平刑》《宗庙颂》《家戒》等文章共计35篇。

一、表类

　　王肃今存表类文章有《请为大司马曹真临吊表》《奉诏为瑞表》《论秘书丞郎表》《秘书不应属少府表》《表》《贺瑞应表》等6篇。太和四年

---

① 黄怀信：《〈孔丛子〉的时代与作者》，《西北大学学报》1987年第1期。

（230 年），大司马曹真去世，王肃上《请为大司马曹真临吊表》，请魏明帝曹叡为大司马曹真临吊，王肃云："在礼：大臣之丧，天子临吊；诸侯之薨，又庭哭焉；同姓之臣，崇于异姓……可依旧礼，为位而哭之，敦睦宗族。"① 曹叡听从了王肃的建议，为曹真临吊，并"张帐而哭之"。太和六年（232 年），魏明帝曹叡诏问："受禅碑生黄金白玉，应瑞否？"王肃上《奉诏为瑞表》："以始改之元年，嘉瑞见于践祚之坛，宜矣。"② 王肃认为受禅碑生黄金白玉为嘉瑞之兆。《论秘书丞郎表》和《秘书不应属少府表》是王肃以散骑常侍领秘书监之后所上之表，旨在提高秘书监、秘书丞郎的地位。③《表》云："夫城之有郭，犹里之有表，骨之有皮。表里各异，则保障不完；皮骨分离，则一体不具。"④ 这里王肃强调城郭的重要性。《贺瑞应表》是王肃承"祖庙、文昭庙鱼生于鼎"之事所上贺表，王肃云："臣闻《易·中孚彖》曰：'信及豚鱼'，言中和诚信之德，下及豚鱼，则无所不及。"⑤ 从中可知王肃对"符瑞"之事并非完全排斥。需要说明的是，王肃注经虽摒弃谶纬，但在生活、政事上却对符瑞、相术等较为迷信。⑥

二、疏议类

王肃疏议类的文章较多，为便于论述，再按疏类、议类分别述之。

---

① （清）严可均辑，马志伟审订：《全三国文》卷二三，第 223 页。
② （清）严可均辑，马志伟审订：《全三国文》卷二三，第 223 页。
③ 详见本书第五章第一节"王肃仕宦与事功考略"，此不赘述。
④ （清）严可均辑，马志伟审订：《全三国文》卷二三，第 224 页。
⑤ （清）严可均辑，马志伟审订：《全三国文》卷二三，第 224 页。
⑥ 如《三国志·王肃传》记载："时有二鱼长尺，集于武库之屋，有司以为吉祥。肃曰：'鱼生于渊而亢于屋，介鳞之物失其所也。边将其殆有弃甲之变乎？'其后果有东关之败。"又《三国志·朱建平传》载："肃年六十二，疾笃，众医并以为不愈。肃夫人问以遗言，肃云：'建平相我逾七十，位至三公，今皆未也，将何虑乎！'而肃竟卒。"可见王肃对符瑞、相术比较迷信。

（一）疏

王肃今存疏类文章有《谏征蜀疏》《陈政本疏》《请山阳公称皇配谥疏》《上疏请恤役平刑》等4篇。《谏征蜀疏》是王肃向魏明帝进言，劝谏大司马曹真征蜀的奏疏。《陈政本疏》是王肃向魏明帝陈述为政之本的奏疏，王肃认为为政之本在于："除无事之位，损不急之禄，止浮食之费，并从容之官。"奏疏中王肃引用《尚书》《周礼》《礼记》之言为证，建议"复五日视朝之仪，使公卿尚书各以事进"①。《请山阳公称皇配谥疏》是王肃请求明帝为山阳公（汉献帝刘协）称皇配谥的奏疏，王肃虽晓之以"礼"，但不被明帝所采纳。《上疏请恤役平刑》是王肃建议明帝"恤民宽刑"的奏疏，疏中王肃多次指出诚信、公正、为君表率的重要性，并多次称引往圣先贤之语，如"仲尼曰自古皆有死，民非信不立""孟轲称杀一无辜而取天下，仁者不为也""周公曰天子无戏言，言则史书之，工诵之，士称之"等。此疏篇幅较长、言辞恳切，可见王肃忠诚、恤民之心。②

（二）议

王肃今存议类著述均与具体礼仪制度、规定有关，有《禘祭议》《又奏（禘祫议)》《议祀圜丘方泽宜宫县乐八佾舞》《又议》《郊庙乐舞议》《告瑞祀天宜以地配议》《祀社议》《祀五郊六宗及厉殃议》《已迁主讳议》《诸王国相宜为国王服斩缞议》《王侯在丧袭爵议》《吊陈群母议》《腊议》等13篇。

《禘祭议》是关于武宣皇后禘祭之议，武宣皇后太和四年六月崩，至六年三月，有司以今年四月禘告，王肃认为："今宜以崩年数……今当计

---

① （清）严可均辑，马志伟审订：《全三国文》卷二三，第225页。
② 由于以上奏疏在第五章第一节"王肃仕宦与事功考略"中已多有论及，为避免重复，此处仅作简要论述。

始除服日数，当如礼，须到禫月乃禘。"① 王肃所议，应当是合理的。《又奏〈禘祫议〉》是王肃关于禘、祫议的进一步申论，奏疏中王肃认为："禘祫殷祭，群主皆合，举祫则禘可知也。"王肃对郑玄的观点进行了反驳："郑玄以为禘者各于其庙。原其所以，夏商夏祭曰禘，然其殷祭亦名大禘。《商颂》长发，是大禘之歌也。至周改夏祭曰礿，以禘唯为殷祭之名。周公以圣德用殷之礼，故鲁人亦遂以禘为夏祭之名。是以《左传》所谓'禘于武宫'，又曰'烝尝禘于庙'，是四时祀，非祭之禘也。郑斯失矣。至于经所谓禘者，则殷祭之谓。郑据《春秋》，与大义乖。"② 杜佑《通典》在此条下注曰："按太和八年用王肃议。"③ 可见王肃奏议被朝廷采纳。王肃认为祭祀圜丘、方泽，应当使用宫县乐、八佾舞，其在《议祀圜丘方泽宜宫县乐八佾舞》中云："礼，天子宫县，舞八佾。今祀圜丘方泽，宜以天子制，设宫县之乐，八佾之舞。"④《又议》中王肃云："说者以为周家祀天，唯舞《云门》；祭地，唯舞《咸池》；宗庙，唯舞《大武》，似失其义矣……高皇帝、太皇帝、太祖、高祖、文昭庙，皆宜兼用先代及《武始》《太钧》之舞。"⑤ 王肃这次奏议的结果是："有司奏'宜如肃议'，奏可。"⑥《郊庙乐舞议》中，王肃建议郊庙祭祀使用《周礼》所记六律、五声、八音、六舞的大合乐。王肃《告瑞祀天宜以地配议》云："礼，有事于王父，则以王母配，不降于四时，常祀而不配也。且夫五精之帝，非重于地，今奉嘉瑞以告，而地独阙，于义未通。以地配天，于义正宜。"⑦ 对于王肃之议，诏曰："祀天以地配，此既正义，今告瑞祭于五精之帝，则地不得阙也。"⑧ 可

---

① （清）严可均辑，马志伟审订：《全三国文》卷二三，第 227 页。
② （清）严可均辑，马志伟审订：《全三国文》卷二三，第 227 页。
③ （唐）杜佑：《通典》卷四九，第 1382 页。
④ （清）严可均辑，马志伟审订：《全三国文》卷二三，第 228 页。
⑤ （清）严可均辑，马志伟审订：《全三国文》卷二三，第 228 页。
⑥ （南朝梁）沈约：《宋书》卷一九，第 538 页。
⑦ （清）严可均辑，马志伟审订：《全三国文》卷二三，第 229 页。
⑧ （唐）杜佑：《通典》卷五五，第 1546 页。

见王肃之议被采纳。王肃为经学大师，熟悉礼制，其礼制奏议常被官方采纳，从中亦可见其经师之地位。

《祀社议》云："太尉等祭祀，但称名不称臣，每有事须告，皆遣祝史。"[1]这只是一条祭祀时需注意的事项，因仅存此单句，故无法详知王肃《祀社议》之内容。在《祀五郊六宗及厉殃议》中，王肃认为"厉殃"为"汉之淫祠"，故不应祭祀。关于王肃所议"五郊六宗"，因材料缺失，无从得知。《已迁主讳议》是王肃关于已迁之主（高皇帝）是否继续讳名的奏议，王肃举《仪礼》《周礼》《尚书》《春秋》《诗经》等经书的具体例证，得出结论："今可太祖以上去墠乃不讳，讳三祖以下。尽亲如《礼》，唯《诗》《书》临文庙中不讳。自此以后，虽百代如汉氏故事，臣妾唯不得以为名字。其言事不讳，所谓'魏国于汉，礼有损益，质文随时'，亦合尊之大义也。"[2]王肃"舍旧而讳新""质文随时"的主张，与"礼时为大"之精神颇为相合，对后世亦有较大影响。魏尚书左丞王畏除陈相，未到国而王薨，议者或以为宜齐缞，或以为宜无服，王肃《诸王国相宜为国王服斩缞议》云："今畏为王相，未入国而王薨，义与女未入门夫死同，则畏宜服斩缞，既葬而除之，此礼之明文也。《礼》曰'与诸侯为亲者服斩'，虽有亲，为臣则服斩缞也。臣为其君服之，或曰宜齐缞，不亦远于《礼》乎？"[3]应该说，王肃的奏议颇为合礼、合理，故"诏如肃议"。

汉献帝刘协去世，其孙刘康袭爵。关于刘康服丧期间如何着服受爵，王肃《王侯在丧袭爵议》云："尊者临卑，不制缞麻，故为之素服。今康处三年丧，在缞绖之中，若因丧以命之，则无复素服。若以尊崇王命，则吉服以拜受。按《尚书》，康王受策命，吉服而受之。事毕，又以吉服出应门内，以命诸侯。皆出，然后王释冕服。故臣以为诸侯受天子之命，宜以吉服。又《礼》：'处三年之丧，而当除父兄之丧服，除服

---

[1] （清）严可均辑，马志伟审订：《全三国文》卷二三，第229页。

[2] （清）严可均辑，马志伟审订：《全三国文》卷二三，第229—230页。

[3] （清）严可均辑，马志伟审订：《全三国文》卷二三，第230页。

卒事，然后反丧服。'则受天子命者，亦宜服其命服，使者出，反丧服，即位而哭，既合于礼，又合人情。"① 王肃借鉴《尚书》康王之事，又有所损益，提出了既合礼又合人情的奏议，故"诏从之"。司空陈群母亲去世，明帝遣使问礼，王肃上《吊陈群母议》："礼，臣有父母之丧讣，君吊之，吊诸臣之母，当从夫爵。"② 此外，王肃还有《腊议》，因文字简短，难知其意。

以上所述为王肃关于具体礼制的奏议，从"诏如肃议""宜如肃议，奏可"等记载可知，王肃的礼制奏议屡次被皇帝所认同、采纳。由此可见，王肃对经典、礼制之熟稔，不愧是三国时期遍注群经的著名经师。

三、答类

王肃今存答类著述有《答尚书难》《答刘氏弟子问》《答尚书访》《答武竺访》等 4 篇，这类文章主要是王肃关于礼仪问题的回答。魏明帝太和六年（232 年），尚书难王肃以"曾子问唯祫于太祖，群主皆从，而不言禘，知禘不合食"。王肃答曰："禘祫殷祭，群主皆合，举祫则禘可知也。"③ 此即《答尚书难》，王肃以"举祫则禘可知"反驳尚书之难。司徒广陵陈矫，字季弼，本刘氏，养于陈氏，及其薨，刘氏弟子疑所服，以问王肃。王肃答曰："昔陈司徒丧母，诸儒陈其子无服，甚失礼矣。为外祖父母小功，此以异姓而有服者。岂不以母之所生，反重于父之所生？不亦左乎？为人后者，其妇为舅姑大功。妇，他人也，犹为夫故父母降一等；祖，至亲也，而可以无服乎！推妇降一等，则子孙宜依本亲而降一等。"④ 此即《答刘氏弟子问》，王肃依妇之礼，推而答之，既合礼又巧妙。景初三年（239

---

① （清）严可均辑，马志伟审订：《全三国文》卷二三，第 230—231 页。

② （清）严可均辑，马志伟审订：《全三国文》卷二三，第 231 页。

③ （清）严可均辑，马志伟审订：《全三国文》卷二三，第 231 页。

④ （清）严可均辑，马志伟审订：《全三国文》卷二三，第 231 页。

年），魏明帝曹叡去世。尚书就相关丧礼问题多次询问王肃，今存《答尚书访》中记载了王肃三答尚书之访。其中，关于祝文称谓问题，王肃答曰："礼称曾孙某，谓国家也。荀爽、郑玄说皆云'天子诸侯事曾祖以上，皆称曾孙'。"[1] 王肃在回答时引用荀爽、郑玄之说，可见王肃虽多有驳郑，但亦尊崇郑说。魏尚书郎武竺因有同母异父昆弟之丧，就礼仪问题访王肃。王肃据子思书曰："言氏之子达于礼乎？'继父同居，服周'，则子宜大功也。"[2] 此即《答武竺访》，王肃以"继父同居"之礼作答，认为武竺应为其同母异父之昆弟服大功之服。

四、其他类

除以上三类外，王肃今存著述还有《广平太守下教问张飊家》《与广陵太守书》《宗庙颂》《贺正仪》《纳征辞》《家诫》《格虎赋》《〈孔子家语解〉序》等8篇。

魏齐王正始元年（240 年），王肃出任广平太守。王肃在京都时即已闻隐士张飊之名，任广平太守后，便遣人问之，而此时张飊已去世，王肃痛惜之，"遣吏劳问其家，显题门户，务加殊异，以慰既往，以劝将来"[3]，此即《广平太守下教问张飊家》之由来。可见王肃对笃学隐士的尊敬。《与广陵太守书》仅存有"昔瓠巴鼓瑟，六马仰秣"一句，未知其详。《宗庙颂》云："明德惟馨，昊天子之；眷佑我魏，薄言起之。起之伊何，黎元时雍；子之伊何，历数在躬。于乎盛哉，神明是通。湛湛甘露，济济醴泉；或涌于地，或降于天。天地交泰，品类蕃芜；祥瑞嘉应，其集如雨。屡获丰年，谷我士女；祖考既飨，于欢乐胥。"[4] 这是王

---

① （清）严可均辑，马志伟审订：《全三国文》卷二三，第 231 页。

② （清）严可均辑，马志伟审订：《全三国文》卷二三，第 232 页。

③ （清）严可均辑，马志伟审订：《全三国文》卷二三，第 232 页。

④ （清）严可均辑，马志伟审订：《全三国文》卷二三，第 233 页。

肃所作希望宗庙神灵保佑魏国之诗。《贺正仪》仅存有"元正首祚，璇机改度，伏称万寿"①一句，曹髦即位后改元为正元元年，而王肃于诗中称"元正首祚"，笔者推测此诗或是王肃贺高贵乡公曹髦即位而作。《纳征辞》仅存有"玄纁束帛，俪皮雁羊"②一句，《仪礼·士婚礼》云："纳吉用雁，如纳采礼。纳征：玄纁束帛，俪皮。如纳吉礼。"王肃《纳征辞》当本自《仪礼·士婚礼》，而所用之"羊"，当是曹魏时期所兴之礼，此为"礼，时为大"之证。《格虎赋》仅存有"羽骑云布，兰车星陈"③一句，难知其详。

汉代以后，伴随经学传家的兴起，家庭教化为当时社会所特别重视，遂出现许多家戒、家训类著述④，王肃《家戒》即是其一，其云："夫酒所以行礼，养性命欢乐也，过则为患，不可不慎。是故宾主百拜，终日饮酒，而不得醉，先王所以备酒祸也。凡为主人饮客，使有酒色而已，无使至醉。若为人所强，必退席长跪，称父诫以辞之，敬仲辞君，而况于人乎？为客又不得唱造酒史也，若为人所属，下坐行酒，随其多少。犯令行罚，示有酒而已，无使多也。祸变之兴，常于此作，所宜深慎。"⑤王肃此《家诫》旨在强调饮酒适度，不可过量，颇有规劝意义。《〈孔子家语解〉序》是王肃为其《〈孔子家语〉解》所作之序，序中王肃言注解《孔子家语》的主旨是郑玄经注"义理不安，违错者多，是以夺而易之"。同时王肃也述及此书之由来："孔子二十二世孙有孔猛者，家有其先人之书，昔相从学，顷还家，方取以来，与予所论，有若重规叠矩。"⑥后世或以王肃伪撰

---

① （清）严可均辑，马志伟审订：《全三国文》卷二三，第233页。
② （清）严可均辑，马志伟审订：《全三国文》卷二三，第233页。
③ （清）严可均辑，马志伟审订：《全三国文》卷二三，第223页。
④ 如东方朔《诫子书》、郑玄《诫子书》、高义方《清戒》、诸葛亮《诫子书》、王肃《家戒》、王昶《家戒》、荀爽《女诫》、程晓《女典篇》、嵇康《家诫》、李充《起居诫》、颜之推《颜氏家训》等。
⑤ （清）严可均辑，马志伟审订：《全三国文》卷二三，第233页。
⑥ （清）严可均辑，马志伟审订：《全三国文》卷二三，第232页。

《孔子家语》，并视此序为其"作伪证据"，殊不得当。[①]

本章小结

本章主要从王学与郑学比较研究、王肃与魏晋玄学、王肃与"伪书"公案、王肃散文研究等四个方面来展开论述。"郑王之争"是经学史上的一桩学术公案，通过对郑玄、王肃经注的比较，可以发现几个非常明显的特点，一是郑玄、王肃经注互有异同，各有优劣；二是王肃注经对郑玄经注多有择从，并非一味驳郑；三是王肃注经引申义理、摒弃谶纬、援道入儒，不少解释胜于郑说。因此可知，王肃"驳郑"虽有某种意气成分，但更主要是针对具体经注而发，可谓对注不对人。郑玄、王肃均为礼学大家，礼制争论是郑王之争的焦点，通过比较郑、王礼制观点的异同，可以发现王肃"驳郑"的实质是学术之争，而非出于某种政治目的。郑王之争，是一种较为纯粹的学术之争，属正常的学术论辩范畴，后人不应以此质疑王肃的人品与动机。怀疑王肃"伪作"《古文尚书》《孔子家语》《孔丛子》等书，实际上是一种先入为主的预设偏见，或者说是一种轻率的盲从，缺乏理性精神。"证伪者"无法提供王肃"伪造"诸书的实质性"证据"，只是想当然地认为王肃会"伪造"，对王肃作"有罪推定"。从某种意义上来讲，王肃"伪作"说，是"层累"造成的学术史"产物"。

王肃经学下启魏晋玄学，对魏晋玄学的产生有重要的影响。王肃解经具有摒弃谶纬、删繁化简的特点，同时从王肃、王弼与荆州学派之关系，王肃儒道兼修、引申义理，以及王弼注《易》多承王肃《易》说等方面可知王肃经学对魏晋玄学的直接影响。王肃为曹魏著名学者，尤精于三礼，

---

① 参见本章第三节中的"王肃与《孔子家语》'伪书'公案"部分。

其所论驳朝廷典制、郊祀、宗庙、丧纪、轻重等重大问题的奏疏、文章，多达百余篇。这些文章属于政论性散文，据严可均《全三国文》可知，王肃此类文章今存者共计 35 篇，主要分为表类、疏议类、答类等。这些文章对了解王肃经学思想、政治理念颇有帮助。

第七章　王僧孺研究

　　王僧孺是东海王氏的第九代，历仕南朝齐梁二朝，官至尚书左丞，为著名的文学家、藏书家、谱学家。王僧孺擅长诗文，其文丽逸，多用新事，为世人所推重。王僧孺曾游于竟陵王萧子良西邸，与当时文学名家特别是"竟陵八友"多有交游。《梁书》《南史》等史书多言"东海王僧孺"，可见其名望之高。

第一节　王僧孺仕宦与事功考略

　　王僧孺（463—522 年）[①]，字僧孺，东海郯人，魏卫将军王肃八世孙。曾祖王雅，晋左光禄大夫，仪同三司。祖父王准之，南朝宋司徒左长史。父亲王延年，员外常侍，未拜卒。东海王氏自第一代王朗仕宦显达，奠定根基，第二代王肃继起，仕宦、学术成就均不同凡响，从而进一步奠定了东海王氏的基础。后辈之人，亦不乏仕进者，可见东海王氏作为文化世家在政治上的持续影响力。不过，东海王氏至第八代王延年而衰落，王延年去世后，王僧孺母子相依为命，生活困苦。所谓"艰难困苦，玉汝于成"，王僧孺在贫寒困苦的环境下佣书苦读，并走上仕途，成为南朝萧梁时期著名文人、学者，使东海王氏呈现复兴之气象。王僧孺一生跨越南朝宋齐梁

---

① 关于王僧孺生卒年，请参照本书附录三《王僧孺年谱简编》。

三代，仕齐梁二朝，自永明三年（485 年）入仕到普通三年（522 年）卒，仕宦生涯长达近四十年。

一、仕齐

《梁书》本传云："（王僧孺）仕齐，起家王国左常侍、太学博士。"①《资治通鉴》卷一三六"永明三年"条下记载："正月……诏复立国学。释奠先师，用上公礼。"②齐武帝复立国学，发展教育。当时虽有"国学"和"太学"之名，但事实上二者指同一所学校，为一校二名，国学隶属于太学，是太学内部的一个教学单位。由于国学以上层贵族子弟为培养对象，因此"国学"的地位和名声高于"太学"，所以"国学"常常取代"太学"而成为国家官学的习惯通称。③由此可以推知，王僧孺很可能于永明三年（485年）任太学博士。这是王僧孺仕宦生涯的开始，不过太学博士在当时品位较低，仅为八品。齐武帝永明五年（487 年），竟陵王萧子良正位司徒，移居鸡笼山邸。王僧孺因善辞藻而被竟陵王召入府邸，且与徐勉俱为学林，为学人所推重。④竟陵王萧子良使王僧孺撰"众书"，僧孺答谢，作《谢齐竟陵王使撰众书启》。齐武帝永明六年（488 年），王僧孺为丹阳尹王晏召为郡功曹，《梁书》本传云："尚书仆射王晏深相赏好。晏为丹阳尹，召（僧孺）补郡功曹，使僧孺撰《东宫新记》。"⑤王晏为琅邪临沂人，二人可能因地缘而交好。永明六年，王晏由太子詹事转丹阳尹，辟僧孺为郡功曹。因王晏曾任太子詹事，又僧孺以辞藻见长，故王晏请王僧孺撰《东宫新记》。

---

① （唐）姚思廉：《梁书》卷三三，第 469 页。

② （宋）司马光：《资治通鉴》卷一三六，中华书局 2009 年版，第 4265—4266 页。

③ 张连生：《六朝太学与国学考辨》，《史学集刊》2006 年第 5 期。

④ （唐）李延寿：《南史》卷五九，第 1460 页。

⑤ （唐）姚思廉：《梁书》卷三三，第 469 页。

永明七年（489 年），王晏改任吏部尚书，僧孺迁大司马豫章王萧嶷行参军，兼太学博士。永明十年（492 年）四月，豫章王萧嶷卒。僧孺为文惠太子萧长懋所赏，召入东宫，直崇明殿①。第二年正月，文惠太子卒，僧孺为王晏之子晋安郡守王德元辟为郡丞，并作《在王晋安酒席数韵》。可见，王僧孺与王晏父子交好。之后，王僧孺除侯官令。建武四年（497 年）正月，明帝萧鸾怀疑王晏欲谋反，遂诛杀王晏父子及党人。王僧孺与王晏父子交好，故因王晏之事而免官。建武四年②，王僧孺为扬州刺史萧遥光荐为尚书仪曹郎，后迁治书侍御史，出为钱唐令③。萧遥光所荐之表，乃出于任昉手笔，任昉曾与王僧孺同游于竟陵王萧子良府中，且交谊甚笃，故其对僧孺颇为了解，评价亦颇中肯。王僧孺任治书侍御史后，吴均曾作有《入兰台赠王治书僧孺》一诗。随后，王僧孺出任钱塘令，任昉作《赠王僧孺》一诗，情意真切。

永元元年（499 年），萧遥光举兵谋反，被诛。王僧孺亦受牵连而辞官归家。以上为王僧孺的仕齐经历。

二、仕梁

天监元年（502 年），梁武帝萧衍称帝，建梁代齐。天监初年，王僧孺仕梁，任临川王后军记室参军，待诏文德省。天监二年（503 年），王僧孺出任南海太守，不仅限禁了当地无禁忌的杀牛习俗，保护了生态的平衡，还以"昔人为蜀部长史，终身无蜀物"为鉴，洁身自好，"不以越装遗子孙"④，可见其境界之高。此外，王僧孺还注重选贤任能，其到任之初即作《南海郡求士教》。王僧孺为政两年，政绩可观，颇为当地百姓所认

① （唐）姚思廉：《梁书》卷三三，第 469 页。
② 建武初，即建武四年，参见本书附录三《王僧孺年谱简编》。
③ （唐）姚思廉：《梁书》卷三三，第 470 页。
④ （唐）李延寿：《南史》卷五九，第 1460 页。

可、拥戴。在其应诏离任之际，当地百姓有六百余人到其官衙两阙处请其留任。当时吏治腐败，"今天下宰守所以皆尚贪残，罕有廉白者，良由风俗侈靡使之然也"①，而王僧孺能够做到为官清廉、不谋私利，堪称表率。

天监四年（505 年），王僧孺应诏回朝，"拜中书郎，领著作，复直文德省，撰《中表簿》及《起居注》"②。《中表簿》是关于皇亲国戚的谱录，而《起居注》是记录帝王起居活动的言行录，王僧孺专门负责此二事，其见重可知。天监六年（507 年），王僧孺迁尚书左丞，领著作如故。不久，又任游击将军，兼御史中丞。《梁书》本传载："僧孺幼贫，其母鬻纱布以自业。尝携僧孺至市，道遇中丞卤簿，驱迫沟中。及是拜日，引驺清道，悲感不自胜。"③王僧孺任御史中丞之日，有卫队开道。此时，他回想起当年中丞卫队开道时自己跌入沟中的情景，感怀不已。这个场景虽然简单，但透露了一些信息，一是王僧孺幼贫，与母亲相依为命。《南史》本传云："父延年，员外常侍，未拜卒。"④员外常侍，位在五品，若其父尚在，则不至于家境贫寒。二是王僧孺心思细腻，颇重感情。从当年跌入沟中到今日官居三品、卫队开道，身份场景的转换以及历史境遇的变迁，或许更多的是源于对母亲的思念，从而使王僧孺"悲感不自胜"，可见其情感细腻，为重情重义之人。年少的经历，对其日后的为政、治学当有很大影响，故在当时体制环境下，其为政清廉、恪尽职守也就容易理解了。天监六年（507 年）以后，王僧孺知撰谱事。关于撰谱一事，《南史·王僧孺传》记载了先前尚书令沈约的奏疏：

晋咸和初，苏峻作乱，文籍无遗。后起咸和二年以至于宋，所书并皆详实，并在下省左户曹前厢，谓之晋籍，有东西二库。此籍既

---

① （唐）姚思廉：《梁书》卷三八，第 544 页。
② （唐）姚思廉：《梁书》卷三三，第 470 页。
③ （唐）姚思廉：《梁书》卷三三，第 470 页。
④ （唐）李延寿：《南史》卷五九，第 1459 页。

并精详，实可宝惜，位宣高卑，皆可依案……元兴唯有三年，而猥称四、五，诏书甲子，不与长历相应。校籍诸郎亦所不觉，不才令史固自忘言。臣谓宋、齐二代，士庶不分，杂役减阙，职由于此，窃以晋籍所余，宜加宝爱。"①

沈约陈述了东晋、南朝宋、南朝齐三代谱籍的整理、保存情况。他认为，晋籍精详，值得保存，但后来巧籍伪状增多，谱籍开始混乱，持续至今。他建议梁武帝重新整理谱籍。沈约上奏以后，"武帝以是留意谱籍，州郡多离其罪，因诏僧孺改定《百家谱》"。王僧孺奉诏开始改定《百家谱》，其所撰之谱，"通范阳张等九族以代雁门解等九姓。其东南诸族别为一部，不在百家之数焉"②。

天监七年（508年），王僧孺任云骑将军，兼职如故。作应制诗，为梁高祖萧衍所赞，《梁书》本传云："是时高祖制《春景明志诗》五百字，敕在朝之人沈约已下同作，高祖以僧孺诗为工。"③可见，僧孺的确以文学见长。是年，好友任昉卒，僧孺作《太常敬子任府君传》。同时作《为萧监利求入学启》《答释法云启》（《难范缜〈神灭论〉》）。天监八年（509年），迁少府卿，出监吴郡。天监九年（510年），除尚书吏部郎，参大选。僧孺请谒不行，作《吏部郎表》《谢除吏部郎启》。

天监十年（511年），王僧孺出任仁威南康王长史、兰陵太守，行府、州、国事。后为南康王典签汤道愍所谤而去官，《梁书》本传载："典签汤道愍昵于王，用事府内，僧孺每裁抑之。道愍遂谤讼僧孺，逮诣南司。"④王僧孺疾恶如仇，看不惯汤道愍肆意用事，被谤遭免。僧孺作《奉辞南康王府笺》，辞府。僧孺去官以后，三年未得起用，生活拮据，内心苦闷，

---

① （唐）李延寿：《南史》卷五九，第 1461—1462 页。
② （唐）李延寿：《南史》卷五九，第 1462 页。
③ （唐）姚思廉：《梁书》卷三三，第 471 页。
④ （唐）姚思廉：《梁书》卷三三，第 471 页。

其在致好友何炯的书信中云：

> 家贫，无苞苴可以事朋类，恶其乡原，耻彼戚施，何以从人，何以徇物？外无奔走之友，内乏强近之亲。是以构市之徒，随相媒糵。及一朝捐弃，以快怨者之心，吁！可悲矣！盖先贵后贱，古富今贫，季伦所以发此哀音，雍门所以和其悲曲。又迫以严秋杀气，具物多悲，长夜展转，百忧俱至。况复霜销草色，风摇树影。寒虫夕叫，合轻重而同悲；秋叶晚伤，杂黄紫而俱坠……俯眉事妻子，举手谢宾游。方与飞走为邻，永用蓬蒿自没。怆其长息，忽不觉生之为重。素无一廛之田，而有数口之累。岂曰匏而不食，方当长为佣保，糊口寄身，溘死沟渠，以实蝼蚁。悲夫！……裁书代面，笔泪俱下。①

由此信可知，僧孺良久未被起用，导致其生活困苦、内心悲痛，这段时间可谓其仕途生涯之低谷期。此信感情真挚，如泣如诉，裂人肺腑，发人恻隐，两个"悲矣"，足见其当时内心之苦痛。其言"先贵后贱，古富今贫"，颇有自嘲意味，亦可见廉明士人在失官以后，生活极易陷入困顿拮据的状态。这一困顿期大约持续了三年，天监十三年（514年），王僧孺起任安西安成王萧秀参军。天监十六年（517年），萧秀迁镇北将军、雍州刺史，僧孺随府转任。天监十七年（518年），萧秀卒，僧孺作悼文。僧孺后迁镇右始兴王荆州刺史萧憺中记室参军，作《为南平王让仪同表》《为南平王妃拜改封表》。是年好友何逊卒，僧孺集其文为八卷。

普通元年（520年），僧孺作《为临川王让太尉表》。普通三年（522年），王僧孺卒，时年六十岁。②《南史》作者李延寿"论"曰："僧孺硕学，而中年遭踬，非为不遇，斯乃穷通之数也。"③依李氏之论，僧孺仕途中的

---

① （唐）姚思廉：《梁书》卷三三，第473—474页。
② 关于王僧孺卒年，《梁书》与《南史》记载互相抵牾，未知孰是，今暂且以《梁书》为是。
③ （唐）李延寿：《南史》卷五九，第1463页。

低谷，不是怀才不遇，而是困厄与显达的命数。所谓"人之有穷通、得丧，天也"①，一个人有异禀才赋，虽处穷困，若静待时来运转，必有显达之日。国运关乎政治、学术，梁武帝萧衍建梁代齐后，也正是王僧孺走出困厄，迈向显达之时。

第二节　王僧孺成学与交游考

一、成学考

王僧孺家贫，佣书成学，当为自学成才。《梁书》本传载：

> （僧孺）六岁能属文，既长好学。家贫，常佣书以养母，所写既毕，讽诵亦通……僧孺好坟籍，聚书至万余卷，率多异本，与沈约、任昉家书相埒。少笃志精力，于书无所不睹。其文丽逸，多用新事，人所未见者，世重其富。②

建武四年（497 年），扬州刺史始安王萧遥光举荐王僧孺表亦云：

> 前候官令东海王僧孺，年三十五。理尚栖约，思致悟敏。既笔耕为养，亦佣书成学。至乃照萤映雪，编蒲缉柳，先言往行，人物雅俗，甘泉遗仪，南宫故事，画地成图，抵掌可述。③

---

① （清）刘大櫆：《难言三》，刘大櫆：《海峰文集》卷一，载《续修四库全书》第 1427 册，第 312 页。
② （唐）姚思廉：《梁书》卷三三，第 474 页。
③ （唐）姚思廉：《梁书》卷三三，第 470 页。

王僧孺聪慧颖悟，"笔耕为养，佣书成学"，并且"笃志精力，于书无所不睹"，足见其勤奋好学。从某种意义上来说，王僧孺乃私淑先贤、自学成才。

二、交游考

王僧孺历仕齐、梁，任职较多，官至尚书左丞、御史中丞。齐永明、梁天监年间为文学繁盛时期，僧孺亦预其中，与当时文坛名家多有唱和、交流，名重一时。王僧孺交游广泛，特别是他曾游于竟陵王萧子良王府，与"竟陵八友"等文学俊彦多有交往。①

（一）任昉

任昉，字彦升，乐安博昌人。据《梁书》本传载，任昉幼而好学，早知名。年十六，为宋丹阳尹刘秉辟为主簿。永明初，卫将军王俭出任丹阳尹，复引任昉为主簿，后迁司徒刑狱参军事、司徒竟陵王记室参军。梁武帝萧衍称帝，任吏部郎中，掌著作，后又历任义兴太守、御史中丞、秘书监、宁朔将军、新安太守等职。天监七年（508 年），卒于官舍，时年四十九。追赠太常卿，谥敬子②。任昉善属文，好结交，《梁书》本传载：

> 昉雅善属文，尤长载笔，才思无穷，当世王公表奏，莫不请焉。昉起草即成，不加点窜。沈约一代词宗，深所推挹……昉好交结，奖进士友，得其延誉者，率多升擢，故衣冠贵游，莫不争与交好，坐上宾客，恒有数十。时人慕之，号曰"任君"……昉坟籍无所不见，家虽贫，聚书至万余卷，率多异本。昉卒后，高祖使学士贺纵共沈

---

① 当时西邸学士众多，难以俱论，今专论史传、文集明言者。
② （唐）姚思廉：《梁书》卷一四，第 254 页。

约勘其书目,官所无者,就昉家取之。昉所著文章数十万言,盛行于世。[①]

任昉喜好诗文,善结士友,性格直率,家虽贫苦,而藏书万余卷,这些性格爱好与经历多与王僧孺同,故二人颇为相知,情谊笃厚。任昉为"竟陵八友"之一,曾任司徒竟陵王记室参军,王僧孺亦因善辞藻,游于竟陵王鸡笼山邸,二人因此而结识,交情甚笃。建武四年(497年),王僧孺出任钱塘县令,任昉赠诗,情意可见,《梁书·王僧孺传》载:

> 僧孺与乐安任昉遇竟陵王西邸,以文学友会。及是将之县,昉赠诗,其略曰:"惟子见知,惟余知子。观行视言,要终犹始。敬之重之,如兰如芷。形应影随,曩行今止。百行之首,立人斯著。子之有之,谁毁谁誉。修名既立,老至何遽。谁其执鞭,吾为子御。刘《略》班《艺》,虞《志》荀《录》,伊昔有怀,交相欣勖。下帷无倦,升高有属。嘉尔晨灯,惜余夜烛。"[②]

王僧孺与任昉年龄相仿,同游于竟陵王西邸,以文会友,性情相投。诗中任昉以知音至交相称,对友人极为推重,同时表达了二人的笃厚友情。王僧孺亦对任昉颇为推重,《南史·任昉传》载:

> (任昉)所著文章数十万言,盛行于时。东海王僧孺尝论之,以为:"过于董生、扬子。昉乐人之乐,忧人之忧,虚往实归,忘贫去吝,行可以厉风俗,义可以厚人伦,能使贪夫不取,懦夫有立"。其见重如此。[③]

---

① (唐)姚思廉:《梁书》卷一四,第253—254页。
② (唐)姚思廉:《梁书》卷三三,第470页。
③ (唐)李延寿:《南史》卷五九,第1455页。

王僧孺认为任昉所著文章，超过了董仲舒、扬雄，虽有溢美，但亦可见对友人的敬重与情谊。天监七年（508 年），任昉去世，僧孺作《太常敬子任府君传》：

> 耻一物之不知，惜寸阴之徒靡……若夫天才卓尔，动称绝妙，辞赋极其清深，笔记尤尽典实，若问金石，似注河海，少孺速而未工，长卿工而未速，孟坚辞不逮理，平子意不及文……豪人贵仕，先达后进，莫不心服貌惭，神气将军。顾余不敏，厕夫君子之末，可称冥契，是为神交……康成斯在，借此嘉言，将无绝乎千载。①

王僧孺称任昉文章绝妙，辞赋清深，笔记尽典。其中，"可称冥契，是为神交"一语，足见二人情谊比金，相知甚深。

（二）王晏、王德元

1.王晏，字士彦，琅邪临沂人。祖弘之，通直常侍。父普曜，秘书监。据《南齐书》本传载，王晏仕南朝宋齐二朝，起家临贺王国常侍，员外郎。后为安西主簿，时萧赜为长史，与晏相遇。永明元年（483 年），王晏领步兵校尉，迁侍中祭酒，后任辅国将军、司徒左长史、左卫将军、太子詹事、丹阳尹、吏部尚书等职。齐明帝萧鸾即位后，疑王晏谋反，于建武四年（497 年）正月杀王晏父子。② 王僧孺可能因地缘及本家原因而与王晏结好，永明六年（488 年），王晏出任丹阳尹，王僧孺补郡功曹③，并撰写《东宫新记》。之后，王僧孺又任大司马豫章王萧嶷行参军、太学博士、候官令等职。建武四年，王僧孺因王晏之事免官。

2.王德元，王晏之子。《梁书·王僧孺传》载："时王晏子德元出为晋

---

① （清）严可均辑，冯瑞生审订：《全梁文》，第 551 页。

② （南朝梁）萧子显：《南齐书》卷四二，第 742—743 页。

③ （唐）姚思廉：《梁书》卷三三，第 469 页。

安郡，以僧孺补郡丞，除候官令。"①永明十一年（493年），王德元出任晋安郡守，辟僧孺为郡丞，僧孺作《在王晋安酒席数韵》一诗，其中"王晋安"即指王德元。建武四年，王德元因其父王晏之事被杀。

（三）何炯

何炯，字士光，庐江灊人。据《梁书》本传载，何炯十五岁，从兄何胤受业，一年便通《五经》章句。何炯性喜恬退，不乐进仕。十九岁任扬州主簿，历任王府行参军、尚书兵、库部二曹郎、永康令、仁威南康王治书侍御史等职。父病卒，何炯哀伤而卒。王僧孺任职仁威南康王长史时因事免官，久之不调，遂致书何炯，表明心迹。所谓"交浅而言深，君子所戒也"，僧孺致书何炯，抒胸中之块垒，声泪俱下，足见二人交情之深。逯钦立所辑《先秦汉魏晋南北朝诗》收录王僧孺《为何库部旧姬拟蘼芜之句诗》《何生姬人有怨诗》②，这里所说的"何生""何库部"即指何炯，可见二人多有交往。

（四）萧子良

萧子良，字云英，齐武帝萧赜第二子。齐武帝即位，封萧子良竟陵郡王。永明元年（483年），徙为侍中、都督五州、征北将军、南兖州刺史。永明二年（484年），为护军将军，兼司徒。萧子良喜交贤士，《南齐书》本传载："子良少有清尚，礼才好士，居不疑之地，倾意宾客，天下才学皆游集焉。"③永明五年（487年），萧子良正位司徒，移居鸡笼山邸，"集学士抄《五经》、百家，依《皇览》例为《四部要略》千卷。招致名僧，讲语佛法，造经呗新声。道俗之盛，江左未有也"④。萧子良召集学士

---

① （唐）姚思廉：《梁书》卷三三，第469页。
② 逯钦立辑校：《先秦汉魏晋南北朝诗》，中华书局1983年版，第1764页。
③ （南朝梁）萧子显：《南齐书》卷四〇，第694页。
④ （南朝梁）萧子显：《南齐书》卷四〇，第698页。

撰书，当时王僧孺有所推辞，作《谢齐竟陵王使撰众书启》。

（五）范云、沈约、萧衍、萧琛、王融、谢朓等十一人

竟陵王萧子良喜纳名士，后开西邸，召高才之士，当时俊彦高才多游集其府。王僧孺亦游于西邸，故与同游者当有交往，司马光《资治通鉴·齐纪二》"永明二年"条载：

> 竟陵王子良为护军将军兼司徒……子良少有清尚，倾意宾客，才俊之士，皆游集其门。开西邸，多聚古人器服以充之。记室参军范云、萧琛、乐安任昉、法曹参军王融、卫军东阁祭酒萧衍、镇西功曹谢朓、步兵校尉沈约、扬州秀才吴郡陆倕，并以文学，尤见亲待，号曰"八友"。法曹参军柳恽、太学博士王僧孺、南徐州秀才济阳江革、尚书殿中郎范缜、会稽孔休源，亦预焉。[①]

王僧孺与"竟陵八友"以及柳恽、江革、范缜、孔休源等人同游于竟陵王府，皆有才名，彼此当有交游。其中，王僧孺与任昉交谊深厚、过从甚密，二人交游前文已论及，下面仅言其余诸人。

1.范云，字彦龙，南乡舞阴人，晋平北将军范汪六世孙。据《梁书》本传载，范云起家郢州西曹书佐，齐建元初，竟陵王萧子良为会稽太守，范云即从之，后在西邸，为"竟陵八友"之一，为萧衍所器重。天监元年（502年），萧衍称帝，迁散骑常侍、吏部尚书。天监二年（503年）卒，时年五十三。谥文，有《集》三十卷。

2.沈约，字休文，吴兴武康人。祖沈林子，南朝宋征虏将军。父沈璞，淮南太守。据《梁书》本传载，沈约幼孤，笃志好学，昼夜不倦，博通群籍。起家奉朝请。齐初，为征虏记室，后迁司徒右长史，黄门侍

---

① （宋）司马光：《资治通鉴》卷一三六《齐纪二》，第4258—4259页。

郎。竞陵王召才俊，遂游于竞陵王府，为"竞陵八友"之一。寻为御史中丞，转任车骑长史。萧衍受禅，为尚书仆射，封建昌县侯。沈约性不饮酒，少嗜欲，"虽时遇隆重，而居处俭素"，作《郊居赋》。天监十二年（513年）卒，年七十三，谥曰隐。沈约腰有紫志，聪明过人。喜好坟籍，聚书至二万卷，京师莫比。沈约历仕三代，该悉旧章，博物洽闻，当世取则①。

3.萧衍，字叔达，南兰陵中都里人，为汉相国萧何之后。据《梁书》本纪载，萧衍博学多通，好筹略，有文武才干，为时流所推许。游竞陵王府，为"竞陵八友"之一。齐明帝隆昌初，任宁朔将军，镇寿春。建武四年（497年），任辅国将军、雍州刺史。永元三年（501年），为征东将军。天监元年（502年），萧衍受禅称帝，为梁武帝。太清三年（495年）卒，年八十六。萧衍天情睿敏，下笔成章，勤于政务，孜孜无怠，"历观古昔帝王人君，恭俭庄敬，艺能博学，罕或有焉"②。

4.萧琛，字彦瑜，兰陵人。据《梁书》本传载，萧琛少而朗悟，有纵横才辩。萧琛起家齐太学博士，王僧孺亦曾任太学博士，二人或相识于此时。萧琛亦仕齐、梁二代，仕齐，历任司徒记室、司徒右长史、尚书左丞等职；仕梁，历任御史中丞、散骑常侍、晋陵太守等职。萧琛亦为"竞陵八友"之一，与萧衍颇亲近。中大通元年（529年）卒，时年五十二。

5.王融，字元长，琅邪临沂人。祖僧达，中书令，曾、高祖，官至三公。父道琰，庐陵内史。据《南齐书》本传载，王融神明警惠，博涉有才。历任秘书丞、中书郎等职。王融游于竞陵王府，为"竞陵八友"之一，与竞陵王萧子良特相友好，情分殊常。齐武帝萧赜病重，王融欲假诏而立萧子良，计谋未成，永明十一年（493年）七月，被赐死，年仅二十七。《隋

---

① （唐）姚思廉：《梁书》卷一三，第242页。
② （唐）姚思廉：《梁书》卷三，第97页。

志》著录《王融集》十卷。

王僧孺与王融同游竟陵王西邸，多有交往。《古文苑》辑有《别王丞僧孺》一诗，宋人章樵注为王融作。《艺文类聚》称谢朓作。张溥《汉魏六朝百三家集》与逯钦立《先秦汉魏晋南北朝》于谢朓和王融二人集中皆录此诗。笔者以为此诗为王融作。诗云："首夏实清和，余春满郊甸。花树杂为锦，月池皎如练。如何当此时，别离言与宴。留杂已郁纡，行舟亦遥衍。非君不见思，所悲思不见。"由首句"首夏""余春"二词，可以推断此诗当作于春夏之交。永明九年（491 年），谢朓随萧子隆赴荆州，据葛晓音《谢朓生平考略》，谢朓在荆州的时间是永明九年夏（或秋）至永明十一年秋，共计两年。[1] 王僧孺于永明十一年春夏之际从京城远赴福建任晋安郡丞，其时王融在京城，符合诗歌写作背景。由此可知，《别王丞僧孺》当为王融所作。《艺文类聚》征引有误，盖与王融诗或载于《谢朓集》有关。诗中以风景之繁华抒别离之感伤，尤其尾联言语真切，足见二人交情匪浅。

6.谢朓，字玄晖，陈郡阳夏人。出身于豪门士族，与谢灵运同宗，故称"小谢"。谢朓亦为"竟陵八友"之一。初为太尉豫章王萧嶷行参军，永明八年（490 年)为随王镇西功曹，转文学。永明九年（491 年）随萧子隆赴荆州。永元元年（499 年），始安王萧遥光谋权篡位，谢朓遭诬陷，下狱死。前引《资治通鉴》云"镇西功曹谢朓"，谢朓入萧子良西邸在永明八年，此时王僧孺为大司马豫章王行参军兼太学博士，故二人之交往，至早始于永明八年。明张溥《汉魏六朝百三家集》所辑《谢朓集》中有江革、王融、王僧孺、沈约等七人连句诗《阻雪连句遥赠和》，可知二人有诗歌唱和。

7.陆倕，字佐公，吴郡吴县人。祖子真，宋东阳太守。父慧晓，齐太常卿。据《梁书》本传载，陆倕少勤学，善属文。年十七，举本州秀才。

---

① 葛晓音：《汉唐文学的嬗变》，北京大学出版社 1990 年版，第 338 页。

陆倕亦游于竟陵王府，为"竟陵八友"之一，盖此时与王僧孺相识，后陆、王二人又同游于安成王萧秀府中，二人当有不少交往，但史传无载。陆倕曾受诏作《新漏刻铭》《石阙铭》等文，历任中书侍郎、吏部郎、太常卿、扬州大中正等职。普通七年（526年）卒，时年五十七。《隋志》载有《陆倕集》十四卷。

8.柳恽，字文畅，河东解人。据《梁书》本传载，柳恽少有志行，好学，善尺牍。竟陵王萧子良闻其名，引为王府法曹行参军，与王僧孺相识。梁武帝天监元年，除长史、兼侍中，与仆射沈约等共定新律。历任吴兴太守、散骑常侍、秘书监等职，为政清静，吏民怀之。天监十六年（517年）卒，时年五十三。

9.江革，字休映，济阳考城人。据《梁书》本传载，江革幼而聪敏，早有才思，六岁便属文。弊褥单席，耽学不倦，竟陵王闻其名，引为西邸学士。江革与王僧孺共为西邸学士。大同元年（535年）卒，谥曰强子。江革"历官八府长史，四王行事，三为二千石，傍无姬侍，家徒壁立"①，可见其廉明俭朴。《隋志》载有《江革集》六卷。

10.范缜，字子真，南乡舞阴人。据《梁书》本传，范缜少孤贫，事母孝。师从沛国刘瓛，精于"三礼"。起家齐宁蛮主簿，后游于竟陵王府。范缜不信佛，并作《神灭论》，萧子良曾集众僧以难之，不能屈。王僧孺曾作《答释法云书难范缜神灭论》：

> 辱告，惠示并主上所答群臣仰谘《神灭论》。伏览循环，载深钻奉，发蒙祛蔽，朗若披云。窃以事蕴难形，非圣莫阐，理寂区位，在愚成惑。若非神超系表，思越机前，岂能烛此微言？若开金石，洞兹妙境，曾靡榛蹊，喻之以必荐，示之以如在，使夫持论者不终泥于遥辙，专谬者无永沉于惑海。预奉渊谟，孰不欢肃？裁此酬白，不

---

① （唐）姚思廉：《梁书》卷三六，第526页。

申击舞。①

王僧孺称佛僧释法云所论"发蒙祛蔽，朗若披云"，可见王僧孺亦对范缜《神灭论》持批判态度。王僧孺作有《礼佛唱导发愿文》《礼佛忏悔文》《初夜文》，可为其信佛之明证。另外，僧孺之名，亦蕴有当时佛教盛行之文化信息。

11. 孔休源，字庆绪，会稽山阴人。据《梁书》本传载，休源十一岁而孤，后就吴兴沈驎士受经，略通大义。建武四年，举州秀才，太尉徐孝嗣省其策，深善之。琅邪王融雅相友善，乃荐之于竟陵王，遂为西邸学士。王僧孺与孔休源，当结识于此时。休源博识强记，颇为范云、沈约、任昉、徐勉等人所推重。历任尚书仪曹郎、中书舍人、尚书左丞、宣惠将军、监扬州等职。中大通四年（532年）卒，时年六十四。史家姚思廉评云："休源少孤，立志操，风范强正，明练治体。持身俭约，学穷文艺。当官理务，不惮强御。常以天下为己任，高祖深委仗之。累居显职，纤毫无犯。性慎密，寡嗜好。出入帷幄，未尝言禁中事，世以此重之。聚书盈七千卷，手自校治，凡奏议弹文，勒成十五卷。"②

（六）萧遥光

萧遥光，字元晖，其父始安贞王萧道生，齐太祖萧道成次兄。建武元年(474年)，始安王萧遥光出任扬州刺史，并上表荐举王僧孺，《梁书·王僧孺传》载：

> 建武初，有诏举士，扬州刺史始安王遥光表荐秘书丞王暕及僧孺曰："前候官令东海王僧孺，年三十五，理尚栖约，思致悟敏，既笔

---

① （清）严可均辑，冯瑞生审订：《全梁文》，第545—546页。
② （唐）姚思廉：《梁书》卷三六，第522页。

耕为养，亦佣书成学……访对不休，质疑斯在。"①

萧遥光表荐王僧孺，可见其对王僧孺颇为赏识。后来王僧孺为萧遥光作《为萧监利求入学启》，可见二人当有来往。永元元年（499 年）八月，萧遥光因谋反被诛，时年三十二。王僧孺亦因此事而免官。

（七）徐勉

徐勉，字修仁，东海郯人。据《梁书》本传载，徐勉幼年孤贫，早励清节。及长，笃志好学。起家为国子生，后历任太学博士、中书侍郎、尚书左丞、太子詹事、尚书右仆射等职，大同元年（535 年）卒，时年七十。王僧孺与徐勉同乡，曾为徐勉作《詹事徐府君集序》，并赞誉他"行称表缀，言成模楷"，赞美其文"质不伤文，丽而有体"②，同时还作《为徐仆射妓作》一诗，足见二人交情匪浅。

（八）伏曼容

伏曼容，字公仪，平昌安丘人。据《梁书》本传载，曼容早孤，少笃学，善《老》《易》，仕南朝宋、齐、梁三朝，历任司徒参军、南海太守、临海太守等职，天监元年（502 年）卒，时年八十二。王僧孺曾作《临海伏府君集序》，称赞伏曼容"遍探冥赜，具阅局检……诗赋铭诔，所作尤多"③。可见二人亦有交往。

（九）何逊

何逊，字仲言，东海郯人，与王僧孺同乡。据《梁书》本传载，何逊八岁能赋诗，年二十，举州秀才。范云见其对策，大相称赏，二人结为忘

---

① （唐）姚思廉：《梁书》卷三三，第 470 页。
② （清）严可均辑，冯瑞生审订：《全梁文》，第 549 页。
③ （清）严可均辑，冯瑞生审订：《全梁文》，第 548 页。

年之交。沈约亦推赏其文，曾对何逊言："吾每读卿诗，一日三复，犹不能已。"①可见，其为当时名流所推重。天监中，何逊起家奉朝请，后历任建安王水曹行参军、安成王参军事、庐陵王记室等职，天监十八年（519年）卒，年四十八。世称"何水部"或"何记室"。何逊卒后，王僧孺集其文为八卷，《隋书·经籍志》载《何逊集》七卷，明人辑有《何水部集》。梁元帝萧绎曾云："诗多而能者沈约，少而能者谢朓、何逊。"②可见，何逊能文善诗，亦为后世推重。何逊与王僧孺均祖籍东海郯县。王僧孺曾集其文为八卷，皆未传。王僧孺于天监六年（507年）迁尚书左丞，何逊作《赠王左丞僧孺》一诗以示问候。王僧孺亦有《寄何记室》《送殷何两记室》③两首，足见二人交谊非浅。

（十）刘孝绰、裴子野

王僧孺曾与刘孝绰、裴子野同游于安成王萧秀府中，萧秀卒，"故吏夏侯亶等表立墓碑，诏许焉。当世高才游王门者，东海王僧孺、吴郡陆倕、彭城刘孝绰、河东裴子野，各制其文，古未之有也。"④王僧孺、陆倕、刘孝绰、裴子野同游于萧秀府中，都为萧秀写悼文，可见王僧孺与此三人亦有交游。陆倕，前已言之。此处仅言刘孝绰、裴子野。

1.刘孝绰，字孝绰，彭城人。《梁书》本传载，孝绰聪敏，七岁能属文，颇为当时名流所称。历仕太子舍人、安成王萧秀记室、秘书丞、秘书监等职，大同五年（539年）卒官，时年五十九。王僧孺曾任安成王萧秀参军，故二人交往盖始于此时。

2.裴子野，字几原，河东闻喜人。曾祖裴松之，祖裴骃，父裴昭明。据《梁书》本传载，子野少好学，善属文，性刚直不屈。起家齐武陵王国

---

① （唐）姚思廉：《梁书》卷四九，第 693 页。

② （唐）姚思廉：《梁书》卷四九，第 693 页。

③ 何逊《何水部集》中作《赠何殷记室》。

④ （唐）姚思廉：《梁书》卷二二，第 345 页。

左常侍，历任安成王参军、知著作郎、中书侍郎、步兵校尉等职。中大通二年（530年）卒官，时年六十二。子野绍继祖业，撰成《宋略》二十卷，沈约撰有《宋书》行于世，见《宋略》，自叹不如。王僧孺与裴子野曾同任安成王萧秀参军，故二人交往盖始于此时。

（十一）刘杳

刘杳，字士深，平原郡平原县人。刘杳博学多闻，王僧孺奉诏撰《百家谱》时，曾向刘杳请教，《梁书·刘杳传》载：

> （刘）杳少好学，博综群书，沈约、任昉以下，每有遗忘，皆访问焉……王僧孺被敕撰谱，访杳血脉所因。杳云："桓谭《新论》云：'太史《三代世表》，旁行邪上，并效周谱。'以此而推，当起周代。"僧孺叹曰："可谓得所未闻。"①

刘杳博览群书，王僧孺奉诏撰谱，向刘杳请教谱牒之起源，刘杳引桓谭《新论》所云，认为起自周代。王僧孺颇为叹服。后刘杳著《林庭赋》，王僧孺见之，叹曰："《郊居》以后，无复此作。"②沈约曾作《郊居赋》，颇为时人推重，王僧孺以《林庭赋》比于《郊居赋》，足见其对刘杳之推重。

（十二）纪少瑜

纪少瑜，字幼场，丹阳秣陵人。《南史》本传载："年十三，能属文。初为《京华乐》。王僧孺见而赏之，曰：'此子才藻新拔，方有高名。'"③王僧孺奖掖后进，盛赞纪少瑜所作《京华乐》。

---

① （唐）姚思廉：《梁书》卷五〇，第715页。
② （唐）姚思廉：《梁书》卷五〇，第716页。
③ （唐）李延寿：《南史》卷七二，第1786页。

（十三）韦睿、韦正

1.韦睿，字怀文，京兆杜陵人。历仕南朝宋齐梁三朝，梁武帝萧衍称帝，韦睿有佐命之功。仕梁，历任辅国将军、豫州刺史、雍州刺史、车骑将军等职。普通元年（520 年）卒，时年七十九。王僧孺曾作《韦雍州致仕表》，可为二人交往之证。《梁书·韦睿传》载："（天监）十五年，拜表致仕，优诏不许。"[1] 可见王僧孺此表作于天监十五年（516 年）。

2.韦正，字敬直，起家南康王行参军，后任中书侍郎，出为襄阳太守。僧孺与韦睿之子韦正亦有交谊。《梁书·韦正传》载："初，（韦）正与东海王僧孺友善，及僧孺为尚书吏部郎，参掌大选，宾友故人莫不倾意，正独澹然。及僧孺摈废之后，正复笃素分，有逾曩日，论者称焉。"[2] 王僧孺与韦正友善，韦正不以僧孺任尚书吏部郎而亲近之，僧孺去职以后，二人关系反而更为笃厚。由此可见韦正确实人如其名，正直独立，二人可谓君子之交。

（十四）殷芸

殷芸，字灌蔬，陈郡长平人。励精勤学，博洽群书。永明中为宜都王行参军，天监初为西中郎主簿、后军临川王记室。天监初，王僧孺除临川王后军记室参军，二人于此间或有交往。天监七年（508 年），殷芸迁通直散骑侍郎兼中书通事舍人，王僧孺《送殷何两记室》盖作于此时。

（十五）吴均

吴均，字叔庠，吴兴故鄣人。王僧孺与吴均有诗歌唱和，见于晁公武

---

[1]　（唐）姚思廉：《梁书》卷一二，第 224 页。

[2]　（唐）姚思廉：《梁书》卷一二，第 225 页。

《郡斋读书志》为《吴均集》所作解题曰：

> 右，梁吴均叔庠也。史称均博学多才，俊体有古气，好事效之，谓"吴均体"。有《集》二十卷。唐世搜求，止得十卷，今又亡其七矣。旧题误曰吴筠。筠乃唐人，此诗殊不类，而其中有赠周兴嗣、柳贞阳辈诗，固已知其非筠。又有萧子云《赠吴朝请入东诗》，盖在武帝时为奉朝请，则知为均也无疑矣。萧子云诗八、萧子显、朱异、王筠、王僧孺诗各一附。①

吴均《吴均集》中载有王僧孺写与吴均的诗一首，诗已亡佚。《吴均集》中有《入兰台赠王治书僧孺》一诗，盖作于齐建武年间王僧孺任治书御史一职期间。吴均诗中将王僧孺与扬雄并论，足见对其推重之高。

（十六）释法云

释法云，本姓周氏，宜兴阳羡人。梁代大僧正，与名士多有交往，极负盛名，传见《续高僧传》卷五。王僧孺曾作《答释法云书难范缜神灭论》。

（十七）顾仓曹、陈南康等

以下诸人与王僧孺虽有交谊，但过从较疏，故简略述之。

顾仓曹，王僧孺作《赠顾仓曹》；陈南康，王僧孺曾作《月夜咏陈南康新有所纳》；孔主簿，王僧孺曾作《秋日愁居答孔主簿》；司马治书，王僧孺曾作《与司马治书同闻临妇夜织》；江琰，王僧孺曾作《答江琰书》；陈居士，王僧孺曾作《与陈居士书》。

---

① （宋）晁公武撰，孙猛校证：《郡斋读书志校证》，上海古籍出版社1990年版，第822页。

第三节　王僧孺诗歌探析

魏晋南北朝文学在中国文学史上有其独特地位。南朝宋文帝始立四学，文学取得与史、玄、儒三学并立的地位。齐梁时期，诗歌逐渐转向对仗工整、声律和谐的新体诗方向。齐梁文坛名家辈出，王僧孺以诗文见长，名重一时，其才虽不及沈约、谢朓等，但在齐梁文坛亦占有一席之地。① 王僧孺佣书成学，博览群书，与任昉、王融等"竟陵八友"过从甚密，其文学创作在风格上颇有独特之处。

关于王僧孺现存诗歌的数量，目前主要有两种说法：39 首说和 37 首说。今人逯钦立所辑《先秦汉魏晋南北朝诗》中，共收录王僧孺现存诗歌 39 首，其中包括 6 首乐府诗。明代张溥《汉魏六朝百三家集》共收录王僧孺诗 37 首，较逯氏所辑少《春怨》②《咏春》③ 二首。王僧孺诗歌因多歌咏女性，故其亦被划入宫体诗人行列。其诗歌成就在齐梁文坛并非一流，但其诗歌创作伴随着永明体与宫体诗之嬗变过程，亦有其鲜明的时代特色与个性特征。下面主要从王僧孺诗歌的题材与内容、艺术特征与特色两方面进行论述。

一、题材与内容

齐梁时期的诗歌创作在题材内容上较前代有所突破，"诗人的乡愁、

---

① 梁高祖萧衍曾命制《春景明志诗》，后"尤以僧孺诗为工"，可见王僧孺在诗歌方面颇有才华。

② 《春怨》一诗，《古诗纪》《古乐苑》《古诗镜》及张溥《汉魏六朝百三家集》均作吴均诗，唯有《玉台新咏》作王僧孺诗。清吴兆宜《玉台新咏笺注》云："旧本无王僧孺三字，活本亦无，作吴均诗三十四首。"（徐陵编，吴兆宜注，程琰删补：《玉台新咏笺注》，中华书局 1985 年版，第 236 页）可知旧本《玉台新咏》亦将《春怨》一诗归入吴均诗。

③ 关于《咏春》一诗，除《文苑英华》视作王僧孺诗外，《古诗纪》《古诗镜》《艺文类聚》《徐陵集》等均视作徐陵之诗。

闲愁、别情与江山兴盛打成一片，月露风云又随时触发诗人纤巧而灵敏的想象，使日常生活普遍诗化"①。日常生活的普遍诗化，虽然拓展了齐梁诗歌的题材与领域，但也带来了诗歌"气格"的下降。齐梁文人心中没有汉末诗人那种对人生哲理的反思，缺乏建安文人悲凉慷慨的志气。忧民嗟生、抒发怀抱的高古气息已不多见，代之而起的多是细小、杂碎的个人之叹。这种个人化的感叹往往由于作者缺乏博大的胸怀，缺乏一种社会与历史层面的责任与认同，纯粹流为一种纤细、单薄的个人嗟叹，显现出了诗歌意境中"俗"的一面。②当然这种诗歌"气格"的下降，是历史环境的影响，无可厚非。齐梁诗歌有其优长之处，其在刻画生活细节和个人真情方面的成就尤为突出。

王僧孺现存诗歌的思想内容大多贴近日常生活，于平常事中见真性情。从题材和内容上来看，王僧孺诗歌大致可分为写景咏物、吟咏女性、羁旅登临、酬唱赠答等四种题材。

(一) 写景咏物诗

《文心雕龙·物色》云："自近代以来，文贵形似，窥情风景之上，钻貌草木之中。"③刘宋以来，南朝诗歌的创作走上了吟咏风物的道路，具体来看，"窥情风景"当指山水诗，而"钻貌草木"当指咏物诗。王僧孺诗歌亦有写景抒情之作，如《春思绝句》诗云：

> 雪罢枝即青，冰开水便绿。复闻黄鸟声，全作相思曲。④

此诗并非单纯写景，而是借春天冰雪融化、黄鸟啼鸣的盎然景色抒发

---

① 葛晓音：《汉唐文学的嬗变》，北京大学出版社 1990 年版，第 56 页。
② 张立斌：《王僧孺诗歌研究》，福建师范大学硕士学位论文，2009 年，第 20 页。
③ （南朝梁）刘勰撰，范文澜注：《文心雕龙注》卷十，第 694 页。
④ 逯钦立辑校：《先秦汉魏晋南北朝诗》，第 1769 页。

相思之情。全诗句式工整，用词通俗简单，无刻意雕琢之感，颇有谢灵运"池塘生春草，园柳变鸣禽"（《登池上楼》）的清新灵动。

齐梁诗人多善于咏物，清代学者王夫之云："咏物诗，齐梁始多有之。"①刘跃进先生则更为明确地指出："咏物诗的真正兴起，实际从南齐永明年间开始的。"②齐梁文人的咏物诗，常常力求穷物之形，尽物之态，据阎采平先生统计，"齐梁以前，《三百篇》以来，数百年间，留存下来的咏物诗不超过五十首。齐梁八十年，却有三百三十多篇"③。由此可见齐梁时期咏物诗之繁盛。王僧孺现存咏物诗只有《朱鹭》一首：

因风弄玉水，映日上金堤。犹持畏罗缴，未得异凫鹥。闻君爱白雉，兼因重碧鸡。未能声似凤，聊变色如珪。愿识昆明路，乘流饮复栖。④

诗前两句对仗工整，更以"弄""上"二字，刻画出了朱鹭水面嬉戏，迎日飞上堤坝的生动画面。三四句言朱鹭虽已飞上堤坝，却仍畏惧罗网，恐怕无法摆脱水鸟任人宰割的命运。联系王僧孺三次去官的经历，可知此为其无奈心境的真切流露。随后四句，诗人运用拟人手法，以朱鹭之口吻言：君王喜爱"白雉""碧鸡"，虽然不能有"凤"鸟般美妙的叫声，但可以"色变如珪"以展示美丽。最后两句，诗人以"昆明路"比喻通向显贵之途，表现出不甘现状、愿得宠遇之心迹。全诗运用比兴、拟人等手法，借咏鹭以明志，语言清丽，清代学者陈祚明评曰"写象分明"⑤。

---

① （清）王夫之：《姜斋诗话》卷下，载丁福保编：《清诗话》，上海古籍出版社 1978 年版，第 22 页。

② 刘跃进：《门阀士族与永明文学》，生活·读书·新知三联书店 1996 年版，第 89 页。

③ 阎采平：《齐梁诗歌研究》，北京大学出版社 1994 年版，第 149 页。

④ 逯钦立辑校：《先秦汉魏晋南北朝诗》，第 1760 页。

⑤ （清）陈祚明编，李金松点校：《采菽堂古诗选》，上海古籍出版社 2008 年版，第 790 页。

（二）吟咏女性诗

描写女性题材的诗歌古已有之。如《诗经》中《静女》《硕人》等篇，语言简洁而细腻，可谓后世女性题材之源头。后经汉晋诗人的开拓，此类诗歌得到进一步发展。至南朝，女性题材获得前所未有的重视，南朝诗人受生活经历、生存环境所限，以及南朝民歌的影响，开始更加注重对所咏之物的精雕细琢。在刻画女性方面，则表现为对女性体态、神情、服饰和心理等多方面的细描，甚至将视角直接投向宫廷床帏，演变为描写宫廷女性生活的艳情诗歌，即"宫体诗"。

袁行霈先生主编的《中国文学史》认为："'宫体'之称，虽始于萧纲入主东宫之时，然而自鲍照、汤惠休、沈约、梁武帝萧衍以及刘孝绰、王僧孺等人的艳体诗已肇其端，只是到了梁、陈之世才发展到了一个极端。"[1] 王僧孺受当时风气之影响，其诗歌中属于女性题材者有 18 首，几占其存诗数目之一半。而且，除《鼓瑟曲有所思》和《湘夫人》二首以外，其余十六首均收入有"集艳诗之大成"之称的《玉台新咏》中。虽然如此，王僧孺这类诗歌仍可归属永明体诗歌的范畴，其创作手法多以"代言体"为主，多描写闺中女子的哀怨情思。值得注意的是，王僧孺部分描写女性的诗歌，用语幽淡，细腻贴切，颇有《古诗十九首》之雅韵，如《湘夫人》诗云：

> 桂栋承薜帷，眇眇川之湄。白苹徒可望，绿芷竟空滋。日暮思公子，衔意嘿无辞。[2]

诗前两句化用屈原《湘夫人》中的"桂栋兮兰橑，辛夷楣兮药房"和"帝

---

[1]　袁行霈主编：《中国文学史》（第二卷），高等教育出版社 2005 年版，第 114 页。

[2]　逯钦立辑校：《先秦汉魏晋南北朝诗》，第 1761 页。

子降兮北渚，目眇眇兮愁予"两句，营造了一种缥缈灵动的氛围，使人眼前浮出湘夫人缓缓降落岸边，于水草相接之处含情远望的优美画面。三四两句，描写湘夫人因思念公子望穿秋水，却只见白苹和绿芷。全诗意象幽雅，不着一个"悲"字，却于字里行间透出淡淡哀伤，颇有"涉江采芙蓉"之韵味。王僧孺仕途坎坷，几度沦落，其经历与屈原有相似之处。诗中采用屈原"香草美人"的手法，以湘夫人作为自己的化身，表达了对美好理想的不懈追求。在另一首《为人伤近而不见》中有"脉脉如牛女，何由寄一语"一句，亦同样表达出相思却不得见的哀伤之情，刻画细腻，读来颇有"迢迢牵牛星，脉脉不得语"之感。

《湘夫人》与《为人伤近而不见》在内容上均属于女性题材，其语言清雅，与被视为"亡国之音"的"绮艳"之作有所不同。再如《秋闺怨》一诗云：

> 斜光隐西壁，暮雀上南枝。风来秋扇屏，月出夜灯吹。深心起百际，遥泪非一垂。徒劳妾辛苦，终言君不知。[1]

在王僧孺众诗歌中，唯有此诗被王夫之收入《古诗评选》。王夫之反感齐梁时期的艳靡诗风，其评论诗歌尤重典雅。王夫之评此诗"昭质不亏，夷然大雅"[2]，足见其对此诗的认可。《秋闺怨》一诗，前四句以"斜光""暮雀""秋扇""夜灯"等一系列时节意象描绘了一幅夕阳西照、雀鸟南栖、风悲秋扇、月起灯明的画面，散发出淡淡的忧思，使全诗笼罩于凄苦的氛围之中。清人陈祚明评曰："景中荒芜，使人欲悬梁饮药矣。此郊、岛所尽心焉者，然不能逮。"[3]晚唐诗人孟郊、贾岛写诗多追求苦吟，陈氏以为王僧孺此诗所营造的悲凉氛围和意境，恐非郊、岛二人所能及，可见其对

---

① 逯钦立辑校：《先秦汉魏晋南北朝诗》，第 1767 页。
② （清）王夫之：《古诗评选》，载《船山全书》第 14 册，岳麓书社 1996 年版，第 795 页。
③ （清）陈祚明编，李金松点校：《采菽堂古诗选》，第 797 页。

王僧孺的诗歌评价颇高。该诗后四句写闺中女思念远方夫君，而万般辛苦却不被知，唯有泪垂千行。王僧孺此诗，可谓借凄苦之景写心中悲苦。此类诗还有《春闺怨》《何生姬人有怨》等，其中《何生姬人有怨》一诗在描写弃妇哀怨情感的表达上尤为强烈，该诗云：

> 寒树栖羁雌，月映凤复吹。逐臣与弃妾，零落心可知。宝琴徒七弦，兰灯空百枝。鞶容不足效，啼妆拭复垂。同衾成楚越，异国非佽离。①

全诗营造的氛围与《秋闺怨》相近，凄凉哀婉。其中，第三、四句"逐臣与弃妾，零落心可知"，表达作者心迹最为明显。诗人以"逐臣""弃妾"相提并论，同情"弃妾"的同时，亦抒发了自己作为"逐臣"的孤苦无依。第五、六两句，诗人以宝琴徒有七弦、兰灯空有百枝来反衬"弃妾"零落孤单之感。第七、八句描写了虽有容貌却不被待见的悲伤。后两句更可见"同衾乖心，怨其佽别"②的强烈表达。此外，王僧孺《为何库部旧姬拟蘼芜之句》诗中的"妾意在寒松，君心逐朝槿"，《为人宠姬有怨》诗中"是妾愁成瘦，非君重细腰"，均属此类艺术表达。王僧孺对"弃妾"多有同情，这种基于自身命运和认知理解之上的同情，使其在情感表达上更有感染力和穿透力，这一艺术效果的代表之作当为其《为姬人自伤》一诗：

> 自知心里恨，还向影中羞。回持昔慊慊，变作今悠悠。还君与妾扇，归妾奉君裘。弦断犹可续，心去最难留。③

昔日慊慊以对的郎君，如今变作负心之辈，"姬人"虽内心充满恨意，

---

① 逯钦立辑校：《先秦汉魏晋南北朝诗》，第 1764 页。
② （清）陈祚明编，李金松点校：《采菽堂古诗选》，第 795 页。
③ 逯钦立辑校：《先秦汉魏晋南北朝诗》，第 1768 页。

但又不愿直接表达。"弦断犹可续，心去最难留"，双方只愿退还彼此信物，从此各不相干，幽怨中透着悲愤，悲愤中又充满刚烈。陈祚明赞此诗"极真极悲"，并认为"最"字之用尤佳。①

王僧孺在女性题材诗歌中还专门描写女性的容貌、体态、声色、服饰等细节，最具代表者有《为人述梦》和《咏宠姬》两首。《为人述梦》诗云：

> 工知想成梦，未信梦如此。皎皎无片非，的的一皆是。以亲芙蓉褥，方开合欢被。雅步极嫣妍，含辞姿委靡。如言非倏忽，不意成俄尔。及寤尽空无，方知悉虚诡。②

此诗描写梦中男女幽会，女子雅步嫣妍，搔首弄姿，将女子姿态、神情刻画得极为真切。又《咏宠姬》诗云：

> 及君高台还，值妾妍妆罢。曲房褰锦帐，回廊步珠屣。玉钗时可挂，罗襦讵难解。再顾连城易，一笑千金买。③

诗中描写宠姬和夫君之间的调情一幕，其中"珠屣""玉钗""罗襦""再顾""一笑"等词，可谓将二人调情之景生动再现。此诗描写男女之情，于"诗言志"颇有乖违。王夫之《姜斋诗话》云："兴、观、群、怨，诗尽于是矣……《诗三百篇》而下，唯《十九首》能然。李、杜亦仿佛遇之，然其能俾人随触而皆可，亦不数数也。又下或一可焉，或无一可者。故许浑允为恶诗，王僧孺、庾肩吾及宋人皆尔。"④王夫之对王僧孺的成见，当与王僧孺此类艳情诗歌有关。从某种意义上讲，宫体诗的出现确实

---

① （清）陈祚明编，李金松点校：《采菽堂古诗选》，第798页。
② 逯钦立辑校：《先秦汉魏晋南北朝诗》，第1766页。
③ 逯钦立辑校：《先秦汉魏晋南北朝诗》，第1767页。
④ （清）王夫之：《姜斋诗话》卷下，第8页。

是对孔子"兴、观、群、怨"说和儒家温柔敦厚诗教传统的一种反叛,但亦不应简单予以否定。萧纲《诫当阳公大心书》言:"立身之道,与文章异。立身先须谨重,文章且须放荡。"①做人与创作虽不可分割,但并非完全等同,当区别对待。正如归青《南朝宫体诗研究》所说:"一个在生活上严以律己的人,为了取得精神上的平衡,势必要在其他场合放松一下自己被压抑的性情,宫体诗正是这种松弛精神的绝佳形式。"②清人陈祚明评价《为人述梦》云:"写虚幻能尽情若此,中间如'以'字、'方'字、'极'字、'恣'字,俱是梦境,故有趣。然太尖太近,直接晚唐。"③又评云:"僧孺诗如娟姬自坐,顾影自怜,掠鬓弄裙,动即成态,自非良家举止。"④此可看作对王僧孺女性题材诗歌的代表性评价。

综上可知,王僧孺描写女性题材诗歌之风格虽以抒发主人公哀怨为主,但亦间接表达了自己的心迹。陈祚明评《为人伤近而不见》一诗云:"安得有此慧心,体味深闺中朝夕况昧?"⑤可谓切实之言。

(三) 羁旅登临诗

王僧孺仕途不顺,多次去官、外任,如天监二年(503 年),王僧孺远赴南海郡出任太守。此类漂泊沉浮经历,使其写下了一些羁旅登临类诗歌,如《中川长望诗》《落日登高台》《至牛渚忆魏少英》等。王僧孺对高山大川十分钟爱,诗中常抒发其对命运的悲慨与无奈,如《中川长望》诗云:

> 长川杳难即,四望四无极。安流宁可值,愤风方未息。危帆渡中悬,孤光岩下戾。岸际树难辨,云中鸟易识。莫恨东复西,谁知

---

① (清) 严可均辑,冯瑞生审订:《全梁文》卷一一,第 113 页。
② 归青:《南朝宫体诗研究》,上海古籍出版 2006 年版,第 9 页。
③ (清) 陈祚明编,李金松点校:《采菽堂古诗选》,第 796 页。
④ (清) 陈祚明编,李金松点校:《采菽堂古诗选》,第 790 页。
⑤ (清) 陈祚明编,李金松点校:《采菽堂古诗选》,第 795 页。

迁且直。故乡相思者，当春爱颜色。独写千行泪，谁同万里忆。①

　　长川即在眼前，却难以靠近，诗人四望无极，心中无限悲凉。川流激涌，狂风未息，一个"愤"字将诗人心中的怨恨之情表达得淋漓尽致。船帆在风中危悬，远处的灯光忽明忽暗，给人一种迷离之感。第七、八句抒发了诗人只能与云中之鸟为伴的飘零之感。第九、十句道出了诗人宽慰自己的无奈之情。最后四句，诗人直接抒怀，思念故乡，泪洒千行。清人陈祚明评此诗颇为"清越"，"章中之意，如游丝十丈，微绪相萦……至若'孤光岩下戾'及'故乡相思者'四句，又极隽，不异魏晋"②。可谓合乎公允之评。

　　王僧孺登临类诗歌有《落日登高》和《至牛渚忆魏少英》两首。《落日登高》诗云：

　　　　凭高且一望，目极不能舍。东北指青门，西南见白社。轸轸河梁上，纷纷渭下桥。争利亦争名，驱车复驱马。宁访蓬蒿人，谁怜寂寞者。③

　　该诗描绘了登高远望所见之景。登高眺望，车水马龙，诗人在描写世间俗人累于名利的同时，对寂寞蓬蒿之人表达了怜悯和同情。陈祚明称赞此诗云："命意高，属词浅，以一气流逸，故可观。"④王僧孺幼贫，佣书养母，因自身经历，故对下层人民多有同情，《伤乞人》一诗即是明证。

　　王僧孺另一首登临诗《至牛渚忆魏少英》云：

　　　　枫林暧似画，沙岸净如扫。空笼望砥石，回斜见危岛。绿草闲

---

① 逯钦立辑校：《先秦汉魏晋南北朝诗》，第 1762 页。
② （清）陈祚明编，李金松点校：《采菽堂古诗选》，第 793 页。
③ 逯钦立辑校：《先秦汉魏晋南北朝诗》，第 1762 页。
④ （清）陈祚明编，李金松点校：《采菽堂古诗选》，第 792 页。

游蜂，青葭集轻鸥。徘徊洞初月，浸淫溃春潦。非愿岁物华，徒用风光好。①

关于牛渚，《太平寰宇记》云："牛渚山，在北三十五里，突出江中，谓为牛渚，古所津渡处也……牛渚山，此谓之采石。"由此可知，牛渚也即采石。魏少英，即魏朗，《后汉书·魏朗传》载：

> 魏朗，字少英，会稽上虞人也。少为县吏……从博士郤仲信学《春秋图纬》，又诣太学受《五经》，京师长者李膺之徒争从之。初辟司徒府，再迁彭城令。时，中官子弟为国相，多行非法，朗与更相章奏，幸臣忿疾，欲中之。会九真贼起，乃共荐朗为九真都尉。到官，奖厉吏兵，讨破群贼，斩首二千级。桓帝美其功，征拜议郎。顷之，迁尚书。屡陈便宜。有所补益。出为河内太守，政称三河表。尚书令陈蕃荐朗公忠亮直，宜在机密，复征为尚书。会被党议，免归家。朗性矜严，闭门整法度，家人不见惰容。后窦武等诛，朗以党被急征，行至牛渚，自杀。著书数篇，号《魏子》云。②

魏少英因"党锢之祸"在牛渚自杀，此诗虽冠以忆人之名，却无字提及所忆之人，盖以景之美，反衬命运之悲。王僧孺至牛渚而忆及汉末党人魏少英，盖出于"理解之同情"。王僧孺为官清廉，当以"公忠亮直"的魏少英为同道和楷模，并对其自杀命运颇为同情。全诗写景之美好，清新明快，末尾两句"非愿岁物华，徒用风光好"，转入感伤，言草木风光徒有它自己的好，"良辰美景奈何天"，流露了诗人的无奈之感。

羁旅中，王僧孺常以诗来抒发对远方亲友的怀念，感情真挚。如《春

---

① 逯钦立辑校：《先秦汉魏晋南北朝诗》，第 1763 页。
② （南朝宋）范晔撰，（唐）李贤等注：《后汉书》卷六七，第 2200—2201 页。

日寄乡友》云：

> 旅心已多恨，春至尚离群。翠枝结斜影，绿水散圆文。戏鱼两相顾，游鸟半藏云。何时不悯默，是日最思君。①

诗人旅居他乡，初春之际万物复苏，思念远方亲友却不得相见，更添羁旅之愁。诗人以"翠枝""绿水""戏鱼""游鸟"等灵动活泼的意象，反衬自己的形单影只。清人陈祚明称赞此诗"景中皆是情"②，所言甚是。《寄何记室》一诗云：

> 思君不得见，望望独长嗟。夜风入寒水，晚露拂秋花。何由假日御，暂得寄风车。③

何记室即何逊，与王僧孺皆为东海郯人。此诗开首即直抒胸臆，"思君不见君"一句足见王僧孺与何逊交情之深。

此外，王僧孺还有两首乐府古诗：《白马篇》和《古意》，可暂归于羁旅登临一类。《白马篇》云：

> 千里生冀北，玉鞘黄金勒。散蹄去无已，摇头意相得。豪气发西山，雄风擅东国。飞鞚出秦陇，长驱绕岷嶓。承谟若有神，禀算良不惑。潏汨河水黄，参差嶂云黑。安能对儿女，垂帷弄毫墨。兼弱不称雄，后得方为特。此心亦何已，君恩良未塞。不许跨天山，何由报皇德。④

---

① 逯钦立辑校：《先秦汉魏晋南北朝诗》，第1766页。
② （清）陈祚明编，李金松点校：《采菽堂古诗选》，第796页。
③ 逯钦立辑校：《先秦汉魏晋南北朝诗》，第1764页。
④ 逯钦立辑校：《先秦汉魏晋南北朝诗》，第1760页。

郭茂倩《乐府诗集》释《白马篇》题名曰："白马者，见乘白马而为此曲。言人当立功立事，尽力为国，不可念私也。"[1]王僧孺在诗中刻画了一匹驰骋千里、豪气冲天的良马，并以良驹自喻，表达了驰骋疆场、建功立业的抱负。同时也对仕途不顺、报国无门而感到怆然。"不许跨天山，何由报皇德"一句，将诗人怀才不遇的无奈心情表露无遗。另一首《古意》诗云：

> 青丝控燕马，紫艾饰吴刀。朝风吹锦带，落日映珠袍。陆离关右客，照耀山西豪。虽非学诡遇，终是任逢遭。人生会有死，得处如鸿毛。宁能偶鸡鹜，寂寞隐蓬蒿。[2]

此诗主旨与《白马篇》相似，表达了诗人对自己怀才不遇、壮志难酬的愁闷与无奈。末尾两句"宁能偶鸡鹜，寂寞隐蓬蒿"可与《落日登高》一诗中的"宁访蓬蒿人，谁怜寂寞者"相契合，足见王僧孺不甘寂寞、渴望仕进的强烈愿望。

(四) 酬唱送答诗

王僧孺历仕南朝齐梁二代，官至尚书左丞、御史中丞，仕齐时曾游于竟陵王萧子良西邸，交游广泛，入梁后又曾一度受到梁武帝萧衍的赏识，因此在他的诗歌中不乏酬唱送答一类，此类诗歌主要有《侍宴诗》二首、《侍宴景阳楼》、《在王晋安酒席数韵》、《赠顾仓曹》、《送殷何两记室》、《夜愁示诸宾》、《秋日愁居答孔主簿》、《忽不任愁聊示固远》等。酬唱诗，如《侍宴景阳楼》：

> 金铺烁可镜，桂栋俨临云。沾觞均饮德，服道验朝闻。讵论禹无

---

① （宋）郭茂倩：《乐府诗集》，中华书局 1979 年版，第 917 页。
② 逯钦立辑校：《先秦汉魏晋南北朝诗》，第 1761 页。

间，非耻尧为君。小臣亦何者，短翮屡追群。①

诗前两句写宴会场景的铺张华丽，金环（铺首）亮如镜，桂栋高近云。第三、四句赞美在座宾客德行高尚，博闻多识。第五、六句描写宴会上宾客畅谈古今的自由氛围。最后两句诗人以小臣自居，以"短翮"形容自己见识短浅，这既是自谦之词，同时也表达了对主人以及宾客的赞美。这种自谦之词与另一首《侍宴》中"小臣良不才，涓尘愧所守"②颇为相近。

王僧孺乃性情中人，情感细腻丰富。③这种细腻情感在其送别诗歌中多有体现，如《送殷何两记室》：

掩袖出南浦，驱车送上征。飘飘晓云驶，瀁瀁旦潮平。不肖余何惜，无赀尔勿轻。倘有还书便，一言访死生。④

由首句中"掩袖"二字即可看出王僧孺与殷芸、何逊二人交情笃厚。友人即将离别，诗人心中无限哀伤。末尾"倘有还书便，一言访死生"二句，将诗人情感及与殷、何二友之情谊表达得淋漓尽致。清人陈祚明称赞此诗云："真至语，又哀伤如此之极。"⑤王夫之亦赞曰："通首高岑嘉州近体，犹无此悲壮也。"⑥与之相类的还有《赠顾仓曹》一诗，此诗"前半铺叙开丽，后段述感酸澌"⑦，表达了友人之间的深情厚意。在王僧孺赠答诗

①　逯钦立辑校：《先秦汉魏晋南北朝诗》，第 1766 页。
②　逯钦立辑校：《先秦汉魏晋南北朝诗》，第 1761—1762 页。
③　如《梁书》本传载："僧孺幼贫，其母鬻纱布以自业，尝携僧孺至市，道遇中丞卤簿，驱迫沟中。及是拜日，引驺清道，悲感不自胜。"（唐）姚思廉：《梁书》卷三三《王僧孺传》，第 470 页。
④　逯钦立辑校：《先秦汉魏晋南北朝诗》，第 1767 页。
⑤　（清）陈祚明编，李金松点校：《采菽堂古诗选》，第 797 页。
⑥　（清）王夫之：《古诗评选》，载《船山全书》第 14 册，第 840 页。
⑦　（清）陈祚明编，李金松点校：《采菽堂古诗选》，第 793 页。

中，《秋日愁居答孔主簿》一诗颇有代表性，该诗云：

> 首秋云物善，昼暑旦犹清。日华随水泛，树影逐风轻。依籁野
> 马合，当户昔耶生。物我一无际，人鸟不相惊。倘过北山北，聊访法
> 高卿。①

全诗不仅描绘了一种自然优美之景，同时也表达了诗人物我一体的思
想，颇有庄子所言"天地与我并生，而万物与我为一"之境界。诗中所云
法高卿，即指法真。《后汉书·法真传》载：

> 法真，字高卿，扶风郿人，南郡太守雄之子也。好学而无常家，
> 博通内外图典，为关西大儒。弟子自远方至者，陈留范冉等数百人。
> 性恬静寡欲，不交人间事。太守请见之，真乃幅巾诣谒。太守曰：
> "昔鲁哀公虽为不肖，而仲尼称臣。太守虚薄，欲以功曹相屈，光赞
> 本朝，何如？"真曰："以明府见待有礼，故敢自同宾末。若欲吏之，
> 真将在北山之北，南山之南矣。"太守怃然，不敢复言。②

法高卿为汉末大儒、逸民隐士，王僧孺诗中末尾两句即化用法高卿不
为吏士之典。诗中也处处可见诗人对隐逸生活的喜爱和向往，但诗人在诗
题中却言"愁"，可见诗人虽向往隐居，但对功名亦有不舍，显示出一种
矛盾心态。

综上可知，王僧孺诗歌的题材与内容可谓丰富多样，其中以女性题材
诗最多。这些不同题材与内容的诗歌，正是其个人经历、思想特点的真实
写照。王僧孺出身贫苦，与母亲相依为命，佣书成学，历仕齐、梁，多有

---

① 逯钦立辑校：《先秦汉魏晋南北朝诗》，第 1763 页。
② （南朝宋）范晔撰，（唐）李贤等注：《后汉书》卷八三，第 2774 页。

坎坷，故其诗歌多愁怅之作，然其感情细腻，能从日常之事中生发感慨，且言情至真，感人至深。

二、艺术特征

王僧孺的诗歌创作整体上受永明文学影响较深，在风格、句式和艺术表达上，既有永明诗人艺术创作的共性，又不乏自己的特色。

（一）明丽清新、古朴儒雅

李白《宣州谢朓楼饯别校书叔云》一诗所云"蓬莱文章建安骨，中间小谢又清发"，可以说在整体上概括了魏晋至南朝文学风格由"风骨"到"清发"的变化。追求"清""丽"的风格是南朝诗人尤其是永明诗人的普遍风尚，后代史书及诗论也常以"清丽"来评价永明诗人的创作风格。《梁书·王僧孺传》称王僧孺"其文丽逸"①，王僧孺在《与何炯书》中亦云："摛绮縠之清文，谈希微之道德。"② 由此可知，"清丽"是王僧孺文学创作的主导风格。如《春思绝句》一诗中，"雪罢枝即青，冰开水便绿"中以"青""绿"两种颜色给人清新之感。再如《湘夫人》一诗，以"桂栋""川湄""白蘋""绿芷"，绘成一副色彩清朗的画面，色彩对比中给人以明亮的视觉感受。此类描写景色的诗句还有《至牛渚忆魏少英》中的"绿草闲游蜂，青葭集轻鹤"和《春日寄乡友》中的"翠枝结斜影，绿水散圆文"，等等。

不独写景咏物，王僧孺描写女性的诗句中也不乏清新明丽的特征。例如《在王晋安酒席数韵》中所云"窈窕宋华容，但歌有清曲"等句，女子华美的容貌、窈窕的身姿和清亮的歌曲，皆给人清丽之感。

王僧孺博学多才，诗歌创作中亦讲求儒雅，诗中常流露出古雅之气。

---

① （唐）姚思廉：《梁书》卷三三，第474页。
② （唐）姚思廉：《梁书》卷三三，第474页。

如《侍宴》第二首云：

> 回舆避暑宫，下辇迎风馆。散漫轻烟转，霏微商云散。蔓草亘岩垂，高枝起天半。回风稍惊水，落光渐斜岸。妙舞驻行云，清歌入层汉。晔颜畅有怿，德音良已粲。①

全诗以散烟、霏云、回风、落光等意象营造了一种温雅的气氛，又以曼舞清歌萦绕其间，极显古雅清隽，王夫之赞其"雅度不减谢庄"②。此外，王夫之评《秋闺怨》一诗云"昭质不亏，夷然大雅"③，足见王僧孺诗歌有雅正之风。正如刘跃进所云："梁陈文学大致可分为两个时期，一是以萧统为核心的梁代中期文学，呈现出一种从永明诗风向复古思潮过渡的状态。这个时期的代表作家主要是何逊、柳恽、吴均、王僧孺、刘峻、刘孝绰、王筠、裴子野等，他们的创作既有永明诗风清丽的一面，又不无古朴清拔的色彩。"④因此说，王僧孺的诗歌风格以清新明丽为主，又兼具古朴儒雅的一面。

（二）抒发性情、追求声色

中国古代诗歌发展至南朝，追求声色成为一时风尚。一方面抒情技巧更加细腻化，另一方面艺术形式更趋新丽，更加注重音、色之美。清代诗人沈德潜云："诗至于宋，性情渐隐，声色大开，诗运转关也。"⑤"性情渐隐"是指刘宋时期文人创作视角渐渐倾向于日常生活，直接抒发个人大性情之作相对减少；"声色大开"是指诗歌中更多的是追求一种听觉与视觉

---

① 逯钦立辑校：《先秦汉魏晋南北朝诗》，第 1762 页。
② （清）王夫之：《古诗评选》，载《船山全书》第 14 册，第 795 页。
③ （清）王夫之：《古诗评选》，载《船山全书》第 14 册，第 795 页。
④ 刘跃进主编：《中国古代文学通论》魏晋南北朝卷，辽宁人民出版社 2005 年版，第 399 页。
⑤ （清）沈德潜著，霍松林校注：《说诗晬语》，人民文学出版社 1979 年版，第 203 页。

的效果。齐梁文人在追求声色的同时，依旧从日常生活中注重个人小性情的抒发，"文学创作又逐渐摆脱了经史附庸的地位而走向独立，摒弃了传统的功利目的，注重于个人性情的抒写"①。萧子显云："文章者，盖情性之风标，神明之律吕也。"②萧绎《与刘孝绰书》中更是直言诗歌创作要"吟咏性情"。

王僧孺之诗注重声色，语言极富色彩感。如《至牛渚忆魏少英》一诗中，以"枫林""沙岸""悬石""危岛""绿草""游蜂""青荑""轻鸰""初月"等冷暖色调不一的词语为我们描绘了一幅清逸峻拔的画面，更以红、绿、青、黄等颜色布满其中，使整个画面更加绚丽。又如《咏捣衣》一诗云：

> 　足伤金管遽，多怆缇光促。露团池上紫，风飘庭里绿。下机鹜西眺，鸣砧遽东旭。芳汗似兰汤，雕金辟龙烛。散度广陵音，掺写渔阳曲。别鹤悲不已，离鸾断还续。尺素在鱼肠，寸心凭雁足。③

诗中"金管""缇光""池上紫""庭里绿"等词，描绘了一幅色彩斑斓的场景。"广陵音""渔阳曲"，又描绘了一番声音之景。这首诗以极其哀伤的语调为我们描绘了一幅捣衣妇人辛苦劳作的形象。"芳汗似兰汤"极写捣衣的辛苦，捣衣之声让诗人想到广陵之音、渔阳之曲，犹如孤鹤悲鸣，离鸾追续，闻之令人肝肠寸断。诗人借捣衣妇人的形象，表达了对底层劳动人民的深切同情。

王僧孺诗歌中，也多有直接抒情之作，如《春日寄乡友》末尾两句所云"何时不悯默，是日最思君"。又如《寄何记室》首句即云"思君不得见"，可谓直抒胸臆，亦可见真性情之流露。

---

① 归青：《南朝宫体诗研究》，第25页。
② （南朝梁）萧子显：《南齐书》卷五二，第907页。
③ 逯钦立辑校：《先秦汉魏晋南北朝诗》，第1765页。

(三) 求新求变、翻新出奇

《梁书·庾肩吾传》云:"齐永明中,文士王融、谢朓、沈约文章始用四声,以为新变,至是转拘声韵,弥尚丽靡,复逾于往时。"[1] 萧子显亦云:"若无新变,不能代雄。"[2] 可见齐梁文人在创作中多追求"新变"。

王僧孺的诗歌创作也力求"新变"。在声律方面,王僧孺喜用平平仄平仄的特殊格式。在押韵方面,王僧孺喜押平声韵。[3]《梁书·王僧孺传》云:"其文丽逸,多用新事,人所未见者,世重其富。"[4] 王僧孺善于在诗文中用新事,为世人所称道。张溥《王左丞集题辞》赞美其诗"新声代变,于此称极"[5],陈祚明《采菽堂古诗选》称赞其诗"非但多用新事,乃能多用新语耳!"[6] 王僧孺在诗歌中灵活调用各类词语,可谓信手拈来。如《朱鹭》一诗,开首两句即以"弄""上"两个动词将朱鹭嬉戏的场景刻画得栩栩如生。加之"玉""金""白""碧""珪"等一系列极富色彩感的词语,使整幅画面更加绚丽多彩。又如《至牛渚忆魏少英》一诗:

> 枫林暧似画,沙岸净如扫。空笼望悬石,回斜见危岛。绿草闲游蜂,青蓹集轻鸨。徘徊洞初月,浸淫渍春潦。非愿岁物华,徒用风光好。[7]

陈祚明评曰:"虚字处处灵活。'空笼''回斜'字,已活,尤妙在'悬'字、'危'字,五句'闲'字佳,六句'轻'字佳,七句'徘徊'字,月

---

[1] (唐) 姚思廉:《梁书》卷四九,第 690 页。

[2] (南朝梁) 萧子显:《南齐书》卷五二,第 908 页。

[3] 刘丽华:《王僧孺研究》,漳州师范学院硕士学位论文,2010 年,第 54—59 页。

[4] (唐) 姚思廉:《梁书》卷三三,第 474 页。

[5] (明) 张溥撰,殷孟伦注:《汉魏六朝百三家集题辞注》,中华书局 2007 年版,第 296 页。

[6] (清) 陈祚明编,李金松点校:《采菽堂古诗选》,第 790 页。

[7] 逯钦立辑校:《先秦汉魏晋南北朝诗》,第 1763 页。

来何徐！'洞'字，月照何彻，'浸淫'字，水泛无边。'溃'字，水至莫御。而'溃'字尤雅，且尚不堕唐律句眼，颇绕古致。"① 可见王僧孺用字灵活、颇工于诗。再如《夜愁示诸宾》一诗云：

> 詹露滴为珠，池水合成璧。万行朝泪泻，千里夜愁积。孤帐闭不开，寒膏尽复益。谁知心眼乱，看朱忽成碧。②

陈祚明评曰："'积'字深曲，对'泻'字更趣，后四句从此一字演出，'尽复益'佳，写愁令无穷。'看朱成碧'，从何处想得，太奇！"③ 李白《前有一樽酒行》中"催弦拂柱与君饮，看朱成碧颜始红"即从此化得。《为人宠姬有怨》一诗，陈祚明赞其"每能翻新出奇"④，更以为尾句"是妾愁成瘦，非君重细腰"与"看朱忽成碧"一句千秋不磨。再如《赠顾仓曹》末尾四句"譬如蓲蘱草，心谢叶空存。谁复三乘睫，独念九飞魂"，陈祚明评价曰"新隽"，又以为"'三乘睫'摘字新雅"⑤。综上可知，王僧孺诗歌不仅力求"新变"，而且的确能够翻新出奇，可谓"语不惊人死不休"。

（四）用典灵活、化用诗句

齐梁诗人不仅追求辞藻华丽，而且颇为喜欢用典，正如葛晓音所言："矜尚数典隶事的风气在齐梁大盛，导致诗歌用典愈加求新求巧。"⑥ 沈约诗文喜好用典，且使人不觉，颇为邢邵推重，《颜氏家训·文章》云："沈隐侯曰：'文章当从三易：易见事，一也；易识字，二也；易读诵，三也。'

① （清）陈祚明编，李金松点校：《采菽堂古诗选》，第794页。
② 逯钦立辑校：《先秦汉魏晋南北朝诗》，第1766页。
③ （清）陈祚明编，李金松点校：《采菽堂古诗选》，第797页。
④ （清）陈祚明编，李金松点校：《采菽堂古诗选》，第798页。
⑤ （清）陈祚明编，李金松点校：《采菽堂古诗选》，第793页。
⑥ 葛晓音：《八代诗史》（修订本），中华书局2007年版，第186页。

邢子才常曰：'沈侯文章，用事不使人觉，若胸忆语也。'深以此服之。"①
沈约工于诗，为世所重，任昉不甘其后，于诗多用典，以致属辞或有不
顺，《南史·任昉传》载："既以文才见知，时人云'任笔沈诗'。昉闻甚
以为病。晚节转好著诗，欲以倾沈。用事过多，属辞不得流便，自尔都下
士子慕之，转为穿凿，于是有才尽之谈矣。"②可见用典为当时之风尚。

王僧孺博览群书，于诗文中亦多用新事，为世人称道。如《登高台》
一诗的尾句"便是洛阳才"，即用"贾谊洛阳才子"之典。《见贵者初迎盛
姬聊为之咏》尾联"长卿幸未匹，文君复新寡"，即化用"司马相如与卓
文君"之典。《秋日愁居答孔主簿》尾联"傥过北山北，聊访法高卿"，即
用东汉末年"隐士法高卿"之典。王僧孺用典，常能"以故为新"，颇有
效果。如《何生姬人有怨》中"矉容不足效，啼妆复拭垂"两句，胡大雷
认为，该诗句"用《庄子·天运》中的'效矉'典故劝弃妇不要整日愁眉
苦脸，但细读起来，诗人自以为巧用典故反使严肃主题产生了戏谑的意
味"③。《为姬人自伤》中"弦断犹可续，心去最难留"化用《博物志》"接
续弓弦"之典，以"弦断"和"心去"、"犹"和"最"对举，表达心去不
可留的感慨。《为人宠姬有怨》尾句"是妾愁成瘦，非君重细腰"一句，
即化用"楚王好细腰"的典故。

王僧孺诗歌中常能巧妙地化用前人诗句。如《鼓瑟曲有所思》中的"知
君自荡子，奈妾亦倡家"化自《古诗十九首·青青河畔草》中的"昔为倡
家女，今为荡子妇"。《中川长望》中"岸际树难辨，云中鸟亦识"二句与
谢朓"天际识归舟，云中辨江树"二句颇为相似。《春日寄乡友》中"戏
鱼两相顾，游鸟半藏云"二句似有意模仿谢朓"鱼戏新荷动，鸟散余花落"。
此外，还有《咏捣衣》中"尺素在鱼肠"一句，化用古乐府《饮马长城窟
行》中的"呼儿烹鲤鱼，中有尺素诗"。《为人伤近而不见》中"我有一心

---

① （北齐）颜之推撰，王利器集解：《颜氏家训集解》（增补本），第 272 页。
② （唐）李延寿：《南史》卷五九，第 1455 页。
③ 胡大雷：《宫体诗研究》，商务印书馆 2004 年版，第 136 页。

人，同乡不异县"，化用古乐府《白头吟》中的"愿得一人心，白头不相离"。总之，王僧孺的诗歌创作，不论是用典还是化用他人诗句，可谓信手拈来，自然流畅，毫无造作之感。

此外，王僧孺诗歌中多讲究对仗，如《春闺有怨》一诗云：

> 愁来不理鬓，春至更攒眉。悲看蛱蝶粉，泣望蜘蛛丝。月映寒蚕褥，风吹翡翠帷。飞鳞难托意，驶翼不衔辞。①

开首两句"理鬓"对"攒眉"，第三、四句"悲看"对"泣望"，"蛱蝶粉"对"蜘蛛丝"，第五、六句"月映"对"风吹"，"寒蚕褥"对"翡翠帷"，尾句"飞鳞"对"驶翼"，"托意"对"衔辞"，对仗工整，排列有序。

综上可知，王僧孺的诗歌以清新明丽为主，又兼具儒雅古朴之风，整体上与永明体诗风一致。入梁之后，虽有少量诗"伤于轻艳"②，但不影响王僧孺诗歌的整体格调。语言上追求声色，善辞藻，又力主个人性情的抒发，主张以情系文，为情造文。在艺术技巧方面，王僧孺有着强烈的变革意识，力求"新变"，常能翻新出奇，而且喜用新典，活用诗句，对仗工整而不板滞。其诗歌也体现出了"永明体"过渡到"宫体诗"的一些特点，但又有其独特之处，这使得王僧孺在齐梁文坛上的足迹历千载而永存。

第四节　王僧孺散文探析

南朝文坛沿着魏晋以来追求新丽的趋向而进一步发展。刘宋时期，抒情体物的华章美文盛行一时。但就文章骈体化的进程来看，这一时期的文

---

① 逯钦立辑校：《先秦汉魏晋南北朝诗》，第 1767 页。
② 《梁书·简文帝纪》云："(萧纲) 雅好题诗，其序云：'余七岁有诗癖，长而不倦。'然伤于轻艳，当时号曰'宫体'。"(《梁书》卷四，第 109 页)

风承东晋玄风之余韵，新丽而不乏疏朗之致。至齐梁以后，踵事增华，文章进一步骈体化，虽出现了大量辞采润泽、声律和谐的美文。文笔之辨的深入是齐梁文坛"新变"意识的重要表现之一。早期文论家们多以有韵、无韵来区分文笔，刘勰《文心雕龙·总术》云："今之常言，有文有笔，以为无韵者笔也，有韵者文也。夫文以足言，理兼诗书，别目两名，自近代耳。"① 所谓"笔"是指奏、笺、启、书、札、表等应用文字，所谓的"文"则指诗赋之类的有韵文字。入梁以后，文论家们则进一步从文学的本质特征上加以区分文和笔。如《金楼子·立言篇》言："吟咏风谣，流连哀思者，谓之文"②，则更加强调"文"的抒情性。不仅如此，南朝人区分文、笔，不仅是在理论上追求完善，更是对才学的追求，正如刘跃进先生所言："在南朝人心目中，'文'与'笔'的差异更是显示一个人才学浅深的重要标志。'笔'仅能显示一个人的学，而'文'则更能展示一个人的才。"③

王僧孺是南朝时期文、笔兼善的文学家之一，《梁书》本传云："其文丽逸，多用新事，人所未见者，世重其富。"张溥所辑《王左丞集》共收录王僧孺文章二十八篇，严可均辑《全梁文》共收录王僧孺文章三十篇，较前者多出两篇。一为《慧行三昧及济方等学二经序赞》，原载《释藏》；一为《论任昉》，实为《南史·任昉传》中王僧孺对任昉的评价。其现存三十篇文章中，类型多样，大致可分为奏议类、书信序传类及其他类。

一、奏议类

王僧孺奏议类文章可分为表、启、笺、教四类，共十八篇。分别为：《吏部郎表》《为临川王让太尉表》《为南平王让仪同表》《为韦雍州致仕表》《为南平王妃拜改封表》《谢历表》等六篇；《谢除吏部郎启》《谢赐干陀利

---

① （南朝梁）刘勰撰，范文澜注：《文心雕龙注》卷九，第 655 页。
② （南朝梁）萧绎撰，许逸民校笺：《金楼子校笺》卷四，中华书局 2011 年版，第 966 页。
③ 刘跃进：《门阀士族与永明文学》，第 19 页。

国所献槟榔启》《谢齐竟陵王使撰众书启》《为萧监利求入学启》《答释法
云启》等五篇；《逮诣南司辞府笺》一篇；《南海郡求士教》一篇。

王僧孺的文章绝大多数辑自《艺文类聚》，且多为残篇缺文，从内
容上看，除作为考订王僧孺身世经历的史料价值之外，在文学上则较难
称得上有什么大的价值。① 王僧孺奏议类文章均属于公文性质，内容上
多与时事及自身仕途经历有关，如《吏部郎表》和《谢除吏部郎启》是
王僧孺回应朝廷擢其为尚书吏部郎的公文；《谢齐竟陵王使撰众书启》是
王僧孺回应竟陵王萧子良招其参与编纂《四部要略》一事而写的文章；《南
海郡求士教》则是王僧孺于梁天监初年任南海太守之时，为扭转吏风而
颁布的求贤教令；《逮诣南司辞府笺》则是王僧孺出任仁威南康王长史
之时，坐事免官，奉笺辞府之文。这些文章内容以政事为主，言辞较为
枯燥。

从艺术形式上看，王僧孺的应用类文章以典型的四六骈文为主，对仗
工整。如《谢齐竟陵王使撰众书启》：

> 伏惟殿下：铜爵始成，早擒从后之句。柏梁初构，首属骖驾之
> 辞。楚史所受，曾不云述。沛献斯陈，良未足采。徒以原托后车，以
> 望西园之客。摄齐下坐，有糅南皮之游。谬服同于鲁儒，窃吹等乎
> 齐乐。②

全文皆由四六句组成，句式齐协，手法上以铺陈为主，记述了王僧孺
初入竟陵王西邸时所见所闻，是十分工整的应酬之作。关于"谢启"，魏
晋南北朝时期这一文体的创作数量明显增加，这既与文风的转变有关，又
是其逐渐由公文性转向私人化的必然结果，所以在形式上与抒发"体国经

---

① 刘丽华：《王僧孺研究》，第66页。
② （清）严可均辑，冯瑞生审订：《全梁文》，第545页。

野"之心的"奏启"有很大不同,其所抒发的多是一己之心,因此被称为"谢物小启"①。王僧孺这篇文章不同于一般的奏议公文,更像是一篇答谢友人的书信,给人亲切之感。

王僧孺奏议类文章在形式上还有一个特点,就是喜用典故,即《梁书》本传所云"多用新事",如《南海郡求士教》:

> 是以文举下车,窍梦于根矩;长孙入境,明发于龙丘。此境三闽奥壤,百越旧都,汉开吴别,分星画部。风序浃浃,衣簪斯盛,其川岳所产,岂直明珠大贝,桂蠹翠羽而已哉?孝实人经,则有罗威唐颂。学惟业本,又闻陈元士燮。至于高尚独往,相望于山其岩,怀仁抱义,继踪于前史。②

在上引文字中,王僧孺使用了八个典故,如"文举下车,窍梦于根矩",化用了曹魏时期孔融出任北海相之时大兴儒学、广招贤士的故事;"长孙入境,明发于龙丘",化用了东汉任延出任会稽都尉时礼待龙丘苌的故事;"孝实人经,则有罗威唐颂。学惟业本,又闻陈元士燮"中,又提到了以孝闻名的罗威、唐颂和以学显扬的陈元、士燮。③王僧孺借用这八个著名人物的故事以表达自己求贤之迫切、慕才之诚恳。他为文善于引经据典,《梁书》本传称其"巨学",盖是指此。王僧孺奏议类文章还有诸如《为临川王让太尉表》等篇,这些篇章用典繁复,有的几乎全篇皆有出处,虽显博学,却不免给人以艰涩之感。

受文体之限,王僧孺此类文章多有规有矩,公文性较强。但其中也有几篇文章,内容上颇具感情色彩,形式上也不拘泥于四六文,相对灵活自由。如《为韦雍州致仕表》:

---

① 马小凤:《魏晋南北朝书启研究》,辽宁大学硕士学位论文,2013年,第11—12页。
② (清)严可均辑,冯瑞生审订:《全梁文》,第543页。
③ 刘丽华:《王僧孺研究》,第67页。

　　一旦攀附，遂无涯限，排云矫汉，飞捧待翼。陆离蝉组，照灼潘旗，受胙推毂，执珪奉酯，变狭室于高门，改小冠于侯服；况复还周纽其六印，归齐列其五鼎，常惧轮轻载积，基薄墉高，器覆危倾，人指鬼瞰，老与年并，疾虽衰及，途遥齿截，漏迫钟鸣，高春之景一斜，不周之风忽至，菌蟪夕阴，倏驶无几，堇荓朝采，飘零已及，仰朱阙而掩涕，向濠谷而自悲，岂复式瞻拱默，仰接钟鼓，傥帷盖未亲，东岳稍驻，击壤鼓腹，其赐尤多。①

　　此表作于天监十五年（516年）韦睿致仕之时。王僧孺与韦睿父子交情颇深，尤其是韦睿次子韦正颇相友善。文中王僧孺极言仕途生活的不自由和无可奈何，即使像韦睿这般到了致仕之年，也"常惧轮轻载积，基薄墉高，器覆危倾，人指鬼瞰"，况年老体衰，积劳成疾，生命如"菌蟪夕阴，倏驶无几"。王僧孺言辞恳切，对韦睿的境遇感同身受，用语新奇、情感真挚，不独新声善变，更多达言深意。

　　王僧孺这类文章中文学价值最高的当属《奉辞南康王府笺》一文：

　　下官不能避溺山隅，而正冠李下，既贻疵辱，方致徽绳，解篆收簪，且归初服。窃以董生伟器，止相骄王；贾子上才，爰傅卑主。下官生年有值，谬仰清尘，假翼西雍，窃步东阁。多惭袨服，取乱长裾。高榻相望，直居坐右，长阶如画，独在僚端。借其从容之词，假以宽和之色，恩礼远过申白，荣望多厕应徐。厚德难逢，小人易说。方谓离肠陨首，不足以报一言。露胆披诚，何能以酬屡顾。宁谓蔚罗裁举，微禽先落。间阎始吹，细草仍坠。一辞九畹，方去五云。纵天网是漏，恩圣可恃。亦复孰寄心骸？何施眉目？方当横潭乱海，就鱼鳖而为群；披榛扪树，从虺蛇而相伍。岂

_____

① （清）严可均辑，冯瑞生审订：《全梁文》，第543—544页。

复仰听金声，式瞻玉色，顾步高轩，悲如霰委，踟蹰下席，泪若绠縻。①

这篇文章作于天监十二年（513 年），王僧孺为仁威王长史，行府、州、国事，因得罪受宠于王的汤道愍而遭谤讼。文中，王僧孺先述为文之缘由，言自己无法避祸于山林，此次遭人诋毁中伤，只好远离官场。之后以董仲舒和贾谊自比，王僧孺回忆步入仕途之经历，"假翼西雍，窃步东阁"。文章前半部分主要是回忆仕途上的恩遇，后半部分笔锋一转，言"厚德难逢，小人易说"，表明自己因为受礼遇而遭小人嫉妒，使得自己"离肠陨首"而"不足以报一言"。此番被诬获罪，使王僧孺深受打击，进而感慨生命如草芥般倏忽坠落，即使圣恩犹在，内心的委屈与痛苦也无处诉说。王僧孺虽然认识到仕途之险恶，但仍未放弃心中的信念，他不甘落魄归去，希望有朝一日能够再乘班列。自此笔峰又一转，王僧孺"顾步高轩"的万丈豪情戛然而止，转向现实困境，不由得"悲如霰委""泪若绠縻"。文章虽然全用骈文、用典繁复，但情感极尽跌宕、峰回路转，流露出无尽的悲苦，可谓字字如泪、句句如血、声情并茂、感人至深。

二、书信、序传类

这一类的文章在王僧孺文章中也占很大的比重，主要有书、序、传三类，共七篇。分别为：书三篇，即《与何炯书》《答江琰书》和《与陈居士书》；序两篇，即《詹事徐府君集序》和《临海伏府君集序》；传两篇，即《太常敬子任府君传》和《论任昉》②。

---

① （清）严可均辑，冯瑞生审订：《全梁文》，第 544—545 页。
② 《论任昉》一篇，因为体裁和内容与传相似，故归于此类。

作为中国古代应用文体的一种，"书"体的涵盖范围十分广泛。^①王僧孺现存的这四篇书类文章，皆属于狭义的"书"体概念，带有更多的"私信"性。所书对象何炯、江琰、陈居士、任昉等人都是王僧孺的好友，内容也多与日常生活有关，情感真挚自然，其中尤以《与何炯书》最具艺术表达效果。

《与何炯书》作于天监十二年（513年），也即王僧孺获罪去官后不久，《梁书》本传载："僧孺坐免官，久之不调。友人庐江何炯犹为王府记室，乃致书于炯，以见其意。"^②王僧孺曾作《为何库部旧姬拟蘼芜之句》和《何生姬人有怨》二诗，可见二人交情颇深。王僧孺以李耳入秦、梁鸿适越两个典故起笔，回顾了自己惨遭诬陷而被迫离去之苦，"辞无可怜，罪有不测"，只能"握手恋恋，离别珍重"。然后描述了自己现在的处境之差，"丁年蓄积，与此销亡，徒窃高价厚名，横叨公器人爵，智能无所报，筋力未之酬"，以至于"悲至拊膺，泣尽而继之以血"。随后王僧孺回忆了自己自入仕到此次免官之间的仕途经历，最后一段情感最为真挚，为便于分析，兹引之如下：

> 盖先贵后贱，古富今贫，季伦所以发此哀音，雍门所以和其悲曲，又迫以严秋杀气，万物多悲，长夜展转，百忧俱至。况复霜销草色，风摇树影。寒虫夕叫，合轻重而同悲；秋叶晚伤，杂黄紫而俱坠。蜘蛛络幕，熠耀争飞，故无车辙马声，何闻鸣鸡吠犬。俯眉事妻子，举手谢宾游。方与飞走为邻，永用蓬蒿自没。忔其长息，忽不觉生之为重。素无一廛之田，而有数口之累。岂曰馌而不食，方当长为佣保，

---

① 广义上的"书"不仅仅包括私人往还的书、笺以至家诫、家训，还将诏书、策书之类的下行公文、大臣进御的上行公文囊括在内。狭义的"书"体概念，则更多的是指那些用于朋友，甚至包括那些身份虽不在同一阶层却仍有朋旧之交的私人往来的信件。可参见马小凤：《魏晋南北朝书启研究》，第16页。

② （唐）姚思廉：《梁书》卷三三，第471页。

糊口寄身，溘死沟渠，以实蝼蚁，悲夫！岂复得与二三士友，抗首接膝，履足差肩，摛縠绮谷之清文，谈希微之道德。唯吴冯之遇夏馥，范彧之值孔嵩，愍其留赁，怜此行乞耳。傥不以垢累，时存寸札，则虽先犬马，犹松乔焉。去矣何生，高树芳烈，裁书代面，笔泪俱下。①

"先贵后贱，古富今贫"一句，足见王僧孺无奈之痛苦。"长夜展转"，王僧孺借秋夜万物萧条之景，联系生活之困苦，抒发了迫切改变现状的心声。整篇文章情感跌宕起伏，真切感人，张溥《王右丞集题辞》云："忧患之余，文辞危恻。子长流连于少卿，文通叫号于建平，有同情乎？"②张溥将王僧孺此书与司马迁《报任安书》和江淹《诣建平王上书》相提并论，足见其对此书的推崇。

《詹事徐府君集序》和《临海伏府君集序》是王僧孺为好友徐勉和伏曼容文集所作的序文。前者作于天监十八年左右③，徐勉于此年前后任太子詹事，王僧孺于文中介绍了徐勉的身世经历、人品性格以及文学风格等，赞其文章"质不伤文，丽而有体"；后者作于天监元年左右④，内容较为简单，先回顾了二人"道合神遇"般的相识，然后将伏曼容与贾逵、马融、卢植、郑玄、何晏、王弼等人相提并论，对其评价甚高。

《太常敬子任府君传》和《论任昉》是两篇传记评论类的文章。后者是《南史·任昉传》所载王僧孺对任昉的评价，内容简单。前者作于天监七年任昉去世之时，王僧孺隶事用典，于文中对任昉评价甚高，称其"天才卓尔，动称绝妙，辞赋极其清深，笔记尤尽典实"。文中王僧孺还将任昉与先贤相比较，极赞任昉为文能"穷文质之敏"。此外，王僧孺还称任昉"笔记尤为典实"，从而肯定了任昉的文学地位及其在文学变革中的作用。

---

① （清）严可均辑，冯瑞生审订：《全梁文》，第547页。
② （明）张溥著，殷梦伦注：《汉魏六朝百三家集题辞注》，第233页。
③ 曹道衡、刘跃进：《南北朝文学编年史》，人民文学出版社2000年版，第424页。
④ 刘丽华：《王僧孺研究》，第29页。

三、其他类

除了前文提及的几类文章外，王僧孺的文章还有碑铭、诔、祭文、赋、佛事等类型，共计 10 篇。其中，碑铭三篇，即《豫州墓志铭》《栖玄寺云法师碑铭》和《中寺碑》；诔一篇，即《从子永宁令谦诔》；祭文一篇，即《祭禹庙文》；赋一篇，即《赋体》。这些文章除了《赋体》以外均为骈文长篇，多艰涩难懂。《从子永宁令谦诔》一文十分感人，该文首先交代了写作缘由，然后以整齐的四言句式表达了对从子王谦的无限思念，多次长抒"呜呼哀哉"，语言生动，真实感人，读之令人悲怆不已。此外，王僧孺还有佛事类文章《礼佛唱导发愿文》《忏悔礼佛文》《初夜文》《慧行三昧及济方等学二经序赞》等 4 篇。在魏晋南朝时期，高门士族家族文化普遍存在着由儒入玄，再由玄入佛的发展轨迹。东海王氏从王朗到王肃，再到王僧孺，正能清楚地反映出这一线索。王僧孺所撰佛教仪式文献，文笔极佳，在南朝广为传唱，影响很大。

第五节　王僧孺谱学考论

王僧孺不仅是南朝齐梁时期文学家、藏书家，还是著名的谱学专家。其奉梁武帝之命撰集《十八州谱》《百家谱集抄》《东南谱集抄》，可谓集魏晋南北朝谱学之大成。虽然王僧孺在谱学上颇有成就，但学界对之关注不多。有鉴于此，本节拟对王僧孺的谱学进行专门探讨。

一、魏晋南北朝时期的谱学

谱学的产生，就直接原因来看，是家谱编撰发展的结果，白寿彝先生曾指出："魏晋南北朝隋唐时期历史撰述中，反映门阀地主的要求和趣味，就颇为显著。其中之一就是由名门大姓家谱之分别编撰逐渐发展成为一门综合各家记载的专门之学——谱学。"①而就根本原因来看，则要追溯到魏晋南北朝的政治制度，唐代柳芳对此有很好的论析：

> 魏氏立九品，置中正，尊世胄，卑寒士，权归右姓已。其州大中正、主簿，郡中正、功曹，皆取著姓士族为之，以定门胄，品藻人物。晋宋因之，始尚姓已。然其别贵贱，分士庶，不可易也。于时有司选举，必稽谱籍，而考其真伪。故官有世胄，谱有世官，贾氏、王氏谱学出焉。由是有谱局，令史职皆具。②

由此可知，谱学的产生与选举制度有根本关系。郑樵《通志·氏族略·氏族序》云："自隋唐而上，官有簿状，家有谱系。官之选举，必由于簿状；家之婚姻，必由于谱系。"③萧绎《金楼子·戒子篇》亦云："谱牒所以别贵贱，明是非，尤宜留意。"④可见谱牒主要有两大功能：一是选举，一是婚姻。而这两大功能可归为一点，即别贵贱。魏晋南北朝时期为门阀士族政治，所谓"下品无高门，上品无贱族"⑤，门阀士族正是参考谱牒来控制选举；同时，高门大族之婚姻，亦多具有政治联姻性质，而较少有门第不对等之婚姻，因此婚姻之选择亦常借助于谱牒。综上可知，谱学的产生乃缘于门阀政治之需要。换言之，谱学的产生和兴衰，在一定意义上与门阀士族政治相始终；谱学是维护士族门阀制度的一门学问。

由于谱牒关系重大，其撰著者需具备极高的素养，即"用博古通今

---

① 白寿彝：《中国史学史》第 1 册，上海人民出版社 1989 年版，第 58 页。

② （宋）欧阳修、宋祁：《新唐书》卷一九九，第 5677 页。

③ （宋）郑樵撰，王树民点校：《通志二十略》，第 1 页。

④ （南朝梁）萧绎：《金楼子》卷四，第 76 页。

⑤ （南朝梁）沈约：《宋书》卷九四引刘毅语，第 2301 页。

之儒知撰谱事"①。魏晋南北朝时期的谱学大家主要有挚虞②、贾弼之、贾匪之、贾渊、王俭、王弘、刘湛、王僧孺、徐勉③等人，其中尤以贾氏祖孙三人、王俭、王僧孺贡献最大，故世有"贾氏谱学""王氏谱学"之称。"谱学"一词最早见于《南齐书·贾渊传》：

> 贾渊，字希镜，平阳襄陵人也。祖弼之，晋员外郎。父匪之，骠骑参军。世传谱学……先是谱学未有名家，渊祖弼之广集百氏谱记，专心治业。晋太元中，朝廷给弼之令史书吏，撰定缮写，藏秘阁及左民曹。渊父及渊三世传学，凡十八州士族谱，合百帙七百余卷，该究精悉，当世莫比。永明中，卫军王俭抄次《百家谱》，与渊参怀撰定。④

贾弼、贾匪之、贾渊三代传习谱学，贾弼撰写《十八州士族谱》，贾匪之、贾渊传习其学，平阳贾氏可谓谱学世家。贾渊与王俭共同撰定《百家谱》，此外，贾渊还撰有《氏族要状》《人名书》，并行于时。⑤《南史·王僧孺传》对僧孺之前的谱学记载颇详：

> 始晋太元中，员外散骑侍郎平阳贾弼笃好簿状，乃广集众家，大搜群族，所撰十八州一百一十六郡，合七百一十二卷。凡诸大品，略无遗阙，藏在秘阁，副在左户。及弼子太宰参军匪之、匪之子长水校尉渊，世传其业。太保王弘、领军将军刘湛并好其书。弘日对千客，

---

① （宋）郑樵撰，王树民点校：《通志二十略》，第1页。
② 《晋书·挚虞传》："（挚）虞以汉末丧乱，谱传多亡失，虽其子孙不能言其先祖，撰《族姓昭穆》十卷，上疏进之，以为足以备物致用，广多闻之益。以定品违法，为司徒所劾，诏原之。"见（唐）房玄龄等：《晋书》卷五一，第1425页。
③ 徐勉著有《百官谱》二十卷。见（宋）欧阳修、宋祁：《新唐书》卷五八，第1499页。
④ （南朝梁）萧子显：《南齐书》卷五二，第906—907页。
⑤ （唐）李延寿：《南史》卷七二，第1776页。

不犯一人之讳。湛为选曹，始撰百家以助铨序，而伤于寡略。齐卫将军王俭复加去取，得繁省之衷。僧孺之撰，通范阳张等九族以代雁门解等九姓。其东南诸族别为一部，不在百家之数焉。①

郑樵《通志·艺文略》将谱学著作分为六类：帝系、皇族、总谱、韵谱、郡谱、家谱。其中，总谱、州谱作为大型的谱学著作，是谱学发展的必然。王僧孺在前人的基础上撰集《十八州谱》《百家谱集抄》《东南谱集抄》，可谓集魏晋南北朝谱学之大成。

魏晋南北朝时期为谱学兴盛时期，谱学著述极多，《隋书·经籍志》谱系类著录的谱牒之书，有帝谱、百家谱、州谱、家谱等共34种，而魏晋南北朝时期实际的谱牒数量必然要远大于这些。仅《世说新语》注所引谱牒著述就有46种，其中有43种不见于《隋志》，可见亡佚和失于著录的数量之大，由此可以推知魏晋南北朝谱牒撰述之盛。②郑樵《通志·氏族略·氏族序》云：

> 历代并有图谱局，置郎、令史以掌之，仍用博通古今之儒知撰谱事。凡百官族姓之有家状者则上之，官为考定详实，藏于秘阁，副在左户。若私书有滥，则纠之以官籍；官籍不及，则稽之以私书。此近古之制，以绳天下，使贵有常尊，贱有等威者也。所以人尚谱系之学，家藏谱系之书。③

郑樵所云"人尚谱系之学，家藏谱系之书"，可谓对魏晋南北朝时期谱学之盛的最好描述。

---

① （唐）李延寿：《南史》卷五九，第1462页。
② 李传印：《魏晋南北朝时期谱学的时代特点》，《华中科技大学学报》2004年第2期。
③ （宋）郑樵撰，王树民点校：《通志二十略》，第1页。

二、王僧孺谱学考论

（一）王僧孺撰谱缘由及时间

《南史》本传对王僧孺撰谱一事之缘由记载颇详：

（僧孺）转北中郎谘议参军，入直西省，知撰谱事。先是，尚书令沈约以为："晋咸和初，苏峻作乱，文籍无遗。后起咸和二年以至于宋，所书并皆详实，并在下省左户曹前厢，谓之晋籍，有东西二库。此籍既并精详，实可宝惜，位宦高卑，皆可依案。宋元嘉二十七年，始以七条征发，既立此科，人奸互起，伪状巧籍，岁月滋广。以至于齐，患其不实，于是东堂校籍，置郎令史以掌之。竞行奸货，以新换故，昨日卑细，今日便成士流。凡此奸巧，并出愚下，不辨年号，不识官阶。或注隆安在元兴之后，或以义熙在宁康之前。此时无此府，此年无此国。元兴唯有三年，而猥称四年，诏书甲子，不与长历相应。校籍诸郎亦所不觉，不才令史更何可言。臣谓宋、齐二代，士庶不分，杂役减阙，职由于此。窃以晋籍所余，宜加宝爱。"武帝以是留意谱籍，州郡多离其罪，因诏僧孺改定《百家谱》。①

由上可知，王僧孺修撰谱牒的直接原因是先前所使用的《百家谱》存在"伪状巧籍"的问题，导致了士庶不分、杂役减阙等社会问题，从而影响了社会稳定和财政收入。由"州郡多离其罪"，可知谱牒混乱损害了统治阶层的利益。

关于王僧孺开始撰谱的时间，史无明载，但据《通典》所载"（梁武帝）

---

① （唐）李延寿：《南史》卷五九，第1461—1462页。文中有几处讹误，兹据杜佑《通典》校正。

于是留意谱籍，诏御史中丞王僧孺改定《百家谱》"①，可知王僧孺撰谱是在其任御史中丞以后。又任昉于天监六年（507 年）由御史中丞转任新安太守，王僧孺接任御史中丞，故王僧孺开始撰谱当在天监六年以后。又据提出修谱建议的沈约时任尚书令，考之沈约仕宦历程，其于天监六年任尚书令，天监九年（510 年）又由尚书令、太子少傅转为左光禄大夫，并作《致仕表》，可知其任尚书令的时间为天监六年至天监九年。由于王僧孺在沈约上书不久即知撰谱事，由此可以推知王僧孺开始撰谱的时间为天监六年至天监九年。今姑且定为天监六年。

（二）王氏谱学及其所本

王僧孺在撰谱牒之前，曾任中书侍郎，领著作，撰《起居注》《中表簿》。其中，《起居注》是关于皇帝日常起居的记录，《中表簿》是一部关于皇亲国戚的谱牒。之后，王僧孺入直西省，不久即奉梁武帝之命，重修谱牒，《梁书》本传载："僧孺集《十八州谱》七百一十卷，《百家谱集》十五卷，《东南谱集抄》十卷，文集三十卷，《两台弹事》不入集内，为五卷，及《东宫新记》，并行于世。"②王僧孺撰集的谱牒主要有《十八州谱》《百家谱》《百家谱集抄》《东南谱集抄》四种。据《南史》本传所载"僧孺之撰，通范阳张等九族以代雁门解等九姓。其东南诸族别为一部，不在百家之数焉"③，可知《百家谱》为中原南渡世家大族之谱牒，《东南谱》则为东南士族之谱牒，不在《百家谱》之列。王僧孺撰集《百家谱》《十八州谱》，颇具规模，其为王氏谱学的代表人物。王氏谱学渊源有自，唐代柳芳认为王氏谱学本自贾氏谱学，其云：

晋太元中，散骑常侍河东贾弼撰《姓氏簿状》，十八州百十六

---

① （唐）杜佑：《通典》卷三，第 63 页。
② （唐）姚思廉：《梁书》卷三三，第 474 页。
③ （唐）李延寿：《南史》卷五九，第 1462 页。

郡，合七百一十二篇，甄析士庶无所遗。宋王弘、刘湛好其书。弘每
日对千客，可不犯一人讳。湛为选曹，撰《百家谱》以助铨序，文伤
寡省，王俭又广之，王僧孺演益为十八篇，东南诸族自为一篇，不入
百家数。弼传子匪之，匪之传子希镜，希镜撰《姓氏要状》十五篇，
尤所谙究。希镜传子执，执更作《姓氏英贤》一百篇，又著《百家
谱》，广两王所记。执传其孙冠，冠撰《梁国亲皇太子序亲簿》四
篇。王氏之学，本于贾氏。①

从谱学因承关系来看，王氏谱学当本于贾氏谱学；从谱牒卷帙来看，
东晋谱学家贾弼所撰《十八州谱》"一百一十六郡，合七百一十二卷"，而
王僧孺所撰《十八州谱》为"七百一十卷"，二者相差不多，王僧孺撰谱
时当主要依据贾弼所撰《十八州谱》，故柳芳所云"王氏之学，本于贾氏"
是成立的。

（三）王僧孺撰谱成功的原因

王僧孺修撰谱牒，工程浩大，其能修撰成功并非偶然，而是众多因素
综合作用之结果。概言之，主要有自身原因、本自贾氏之学、沈约撰谱建
议、皇帝支持、请教博学之士等因素。

1. 自身原因

《梁书》本传载："僧孺好坟籍，聚书至万余卷，率多异本，与沈约、
任昉家书相埒。少笃志精力，于书无所不睹。其文丽逸，多用新事，人所
未见者，世重其富。"②据郑樵所云，修谱者当为"博古通今之儒"，王僧
孺不仅喜好典籍，聚书至万余卷，而且笃志精力，于书无所不读，诚可谓
"博古通今之儒"。因此其撰谱成功，当与其自身的博学多识密不可分。

---

① （宋）欧阳修、宋祁：《新唐书》卷一九九，第5679—5680页。
② （唐）姚思廉：《梁书》卷三三，第474页。

2. 本自贾氏之学

王氏谱学本自贾氏谱学。王僧孺所撰集《十八州谱》当主要依据贾弼《姓氏簿状》，而其《百家谱》当主要依据贾渊《姓氏要状》及贾渊与王弘合撰的《百家谱》。因此可以说，贾氏的谱学成果为王僧孺修谱的成功奠定了基础。

3. 沈约撰谱建议

沈约曾向梁武帝提出撰谱的具体建议，这对王僧孺修谱颇有帮助，杜佑《通典》与李延寿《南史》均引用了沈约的奏疏，相较而言，杜佑《通典》所引更为详细准确，其保留了沈约的具体撰谱建议：

> 臣谓宋、齐二代，士庶不分，杂役减阙，职由于此。自元嘉以来，籍多假伪。景平以前，既不系检，凡此诸籍，得无巧换。今虽遗落，所存尚多，宜有征验，可得信实。其永初、景平籍，宜移还上省。窃以为籍晋所余，须加宝爱。若不切心留意，则还复散失矣。不识胄胤，非谓衣冠，凡诸此流，罕知其祖。假称高曾，莫非巧伪，质诸文籍，奸事立露，惩覆矫诈，为益实弘。又上省籍库，虽直郎题掌，而尽日料校，唯令史独入，籍既重宝，不可专委群细。若入库检籍之时，直郎、直都，应共监视。写籍皆于郎、都目前，并加掌置，私写私换，可以永绝。事毕郎出，仍自题名。臣又以为，巧伪既多，并称人士，百役不及，高卧私门，致命公私阙乏，是事不举。宜选史传学士谙究流品者，为左人郎、左人尚书，专共校勘。所作卑姓杂谱，以晋籍及宋永初景平籍在下省者，对共雠校。若谱注通籍有卑杂，则条其巧谬，下在所科罚。[①]

沈约的撰谱建议大致可归纳为以下几点：一、南朝宋永初、景平年间

---

① （唐）杜佑：《通典》卷三，第 61 页。

的簿籍，宜移还上省；二、对于东晋所遗留下来的簿籍，须加宝爱珍惜；三、发现疑似巧伪，要核诸簿籍，且严惩不贷；四、令史专管，他人不得随便出入籍库；五、入库检籍，要有专人监督，杜绝私自改写；六、出入籍库者，要做登记；七、选专门人才对簿籍进行校勘，发现问题，及时勘正。以上七条建议，涉及修谱前后需要注意的问题，对撰谱颇有帮助。由于沈约上书以后，梁武帝"以是留意谱籍，诏御史中丞王僧孺改定《百家谱》"①。因此，沈约的建议当对王僧孺撰谱有直接影响。王僧孺撰《十八州谱》《百家谱集抄》《东南谱集抄》时必然参考、采纳了沈约奏疏中的相关建议。

4. 皇帝支持

修撰谱牒乃浩繁工程，若无皇帝支持，则难以完成。经沈约上书，梁武帝遂"留意谱籍，诏御史中丞王僧孺改定《百家谱》。由是有令史、书吏之职，谱局因此而严"②。由于梁武帝的支持，王僧孺可以查阅馆阁档案，并调集众多人手来共同完成此事。由"谱局因此而严"，可知修谱离不开专门的修谱机构。

5. 请教博学之士

为完成撰谱之事，王僧孺曾向博综群书、博识强记的刘杳请教谱牒之源，《梁书·刘杳传》记载：

王僧孺被敕撰谱，访杳血脉所因。杳云："桓谭《新论》云：'太史《三代世表》，旁行邪上，并效周谱。'以此而推，当起周代。"僧孺叹曰："可谓得所未闻。"③

王僧孺向刘杳请教后而生"得所未闻"之感慨，可见其获益匪浅，当颇有助于其撰谱之事。僧孺请教之人，当不止刘杳一人，但因史料所限，无从详知。可以肯定的是，请教博学之士当是王僧孺顺利完成撰谱任务所不可或缺的重要因素。

---

① （唐）杜佑：《通典》卷三，第62页。
② （唐）杜佑：《通典》卷三，第63页。
③ （唐）姚思廉：《梁书》卷五〇，第716页。

本章小结

王僧孺历仕南朝齐梁二代，官至御史中丞，为齐梁时期著名的文学家、藏书家、谱学家。本章主要从仕宦、交游、诗歌、散文、谱学等五个方面对王僧孺作个案研究。王僧孺尤工于诗歌，被梁武帝所欣赏，其诗按题材、内容来看，主要分写景咏物、吟咏女性、羁怀登临、酬唱送答等四类。若按艺术特征来看，王僧孺的诗歌具有明丽清新、古朴儒雅、抒发性情、追求声色、求新求变、翻新出奇、灵活用典、化用诗句等诸多特点。除诗歌外，王僧孺还有奏议类、书信类、序传类等多篇散文，其中尤以《与何炯书》一文著名。此外，王僧孺还是与沈约、任昉齐名的藏书大家，其聚书至万余卷，"率多异本"。王僧孺诗文丽逸，多用新事，以至于"世重其富"，这与其笃志勤学、饱读藏书有密切关系。《隋书·经籍志》著录《王僧孺集》三十卷，后亡佚。据逯钦立所辑《先秦汉魏晋南北朝诗》，王僧孺今存诗歌39首，其中包括6首乐府诗。据严可均辑《全梁文》，王僧孺今存文章共计30篇。王僧孺幼年丧父，佣书成学，仕齐起任王国左常侍、太学博士。后以擅长文学游于竟陵王萧子良府，与"竟陵八友"相善，交游广泛。梁武帝萧衍建梁称帝后，王僧孺仕梁，任临川王后军记室参军、待诏文德省，后任南海太守，选贤任能、廉洁奉公，为当地百姓所拥戴。后奉诏回朝，任中书郎，领著作，撰《中表簿》《起居注》。又任尚书左丞、御史中丞，并奉梁武帝之命撰集《十八州谱》《百家谱》等，成为继贾氏谱学之后集大成式的谱学大家。

结　语

东海王氏是魏晋南北朝时期著名的世家大族，据现有文献可知，其兴于汉末，盛于魏晋，绵延至南朝梁代，共计四百余年。东海王氏出于姬姓，为周文王姬昌之子毕公高的后裔。东海王氏之世系可考者，共有十代，其中第一代王朗、第二代王肃、第三代王元姬、第九代王僧孺为其代表人物。东海王氏显赫于魏晋之际，既与王朗、王肃的仕宦成就、学术成就密切相关，亦与东海王氏和泰山羊氏、河内司马氏、谯郡夏侯氏等高门大族联姻相关。其中尤以与司马氏的联姻关系最大，东海王氏与司马氏联姻，使其成为国戚贵族，并在晋初获得如日中天之地位。但在西晋中期以后东海王氏逐渐衰落，这是与皇族关系疏远、家教传统中断等多种因素导致的结果。东海王氏本有重德、崇学、尚俭的优良门风，至王恺而有奢侈斗富之行，门风为之一变。从家族的兴衰过程来看，东海王氏可谓政治机遇型的经学世家。

王朗是东海王氏的奠基者，在汉末以通经入仕，为汉魏时期著名政治家、经学家、文学家。王朗仕魏，任御史大夫、司空、司徒等职，位在三公，其经学著述较多，其中《周易注》在曹魏时期即被立于学官。王朗博雅高才，为世所重，其为东海王氏的兴盛奠定了坚实的基础。

王肃承家学，袭父爵，历任散骑常侍、太常、中领军等职。其善贾、马之学，遍注群经，精通礼学，为三国时期著名经师。其经学上承汉代经学，下启魏晋玄学，是汉魏经学转变的重要一环。王肃注经具有摒弃谶纬、推引古学，删繁化简、引申义理，援道入儒、潜创新说等特点。王肃虽崇古学，但注经或从今文，或从古文，其取舍之标准主要在于义理之所安。王肃经学援道入儒、引申义理，实开魏晋玄学之风。

王僧孺是南朝齐梁时期著名的文学家、藏书家、谱学家，历仕南朝齐梁二代，官至萧梁尚书左丞、御史中丞。其幼年丧父，佣书成学，后以擅长文学游于竟陵王府，与"竟陵八友"相善，交游广泛。王僧孺曾撰《中表簿》《起居注》，后又奉梁武帝之命撰集《十八州谱》《百家谱》等，成为一代谱学大家。王僧孺工于诗歌，其诗主要分写景咏物、吟咏女性、羁怀登临、酬唱送答等类型。同时，其诗歌具有明丽清新、古朴儒雅、抒发性情、追求声色、求新求变、翻新出奇、灵活用典、化用诗句等诸多特点。其诗文丽逸，多用新事，以至于"世重其富"，这与其笃志勤学、饱读藏书有密切关系。

"郑王之争"是经学史上颇为引人关注的一桩学术公案，通过比较郑玄、王肃经注之异同，可知郑、王经注互有异同，各有优劣。王注对郑注多有择从，并非一味驳郑，而且王肃注经引申义理、摒弃谶纬，在许多解释上优于郑注。由此可知，王肃驳郑，主要是针对具体学术问题，而非盲目排郑。从这一意义上讲，王肃驳郑是对今古文经学的进一步融合，有力地推动了经学的发展。郑玄、王肃均为礼学大家，礼制争论是郑王之争的焦点，比较郑、王礼制观点之异同，可知王肃驳郑的实质是学术之争，而并非出于某种政治目的。这种纯粹的学术之争，当属正常的学术范畴，故其人品不应受到后世的妄加否定。

尤其值得注意的是，后世所谓王肃"伪造"诸经说，乃是基于对王肃人品的质疑和否定，这种先入为主的预设偏见，本质上是一种轻率与盲从，既缺乏"证伪"的实质性证据，更缺乏平和的心态。王肃"伪作"说，从某种意义上讲，是"层累"造成的。换言之，这是一种学术史的"产物"，而非历史事实本身。"证伪者"无法提供王肃"伪造"诸书的实质性"证据"，而只是想当然地对王肃作"有罪推定"，因此不可能得出科学、正确的结论。笔者认为王肃并没有伪造《古文尚书》《孔子家语》《孔丛子》等书，其蒙受"作伪"之"罪名"已久，理应昭雪。王肃作为曹魏时期著名经师，尤精于三礼，其所论驳朝廷典制、郊祀、宗庙、丧纪、轻重等重大问题的奏疏、文章，计百余篇，今存 35 篇散文中，大部分为奏议类。通过这些奏议文章可知，王肃与其父王朗一样，倡导宽刑、节省等儒家仁政思想，可谓典型的儒家士大夫。此外，从这些奏议、论驳中也可以看出王肃所论礼制建议多被朝廷所认可、采纳，其不愧为一代礼学大家。

参考文献

一、古籍

（汉）班固撰，陈立疏证：《白虎通疏证》，中华书局 2007 年版。

（汉）司马迁：《史记》，中华书局 1959 年版。

（汉）王符撰，（清）汪继培笺，彭铎校正：《潜夫论笺校正》，中华书局 1985 年版。

（汉）应劭撰，王利器校注：《风俗通义校注》，中华书局 1981 年版。

（晋）常璩著，刘琳校注：《华阳国志校注》，巴蜀书社 1984 年版。

（晋）陈寿著，（南朝宋）裴松之注：《三国志》，中华书局 1982 年版。

（晋）陈寿著，卢弼集解：《三国志集解》，中华书局 1982 年版。

（南朝宋）范晔著，（唐）颜师古注：《后汉书》，中华书局 1965 年版。

（南朝宋）刘义庆著，（南朝梁）刘孝标注，余嘉锡笺疏，周祖谟、余淑宜整理：《世说新语笺疏》，中华书局 1983 年版。

（南朝梁）刘勰著，范文澜注：《文心雕龙注》，人民文学出版社 1958 年版。

（南朝梁）沈约：《宋书》，中华书局 1974 年版。

（南朝梁）萧子显：《南齐书》，中华书局 1972 年版。

（南朝陈）徐陵编，（清）吴兆宜注，（清）程琰删补：《玉台新咏笺注》，中华书局 1985 年版。

（南朝梁）萧绎撰，许逸民校笺：《金楼子校笺》，中华书局 2011 年版。

（北齐）颜之推著，王利器集解：《颜氏家训集解》，中华书局 1993 年版。

（唐）杜佑：《通典》，中华书局 1988 年版。

（唐）房玄龄等：《晋书》，中华书局 1974 年版。

（唐）李延寿：《南史》，中华书局 1975 年版。

（唐）林宝撰，岑仲勉校记，郁贤皓、陶敏整理：《元和姓纂》，中华书局

1994 年版。

（唐）刘知幾著，（清）浦起龙释：《史通通释》，上海古籍出版社 2009 年版。

（唐）陆德明撰，张一弓点校：《经典释文》，上海古籍出版社 2012 年版。

（唐）陆德明撰，黄焯汇校：《经典释文汇校》，中华书局 2006 年版。

（唐）魏徵、令狐德棻：《隋书》，中华书局 1973 年版。

（唐）姚思廉：《梁书》，中华书局 1973 年版。

（后晋）刘昫：《旧唐书》，中华书局 1975 年版。

（宋）晁公武撰，孙猛校证：《郡斋读书志校证》，上海古籍出版社 1990 年版。

（宋）邓名世撰，王力平点校：《古今姓氏书辩证》，江西人民出版社 2006 年版。

（宋）郭茂倩：《乐府诗集》，中华书局 1979 年版。

（宋）黎靖德编，王星贤点校：《朱子语类》，中华书局 1986 年版。

（宋）李昉编：《太平御览》，河北教育出版社 1994 年版。

（宋）欧阳修、宋祁：《新唐书》，中华书局 1975 年版。

（宋）司马光：《资治通鉴》，中华书局 2009 年版。

（宋）叶适：《习学记言序目》，中华书局 1977 年版。

（宋）郑樵撰，王树民点校：《通志二十略》，中华书局 1995 年版。

（元）脱脱等：《宋史》，中华书局 1977 年版。

（明）张溥撰，殷孟伦注：《汉魏六朝百三家集题辞注》，中华书局 2007 年版。

（清）陈澧：《东塾读书记》，生活·读书·新知三联书店 1998 年版。

（清）陈士珂辑：《孔子家语疏证》，上海书店 1987 年版。

（清）陈祚明编，李金松点校：《采菽堂古诗选》，上海古籍出版社 2008 年版。

（清）崔述：《〈古文尚书〉辨伪》《洙泗考信录》，载顾颉刚编订：《崔东壁遗书》，上海古籍出版社 1983 年版。

（清）戴震：《戴震全书》，黄山书社 1994 年版。

（清）顾炎武著，（清）黄汝成集释，栾保群、吕宗力点校：《日知录集释》，上海古籍出版社 2006 年版。

（清）范家相：《家语证伪》，载《续修四库全书》第 931 册，上海古籍出版社 2002 年版。

（清）黄侃：《黄侃论学杂著》，上海古籍出版社 1980 年版。

（清）江瀚：《尚书余论提要》，载《续修四库全书总目提要》，中华书局 1993 年版。

（清）刘大櫆：《海峰文集》，载《续修四库全书》第 1427 册，上海古籍出版社 2002 年版。

（清）刘师培：《尚书源流考》，载《刘申叔遗书》，江苏古籍出版社 1997 年版。

（清）李惇：《群经识小》，载《续修四库全书》第 173 册，上海古籍出版社 2002 年版。

（清）马国翰：《玉函山房辑佚书》，载《续修四库全书》第 1200—1206 册，上海古籍出版社 2002 年版。

（清）皮锡瑞著，周予同注释：《经学历史》，中华书局 2004 年版。

（清）皮锡瑞：《经学通论》，中华书局 1954 年版。

（清）阮元校刻：《十三经注疏》，中华书局 1980 年版。

（清）沈德潜著，霍松林校注：《说诗晬语》，人民文学出版社 1979 年版。

（清）孙志祖：《家语疏证》，载《续修四库全书》第 931 册，上海古籍出版社 2002 年版。

（清）王夫之著，舒士彦点校：《读通鉴论》，中华书局 1975 年版。

（清）王夫之：《姜斋诗话》卷下，载丁福保编：《清诗话》，上海古籍出版社 1978 年版。

（清）王夫之：《古诗评选》，载《船山全书》第 14 册，岳麓书社 1996 年版。

（清）严可均：《全上古三代秦汉三国六朝文》，商务印书馆 1999 年版。

（清）阎若璩撰，黄怀信、吕翊欣校点：《尚书古文疏证》，上海古籍出版社 2010 年版。

（清）永瑢等：《四库全书总目提要》，中华书局 1965 年版。

（清）张心澂编著：《伪书通考》，上海书店出版社 1998 年版。

（清）章学诚著，叶瑛校注：《文史通义校注》，中华书局 1985 年版。

（清）朱彝尊撰，林庆彰等主编：《经义考新校》，上海古籍出版社 2010 年版。

傅亚庶撰：《〈孔丛子〉校释》，中华书局 2011 年版。

黄怀信主撰：《论语汇校集释》，上海古籍出版社 2008 年版。

逯钦立：《先秦汉魏晋南北朝诗》，中华书局 1983 年版。

杨朝明、宋立林主编：《〈孔子家语〉通解》，齐鲁书社 2009 年版。

二、著作

［日］本田成之撰：《中国经学史》，孙俍工译，上海书店出版社 2001 年版。

［日］矢野主税：《改订魏晋百官世系表》，长崎大学史学会 1971 年版。

白寿彝：《中国史学史》第一册，上海人民出版社 1989 年版。

曹道衡、刘跃进：《南北朝文学编年史》，人民文学出版社 2000 年版。

陈梦家：《尚书通论》，中华书局 1985 年版。

陈苏镇：《两汉魏晋南北朝史探幽》，北京大学出版社 2013 年版。

陈寅恪：《金明馆丛稿初编》，生活·读书·新知三联书店 2001 年版。

陈寅恪：《隋唐制度渊源略论稿·唐代政治史述论稿》，生活·读书·新知三联书店 2001 年版。

仇鹿鸣：《魏晋之际的政治权力与家族网络》，上海古籍出版社 2012 年版。

戴维：《诗经研究史》，湖南教育出版社 2001 年版。

葛晓音：《汉唐文学的嬗变》，北京大学出版社 1990 年版。

葛晓音：《八代诗史》（修订本），中华书局 2007 年版。

葛兆光：《中国思想史》第一卷，复旦大学出版社 1998 年版。

顾颉刚：《中国上古史研究讲义》，中华书局 1988 年版。

归青：《南朝宫体诗研究》，上海古籍出版社 2006 年版。

郝桂敏：《中古〈诗经〉文献研究》，中国社会科学出版社 2012 年版。

郝虹：《魏晋儒学新论——以王肃和"王学"为讨论的中心》，中国社会科学出版社 2011 年版。

胡大雷：《宫体诗研究》，商务印书馆 2004 年版。

华喆：《礼是郑学：汉唐间经典诠释变迁史稿》，生活·读书·新知三联书店 2018 年版。

蒋善国：《尚书综述》，上海古籍出版社 1988 年版。

李卿：《秦汉魏晋南北朝时期家族、宗族关系研究》，上海人民出版社 2005 年版。

李伯齐：《山东文学史论》，齐鲁书社 2003 年版。

李振兴：《王肃之经学》，华东师范大学出版社 2012 年版。

李中华：《中国儒学史（魏晋南北朝卷)》，北京大学出版社 2011 年版。

刘起釪：《尚书学史》，中华书局 1989 年版。

刘汝霖：《汉晋学术编年》，华东师范大学出版社 2010 年版。

刘巍：《〈孔子家语〉公案探源》，社会科学文献出版社 2014 年版。

刘咸炘著，黄曙辉编校：《刘咸炘学术论集》（子学编），广西师范大学出版社 2007 年版。

刘跃进：《门阀士族与永明文学》，生活·读书·新知三联书店 1996 年版。

刘跃进主编：《中国古代文学通》魏晋南北朝卷，辽宁人民出版社 2005 年版。

罗时进：《地域·家族·文学：清代江南诗文研究》，上海古籍出版社 2010 年版。

马宗霍：《中国经学史》，上海书店出版社 1984 年版。

毛汉光:《中国中古社会史论》,上海书店出版社 2002 年版。

蒙文通:《经学抉原》,上海人民出版社 2006 年版。

蒙文通:《中国史学史》,上海人民出版社 2005 年版。

潘乃穆、潘乃和编:《潘光旦文集》第八卷,北京大学出版社 2000 年版。

钱穆:《国史大纲》(修订本),商务印书馆 1996 年版。

钱穆:《两汉经学今古文平议》,商务印书馆 2001 年版。

钱穆:《中国文化史导论》(修订本),商务印书馆 1994 年版。

钱穆:《中国学术思想史论丛》卷三,安徽教育出版社 2004 年版。

任继愈:《中国哲学发展史》魏晋南北朝卷,人民出版社 1998 年版。

史应勇:《郑玄通学及郑王之争研究》,巴蜀书社 2007 年版。

史应勇:《〈尚书〉郑王比义发微》,华东师范大学出版社 2011 年版。

孙启治、陈建华编撰:《中国古佚书辑本目录解题》,上海古籍出版社 2009 年版。

孙钦善:《中国中古文献学史》,中华书局 1994 年版。

汤用彤:《魏晋玄学论稿》,上海古籍出版社 2005 年版。

唐长孺:《魏晋南北朝史论丛》,生活·读书·新知三联书店 1955 年版。

唐长孺:《魏晋南北朝史论拾遗》,中华书局 1983 年版。

唐长孺:《魏晋南北朝隋唐史三论》,武汉大学出版社 1992 年版。

田余庆:《秦汉魏晋史探微》,中华书局 1993 年版。

万国鼎编,万斯年、陈梦家补订:《中国历史纪年表》,中华书局 1978 年版。

万绳楠整理:《陈寅恪魏晋南北朝史讲演录》,贵州人民出版社 1987 年版。

王瑶:《中古文学史论》,北京大学出版社 1998 年版。

王葆玹:《今古文经学新论》,中国社会科学出版社 1999 年版。

王葆玹:《正始玄学》,齐鲁书社 1987 年版。

王大良:《中国古代家族与国家形态:以汉唐时期琅琊王氏为主的研究》,甘肃人民出版社 1999 年版。

王晓毅:《儒释道与魏晋玄学形成》,中华书局 2003 年版。

王晓毅:《王弼评传》,南京大学出版社 1996 年版。

王伊同:《五朝门第》,金陵大学中国文化研究所 1943 年版。

王永平:《六朝江东世族之家风家学研究》,江苏古籍出版社 2003 年版。

王志平:《中国学术史·三国两晋南北朝卷》,江西教育出版社 2001 年版。

王仲荦:《魏晋南北朝史》,上海人民出版社 1979 年版。

吴承仕著,秦青点校:《经典释文序录疏证》,中华书局 1984 年版。

吴怀东：《曹氏家族与汉晋社会文化变迁》，安徽大学出版社 2013 年版。

徐杨杰：《中国家族制度史》，人民出版社 1992 年版。

许兆昌、于薇：《魏晋南北朝简史》，福建人民出版社 2007 年版。

阎步克：《品位与职位：秦汉魏晋南北朝官阶制度研究》，中华书局 2002 年版。

阎采平：《齐梁诗歌研究》，北京大学出版社 1994 年版。

杨筠如：《九品中正与六朝门阀》，上海书店出版社 1991 年版。

杨天宇：《郑玄三礼注研究》，天津人民出版社 2007 年版。

袁行霈主编：《中国文学史》第二卷，高等教育出版社 2005 年版。

张岂之主编：《中国儒学思想史》，陕西人民出版社 1990 年版。

周一良：《魏晋南北朝史论集》，北京大学出版社 1997 年版。

朱伯崑：《易学哲学史》，北京大学出版社 1986 年版。

三、论文

［日］乔秀岩：《论郑、王礼说异同》，载北京大学历史学系编：《北大史学》（13），北京大学出版社 2008 年版。

［日］渡边义浩：《东汉末年的荆州与诸葛亮、王肃》，郑月超、许乔译，《湖南大学学报》2013 年第 6 期。

巴文泽：《关于王肃经学思想的两点新解》，《中国哲学史》2014 年第 4 期。

陈立旭：《儒学精神旨趣与魏晋玄学的兴起》，《福建论坛》1999 年第 1 期。

陈寅恪：《书世说新语文学类钟会撰四本论始毕条后》，《中山大学学报》1956 年第 3 期。

程兴丽：《郑玄、王肃〈书〉学之争考辨》，《古籍整理研究学刊》2014 年第 1 期。

丁鼎：《"伪〈古文尚书〉案"平议》，《古籍整理研究学刊》2010 年第 2 期。

范家伟：《复肉刑议与汉魏思想之转变》，《中国史研究》1996 年第 1 期。

房德邻：《驳张岩先生对〈尚书古文疏证〉的"甄别"》，《清史研究》2011 年第 2 期。

冯茜：《〈开元礼〉与"郑王之争"在礼制层面的消亡——以郊祀为中心的讨论》，《中国典籍与文化》2014 年第 4 期。

龚杰：《简论郑学与王学的异同》，《孔子研究》1990 年第 2 期。

郝虹：《王肃与魏晋礼法之治》，《东岳论丛》2001 年第 1 期。

郝虹：《王肃〈周易注〉、王弼〈周易注〉与荆州学派关系初探》，《大连大学学报》2003 年第 1 期。

郝虹：《王肃反郑是经今古文融合的继续》，《孔子研究》2003 年第 3 期。

郝虹:《魏晋学术思想的殊途同归——从王肃经学与王弼玄学对比的角度》，《大连大学学报》2010 年第 2 期。

郝虹:《王肃经学的历史命运》，载《中国古代社会与思想文化研究论集》第四辑，黑龙江人民出版社 2010 年版。

郝虹:《从两汉经学到魏晋玄学的过渡：汉末社会批判思潮》，《烟台大学学报》2011 年第 1 期。

郝虹:《〈孔子家语〉是否为王肃伪作问题新探——从汉魏思想史角度的辨析》，《孔子研究》2011 年第 1 期。

郝虹:《三重视角下的王肃反郑：学术史、思想史和知识史》，《史学月刊》2012 年第 4 期。

郝桂敏:《王肃对郑玄〈诗〉学的反动、原因及学术史意义》，《社会科学集刊》2008 年第 1 期。

胡平生:《阜阳双古堆汉简与〈孔子家语〉》，载《国学研究》第 7 卷，北京大学出版社 2000 年版。

黄怀信:《〈孔丛子〉与孔子世系》，载《儒家文献研究》，齐鲁书社 2004 年版。

乐胜奎:《王肃易学刍议》，《周易研究》2002 年第 4 期。

乐胜奎:《六朝儒学的困境》，《中国哲学史》2004 年第 2 期。

乐胜奎:《王肃礼学初探》，《孔子研究》2004 年第 1 期。

李军:《论魏晋玄学生成的学术渊源与理论逻辑》，《杭州大学学报》1997 年第 3 期。

李传军:《〈孔子家语〉辨疑》，《孔子研究》2004 年第 2 期。

李传军:《魏晋禅代与"郑王之争"——政权更迭与儒学因应关系的一个历史考察》，《孔子研究》2005 年第 2 期。

李传印:《魏晋南北朝时期谱学的时代特点》，《华中科技大学学报》2004 年第 2 期。

李冬梅:《论王肃申毛驳郑的〈诗〉学观》，《江汉论坛》2007 年第 4 期。

李敦庆:《郑玄、王肃学说影响下的魏晋郊祀礼制》，《湖南人文科技学院学报》2013 年第 1 期。

李学勤:《竹简〈家语〉与汉魏孔氏家学》，《孔子研究》1987 年第 2 期。

李中华:《王肃经学思想辨诂》，载《儒家典籍与思想研究》第二辑，北京大学出版社 2010 年版。

刘丰:《王肃的三〈礼〉学与"郑王之争"》，《中国哲学史》2014 年第 4 期。

刘巍:《积疑成伪:〈孔子家语〉伪书之定谳与伪〈古文尚书〉案之关系》，《近代史研究》2014 年第 2 期。

罗时进:《家族文学研究的逻辑起点与问题视阈》,《中国社会科学》2012 年第 1 期。

宁镇疆:《英藏敦煌写本〈孔子家语〉的初步研究》,《故宫博物院院刊》2006 年第 2 期。

宁镇疆:《郑玄、王肃郊祀立说再审视》,《历史研究》2014 年第 5 期。

秦跃宇:《王肃儒道兼治与玄学发微》,《宝鸡文理学院学报》2006 年第 5 期。

任怀国:《试论王肃的经学贡献》,《管子学刊》2005 年第 1 期。

容建新:《80 年代以来魏晋南北朝大族个案研究综述》,《中国史研究动态》1996 年第 4 期。

石冬梅:《王朗思想略论》,《许昌学院学报》2009 年第 3 期。

史应勇:《〈诗经〉的诠释学思考——以"郑王之争"为主要关注点》,《河南师范大学学报》2014 年第 1 期。

孙宝:《王肃的儒家文艺观与曹魏文坛》,《天中学刊》2008 年第 3 期。

孙少华:《试论〈孔丛子〉研究的五个分期》,载《齐鲁文化研究》总第六辑,齐鲁书社 2007 年版。

汤用彤、任继愈:《魏晋玄学中的社会政治思想和它的政治背景》,《历史研究》1954 年第 3 期。

汤用彤:《汉魏学术变迁与魏晋玄学的产生》,《中国哲学史研究》1983 年第 3 期。

万绳楠:《曹魏政治派别的分野及其升降》,《历史教学》1964 年第 1 期。

王承略:《论〈孔子家语〉的真伪及其文献价值》,《烟台师范学院学报》2001 年第 3 期。

王化平:《由〈孔子家语〉与〈礼记〉、〈说苑〉诸书的关系看其价值》,《古籍整理研究学刊》2011 年第 1 期。

王化平:《论王注〈孔子家语〉两篇"后序"是魏晋时人伪撰》,《西南大学学报》2013 年第 3 期。

王继训:《论郑玄、王肃对汉末儒学的改造与创新》,《济南大学学报》2007 年第 1 期。

王克奇:《从汉代经学到魏晋玄学》,《东岳论丛》2001 年第 5 期。

王连儒:《王弼"易学"与汉魏学风》,《聊城师范学院学报》1995 年第 1 期。

王晓毅:《黄老复兴与魏晋玄学的诞生》,《东岳论丛》1994 年第 5 期。

王玉华:《历代〈孔子家语〉研究述略》,《中国史研究动态》2009 年第 6 期。

吴承仕:《〈尚书〉传王孔异同考》,《国学丛编》第 1 卷第 1 期,1931 年。

吴承仕:《〈尚书〉传王孔异同考续》,《华国月刊》第 2 期第 10 册,1925 年 10 月。

萧敬伟:《今本〈孔子家语〉成书年代新考——从语言及文献角度考察》,香港大学博士学位论文,2004 年。

杨英:《汉魏经学变迁与曹魏正朔、服色改易》,《中国魏晋南北朝史国际学术研讨会论文集》,2004 年 6 月。

张岩:《〈孔子家语〉研究综述》,《孔子研究》2004 年第 4 期。

张蓓蓓:《法社会学研究的新视域——以魏晋南北朝王僧孺谱学为中心》,《北京行政学院学报》2012 年第 3 期。

张承宗:《魏晋经学的演变》,《苏州大学学报》2001 年第 2 期。

张岱年、任继愈等:《魏晋玄学笔谈(一)》,《文史哲》1985 年第 3 期。

张焕君:《从郑玄、王肃的丧期之争看经典与社会的互动》,《清华大学学报》2006 年第 6 期。

张连生:《六朝太学与国学考辨》,《史学集刊》2006 年第 5 期。

张固也:《西汉孔子世系与孔壁古文之真伪》,《史学集刊》2008 年第 2 期。

张固也、赵灿良:《〈孔子家语〉分卷变迁考》,《孔子研究》2008 年第 2 期。

张固也、赵灿良:《从〈孔子家语·后序〉看其成书过程》,《鲁东大学学报》2009 年第 5 期。

张沛:《王肃〈易〉注对"汉代象数"的舍弃与保留》,《人文杂志》2014 年第 1 期。

张廷银:《论曹操与魏晋玄学》,《清华大学学报》2001 年第 3 期。

张荫麟:《伪〈古文尚书〉案之反控与再鞫》,《燕京学报》第 5 期,1929 年 6 月。

章权才:《魏晋南北朝隋唐经学论略》,《学术研究》1990 年第 2 期。

郑泽:《伪〈古文尚书〉之〈论语〉化》,《国立第一中山大学语言历史学研究所周刊》第 40 期,1928 年 8 月。

四、学位论文

邓莹:《〈孔子家语〉研究》,中央民族大学博士学位论文,2011 年。

郝虹:《王肃经学研究》,山东大学博士学位论文,2001 年。

刘敏:《王肃易学研究》,福建师范大学硕士学位论文,2008 年。

刘丽华:《王僧孺研究》,漳州师范学院硕士学位论文,2010 年。

马小凤：《魏晋南北朝书启研究》，辽宁大学硕士学位论文，2013年。

王丽娟：《王肃年谱》，山东师范大学硕士学位论文，2011年。

王政之：《王肃〈孔子家语注〉研究》，曲阜师范大学硕士学位论文，2006年。

邬可晶：《〈孔子家语〉成书时代和性质问题的再研究》，复旦大学博士学位论文，2011年。

张立斌：《王僧孺诗歌研究》，福建师范大学硕士学位论文，2009年。

附　录

附录一　王朗年谱简编

汉桓帝永寿二年（156 年）　一岁

王朗出生。

[考证]　王朗生年，史无明载，仅知其卒于太和二年（228 年）。王朗与张昭少时即为好友，《三国志·张昭传》载："张昭，字子布，彭城人也。少好学，善隶书，从白侯子安受《左氏春秋》，博览众书，与琅邪赵昱、东海王朗俱发名友善。弱冠察孝廉，不就，与朗共论旧君讳事，州里才士陈琳等皆称善之。"[①]王朗与张昭年龄当相仿，今据张昭(156—236 年)生年，可推知王朗生年亦在永寿二年左右，姑系于此年。

[记事]　五斗米道创立者张道陵卒。

汉桓帝延熙八年（165 年）　十岁

[记事]　五月，太尉杨秉卒。七月，以陈蕃为太尉。

汉桓帝延熙九年（166 年）　十一岁

[记事]　党锢之祸起。经学家马融卒，年八十八。

---

① （晋）陈寿撰，（南朝宋）裴松之注：《三国志》卷五二，第 1219 页。

汉桓帝延熙十年、永康元年（167 年） 十二岁

［记事］ 六月，赦天下，改元永康。党人二百余人，皆归田里，书名三府，禁锢终身，是为第一次"党锢之祸"。十二月，桓帝刘志卒。

汉灵帝建宁元年（168 年） 十三岁

［记事］ 正月，以窦武为大将军，陈蕃为太傅。刘宏即位，是为灵帝。九月，陈蕃、窦武为宦官曹节等人所杀。

汉灵帝建宁二年（169 年） 十四岁

［记事］ 十月，宦官曹节讽有司奏"钩党"。捕杀李膺、杜密、范滂等百余人，天下豪杰及儒学有行义者，均被指为党人。是为第二次"党锢之祸"。

汉灵帝建宁四年（171 年） 十六岁

［记事］ 正月，大赦，唯"党人"不赦。郑玄隐居著书。

汉灵帝熹平二年（173 年） 十八岁

［记事］ 二月，杨赐代唐珍为司空。七月，杨赐以灾异免官。

汉灵帝熹平四年（175 年） 二十岁

［记事］ 三月，诏诸儒正定《五经》文字，命议郎蔡邕用隶书书写，刻石于太学门外，是为"熹平石经"。

汉灵帝熹平五年（176 年） 二十一岁

［记事］ 十一月，杨赐代袁隗为司徒。

汉灵帝熹平六年（177 年） 二十二岁

[记事] 十二月，司徒杨赐坐辟党人免官。

汉灵帝熹平七年、光和元年（178 年） 二十三岁

远游京城，师从杨赐。

[考证] 建宁元年（168 年）以前，杨赐隐居讲学，而王朗其时尚不足十二岁，以此幼龄显然不可能远赴千里之外的弘农跟随杨赐学习。而且，王朗师从杨赐必在其"以通经拜郎中"（约 181 年）之前。考察杨赐仕宦历程，杨赐在熹平二年（173 年）至光和四年（181 年），四次因事免官在家。熹平六年（177 年）十二月，杨赐因辟党人而遭免官，此时王朗二十二岁，有能力远游求学。王朗对时事较为关心，想必会对杨赐大胆选用党人之举颇为钦佩，而且弘农杨氏以经学传家而闻名，因此王朗是年春赴京城师从杨赐是很有可能的。姑系于此年。

[记事] 三月，辛丑，赦天下，改元。七月，蔡邕获罪，徙朔方。

汉灵帝光和二年（179 年） 二十四岁

[记事] 三月，司徒袁滂免，以大鸿胪刘郃为司徒。太尉桥玄罢，拜太中大夫。司空袁逢罢；以太常张济为司空。五月，以卫尉刘宽为太尉。十二月，以光禄勋杨赐为司徒。

汉灵帝光和四年（181 年） 二十六岁

以通经拜郎中，任彭城菑丘长。

[考证] 王朗熹平七年师从杨赐，如果学有所成，至少三年。王朗在光和年间以通经拜郎中，光和之年共七年，姑且系于此年。

[记事] 闰九月，杨赐罢。

汉灵帝光和五年（182 年）　二十七岁

［记事］　三月，司徒陈耽免。四月，以太常袁隗为司徒。十月，太尉许彧罢，以太常杨赐为太尉。何休卒，年五十四。

汉灵帝光和六年（183 年）　二十八岁

［记事］　熹平石经刻成，历时九年。张角等传言"苍天已死，黄天当立。岁在甲子，天下大吉"。

汉灵帝光和七年、中平元年（184 年）　二十九岁

［记事］　三月，以河南尹何进为大将军。四月，太尉杨赐以黄巾事免。十二月，镇压黄巾战事毕，改元中平。

汉灵帝中平二年（185 年）　三十岁

冬十月，杨赐薨，王朗弃官服丧。

［出处］　《三国志·王朗传》："师太尉杨赐，赐薨，弃官行服。"

汉灵帝中平三年（186 年）　三十一岁

［记事］　何进辟郑玄，郑玄逃去。

汉灵帝中平五年（188）　三十三岁

大将军何进辟为府掾，结识孔融。

［考证］　盖为杨赐服丧结束以后，姑系于此年。

［记事］　征荀爽、郑玄为博士，不至。

汉灵帝中平六年（189 年）　三十四岁

大将军何进被宦官所杀，王朗回东海老家。

［记事］　四月，汉灵帝刘宏卒。八月，何进为宦官张让等所杀。董

卓迎少帝入京，干预朝政。九月，董卓废少帝为弘农王，立陈留王刘协为帝，是为献帝。十一月，董卓为相国。十二月，以司徒黄琬为太尉，司空杨彪为司徒，光禄勋荀爽为司空。

汉献帝初平元年（190 年） 三十五岁

[记事]　正月，改元初平，大赦天下。关东州郡起兵讨董卓，推渤海太守袁绍为盟主。三月，董卓胁汉帝至长安。孔融为北海相。五月，司空荀爽卒，时年六十三。郑玄避难不其山。

汉献帝初平二年（191 年） 三十六岁

为徐州刺史陶谦察为茂才。

[出处]　《三国志》本传云："徐州刺史陶谦察朗茂才。"

[考证]　《资治通鉴》卷六十"初平二年"条下云："朝廷以黄巾寇乱徐州，用谦为刺史。谦至，击黄巾，大破走之，州境晏然。"可见，陶谦于是年任徐州刺史，则王朗被察举也很可能在此年。

[记事]　郑玄避地徐州，徐州牧陶谦接以师友之礼。

汉献帝初平三年（192 年） 三十七岁

[记事]　四月，司徒王允与吕布谋，杀董卓。蔡邕下狱死。六月，董卓部将郭汜、李傕攻入长安，杀王允、黄琬等。经学家卢植卒。

汉献帝初平四年（193 年） 三十八岁

任陶谦治中，并与赵昱说陶谦勤王。随后，出任会稽太守。

[出处]　《三国志》本传云："时汉帝在长安，关东兵起，朗为谦治中，与别驾赵昱等说谦曰：'春秋之义，求诸侯莫如勤王。今天子越在西京，宜遣使奉承王命。'谦乃遣昱奉章至长安。天子嘉其意，拜谦安东将军。以昱为广陵太守，朗会稽太守。"

汉献帝兴平元年（194 年） 三十九岁

[记事] 陶谦卒，刘备领徐州。赵岐至荆州。

汉献帝兴平二年（195 年） 四十岁

仍任会稽太守，子王肃生。

[记事] 二月起，郭汜、李傕相攻，长安大乱。七月，献帝出长安东行，十二月至安邑，书籍散亡。许劭卒。

汉献帝建安元年（196 年） 四十一岁

孙策渡江略地，攻占会稽，王朗抵抗失败，遂投降孙策。

[出处] 《三国志》本传云："孙策渡江略地。朗功曹虞翻以为力不能拒，不如避之。朗自以身为汉吏，宜保城邑，遂举兵与策战，败绩，浮海至东冶。策又追击，大破之。朗乃诣策。策以朗儒雅，诘让而不害。"

[记事] 七月，汉献帝至洛阳。八月，曹操帅兵至洛阳，随后护驾迁都许昌，改元建安。孙策攻取会稽，自任会稽太守。北海太守孔融为袁绍子袁谭所破，曹操征孔融为将作大匠。

汉献帝建安三年（198 年） 四十三岁

曹操表征王朗。

[出处] 《三国志·王朗传》裴注引《汉晋春秋》曰："建安三年，太祖表征朗，策遣之。"

[记事] 十二月，曹操杀吕布、陈宫。

汉献帝建安四年（199 年） 四十四岁

王朗辗转一年而至许昌，孔融写信问候。拜谏议大夫，参司空军事。

[出处] 《三国志·王朗传》载："太祖表征之，朗自曲阿展转江海，积年乃至……拜谏议大夫，参司空军事。"

[记事] 春，袁绍攻破易京，杀公孙瓒。六月，袁术卒。荆州牧刘表立学官。

汉献帝建安五年（200 年） 四十五岁

仍任谏议大夫。

[记事] 官渡之战，袁绍大败。孙策卒，曹操表孙权为讨虏将军，领会稽太守。经学大师郑玄卒，年七十四。

汉献帝建安六年（201 年） 四十六岁

仍任谏议大夫。

[记事] 经学家赵岐卒，年九十余。

汉献帝建安七年（202 年） 四十七岁

仍任谏议大夫。

[记事] 五月，袁绍卒。

汉献帝建安十三年（208 年） 五十三岁

仍任谏议大夫，并随曹操南征。

[记事] 曹操为丞相，以崔琰为西曹掾，以毛玠为东曹掾，以司马朗为主簿，司马懿为文学掾。八月，孔融为曹操所杀，年五十六。曹操南征。刘表卒。十一月，周瑜破曹军于赤壁。

汉献帝建安十四年（209 年） 五十四岁

仍任谏议大夫。

[记事] 学者荀悦卒，年六十二。

汉献帝建安十五年（210年）　五十五岁

仍任谏议大夫。

[记事]　曹操下"唯才是举"令。周瑜卒，鲁肃代周瑜领兵。

汉献帝建安十八年（213年）　五十八岁

曹操封魏公，王朗以军祭酒兼任魏郡太守。

[记事]　曹操封魏公，加九锡。

汉献帝建安十九年（214年）　五十九岁

历任少府、奉常、大理。

[出处]　《三国志》本传云："魏国初建，以军祭酒领魏郡太守，迁少府、奉常、大理。"

[记事]　七月，曹操出兵击孙权。荀攸卒。庞统卒。

汉献帝建安二十一年（216年）　六十一岁

曹操称魏王，召众臣议"复肉刑"，王朗时任大理，反对恢复，获众臣支持。

[记事]　五月，曹操进封魏王。中尉崔琰以"怨谤"下狱死。八月，以钟繇为相国。

汉献帝建安二十二年（217年）　六十二岁

仍任大理。

[记事]　王朗孙女王元姬生。十月，魏以五官中郎将曹丕为太子。是年，中原疫疠起，"建安七子"除孔融、阮瑀已卒，其余均以疫疠卒。神医华佗因忤曹操，被杀。

汉献帝建安二十四年（219年） 六十四岁

仍任大理。

[记事] 正月，刘备将黄忠斩夏侯渊。五月，刘备占据汉中。七月，刘备自称汉中王，以魏延为汉中太守。刘备还成都，以许靖为太傅，法正为尚书令，关羽为前将军，张飞为右将军，马超为左将军，黄忠为后将军。八月，关羽破于禁、庞德军。九月，曹操杀主簿杨修。十月，曹操至洛阳，欲迁都，军司马司马懿等劝阻迁都，并上"联孙攻刘"之计。十二月，关羽被孙权将吕蒙擒杀。不久，吕蒙亦病卒。

汉献帝建安二十五年、延康元年、魏文帝黄初元年（220年）六十五岁

二月，迁御史大夫，封安陵亭侯。十月，曹丕受禅称帝，王朗改任司空，封乐平乡侯。

[出处] 《三国志》本传载："文帝即王位，迁御史大夫，封安陵亭侯……及文帝践祚，改为司空，进封乐平乡侯。"

[记事] 正月，曹操卒，年六十六。曹丕嗣位为丞相、魏王。二月，以太中大夫贾诩为太尉，御史大夫华歆为相国，大理王朗为御史大夫。尚书陈群立九品官人之法，即九品中正制，作为选官制度。十月，曹丕代汉称帝，是为魏文帝。十一月，以汉献帝为山阳公。追尊曹操为魏武帝。华歆改任司徒，王朗改任司空。十二月，定都洛阳。思想家仲长统卒。蜀将黄忠卒。

魏文帝黄初二年、蜀汉昭烈帝章武元年（221年） 六十六岁

仍任司空。

[记事] 正月，以议郎孔羡为宗圣侯，奉孔子祀。三月，恢复五铢钱。四月，刘备即帝位，以诸葛亮为丞相，许靖为司徒。六月，蜀将张飞为部将所杀。七月，刘备亲自率兵攻孙权。八月，孙权向魏称臣，魏遣使封孙权为吴王。

魏文帝黄初三年、蜀章武二年、吴黄武元年（222 年）　六十七岁

仍任司空。

［记事］　闰六月，吴将陆逊以火攻大败蜀军，刘备退居白帝城。九月，魏攻吴。十月，孙权称帝，建元黄武。魏将张辽卒。蜀太傅许靖卒，年七十余。

魏文帝黄初四年、蜀建兴元年、吴黄武二年（223 年）　六十八岁

八月，魏文帝曹丕在许下大兴屯田，意欲东征，司空王朗上《谏东征疏》。

［出处］　《三国志》本传载："初，建安末，孙权始遣使称藩，而与刘备交兵。诏议当兴师与吴并取蜀不？朗议曰：'天子之军，重于华岱，诚宜坐曜天威，不动若山。假使权亲与蜀贼相持，搏战旷日，智均力敌，兵不速决，当须军兴以成其势者，然后宜选持重之将，承寇贼之要，相时而后动，择地而后行，一举更无余事。今权之师未动，则助吴之军无为先征。且雨水方盛，非行军动众之时。'帝纳其计。"

［记事］　四月，刘备卒，年六十三。五月，太子刘禅即位，改元建兴，封丞相诸葛亮为武乡侯。十月，诸葛亮与吴修好。曹仁卒。贾诩卒。

魏文帝黄初五年、蜀建兴二年、吴黄武三年（224 年）　六十九岁

仍任司空。

［记事］　魏立太学，置博士。魏文帝攻吴，至广陵，临江而还。

魏文帝黄初六年、蜀建兴三年、吴黄武四年（225 年）　七十岁

仍任司空。

［记事］　魏以陈群为镇军大将军，司马懿为抚军大将军。诸葛亮与孟获战，凡七擒七纵，孟获乃服。光禄大夫杨彪卒，年八十四。

魏文帝黄初七年、蜀建兴四年、吴黄武五年（226 年） 七十一岁

十二月，改任司徒，进封兰陵侯。

[记事] 五月，魏文帝曹丕卒，年四十。曹叡嗣位，是为明帝。十二月，以钟繇为太傅，曹休为大司马，曹真为大将军，华歆为太尉，王朗为司徒，陈群为司空，司马懿为骠骑大将军。

魏明帝太和二年、蜀建兴六年、吴黄武七年（228 年） 七十三岁

十一月去世，谥成。

[记事] 正月，司马懿斩杀孟达。春，诸葛亮出祁山，首次攻魏。魏将张郃破蜀军先锋马谡，诸葛亮斩马谡。九月，魏大司马曹休卒。十二月，诸葛亮第二次攻魏。

附录二 王肃年谱简编

汉献帝兴平二年（195 年） 一岁

王肃生于会稽。

[出处] 《三国志·许靖传》裴注引《魏略》载王朗与文休书曰："仆连失一男一女，今有二男：大儿名肃，年二十九，生于会稽；小儿裁岁余。"

[考证] 王朗于初平四年（193 年）至建安元年（196 年）任会稽太守，其致书好友许靖明言王肃生于会稽，又王肃卒于甘露元年（256 年），时年六十二，则可知王肃生于兴平二年（195 年）其父会稽太守任上。

[记事] 是年二月起，董卓故将郭汜、李傕相攻，长安大乱。七月，献帝出长安东行，十二月至安邑，书籍散亡。许劭卒。郑玄六十九岁。

汉献帝建安元年（196 年）　二岁

[记事]　王肃父王朗阻击孙策失败，投降孙策。七月，汉献帝至洛阳。八月，曹操率兵至洛阳，随后护驾迁都许昌，改元建安。孙策攻取会稽，自任会稽太守。北海太守孔融为袁绍子袁谭所破，曹操征孔融为将作大匠。

建安三年（198 年）　四岁

[记事]　曹操表表征王肃父王朗。十二月，曹操杀吕布、陈宫。

建安四年（199 年）　五岁

[记事]　王肃父王朗辗转至许昌，拜谏议大夫，参司空军事。春，袁绍攻破易京，杀公孙瓒。六月，袁术卒。荆州牧刘表立学官。

建安五年（200 年）　六岁

[记事]　经学大师郑玄卒，年七十四。官渡之战，袁绍大败。孙策卒，曹操表孙权为讨虏将军，领会稽太守。

建安六年（201 年）　七岁

[记事]　经学家赵岐卒，年九十余。

建安七年（202 年）　八岁

[记事]　五月，袁绍卒。

建安十三年（208 年）　十四岁

[记事]　曹操为丞相，以崔琰为西曹掾，以毛玠为东曹掾，以司马朗为主簿，司马懿为文学掾。八月，孔融为曹操所杀，年五十六。曹操南征，王朗亦随军。刘表卒。十一月，周瑜破曹军于赤壁。

建安十四年（209 年） 十五岁

始志于学，学习郑玄之学。

[出处] 《孔子家语解序》云："自肃成童，始志于学，而学郑氏学矣。"

[考证] 关于成童年龄，有两种说法，一是八岁[①]，一是十五岁[②]。今取郑玄十五岁之说。

[记事] 学者荀悦卒，年六十二。

建安十五年（210 年） 十六岁

[记事] 曹操下"唯才是举"令。周瑜卒，鲁肃代周瑜领兵。

建安十七年（212 年） 十八岁

师从宋忠学习《太玄》，更为之解。著有《扬子太玄经注》七卷[③]。

[出处] 《三国志·王肃传》云："年十八，从宋忠读《太玄》，而更为之解。"

建安十八年（213 年） 十九岁

[记事] 曹操封魏公，加九锡，王朗以军祭酒兼任魏郡太守。

建安十九年（214 年） 二十岁

[记事] 王朗历任少府、奉常、大理等职。七月，曹操出兵击孙权。荀攸卒。庞统卒。

---

① 《穀梁传·昭公十九年》范宁注云："成童，八岁以上。"
② 《礼记·内则》郑玄注云："成童，十五以上。"
③ 南朝梁阮孝绪《七录》著录，今已亡佚。

建安二十一年（216 年）　二十二岁

[记事]　五月，曹操称魏王，召众臣议"复肉刑"，王朗时任大理，反对恢复，获众臣支持。中尉崔琰以"怨谤"下狱死。八月，以钟繇为相国。

建安二十二年（217 年）　二十三岁

[记事]　王朗孙女王元姬生。十月，魏以五官中郎将曹丕为太子。是年，中原疫疠起，"建安七子"除孔融、阮瑀已卒，其余均以疫疠卒。神医华佗因忤曹操，被杀。

建安二十五年、魏文帝黄初元年（220 年）　二十六岁

[记事]　正月，曹操卒，年六十六。曹丕嗣位为丞相、魏王。二月，以太中大夫贾诩为太尉，御史大夫华歆为相国，大理王朗为御史大夫。尚书陈群立九品官人之法，即九品中正制，作为选官制度。十月，曹丕代汉称帝，是为魏文帝。十一月，以汉献帝为山阳公。追尊曹操为魏武帝。华歆改任司徒，王朗改任司空。十二月，定都洛阳。思想家仲长统卒。蜀将黄忠卒。

魏文帝黄初二年（221 年）　二十七岁

[记事]　正月，以议郎孔羡为宗圣侯，奉孔子祀。三月，恢复五铢钱。四月，刘备即帝位，以诸葛亮为丞相，许靖为司徒。六月，蜀将张飞为部将所杀。七月，刘备亲自率兵攻孙权。八月，孙权向魏称臣，魏遣使封孙权为吴王。

黄初三年（222 年）　二十八岁

任散骑侍郎。

[出处]　《三国志·王肃传》载："黄初中，为散骑黄门侍郎。"

[考证] 黄初共有七年，姑且将其任职散骑侍郎系于此年。

[记事] 闰六月，吴将陆逊以火攻大败蜀军，刘备退居白帝城。九月，魏攻吴。十月，孙权称帝，建元黄武。魏将张辽卒。蜀太傅许靖卒，年七十余。

黄初四年（223 年） 二十九岁

仍任散骑侍郎。

[记事] 四月，刘备卒，年六十三。五月，太子刘禅即位，改元建兴，封丞相诸葛亮为武乡侯。八月，魏文帝曹丕在许下大兴屯田，意欲东征，司空王朗上《谏东征疏》。十月，诸葛亮与吴修好。曹仁卒。贾诩卒。

黄初五年（224 年） 三十岁

仍任散骑侍郎。

[记事] 魏立太学，置博士。魏文帝攻吴，至广陵，临江而还。

黄初六年（225 年） 三十一岁

[记事] 魏以陈群为镇军大将军，司马懿为抚军大将军。诸葛亮与孟获战，凡七擒七纵，孟获乃服。光禄大夫杨彪卒，年八十四。

黄初七年（226 年） 三十二岁

[记事] 五月，魏文帝曹丕卒，年四十。曹叡嗣位，是为明帝。十二月，以钟繇为太傅，曹休为大司马，曹真为大将军，华歆为太尉，王朗为司徒，陈群为司空，司马懿为骠骑大将军。

魏明帝太和二年（228 年） 三十四岁

十一月，父王朗薨，袭父爵。

[记事] 正月，司马懿斩杀孟达。春，诸葛亮出祁山，首次攻魏。

魏将张郃破蜀军先锋马谡，诸葛亮斩马谡。九月，魏大司马曹休卒。十二月，诸葛亮第二次攻魏。

太和三年（229 年）　三十五岁

任散骑常侍。

[出处]　《三国志》本传载："太和三年，拜散骑常侍。"

[记事]　孙权称帝，改元黄龙。

太和四年（230 年）　三十六岁

大司马曹真征蜀，肃上《谏征蜀疏》《陈政本疏》。

[出处]　《三国志》本传载："（太和）四年，大司马曹真征蜀，肃上疏曰：'前志有之，"千里馈粮，士有饥色，樵苏后爨，师不宿饱"，此谓平途之行军者也。又况于深入阻险，凿路而前，则其为劳必相百也。今又加之以霖雨，山坂峻滑，众逼而不展，粮县而难继，实行军者之大忌也。闻曹真发已逾月而行才半谷，治道功夫，战士悉作。是贼偏得以逸而待劳，乃兵家之所惮也……兆民知圣上以水雨艰剧之故，休而息之，后日有衅，乘而用之，则所谓悦以犯难，民忘其死者矣。'于是遂罢。"

[记事]　是年七月，曹真征蜀。魏太傅钟繇卒。吴质卒。

太和五年（231 年）　三十七岁

三月，曹真薨，王肃上《请为大司马曹真临吊表》。是年，肃女儿王元姬十五岁，嫁与司马懿次子司马昭。①

[记事]　魏大司马曹真卒。魏将张郃卒。魏太尉华歆卒。

---

① 《晋书·文明皇后传》载："（王元姬）年十二，朗薨……既笄，归于文帝。"古代女子若许嫁，一般在十五岁举行笄礼，言"既笄"，当为十五岁。

太和六年（232 年） 三十八岁

王肃上《奉诏为瑞表》，作《答尚书难》。

[记事] 魏陈思王曹植卒，年四十一。

魏明帝青龙二年（234 年） 四十岁

山阳公（汉献帝）刘协薨，王肃上《请山阳公称皇配谥疏》《王侯在丧袭爵议》。

[出处] 《三国志·王肃传》载："青龙中，山阳公薨，汉主也。肃上疏曰：'昔唐禅虞，虞禅夏，皆终三年之丧，然后践天子之尊。是以帝号无亏，君礼犹存。今山阳公承顺天命，允答民望，进禅大魏，退处宾位。公之奉魏，不敢不尽节。魏之待公，优崇而不臣。既至其薨，榇敛之制，舆徒之饰，皆同之于王者，是故远近归仁，以为盛美。且汉总帝皇之号，号曰皇帝。有别称帝，无别称皇，则皇是其差轻者也。故当高祖之时，土无二王，其父见在而使称皇，明非二王之嫌也。况今以赠终，可使称皇以配其谥。'明帝不从使称皇，乃追谥曰汉孝献皇帝。"

[记事] 诸葛亮卒，年五十四。蜀将魏延卒。

青龙四年（236 年） 四十二岁

以散骑常侍领秘书监，兼崇文观祭酒。上《论秘书丞郎表》《秘书不应属少府表》。

[记事] 辅吴将军张昭卒。魏司空陈群卒。

魏明帝景初元年（237 年） 四十三岁

参与改正朔之议，上《请恤役平刑疏》。七月，司徒陈矫薨。陈矫，字季弼，本刘氏，养于陈氏。及其薨，刘氏弟子疑所服，以问王肃，王肃作《答刘氏弟子问》。

景初二年（238 年）　四十四岁

王肃答明帝所问二事。

[记事]　司马懿率军攻辽东，六月至辽东，八月杀公孙渊。魏明帝病重。

景初三年（239 年）　四十五岁

魏明帝崩，王肃就明帝丧事作《答尚书访》，又有《已迁主讳议》。

[记事]　正月，魏明帝曹叡卒，年三十五。太子齐王芳即位，年八岁。二月，曹爽用丁谧之计，转司马懿为太傅，削其实权。

魏齐王正始元年（240 年）　四十六岁

出任广平太守。遣使劳问隐士张臶家。

[记事]　魏车骑将军黄权卒。

正始二年（241 年）　四十七岁

议祭明帝事。

[记事]　诸葛瑾卒。管宁卒。

正始五年（244 年）　五十岁

因公事征还，拜议郎。

[记事]　曹爽、夏侯玄率大军攻蜀，失利。

正始六年（245 年）　五十一岁

任侍中，迁太常。斥责何晏、邓飏为奸臣。

[出处]　《三国志》本传载："正始元年，出为广平太守。公事征还，拜议郎。顷之，为侍中，迁太常。时大将军曹爽专权，任用何晏、邓飏等。肃与太尉蒋济、司农桓范论及时政，肃正色曰：'此辈即弘恭、石显

之属，复称说邪！' 爽闻之，戒何晏等曰：'当共慎之！公卿已比诸君前世恶人矣。'"

[考证] 据《三国志·齐王纪》载，是年，太常高柔转任司空，王肃很可能在此时任太常。

[记事] 魏以骠骑将军赵俨为司空，赵俨数月卒，以太常高柔为司空。吴丞相陆逊卒。

正始八年（247 年） 五十三岁

因宗庙事免官。

[考证] 王肃遭免官，当与曹氏、司马氏政治权力斗争有关。《三国志·曹爽传》："初，爽以宣王年德并高，恒父事之，不敢专行。及晏等进用，咸共推戴，说爽以权重不宜委之于人……诸事希复由宣王。"可见，曹爽辅政之初，并未专权。正始八年，曹爽迁太后于永宁宫，专擅朝政，而司马懿称疾不与政事，故王肃遭免官时间盖在此年。

正始十年、魏齐王嘉平元年（249 年） 五十五岁

二月，以太常之职奉命册封太傅司马懿为丞相。

[记事] 正月，司马懿趁曹爽兄弟陪同齐王芳祭扫高平陵（明帝墓）之机，发动"高平陵政变"，控制军政大权，杀曹爽、何晏、邓飏、丁谧、桓范等人，夷三族。思想家王弼卒，年二十四。魏太尉蒋济卒。

嘉平三年（251 年） 五十七岁

任光禄勋。

[记事] 魏王凌谋立楚王彪，在淮南反司马懿，司马懿袭擒王凌，王凌自杀。以诸葛诞都督扬州诸军事。以司马孚为太尉。是年，魏太尉司马懿卒，年七十三。

嘉平四年（252 年）　五十八岁

仍任光禄勋。

[记事]　正月，魏以司马师为大将军。四月，吴大帝孙权卒，年七十一。

嘉平五年（253 年）　五十九岁

徙为河南尹。

[记事]　孙峻谋杀大将军诸葛恪，自任丞相、大将军，独揽吴军政大权。

魏高贵乡公正元元年（254 年）　六十岁

王肃持节兼太常，奉法驾，迎高贵乡公于元城。预见毌丘俭、文钦起兵作乱之事。

[记事]　魏大将军司马师杀尚书令李丰、太常夏侯玄。司马师废齐王芳，立高贵乡公曹髦为帝，改元正元。

正元二年（255 年）　六十一岁

为司马师平定毌丘俭、文钦之乱出谋划策，并劝司马师亲征。之后，迁中领军，加散骑常侍。

[出处]《三国志》本传载："嘉平六年，持节兼太常，奉法驾，迎高贵乡公于元城。是岁，白气经天，大将军司马景王问肃其故，肃答曰：'此蚩尤之旗也，东南其有乱乎？君若修己以安百姓，则天下乐安者归德，唱乱者先亡矣。'年春，镇东将军毌丘俭、扬州刺史文钦反，景王谓肃曰：'霍光感夏侯胜之言，始重儒学之士，良有以也。安国宁主，其术焉在？'肃曰：'昔关羽率荆州之众，降于禁于汉滨，遂有北向争天下之志。后孙权袭取其将士家属，羽士众一旦瓦解。今淮南将士父母妻子皆在内州，但急往御卫，使不得前，必有关羽土崩之势矣。'景王从之，遂破俭、

钦。后迁中领军，加散骑常侍。"

[记事] 正月，魏扬州刺史文钦、镇东将军毌丘俭起兵讨司马师。闰正月，司马师率军平定，不久司马师卒。二月，司马昭任大将军，录尚书事。蜀将姜维率军攻魏，大破魏军于洮西。

魏高贵乡公甘露元年（256 年） 六十二岁

王肃卒，年六十二。追赠卫将军，谥景。

[记事] 正月，蜀将姜维进位大将军。八月，加司马昭大都督，奏事不名，假黄钺。以太尉司马孚为太傅。

附录三 王僧孺年谱简编①

南朝宋孝武帝大明七年（463 年） 一岁

王僧孺生。

[考证] 关于王僧孺的年龄，《梁书》本传的记载有抵牾之处。一处记载其卒年云："普通三年，卒，时年五十八。"普通三年为公元 522 年，据此可知，王僧孺生于南朝宋明帝泰始元年（465 年）。另一处记载其年龄："建武初，有诏举士，扬州刺史始安王遥光表荐秘书丞王暕及僧孺曰：'前候官令东海王僧孺，年三十五，理尚栖约，思致悟敏，既笔耕为养，亦佣书成学。'"此处尚不确知荐表上于建武几年，但根据王暕年龄可以推知。《梁书·王暕传》记载萧遥光荐表云："窃见秘书丞琅邪王暕，年二十一，七叶重光，海内冠冕。"同时，《梁书》本传又云："普通四年

---

① 王僧孺行状编年主要根据《梁书》《南史》本传。其他记事，主要根据司马光《资治通鉴》和曹道衡、刘跃进《南北朝文学编年史》。

冬，暴疾卒，时年四十七。"普通四年为公元 523 年，其年四十七，据此可推知王暕二十一岁时为南朝齐建武四年（497 年）。建武四年，王僧孺三十五岁，则其生年为南朝宋孝武帝大明七年（463 年），这与前面"普通三年卒，时年五十八"的记载相矛盾。扬州刺史始安王萧遥光荐士之表，出自任昉之手笔①，而任昉和王僧孺是故交好友，故任昉之言，较为可信，今择从其说，即以王僧孺生于南朝宋孝武帝大明七年（463 年）为是。

[记事]　萧子良四岁。任昉四岁。沈约二十三岁。江淹二十岁。

宋孝武帝大明八年（464 年）　二岁

[记事]　孝武帝刘骏卒。萧衍生。谢朓生。琅琊王肃（字恭懿）生。

宋明帝泰始二年（466 年）　四岁

[记事]　徐勉生。鲍照卒。

宋明帝泰始三年（467 年）　五岁

聪慧机警，知礼懂事。读《孝经》，发愿常读。人馈李，不受。

[出处]　《梁书》本传云："僧孺年五岁，读《孝经》，问授者此书所载述，曰：'论忠孝二事。'僧孺曰：'若尔，愿常读之。'"又《南史》本传云："僧孺幼聪慧，年五岁便机警，初读《孝经》，问授者曰：'此书何所述？'曰：'论忠孝二事。'僧孺曰：'若尔，愿常读之。'又有馈其父冬李，先以一与之，僧孺不受，曰：'大人未见，不容先尝。'"

[记事]　刘勰生。

宋明帝泰始四年（468 年）　六岁

能属文，既长好学。

---

① 《文选》卷三八之"表"将《为萧扬州荐士表》一文归于任昉名下。

[出处] 《梁书》本传云："六岁能属文,既长好学。"

宋明帝泰始五年（469年） 七岁

能读十万言。

[出处] 《南史》本传云："七岁能读十万言。"

[记事] 裴子野生。

宋明帝泰始六年（470年） 八岁

父亡,家贫。其母卖纱布为生。

[出处] 《南史》本传云："父延年,员外常侍,未拜卒。"又云："（僧孺）迁尚书左丞,俄兼御史中丞。僧孺幼贫,其母鬻纱布以自业,尝携僧孺至市,道遇中丞卤簿,驱迫坠沟中。及是拜日,引驺清道,悲感不自胜。顷之即真。"

[考证] 关于其父王延年的材料,仅此一条,故其生卒年难以确知。僧孺五六岁时,不受冬李,可知其父当亡于僧孺六岁以后。《南史》本传所云"僧孺幼贫",当与其父早逝有关,因为员外常侍为皇帝随从,秩在五品,若王延年不早逝,家境应该尚好。《礼记·曲礼》云："人生十年曰幼,学。"《仪礼·丧服》郑注云："子幼,谓年十五以下。"可见,十五岁以下均可言幼。又,王僧孺四十五时出任御史中丞,受职之日,引驺清道,僧孺由此回想起当年因躲避中丞卫队清道而坠入沟中,感怀良多。僧孺念及此事,可知其对此事印象深刻,若年龄太小,则记忆不会如此清楚,盖在八岁以后。因此笔者推测其坠沟一事发生在八岁左右,并暂将其父王延年去世系于此年。

宋明帝泰始七年（471年） 九岁

[记事] 北魏孝文帝拓跋宏即位,年号延兴。东海徐摛生。

宋顺帝昇明元年（477 年）　十五岁

既长好学，笃爱典籍。佣书养母，写毕亦通。

[出处]　《梁书》本传云："家贫，常佣书以养母，所写既毕，讽诵亦通。"又《南史》本传云："及长，笃爱坟籍。家贫，常佣书以养母，写毕讽诵亦了。"

[考证]　僧孺通过替别人抄书赚取佣金来奉养母亲，一方面说明其有一定的识字读书能力，另一方面可见其书法亦非等闲。另外，《梁书》《南史》皆云"家贫"，而未称"幼贫"，则可知僧孺其时已非幼年，今且将其开始佣书养母系于此年。

南朝齐高帝建元四年（482 年）　二十岁

[记事]　三月，齐高帝萧道成崩。萧赜嗣位，是为齐世祖武皇帝。六月，萧子良受封竟陵王。是年，沈约四十二岁，为步兵校尉，直永寿省，校四部图书，开始撰《齐史》。

齐武帝永明元年（483 年）　二十一岁

[记事]　正月辛亥，祀南郊，大赦，改元为永明元年。

齐武帝永明二年（484 年）　二十二岁

[记事]　竟陵王萧子良为护军将军兼司徒，领兵置佐，镇西州。

齐武帝永明三年（485 年）　二十三岁

仕齐，任王国左常侍，太学博士。

[考证]　《梁书》本传云："仕齐，起家王国左常侍、太学博士。"可知王僧孺仕宦之初，任王国左常侍、太学博士。《资治通鉴》卷一三六"永明三年"条载："正月……诏复立国学。释奠先师，用上公礼。"齐武帝复立国学，发展教育。当时虽有"国学"和"太学"之名，但事实上二者指

同一所学校，为一校二名，国学隶属于太学，是太学内部的一个教学单位。由于国学以上层贵族子弟为培养对象，因此"国学"的地位和名声高于"太学"，所以"国学"常常取代"太学"而成为国家官学的习惯通称①。由此可以推知，王僧孺于永明三年（485 年）任太学博士。

[记事] 王僧虔卒，时年六十岁。

齐武帝永明五年（487 年） 二十五岁

因善辞藻，游于竟陵王鸡笼山邸，作《谢齐竟陵王使撰众书启》。与高平徐夤俱为学林。结识任昉，交谊甚笃，颇相推重。

[出处] 《南史》本传云："司徒竟陵王子良开西邸，招文学，僧孺与太学生虞羲、丘国宾、萧文琰、丘令楷、江洪、刘孝孙并以善辞藻游焉。而僧孺与高平徐夤俱为学林。"《梁书》本传载："司徒竟陵王子良开西邸招文学，僧孺亦游焉。"又载："初，僧孺与乐安任昉遇竟陵王西邸，以文学友会。及是将之县，昉赠诗，其略曰：'惟子见知，惟余知子。观行视言，要终犹始。敬之重之，如兰如芷。形应影随，曩行今止。百行之首，立人斯著。子之有之，谁毁谁誉。修名既立，老至何遽。谁其执鞭，吾为子御。刘《略》班《艺》，虞《志》荀《录》，伊昔有怀，交相欣勖。下帷无倦，升高有属。嘉尔晨灯，惜余夜烛。'其为士友推重如此。"

[记事] 竟陵王萧子良正位司徒，开府，仪同三司。移居鸡笼山邸，集学士抄五经、百家，依《皇览》例为《四部要略》千卷。是年，任昉二十八岁，为竟陵王记室参军。萧子显生。谢朓二十四岁，为太子舍人，作《永明乐》十首。

齐武帝永明六年（488 年） 二十六岁

僧孺为丹阳尹王晏召为郡功曹，撰《东宫新记》。

---

① 张连生：《六朝太学与国学考辨》，《史学集刊》2006 年第 5 期。

[出处]　《梁书》本传云："尚书仆射王晏深相赏好。晏为丹阳尹，召
（僧孺）补郡功曹，使僧孺撰《东宫新记》。"《梁书·王晏传》云："六年，（王
晏）转丹阳尹，常侍如故。"

[记事]　臧荣绪卒，时年七十四岁。裴子野二十岁，欲绍祖业，成
《宋略》，后见沈约《宋书》出，始删繁撮要，成《宋略》二十卷。

齐武帝永明七年（489 年）　二十七岁

迁大司马豫章王萧嶷行参军，兼太学博士。

[出处]　《梁书》本传云："迁大司马豫章王行参军，又兼太学博士。"

[考证]　永明七年（489 年）二月，王晏由丹阳尹转为江州刺史，后
固辞，留为吏部尚书。王僧孺很可能在此时转入萧嶷府中。

[记事]　五月，王俭卒，追赠太尉。

齐武帝永明八年（490 年）　二十八岁

仍任豫章王行参军，兼太学博士。

齐武帝永明九年（491 年）　二十九岁

仍任豫章王行参军，兼太学博士。

齐武帝永明十年（492 年）　三十岁

四月，豫章王萧嶷卒。僧孺为文惠太子所赏，召入东宫。

[出处]　《梁书》本传云："文惠太子闻其名，召入东宫，直崇明殿。"

齐武帝永明十一年（493 年）　三十一岁

晋安郡守王德元辟僧孺为郡丞，侯官令，僧孺作《在王晋安酒席数
韵》。王融作《别王丞僧孺》诗。

[出处]　《梁书》本传云："王晏子德元出为晋安郡，以僧孺补郡丞，

除候官令。"

[记事] 正月，文惠太子萧长懋卒。七月，齐武帝萧赜卒。王融卒。

齐明帝建武四年（497年） 三十五岁

正月，坐王晏事免官。后为扬州刺史始安王萧遥光所荐，任尚书仪曹郎，迁治书侍御史。吴均作有《入兰台赠王治书僧孺》一诗。出任钱塘令。任昉作《赠王僧孺》一诗。

[出处] 《梁书》本传："建武初，有诏举士，扬州刺史始安王遥光表荐秘书丞王暕及僧孺曰：'前候官令东海王僧孺，年三十五，理尚栖约，思致悟敏，既笔耕为养，亦佣书成学。至乃照萤映雪，编蒲缉柳，先言往行，人物雅俗，甘泉遗仪，南宫故事，画地成图，抵掌可述；岂直艇鼠有必对之辩，竹书无落简之谬，访对不休，质疑斯在。'除尚书仪曹郎，迁治书侍御史，出为钱唐令。"

[考证] 建武初年，即指建武四年。前文已考证，参见"王僧孺一岁"条下。

齐明帝建武五年，永泰元年（498年） 三十六岁

仍任钱塘令。

[记事] 四月，改元永泰元年。七月，明帝病卒。皇太子萧宝卷即位，后被废为东昏侯。沈约五十八岁，为尚书、国子祭酒，作诗文多篇，活跃一时。谢朏五十八岁，仍任吴兴太守。江淹五十五岁，仍任宣城太守。任昉三十九岁，东昏侯即位，迁中书侍郎，作《齐明帝谥议》。萧衍三十五岁，行雍州府事。谢朓三十五岁，为尚书吏部郎。刘勰三十二岁，开始撰《文心雕龙》。

齐东昏侯永元元年（499年） 三十七岁

僧孺辞官归家。

[考证] 八月，始安王萧遥光因谋反被杀。王僧孺为萧遥光所荐，故而辞官归家。

[记事] 正月，改元永元元年。谢朓卒，时年三十六岁。

南朝梁武帝天监元年（502 年） 四十岁

出任临川王萧宏后军记室参军。

[出处] 《梁书》本传："天监初，除临川王后军记室参军，待诏文德省。"

[考证] 具体年份不可考，姑系于此年。

[记事] 萧衍登基称帝，建梁代齐。刘勰三十六岁，撰成《文心雕龙》。萧统二岁，十一月被立为太子。周兴嗣作《休平赋》，武帝萧衍嘉之。

梁武帝天监二年（503 年） 四十一岁

出任南海太守。视事二岁，声绩有闻。作《南海郡求士教》。

[出处] 《梁书》本传云："寻出为南海太守。郡常有高凉生口及海舶每岁数至，外国贾人以通货易。旧时州郡以半价就市，又买而即卖，其利数倍，历政以为常。僧孺乃叹曰：'昔人为蜀部长史，终身无蜀物，吾欲遗子孙者，不在越装。'并无所取。视事期月，有诏征还，郡民道俗六百人诣阙请留，不许。"《南史》本传云："出为南海太守。南海俗杀牛，曾无限忌。僧孺至，便禁断……视事二岁，声绩有闻。诏征将还，郡中道俗六百人诣阙请留，不许。"

[考证] 《梁书》本传云"视事期月"，而《南史》本传云"视事二岁"，考诸"郡中道俗六百人诣阙请留"，可见僧孺为政颇得民心，所谓日久见人心，故《南史》所云较合情理，今从之。

梁武帝天监四年（505 年） 四十三岁

拜中书侍郎，领著作，复直文德省。撰《起居注》《中表簿》。

[出处] 《梁书》本传："拜中书郎，领著作，复直文德省，撰《中表簿》及《起居注》。"

[记事] 正月，置五经博士。江淹卒，时年六十二岁。任昉四十六岁，仍为御史中丞，并上《奏弹范缜》表。

梁武帝天监五年（506年） 四十四岁

仍任中书侍郎，直文德省。

[记事] 谢朓卒，时年六十六岁。沈约六十六岁，为右光禄大夫，领太子詹事。

梁武帝天监六年（507年） 四十五岁

迁尚书左丞，领著作如故。俄除游击将军，兼御史中丞。入直西省，知撰谱事，开始改定《百家谱》。①

[出处] 《梁书》本传云："迁尚书左丞，领著作如故。俄除游击将军，兼御史中丞。僧孺幼贫，其母鬻纱布以自业，尝携僧孺至市，道遇中丞卤簿，驱迫沟中。及是拜日，引驺清道，悲感不自胜。"又《南史》本传："（僧孺）转北中郎谘议参军，入直西省，知撰谱事。……武帝以是留意谱籍，州郡多离其罪，因诏僧孺改定《百家谱》。"

[考证] 任昉本年出任新安太守，僧孺接任御史中丞。

[记事] 何逊为建安王萧伟水曹行参军，兼记室，作《赠王左丞僧孺诗》。东海徐陵生。沈约六十七岁，迁尚书令。任昉四十八岁，出任新安太守。

---

① 王僧孺修谱乃与尚书令沈约上书有密切关系，故王僧孺修谱之时间，可依沈约任尚书令之时间为参照，沈约于天监六年任尚书令，姑系于此年。参见张蓓蓓：《法社会学研究的新视域——以魏晋南北朝王僧孺谱学为中心》，《北京行政学院学报》2012年第3期。

梁武帝天监七年（508 年）　四十六岁

为云骑将军，兼职如故。作应制诗，为高祖萧衍所赞。任昉卒，作《太常敬子任府君传》。作《为萧监利求入学启》《答释法云启》。

[出处]　《梁书》本传："寻以公事降为云骑将军，兼职如故。是时高祖制《春景明志诗》五百字，敕在朝之人沈约已下同作，高祖以僧孺诗为工。"

[记事]　丘迟卒，年四十五岁。徐勉四十三岁，仍为吏部尚书。范缜为国子博士，作《以国子博士让裴子野表》，对裴氏《宋略》评价甚高。

梁武帝天监八年（509 年）　四十七岁

迁少府卿，出监吴郡。

[考证]　具体不可考，姑系于此年。

梁武帝天监九年（510 年）　四十八岁

除尚书吏部郎，参大选。请谒不行。作《吏部郎表》《谢除吏部郎启》。

[记事]　沈约七十岁，由尚书令、太子少傅转为左光禄大夫，作《致仕表》《与徐勉书》。

梁武帝天监十年（511 年）　四十九岁

出为仁威南康王长史，兰陵太守，行府、州、国事。为南康王典签汤道愍所谤而去官辞府，作《奉辞南康王府笺》。

[出处]　《梁书》本传："（僧孺）出为仁威南康王府长史，行府、州、国事。王典签汤道愍昵于王，用事府内。僧孺每裁抑之，道愍遂谤讼僧孺，逮诣南司。奉笺辞府。"《南史》本传："（僧孺）出为仁威南康王长史、兰陵太守，行府、州、国事……为王典签汤道愍所纠，逮诣南司，坐免官，久之不调。"

[记事]　刘勰时为南康王府记室，兼东宫通事舍人。僧孺好友何炯

仍为南康王府记室。

梁武帝天监十二年（513 年）　五十一岁

致书好友何炯（《与何炯书》），抒发内心苦闷。

[出处]　《梁书》本传："僧孺坐免官，久之不调。友人庐江何炯犹为王府记室，乃致书于炯，以见其意。"

[记事]　沈约卒，时年七十三岁，终前作《临终上表》。庾信生。

梁武帝天监十三年（514 年）　五十二岁

起为安西安成王萧秀参军。

梁武帝天监十四年（515 年）　五十三岁

仍任安成王参军。

梁武帝天监十五年（516 年）　五十四岁

作《为韦雍州致仕表》《中寺碑》。

[出处]　《梁书·韦睿传》云："（天监）十四年，出为平北将军、宁蛮校尉、雍州刺史……十五年，拜表致仕，优诏不许。"《艺文类聚》卷七七："中寺者，晋太元五年会稽司马道子之所立也。斜出旗亭，事非湫隘，傍超壁水，望异狭斜。天监十五年，上座僧慈等更樊日禘架，赫然霞立。"

梁武帝天监十六年（517 年）　五十五岁

安西将军安成王萧秀迁镇北将军、雍州刺史，僧孺随府转任。

[记事]　柳恽卒，时年五十三岁。何逊随庐陵王萧续去江州，并作《从镇江州与游故别诗》《哭吴兴柳恽诗》等。

梁武帝天监十七年（518 年） 五十六岁

安成王萧秀卒，僧孺作悼文。后迁镇右始兴王荆州刺史萧憺中记室参军，作《为南平王让仪同表》《为南平王妃拜改封表》。何逊卒，僧孺集其文为八卷。

[出处] 《梁书·萧秀传》云："十七年春，（萧秀）行至竟陵之石梵，薨，时年四十四……当世高才游王门者，东海王僧孺、吴郡陆倕、彭城刘孝绰、河东裴子野，各制其文，古未之有也。"《梁书·武帝纪》："（天监十七年）十一月辛亥，以南平王伟为左光禄大夫、开府仪同三司。"《梁书·何逊传》："（何逊）还为安西安成王参军事，兼尚书水部郎，母忧去职。服阕，除仁威庐陵王记室，复随府江州，未几卒。东海王僧孺集其文为八卷。"

[考证] 萧秀死后，王僧孺转投荆州刺史萧憺幕府。天监十七年，萧伟被封南平王，王僧孺撰以上二表。

梁武帝天监十八年（519 年） 五十七岁

为徐勉作《詹事徐府君集序》。

[记事] 徐勉五十四岁，正月由太子詹事转为尚书左仆射。

梁武帝普通元年（520 年） 五十八岁

作《为临川王让太尉表》。

[记事] 正月，乙亥朔，改元，大赦。已卯，以临川王宏为太尉、扬州刺史。

梁武帝普通二年（521 年） 五十九岁

[记事] 刘峻卒，时年六十岁。周兴嗣卒。

梁武帝普通三年（522 年） 六十岁

王僧孺卒。

[出处] 《梁书》本传云："普通三年，卒，时年五十八。"《南史》本传云："普通二年，卒。"

[考证] 王僧孺生年，前文"一岁"条下已辨之。关于卒年，《梁书》与《南史》记载抵牾，不知孰是，今且以《梁书》为是。

附录四　魏晋南朝东海王氏交游简表

姓名	交往人物	籍贯	备注
王朗	刘阳	沛国	曾任莒令，年三十卒。
	张昭	彭城国	字子布。曾辅佐孙策、孙权，任辅吴将军。嘉禾五年（236年）卒，年八十一。
	赵昱	琅邪国	曾任陶谦别驾、广陵太守，为笮融杀害，年四十余。
	许靖	汝南平舆	字文休。曾任汉尚书郎，后入蜀，任巴郡、广汉太守。刘备克蜀，任将军左长史、太傅。章武二年（222年）去世，年七十余。
	华歆	平原高唐	字子鱼。少以高行显名，有识见。汉末任豫章太守、议郎、尚书令，曹魏时任司徒、太尉。太和五年（231年）卒，年七十五。
	孔融	鲁国	字文举。"建安七子"之一。喜荐贤才，乐交名士。建安十三年（208年），为曹操所杀，年五十六。
	虞翻	会稽余姚	字仲翔。曾任王朗功曹，后辅佐孙策、孙权。因得罪孙权，被徙交州，卒年七十余。
	边让	陈留浚仪	字文礼。恃才气，不屈曹操，多轻侮之言，建安中为曹操所杀。
	桓晔	沛郡龙亢	字文林。姑为杨赐夫人。曾祖桓郁，经授二帝，恩宠甚笃。
	袁忠	汝南汝阳	字正甫。以清亮称，祖袁彭。

姓名	交往人物	籍贯	备注
王朗	刘繇	东莱牟平	字正礼。曾任下邑长、扬州刺史，卒年四十二。
王恂	袁毅	未知	尝馈王恂骏马，恂不受。
王恺	石崇	渤海南皮	字季伦。其父大司马石苞。石崇生活极奢侈，与王恺、羊琇等人斗富。
	王济	太原晋阳	字武子。父王浑、祖王昶，位皆至三公。王济性豪侈，丽服玉食，与石崇等斗富。
	羊琇	泰山平阳	字稚舒。景献羊皇后从父弟。父羊耽，官至太常。琇性豪侈，费用无度。与石崇、王恺等人斗富。
王雅	孙泰	琅邪	字敬远。师事钱塘杜子恭，学秘术、养性之方。
	王珣	琅邪临沂	任太子詹事、尚书仆射。
王僧孺	王晏	琅邪临沂	字士彦。历任临贺王国常侍、安西主簿、左卫将军、丹阳尹、右仆射等职。建武四年（497年），齐明帝疑王晏谋反，诛之。
	王德元	琅邪临沂	曾任车骑长史、晋安郡守。
	任昉	乐安博昌	字彦升。任昉雅善属文，尤长载笔，"竟陵八友"之一。任中书侍郎、新安太守等职，天监六年（507年），卒于官舍，时年四十九。
	徐勉	东海郯县	字修仁。笃志好学，起家国子生。历任太学博士、吏部尚书、尚书仆射等职。善属文，勤著述。大同元年（535年）卒，时年七十。
	何炯	庐江灊县	字士光。通五经章句，不乐进仕。因父病卒，何炯悲痛而卒。
	萧遥光	南兰陵兰陵	字元晖。历任员外郎、辅国将军、扬州刺史等职。永元元年（499年），因谋乱被诛，时年三十二。
	伏曼容	平昌安丘	字公仪。少笃学，善《老》《易》。历任骠骑行参军、临海太守等职。天监元年卒，时年八十二。
	萧子良	南兰陵兰陵	字云英。齐世祖第二子。齐武帝即位，封竟陵郡王。喜交贤士，永明五年，正位司徒。

续表

姓名	交往人物	籍贯	备注
王僧孺	范云	南乡舞阴	字彦龙。"竟陵八友"之一，天监二年（503年）卒，年五十三。
	萧琛	南兰陵兰陵	字彦瑜。"竟陵八友"之一，中大通元年（529年）卒，年五十二。
	王融	琅邪临沂	字元长。"竟陵八友"之一，永明十一年，被赐死，年仅二十七。
	谢朓	陈郡阳夏	字玄晖。"竟陵八友"之一，永元元年（499年），遭诬陷，下狱死。
	萧衍	南兰陵中都里	字叔达。"竟陵八友"之一。天监元年（502年）受禅称帝。太清三年（495年）卒，年八十六。
	沈约	吴兴武康	字休文。幼孤笃学，昼夜不倦。"竟陵八友"之一，天监十二年（513年）卒，年七十三，谥隐。
	陆倕	吴郡吴县	字佐公。"竟陵八友"之一。普通七年（526年）卒，年五十七。
	柳恽	河东解县	字文畅。天监十六年（517年）卒，时年五十三。
	江革	济阳考城	字休映。大同元年（535年）卒。
	孔休源	会稽山阴	字庆绪。游于竟陵王府。中大通四年（532年）卒，时年六十四。
	范缜	南乡舞阴	字子真。作《神灭论》。
	何逊	东海郯县	字仲言。年二十，举州秀才。天监十八年（519年）卒，年四十八。
	刘孝绰	彭城	字孝绰。七岁能属文，颇为当时名流所称。大同五年（539年）卒官，时年五十九。
	裴子野	河东闻喜	字几原。善属文，性刚直不屈。绍继祖业，撰成《宋略》二十卷。中大通二年卒官，年六十二。
	刘杳	平原平原	字士深。博综群书，官至尚书左丞，大同二年卒，年五十。
	纪少瑜	丹阳秣陵	字幼旸。年十三，能属文。
	韦睿	京兆杜陵	字怀文。仕齐，任广德令、江夏太守等职。梁武帝即位，因佐命之功，任辅国将军等职。普通元年（520年）卒，年七十九。

姓名	交往人物	籍贯	备注
王僧孺	韦正	京兆杜陵	字敬直。曾任中书侍郎、襄阳太守。正直淡然。
	吴均	吴兴故鄣	字叔庠。博学多才。
	殷芸	陈郡长平	字灌蔬。励精勤学，博洽群书。
	江琰	不详	不详
	孔主簿	不详	不详
	释法云	不详	不详
	陈南康	不详	不详
	司马治书	不详	不详
	顾仓曹	不详	不详
	陈居士	不详	不详

附录五　王朗今存著述表①

经学		《论语王氏说》一卷
散文	表	《冬腊不得朝表》
		《论乐舞表》
		《上求正贷民表》
		《谏行役夜表》
		《答文帝表》
	奏疏	《奏宜节省》
		《奏贺朔故事》

---

① "经学"类《论语王氏说》，马国翰《玉函山房辑佚书》有辑本。"散文"类，主要参照《王朗集》，载严可均辑：《全三国文》，第 213—222 页。

续表

散文	奏疏	《劝育民省刑疏》
		《谏文帝游猎疏》
		《谏东征疏》
		《谏明帝营修宫室疏》
		《屡失皇子上疏》
		《上请叙主簿张登》
		《上刘纂等樗蒲事》
	奏议	《四孤议》
		《兴师与吴取蜀议》
		《改元议》
		《遗针御衣议》
		《议不宜复肉刑》
		《议》
	答对	《对孙策诘》
		《答太祖遣谘孙权称臣》
	书信	《遗孙伯符书》
		《与魏太子书》
		《与许文休书》
		《与钟繇书》
		《论丧服书》
	其他	《相论》
		《杂箴》
		《贫窭语》
		《塞势》

附录六　王肃与郑玄经学佚著辑本对照表①

	郑玄	王肃
周易	1.《周易郑注》三卷；附《易赞》《易论》一卷（汉）郑玄撰；（宋）王应麟辑 2.《新本郑氏周易》三卷；《易赞》《易论》一卷（汉）郑玄撰；（清）惠栋编 3.《郑康成周易注》三卷；附《易赞》《易论》一卷；《补遗》一卷（汉）郑玄撰；（宋）王应麟辑；（清）惠栋增补；（清）孙堂重校、补遗 4.《郑氏周易注》三卷；附《易赞》《易论》一卷；《补遗》一卷（汉）郑玄撰；（宋）王应麟辑；（清）惠栋增补；（清）孙堂补遗 5.《周易郑注》三卷（汉）郑玄撰；（清）丁杰校订（清）张惠言订正 6.《周易郑注》十二卷；附《易赞》《易论》一卷；《叙录》一卷（汉）郑玄撰；（宋）王应麟辑；（清）丁杰校订；（清）张惠言订正；（清）臧庸撰《叙录》 7.《郑氏周易注》（汉）郑玄撰；（清）朱彝尊辑 8.《周易注》一卷；附《易赞》《易论》一卷（汉）郑玄撰；（清）黄奭辑 9.《易注》九卷；附《易赞》《易论》一卷（汉）郑玄撰；（清）袁钧辑 10.《周易注》十二卷；附《易赞》《易论》一卷（汉）郑玄撰；（清）孔广林辑	1.《王肃周易注》一卷（魏）王肃撰；（清）孙堂辑 2.《周易王子雍氏》（魏）王肃撰；（清）张惠言辑 3.《王肃易注》一卷（魏）王肃撰；（清）黄奭辑 4.《周易王氏注》二卷（魏）王肃撰（清）马国翰辑 5.《周易王氏音》一卷（魏）王肃撰；（清）马国翰辑 6.《王氏易注》（魏）王肃撰；（清）余萧客辑 7.《王氏周易注》一卷（魏）王肃撰；（清）朱彝尊辑 8.《马王易义》一卷（魏）王肃撰；（清）臧庸辑

---

① 郑玄传世经学著述有《毛诗故训传笺》《三礼注》；王肃传世经学著述有《孔子家语解》。本表的制作，主要根据孙启治、陈建华编撰：《中国古佚书辑本目录解题》（上海古籍出版社 2009 年版）和古风主编：《经学辑佚文献汇编》（国家图书馆出版社 2010 年版）。

续表

	郑玄	王肃
尚书	1.《尚书大传注》（清）朱彝尊辑 2.《尚书大传》四卷；《补遗》一卷；《续补遗》一卷；《考异》一卷（汉）伏胜撰；（汉）郑玄注；《补遗》，（清）卢见曾辑；《续补遗》，（清）卢文弨辑，并撰《考异》 3.《尚书大传》三卷；《补遗》一卷（汉）伏胜撰；（汉）郑玄注；（清）孙之騄辑 4.《尚书大传》三卷；《补遗》一卷；《续补遗》一卷（汉）伏胜撰；（汉）郑玄注；《补遗》，（清）卢见曾辑；《续补遗》，（清）卢文弨辑 5.《尚书大传定本》三卷，附《序录》一卷；《辨讹》一卷（汉）伏胜撰；（汉）郑玄注；（清）陈寿祺辑校，并撰《序录》《辨讹》 6.《尚书大传》三卷，附《序录》一卷；《辨讹》一卷（汉）伏胜撰；（汉）郑玄注；（清）陈寿祺辑校，并撰《序录》《辨讹》 7.《尚书大传》五卷，附《序录》一卷；《辨讹》一卷（汉）伏胜撰；（汉）郑玄注；（清）陈寿祺辑校，并撰《序录》《辨讹》 8.《尚书大传辑校》三卷（汉）伏胜撰；（汉）郑玄注；（清）陈寿祺辑校 9.《尚书大传注》一卷（汉）郑玄撰；（清）黄奭辑 10.《尚书大传注》三卷（汉）郑玄撰；（清）袁钧辑；（清）袁尧年校补 11.《尚书大传注》（汉）郑玄撰；（清）孔广林辑 12.《补注尚书大传》七卷（汉）伏胜撰；（汉）郑玄注；（清）王闿运补注 13.《郑氏古文尚书》十卷（汉）郑玄撰；（宋）王应麟辑；（清）李调元证讹 14.《尚书郑氏注》十卷（汉）郑玄撰；（宋）王应麟辑；（清）孔广林增订 15.《尚书注》十卷（汉）郑玄撰；（清）孔广林辑 16.《尚书古文注》十卷（汉）郑玄撰；（清）黄奭辑 17.《尚书注》九卷（汉）郑玄撰；（清）袁钧辑	1.《尚书王氏注》二卷（魏）王肃撰；（清）马国翰辑 2.《书王氏注》一卷（魏）王肃撰；（清）王仁俊辑 3.《王氏尚书注》（魏）王肃撰；（清）余萧客辑

续表

	郑玄	王肃
尚书	18.《古文尚书》十卷（汉）马融、郑玄注；（宋）王应麟辑；（清）孙星衍补辑 19.《书赞》一卷（汉）郑玄撰；（清）王仁俊辑	
毛诗	1.《诗谱》一卷（汉）郑玄撰；（清）王谟辑 2.《毛诗谱》一卷（汉）郑玄撰；（清）黄奭辑 3.《诗谱》一卷（汉）郑玄撰；（清）李光廷辑 4.《诗谱》三卷（汉）郑玄撰；（清）袁钧辑 5.《毛诗谱》一卷（汉）郑玄撰；（清）孔广林辑	1.《毛诗王肃注》一卷（魏）王肃撰；（清）黄奭辑 2.《毛诗王氏注》四卷（魏）王肃撰；（清）马国翰辑 3.《毛诗问难》一卷（魏）王肃撰；（清）马国翰辑 4.《毛诗义驳》一卷（魏）王肃撰；（清）马国翰辑 5.《毛诗奏事》一卷（魏）王肃撰；（清）马国翰辑
周礼	1.《答临孝存周礼难》一卷（汉）郑玄撰；（清）黄奭辑 2.《答临硕难礼》一卷（汉）郑玄撰；（清）袁钧辑 3.《答周礼难》一卷（汉）郑玄撰；（清）孔广林辑 4.《答临硕周礼难》一卷（汉）郑玄撰；（清）王仁俊辑 5.《周礼郑氏音》一卷（汉）郑玄撰；（清）马国翰辑 6.《郑康成周礼序》（汉）郑玄撰；（清）卢文弨辑 7.《周礼序》一卷（汉）郑玄撰；（清）王仁俊辑	1.《周礼王氏注》一则（魏）王肃撰；余萧客辑
仪礼	1.《婚礼谒文》一卷（汉）郑玄撰；（清）王仁俊辑 2.《丧服变除》一卷；附《变除注》（汉）郑玄撰；（清）黄奭辑 3.《郑氏丧服变除》一卷（汉）郑玄撰；（清）马国翰辑 4.《郑玄丧服变除》（汉）郑玄撰；（清）丁晏辑 5.《丧服变除》一卷（汉）郑玄撰；（清）袁钧辑 6.《丧服变除》一卷；附《变除注》（汉）郑玄撰；（清）孔广林辑	1.《王肃仪礼丧服注》一卷（魏）王肃撰；（清）黄奭辑 2.《丧服经传王氏注》一卷（魏）王肃撰；（清）马国翰辑 3.《丧服要记》一卷（魏）王肃撰；（清）王谟辑 4.《王肃丧服要记》一卷（魏）王肃撰；（清）黄奭辑 5.《王氏丧服要记》一卷（魏）王肃撰；（清）马国翰辑 6.《丧服要记》一卷（魏）王肃撰；（清）王仁俊辑

	郑玄	王肃
礼记	1.《礼记佚文》（汉）郑玄注；（清）王仁俊辑 2.《礼记佚文》①（汉）郑玄注；（清）王仁俊辑 3.《鲁礼禘祫志》一卷（汉）郑玄撰；（清）王谟辑 4.《鲁礼禘祫义》一卷（汉）郑玄撰；（清）黄奭辑 5.《鲁礼禘祫志》一卷（汉）郑玄撰；（清）马国翰辑 6.《鲁礼禘祫义》一卷（汉）郑玄撰；（清）袁钧辑 7.《鲁礼禘祫义》一卷（汉）郑玄撰；（清）孔广林辑	1.《礼记王氏注》二卷（魏）王肃撰；（清）马国翰辑
三礼	1.《三礼图》一卷（汉）郑玄、阮谌撰；（清）马国翰辑 2.《三礼目录》一卷（汉）郑玄撰；（清）王谟辑 3.《三礼目录》一卷（汉）郑玄撰；（清）臧庸撰 4.《郑氏三礼目录》一卷（汉）郑玄撰；（清）臧庸撰 5.《三礼目录》一卷（汉）郑玄撰；（清）黄奭辑 6.《三礼目录》一卷（汉）郑玄撰；（清）袁钧辑 7.《三礼目录》一卷（汉）郑玄撰；（清）孔广林辑	
左传	1.《箴膏肓》一卷（汉）郑玄撰 2.《箴膏肓》一卷（汉）郑玄撰；（清）王复辑；（清）武亿校 3.《箴左氏膏肓》一卷（汉）郑玄撰；（清）黄奭辑 4.《箴膏肓》一卷（汉）郑玄撰；（清）袁钧辑 5.《箴左氏膏肓》一卷（汉）郑玄撰；（清）孔广林辑 6.《春秋左传郑氏义》一卷（汉）郑玄撰；（清）王仁俊辑	1.《春秋左传王氏注》（魏）王肃撰；（清）马国翰辑 2.《王肃国语章句》一卷（魏）王肃撰；（清）黄奭辑 3.《春秋左传王氏注》一卷（魏）王肃撰；（清）余萧客辑
公羊穀梁传	1.《春秋公羊郑氏义》一卷（汉）郑玄撰；（清）王仁俊辑 2.《起废疾》一卷（汉）郑玄撰 3.《起废疾》一卷（汉）郑玄撰；（清）王复辑；（清）武亿校 4.《释穀梁废疾》一卷（汉）郑玄撰；（清）黄奭辑 5.《释废疾》一卷（汉）郑玄撰；（清）袁钧辑 6.《释穀梁废疾》一卷（汉）郑玄撰；（清）孔广林辑	

---

① 此《礼记佚文》与上面《礼记佚文》虽名称相同，但卷数不同，属不同版本。其他类此，或者卷数相同，而内容亦有所差别。

	郑玄	王肃
	1.《古文论语》二卷；附《录》一卷（汉）郑玄注；（宋）王应麟辑	1.《论语王氏义说》一卷（魏）王肃撰；（清）马国翰辑
论语	2.《论语注》一卷，附《孔子弟子目录》一卷（汉）郑玄撰；（清）王谟校 3.《论语郑氏注》十卷（汉）郑玄撰；（清）宋翔凤辑 4.《论语注》一卷，附《论语篇目弟子》一卷（汉）郑玄撰；（清）黄奭辑 5.《论语郑注》（汉）郑玄撰；（清）劳格辑 6.《论语郑氏注》十卷；附《论语孔子弟子目录》一卷（汉）郑玄撰；（清）陈鳣辑；（清）马国翰校录 7.《论语注》十卷（汉）郑玄撰；（清）袁钧辑 8.《论语注》十卷；内附《论语篇目弟子》一卷（汉）郑玄撰；（清）孔广林辑 9.《论语郑注》一卷（汉）郑玄撰；（清）王仁俊辑 10.《论语郑氏注》一卷（汉）郑玄撰；（清）王仁俊辑 11.《论语郑义》一卷（汉）郑玄撰；（清）俞樾辑	
孟子	1.《孟子郑氏注》一卷（汉）郑玄撰；（清）马国翰辑 2.《孟子郑氏注》一卷（汉）郑玄撰；（清）王仁俊辑	
孝经	1.《郑氏孝经注》（汉）郑玄撰；（清）朱彝尊辑 2.《孝经注》一卷（汉）郑玄撰；（清）王谟辑 3.《孝经郑氏注》一卷（汉）郑玄撰；[日]冈田挺之辑 4.《孝经郑氏解》一卷（汉）郑玄撰；（清）臧庸辑 5.《孝经解》一卷（汉）郑玄撰；（清）黄奭辑 6.《孝经郑氏注》一卷（汉）郑玄撰；（清）陈鳣辑 7.《孝经郑氏注》一卷（汉）郑玄撰；（清）严可均辑 8.《孝经郑注》（汉）郑玄撰；（清）劳格辑 9.《孝经注》一卷（汉）郑玄撰；（清）袁钧辑 10.《孝经注》一卷（汉）郑玄撰；（清）孔广林辑	1.《孝经王氏解》一卷（魏）王肃撰；（清）马国翰辑 2.余萧客《古经解钩沉》辑有五条
尔雅	1.《尔雅郑注》一卷（汉）郑玄撰；（清）王仁俊辑 2.《尔雅郑氏注》一卷（汉）郑玄撰；（清）王仁俊辑	

续表

	郑玄	王肃
五经总义	1.《驳五经异义》一卷；《补遗》一卷（汉）郑玄撰 2.《五经异义》二卷（汉）许慎撰；（汉）郑玄驳；（清）王谟辑 3.《驳五经异义》一卷；《补遗》一卷（汉）郑玄撰；（清）王复辑；（清）武亿校 4.《驳五经异义》一卷（汉）郑玄撰；（清）黄奭辑 5.《驳五经异义》（汉）郑玄撰；（清）袁钧辑；（清）袁尧年补辑 6.《驳五经异义》（汉）郑玄撰；（清）孔广林辑，并补证	
其他	1.《六艺论》一卷（汉）郑玄撰；（清）陈鳣辑；（清）袁钧重订 2.《六艺论》一卷；（汉）郑玄撰；（清）王谟辑 3.《郑氏六艺论》一卷（汉）郑玄撰；（清）臧琳辑；（清）臧庸补辑 4.《六艺论》一卷（汉）郑玄撰；（清）陈鳣辑 5.《郑玄六艺论》一卷（汉）郑玄撰；（清）洪颐煊辑 6.《六艺论》一卷（汉）郑玄撰；（清）黄奭辑 7.《六艺论》一卷（汉）郑玄撰；（清）马国翰辑 8.《六艺论》（汉）郑玄撰；（清）严可均辑 9.《六艺论》一卷（汉）郑玄撰；（清）孔广林辑	1.《圣证论》一卷（魏）王肃等撰；（清）王谟辑 2.《圣证论》一卷（魏）王肃等撰；（清）马国翰辑 3.《王子正论》一卷（魏）王肃撰；马国翰辑 4.《禘祭议》 5.《以迁主讳议》 6.《祀五郊六宗及历殃议》 7.《诸王国相宜为国王服斩衰议》 8.《王侯在丧袭爵议》 9.《答尚书访》 10.《祀社议》 11.《告瑞祀天宜以地配议》……①

---

① 第4条《禘祭议》以下诸条，亦体现王肃经学观点，故一并列入。参见严可均辑《全三国文·王肃集》，第223—233页。

附录七　王肃今存散文著述表①

	赋	《格虎赋》
散文	表	《请为大司马曹真临吊表》
		《奉诏为瑞表》
		《论秘书丞郎表》
		《秘书不应属少府表》
		《表》
		《贺瑞应表》
	疏	《谏征蜀疏》
		《陈政本疏》
		《请山阳公称皇配谥疏》
		《上疏请恤役平刑》
	奏议	《禘祭议》
		《又奏禘祭议》
		《议祀圜丘方泽宜宫县乐八佾舞》
		《又议祀圜丘方泽宜宫县乐八佾舞》
		《郊庙乐舞议》
		《告瑞祀天宜以地配议》
		《祀社议》
		《祀五郊六宗及厉殃议》
		《已迁主讳议》
		《诸王国相宜为国王服斩缞议》
		《王侯在丧袭爵议》
		《吊陈群母议》
		《腊议》
	答对	《答尚书难》
		《答刘氏弟子问》

---

① 本表的制作，主要依据辑本《王肃集》，载严可均所辑《全三国文》，第223—233页。

续表

散文	答对	《答尚书访》
		《答武竺访》
	教	《广平太守下教问张辂家》
	序	《〈孔子家语解〉序》
	书	《与广陵太守书》
	其他	《宗庙颂》
		《贺正仪》
		《纳征辞》
		《家戒》

附录八　王肃与王弼《周易注》对照表①

《周易》经传文	王肃注	王弼注
《乾》：利见大人。	大人，圣人在位之目。	德施周普，居中不偏，虽非君位，君之德也。
《坤》：西南得朋，东北丧朋。	西南，阴类，故得朋；东北，阳类，故丧朋。	西南，致养之地，与"坤"同道者也，故曰"得朋"。东北，反西南者也，故曰"丧朋"。
《坤》六五象曰："黄裳元吉"，文在中也。	坤为文，五在中，故曰文在中也。	用"黄裳"而获"元吉"，以"文在中也"。
《屯》六二：乘马班如。	班如，盘桓不进也。	"屯"时方屯难，正道未通，涉远而行，难可以进，故曰"乘马班如"也。
《蒙》上九：击蒙。	击，治也。	处蒙之中，以刚居上，能击去童蒙，以发其昧者也，故曰击蒙也。
《讼》象曰："终凶"，讼不可成也。	以讼成功者，终必凶也。	不闭其源使讼不至，虽每不柱而讼至终竟，此亦凶矣。故虽复有信，而见塞惧，犹不可以为终也。

---

① 王肃《周易注》主要根据马国翰辑《玉函山房辑佚书》；王弼《周易注》主要根据阮元校刻《十三经注疏》。

《周易》经传文	王肃注	王弼注
《讼》九五：讼，元吉。	以中正之德，齐乖争之俗，元吉者也。	处得尊位，为讼之主，用其中正以断枉直，中则不过，正则不斜，刚无所溺，公无所偏，故"讼，元吉"。
《比》初六：有孚盈缶。	缶者，下民至素之器。	著信立诚，盈溢乎至素之器。
《噬嗑》九四："噬干胏"，得金矢。	四体纯阴卦，骨之象，骨在干肉胏之象。金矢，所以获野禽以食之，反得金矢。君子于味必思其毒，于利必备其难。	虽体阳爻，为阴之主，履不获中，而居其非位，以斯噬物，物亦不服，故曰"噬干胏"也。金，刚也。矢，直也。"噬干胏"而得刚直。
《噬嗑》上九象：聪不明也。	言其聪之不明。	聪不明，故不虑恶积，至于不可解也。
《贲》初九：贲其趾，舍车而徒。	在下，故称趾。既舍其车，又饰其趾，是徒步也。	在贲之始，以刚处下，居于无位，弃于不义，安夫徒步以从其志者也。故饰其趾，舍车而徒，义弗乘之谓也。
《贲》六五：贲于丘园，束帛戋戋。	失位无应，隐处丘园，盖蒙闇之人，道德弥明，必有束帛之聘也。戋戋，委积之貌也。	处得尊位，为饰之主，饰之盛者也。施饰于物，其道害也。施饰丘园，盛莫大焉，故贲于束帛，丘园乃落，贲于丘园，帛乃"戋戋"。
《剥》六四：剥床以肤，凶。	在下而安人者，床也。在上而处床者，人也。坤以象床，艮以象人，床剥尽以及人身，为败滋深，害莫甚焉。故剥床以肤，凶也。	初二，剥床，民所以安，未剥其身也。至四，剥道浸长，床既剥尽，以及人身，小人遂盛，物将失身。岂唯削正，靡所不凶。
《颐》六二：颠颐，拂经于丘。颐，征凶。	养下曰颠。拂，违也。经，常也。丘，小山，谓六五也。二宜应五，反下养初，岂非颠颐违常于五也？故曰"拂经于丘"矣。拂丘虽阻，常理养下，故谓养贤。上既无应，征必凶矣，故曰"征凶"。	养下曰颠。拂，违也。经，犹义也。丘，所履之常也。处下体之中，无应于上，反而养初居下，不奉上而反养下，故曰"颠颐，拂经于丘"也。以此而养，未见其福也。以此而行，未见有与，故曰"颐，征凶"。

续表

《周易》经传文	王肃注	王弼注
《习坎》彖:险之时用大矣哉。	守险,以德据险,以时成功,大矣。	非用之常,用有时也。
《损》上九:弗损,益之,无咎,贞吉,利有攸往,得臣无家。	处损之极,损极则益,故曰"不损,益之"。无咎也,为下所益,故无咎。据五应三,三阴上附,外内相应,上下交接,正之吉也。故利有攸往矣。刚阳居上,群下共臣,故曰"得臣"矣。得臣则万方一轨,故"无家"也。	处损之终,上无所奉,损终反益。刚德不损,乃反益之,而不忧于咎。用正而吉,不制于柔,刚德遂长,故曰"弗损,益之,无咎,贞吉,利有攸往"也。居上乘柔,处损之极,尚夫刚德,为物所归,故曰"得臣"。得臣则天下为一,故"无家"也。
《中孚》彖:"利涉大川",乘木舟虚也。	中孚之象,外实内虚,有似可乘虚木之舟也。	乘木于川舟之虚,则终以无溺也。用中孚以涉难,若乘木舟虚也。
《震》彖:"震惊百里",惊远而惧迩也。"不丧匕鬯",出可以守宗庙社稷,以为祭主也。	在有灵而尊者,莫若于天。有灵而贵者,莫若于王。有声而威者,莫若于雷。有政而严者,莫若于侯。是以天子当乾,诸侯用震,地不过一同,雷不过百里。政行百里则匕鬯亦不丧。祭祀,国家大事,不丧宗庙,安矣,则诸侯执其政出,长子掌其祀。	威灵惊乎百里,则惰者惧于近也。明所以堪长子之义也。"不丧匕鬯",则己"出可以守宗庙"。
《归妹》彖:天地不交而万物不兴。	男女交而后人民蕃,天地交而后万物兴。	阴阳既合,长少又交,天地之大义,人伦之终始。
《归妹》彖:"无攸利",柔乘刚也。	以征则有不正之凶,以处则有乘刚之进也,故无所利矣。	以征则有不正之凶,以处则有乘刚之逆。
《涣》九五:涣汗其大号。	王者出令,不可复反,喻如身中汗出而不可反也。	处尊履正,居巽之中,散汗大号,以荡险阨者也。
《小过》彖:"飞鸟遗之音,不宜上,宜下,大吉",上逆而下顺也。	四五失位,故曰上逆。二三得正,故曰下顺也。	上则乘刚,逆也。下则乘阳,顺也。施过于不顺,凶莫大焉。施过于顺,过变更而为吉也。

《周易》经传文	王肃注	王弼注
《萃》六二：引吉，无咎，孚乃利用禴。	六二与九五相应，俱履贞正。引，犹迎也，为吉所迎，何咎之有？禴，殷春祭名。	居萃之时，体柔当位，处坤之中，己独处正，与众相殊，异操而聚，民之多僻，独正者危。未能变体以远于害，故必见引，然后乃吉而无咎也。禴，殷春祭名也，四时祭之省者也。
《既济》六二：妇丧其茀，勿逐，七日得。	体柔应五，履顺乘刚，妇人之义也。茀，首饰。坎为盗，离为妇，丧其茀，失于盗也。勿逐，自得，履中道也。二五相应，故七日得也。	居中履正，处文明之盛，而应乎五，阴之光盛者也……夫以光盛之阴，处于二阳之间，近而不相得，能无见侵乎？故曰"丧其茀"也。称妇者，以明自有夫，而它人侵之也。茀，首饰也。夫以中道执乎贞正，而见侵者，众之所助也。处既济之时，不容邪道者也。时既明峻，众又助之，窃之者逃窜而莫之归矣。量斯势也，不过七日，不须己逐，而自得也。

附录九　王僧孺今存著述表

	《朱鹭》
诗[1]	《鼓瑟曲有所思》
	《白马篇》
	《古意诗》
	《登高台》
	《湘夫人》
	《侍宴诗》
	《又侍宴诗》

---

[1]　"诗类"表，主要根据逯钦立辑校《先秦汉魏晋南北朝诗》，第 1759—1770 页。

诗	《落日登高诗》
	《中川长望诗》
	《赠顾仓曹诗》
	《秋日愁居答孔主簿诗》
	《至牛渚忆魏少英》
	《寄何记室诗》
	《忽不任愁聊示固远诗》
	《为何库部旧姬拟蘼芜之句诗》
	《何生姬人有怨诗》
	《为人伤近而不见诗》
	《月夜咏陈南康新有所纳诗》
	《咏捣衣诗》
	《与司马治书同闻邻妇夜织诗》
	《为人述梦诗》
	《侍宴景阳楼诗》
	《春日寄乡友诗》
	《夜愁示诸宾诗》
	《送殷何两记室诗》
	《春闺有怨诗》
	《秋闺怨诗》
	《咏宠姬诗》
	《在王晋安酒席数韵诗》
	《为人宠姬有怨诗》
	《为姬人自伤诗》
	《为人有赠诗》
	《见贵者初迎盛姬聊为之咏诗》
	《伤乞人诗》
	《春思诗》
	《为徐仆射妓作诗》
	《春怨诗》

诗		《咏春诗》
文①	赋	《赋体》
	教	《至南海郡求士教》
	表	《谢历表》
		《为韦雍州致仕表》
		《为临川王让太尉表》
		《为南平王让仪同表》
		《吏部郎表》
		《为南平王妃拜改封表》
	笺	《奉辞南康王府笺》
	启	《为萧监利求入学启》
		《除吏部郎启》
		《谢齐竟陵王使撰众书启》
		《谢赐于陀利所献槟榔启》
	书	《答释法云书难范缜神灭论》
		《与何炯书》
		《答江琰书》
		《与陈居士书》
	序	《临海伏府君集序》
		《詹事徐府君集序》
	论	《论任昉》
	赞	《慧行三昧及济方等学二经序赞》
	传	《太常敬子任府君传》
	墓志铭、诔	《栖玄寺云法师碑铭》
		《豫州墓志》
		《从子永宁令谦诔》

---

① "文类"表，主要依据辑本《王僧孺集》，载严可均辑《全梁文》，第542—559页。

续表

		《中寺碑》
		《武帝祭禹庙文》
文	其他	《礼佛唱导发愿文》
		《忏悔礼佛文》
		《初夜文》

附录十 民国以来的王肃礼学研究

王肃（195—256年），字子雍，东海郡郯县（今山东临沂郯城县）人，曹魏时期著名经学家，其遍注群经，会通今古文经学，在魏晋经学史上占有重要地位。因王肃注经多有"驳郑"，且二人后学亦互相攻驳，遂形成历史上有名的"郑王之争"学术公案。从经注本身来看，郑、王各有优劣，王肃注经优于郑玄之处，主要在于其摒弃谶纬、援道入儒、引申义理等方面，这与其所处时代环境有关。从学术史的角度来看，王肃"驳郑"有其积极意义[①]，但因门户之见，清代学者大多"是郑而非王"，在此背景下王肃又卷入"伪书"公案[②]，王肃"作伪"遂一度成为学界之共识。基于此因，王肃经学有很长一段时间受到学界冷落，民国以降特别是近几十年来随着研究的深入和学术视角的转换，王肃经学越来越受到关注，王肃经学的相关研究也逐步深化。礼学是王肃经学的核心内容，也是"郑王之争"学术公案的焦点，伴随学界对王肃经学的系统深入研究，王肃礼学研究取得了长足的进步，大大深化了我们对王肃经学、"郑王之争""伪书"公案等诸多问题的认识。下面分三个阶段对民国以来的王肃礼学研究进行初步梳理

---

① ［日］本田成之：《中国经学史》，孙俍工译，上海书店出版社2001年版，第174—175页。
② 关于清代学术史与王肃"伪书"公案问题，可参考以下论文：刘巍：《积疑成伪：〈孔子家语〉伪书之定谳与伪〈古文尚书〉案之关系》，《近代史研究》2014年第2期；石瑊：《从"郑王之争"看清人论证"〈孔子家语〉王肃伪作"的动机与实质》，《文史》2016年第4辑。

和总结，论述相关学术脉络与动态，以期为王肃礼学的后续相关研究提供有益参考。

一、民国时期（1912—1949 年）

民国时期有关王肃礼学的研究，主要是在经学史、"郑王之争"、魏晋礼制等研究视野下展开的。日本学者以安井小太郎、本田成之、泷雄之助等学者为代表，安井小太郎《郑王异同辨》[①]，对郑玄、王肃经说之异同进行了比较和分析，其中郑、王礼说之异同为其讨论之重点。本田成之《中国经学史》[②]因限于篇幅论述较略，但亦举圜丘、郊礼制之例说明"王肃非难郑玄，其解释的价值内容，从今日看来也有很多有意义的"，并提出了非常富有启发意义的观点："王肃在郑玄以外又出异说，以起波澜，对于经学不是恶结果，反而是欲造其极端，更给与一转机，使回复其生命的。皮锡瑞说'王肃出而郑学衰。'然假令王肃祖述郑玄恰如元、明诸儒为宋儒之说作纂疏，愈加是没生命的东西，同样，郑玄反而更衰是无疑的。王肃所以出'诡曲'的异说，是由于易代革命不得已的事情，亦是个性敏锐的人物不堪立于人下所致，由此对于经说启示自由讨究的余地，实后来经学上伟大的功绩。"[③]这一灼见，对我们深化王肃经学、"郑王之争"等相关研究颇有助益。

这一时期国内学者虽然对王肃经学有所关注，但成果不多，且以"伪书"公案为主[④]，礼学方面主要是在经学史或"郑王之争"研究中有所涉及，如张西堂《三国六朝经学上的几个问题》，认为义疏学的兴起与经学本身

---

① ［日］安井小太郎：《郑王异同辨》，《东亚研究》第 3 卷 2 号，1913 年。

② ［日］本田成之：《中国经学史》，该书为作者博士学位论文，1927 年由日本京都吉川弘文堂出版。

③ ［日］本田成之：《中国经学史》，第 174—175 页。

④ 如吴承仕《〈尚书〉传王孔异同考》（《华国月刊》第 2 期第 7 册，1925 年 7 月）、《〈尚书〉传王孔异同考》（《华国月刊》第 2 期第 10 册，1925 年 10 月），张荫麟《伪〈古文尚书〉案之反控与再鞫》（《燕京学报》1929 年第 5 期）。

的争论有关，并举王肃《圣证论》来说明郑、王礼学之争。① 顾颉刚《王肃的五帝说及其对于郑玄的感生说与六天说的扫除工作》，论述王肃五帝学说及其对郑玄感生说、六天说等谶纬思想的驳斥，其中五帝说、六天说皆属礼学范畴。② 马宗霍《中国经学史》第七篇《魏晋之经学》亦论及王肃礼学及"郑王之争"。③

总体来说，这一时期学界对王肃礼学关注很少。原因大致有三，一是王肃礼学文献亡佚④，虽有辑佚，但相对零散；二是王肃牵涉"伪书"公案⑤，其学不受重视；三是当时的社会大环境对礼学也不够重视。

二、新中国成立至改革开放初期（1949—1978 年）

新中国成立到改革开放初期，中国大陆地区的学术研究因受政治影响，王肃礼学研究成果极少。李振兴的《王肃之经学》⑥为这段时期最具代表性的成果。

李振兴《王肃之经学》一书是第一部系统全面研究王肃经学的著作，可谓这一领域的奠基之作。该书不仅考察王肃的家世、生卒、仕宦、后裔、交游、著述等生平情况，还从经注探源、经注考释、郑王经注异同比较、王肃经注态度、经注对后世之影响等诸方面对王肃《周易》学、

---

① 张西堂：《三国六朝经学上的几个问题》，《师大月刊》总第 18 期，1935 年。
② 顾颉刚：《王肃的五帝说及其对于郑玄的感生说与六天说的扫除工作》，《史学论丛》1935 年第 2 期。
③ 马宗霍：《中国经学史》，商务印书馆 1936 年版，第 62—66 页。
④ 据史志目录载，王肃著有礼学著述 12 种：《周官礼注》十二卷，《周礼音》一卷；《仪礼注》十七卷，《丧服经传注》一卷，《丧服要记》一卷，《丧服变除》，《丧服纪注》一卷，《仪礼音》一卷；《礼记注》三十卷，《祭法》五卷，《明堂议》三卷，《礼记音》一卷。王肃礼学著述均已亡佚，清儒马国翰、黄奭、王谟、王仁俊等钩索群籍，对王肃佚失礼学文献有所辑佚。可参马金亮：《王肃经学著述、学术渊源考辨》，《临沂大学学报》2018 年第 4 期。
⑤ 自清代以来学界大多怀疑《古文尚书》《孔子家语》《孔丛子》等书乃出于王肃或其后学所伪作，这一观点曾一度风行，成为学界"共识"。
⑥ 李振兴：《王肃之经学》，华东师范大学出版社 2012 年版。

《尚书》学、《诗经》学、三礼学、《左传》学、《孝经》学、《论语》学等分别进行了系统论析。该书第四章为《王肃之三礼学》，主要分经注探源、经注考释、经注比较和经注影响。经注探源，考察王肃经注的因承来源；经注考释，集采后世注疏成果，条分缕析，然后做系统之分析考证；经注比较，将篇目、经文、郑说、王说、备考等以列表明之，异同优劣判然可见；经注影响，主要分析经注为后世所采纳的情况。以上这种探讨方式，可深入、细致探讨王肃礼学思想，具有发凡起例的重要意义。

李振兴该书规模宏大，皇皇八十余万言，难免存在一些微瑕。[①]此外，该书成书于 20 世纪 70 年代，距今近半个世纪，书中一些观点如王肃"伪作"《古文尚书》《孔子家语》等，今天来看恐难视为"定谳"。总之，《王肃之经学》一书内容丰富，考辨精审，是迄今为止最为系统全面的王肃经学研究著作。书中关于王肃三礼经注的探源、考释，郑、王经注的比勘，以及王肃经说之影响的阐释等，都对后来的包括王肃礼学在内的王肃经学、"郑王之争"等研究有积极的借鉴意义。

三、改革开放以来（1978 年至今）

改革开放以来，伴随经济的腾飞发展，学术事业也逐渐走向繁荣。礼学研究在这一背景下逐渐恢复并繁盛起来，老一辈学者焕发学术青春，发表了许多很有学术价值的礼学论文，成长起一批卓有建树的礼学研究专家，礼学成为许多博士学位论文的选题方向，礼学会议多次成功召开，礼学研究呈现多元化研究趋势。[②]学术界对王肃礼学的关注也伴随研究的深

---

① 如该书第 277 页"慎徽五典"条至第 282 页"分北三苗"条，共计 25 条，当出自《舜典》，却误作《尧典》；第 504 页经注中"欲相从生至死"句"相"字后脱一"与"字，"相扶持至老"衍一"相"字，"喜乐其成"误为"喜乐共成"。

② 丁鼎、马金亮：《新中国（大陆地区）三礼学研究综述》，载《齐鲁文化研究》第十二辑，2012 年。

入和视角的转换而与日俱增。这一时期的王肃礼学研究取得了较为丰硕的成果，代表性的学者，日本有古桥纪宏、乔秀岩（桥本秀美）、南泽良彦等，台湾地区有程元敏①、简博贤、刘柏宏等，香港地区有郑丽娟等，大陆地区有李中华、王启发、杨华、刘丰、宁镇疆、梁满仓、郝虹、乐胜奎、杨英、郭善兵等。这一时期的王肃礼学研究依据内容和视角的不同可分为礼制研究、"郑王之争"研究、经学史与经学思想研究、直接研究等诸多方面。

（一）礼制研究

古桥纪宏《魏晋時代における礼学の研究》是作者所撰关于魏晋礼制与礼学研究的博士学位论文，后经乔秀岩删要，而成《魏晋礼制与经学》一文，从此删节本中可知作者认为，郑玄礼学立足经书，为纯粹抽象之理论研究，王肃善于结合经典和现实世界，在深入分析文本之同时，亦能构造符合实际之解释体系。王肃欲使经说合于礼俗，乃肆力纠郑，遂开魏晋议礼之端绪。②古桥氏所云"王肃善于结合经典和现实世界"，也即王肃礼学的"实践性"，可谓灼见。南泽良彦《魏晋の明堂改制论と王肃の五帝说》讨论了魏晋明堂制度的变革及王肃的"五帝"观念。③牛敬飞《经学与礼制的互动：论五精帝在魏晋南朝郊祀、明堂之发展》和《两汉魏晋庙数刍议——从西晋"太祖虚位"谈起》在讨论魏晋郊祀、庙数等礼制时亦论及王肃礼学观点，前文认为郑、王之异只不过是王肃在形式上不同意

---

① 据蒋秋华先生介绍，程元敏先生《三国经学史》一书即将出版，从其"自序"中可知书中第二卷为"魏王朗、王肃父子之经学"，而王肃之礼学则必为此卷研究之重点。参见：程元敏《三国经学史·自序》，《经学文献研究集刊》第二十二辑，上海书店出版社2019年版，第69—76页。

② ［日］古桥纪宏：《魏晋時代における礼学の研究》，日本东京大学博士学位论文，2006年。此处引文据古桥纪宏《魏晋礼制与经学》，乔秀岩删要，载《儒家典籍与思想研究》第二辑，北京大学出版社2010年版。

③ ［日］南泽良彦：《魏晋の明堂改制论と王肃の五帝说》，《中国思想史研究》第34号，2013年。

郑玄的五精帝名号而已，王肃塑造天与"五帝"三级关系的出发点与郑玄一致，而具体塑造手法不同。① 后文认为，虽然郑玄在综合解释三礼、揭示周代庙制上优于王肃，但在实践层面其所主张的四庙不如王肃所主六亲庙更接近七庙，不利于彰显天子之尊。② 牛氏上述观点皆新颖独到，对于从礼制实践角度认识王肃礼学和"郑王之争"有积极意义。

（二）"郑王之争"研究

由于礼学观点的分歧是"郑王之争"的焦点，所以探讨王肃礼学大多会在"郑王之争"的学术视野下。换言之，研究王肃礼学不可避免地会论及"郑王之争"，而讨论"郑王之争"也多以王肃礼学为讨论中心。简博贤《王肃礼记学及其难郑大义》一文，旨在申释王说，通过比较郑玄、王肃礼说之大义，认为王肃经注不仅不劣于郑注，且优于郑注者良多。③ 杨华《论〈开元礼〉对郑玄和王肃礼学的择从》，分析了《开元礼》对郑玄、王肃礼说分别的择从情况，认为经过从唐初至唐中期八十年间的几次礼制创改工作，《开元礼》已是一个南、北综汇，郑、王杂糅的产物，郑学自然不再居于主导地位，王学反而略占优势。④ 张焕君《从郑玄、王肃的丧期之争看经典与社会的互动》，认为两晋以后郑学丧期之说流行，成为朝廷、民间普遍遵守的制度，但遵守的同时又意味着对郑玄当初用意的背离，人们看重的只是丧期的延长更能表达丧礼中的哀戚之心。这一过程，体现了经典与社会的互动与相互联系。⑤ 乔秀岩《论郑、王礼说异同》一文，分析了郑、王礼说中最重要的几个问题，认为郑、王之间，解经的目的、性质完全不同，

---

① 牛敬飞：《经学与礼制的互动：论五精帝在魏晋南朝郊祀、明堂之发展》，《文史》2017年第4辑。

② 牛敬飞：《两汉魏晋庙数刍议——从西晋"太祖虚位"谈起》，《孔子研究》2021年第1期。

③ 简博贤：《王肃礼记学及其难郑大义》，《孔孟学报》第41期，1981年4月。

④ 杨华：《论〈开元礼〉对郑玄和王肃礼学的择从》，《中国史研究》2003年第1期。

⑤ 张焕君：《从郑玄、王肃的丧期之争看经典与社会的互动》，《清华大学学报》2006年第6期。

指出郑玄对经纬文献记载互相矛盾之处，往往解释为不同情况，以便避开矛盾，因而形成庞大复杂、脱离现实的观念理论体系；王肃关注礼说的实践性，对经书进行合情合理的解释，为此目的敢于忽视各种文献中本来存在的各种差异及矛盾①。乔秀岩所述王肃礼说重"实践性"，盖本自古桥纪宏之说。郑丽娟《卢辩〈大戴礼记注〉与"郑、王"论说异同考》一文，通过比对卢辩《大戴礼记注》对郑、王经说的取舍，认为："卢辩注解《大戴》，于郑、王立说殊异者，或从郑说，或右王说。其进者，或补郑、王之未备，或舍郑、王之说而自为新解，并无定例。"冯茜《〈开元礼〉与"郑王之争"在礼制层面的消亡——以郊祀为中心的讨论》，认为《开元礼》从学理内涵与外在形式上都彻底消解了郑王郊祀礼说之间的对立，从一个侧面反映了"郑王之争"在礼制层面的消亡。② 以上有关"郑王之争"（礼制观点之异同）或王肃礼说价值的研究，实际上亦可理解为对经典与礼制互动的探讨，对于深化魏晋礼制、郑王礼说异同和王肃礼说的本质都有重要价值。

刘丰《王肃的三〈礼〉学与"郑王之争"》，认为礼学是王肃经学的核心，"郑王之争"主要体现在丘郊、禘祫、三年丧等具体礼制方面，同时分析了王肃礼学的义理化倾向。③ 刘氏此文抓住了王肃礼学与"郑王之争"的核心问题，对深化研究王肃礼学颇有启示意义。宁镇疆《郑玄、王肃郊祀立说再审视》，认为王肃以郊、丘为一，周本有二郊，在立说的周延性上远较郑君为优。郑君之误，主要原因是多据纬书及信《周礼》太过；王肃之说不唯博引经子史传以为证，更上承贾、马、先郑诸儒，故王说既有广泛的文献适应性，又秉承经学内部一贯的知识谱系。王肃虽引及《孔子家语》，但该书在其证据系统中地位并不突出，辨伪学者囿于经学门户之

---

① ［日］乔秀岩：《论郑、王礼说异同》，载北京大学历史学系编：《北大史学》（13），北京大学出版社2008年版。

② 冯茜：《〈开元礼〉与"郑王之争"在礼制层面的消亡——以郊祀为中心的讨论》，载《中国典籍与文化》2014年第4期。

③ 刘丰：《王肃的三〈礼〉学与"郑王之争"》，《中国哲学史》2014年第4期。

见，对《家语》的作用有夸大之嫌。传统辨伪学者指《家语》系王肃造伪以驳难郑玄，是很难站得住脚的：王肃之说不但不是什么挟私自创新解，相反却是对经古文家之说多有继承。[①] 宁氏所言见解独到，对我们重新认识王肃经学、"郑王之争"乃至中国经学史都有重要启示意义，同时有助于我们认识古书形成的真实过程和体例。

此外，李敦庆《郑玄、王肃学说影响下的魏晋郊祀礼制》，认为郑玄与王肃的郊祀礼说对魏晋南北朝郊祀礼制的建立有重要影响，魏晋的统治者们正是在这种权衡中对这两种礼说进行取舍，采取有利于自己统治的方面加以取舍。[②] 郭善兵《郑玄、王肃〈礼记注〉比较研究》，通过系统比对郑、王《礼记注》之异同，认为郑玄、王肃《礼记注》既有文本、句读、释义等方面的歧异，亦有完全或基本相同之处。王肃立异原因，既是出于争强好胜之心理所致，亦是经学诠释本身内在需求、社会思潮与学术风尚变动、郑玄经注本身存在讹误等问题及思想学术渊源差异等因素综合影响的结果。[③] 郭氏此说允当可信，可谓准的之论。杨英《曹魏、西晋郊礼重构及其对郑玄、王肃说之择从》，认为曹魏至西晋的郊礼重构是中古礼制一系列变革中的重要环节。西晋郊礼与曹魏相比出现了明显变化，其中最重要的变化是曹魏依从郑玄说，而《新礼》则依从王肃说。曹魏、西晋郊礼对郑玄、王肃说的择从以及西晋雅乐的重构，说明中古早期的国家礼制在整体重构过程中，各组成部分之间在不断调适。[④]

（三）经学史与经学思想研究

郝虹是大陆地区较早从事王肃经学研究的学者，且发表了许多研究成

① 宁镇疆：《郑玄、王肃郊祀立说再审视》，《历史研究》2014 年第 5 期。

② 李敦庆：《郑玄、王肃学说影响下的魏晋郊祀礼制》，《湖南人文科技学院学报》2013 年第 1 期。

③ 郭善兵：《郑玄、王肃〈礼记注〉比较研究》，《泰山学院学报》2015 年第 4 期。

④ 杨英：《曹魏、西晋郊礼重构及其对郑玄、王肃说之择从》，《史学集刊》2021 年第 5 期。

果。她的博士学位论文即《王肃经学研究》^①，后陆续发表《王肃与魏晋礼法之治》《王肃反郑是经今古文融合的继续》《王肃经学的历史命运》《魏晋儒学盛衰之辨——以王肃之学为讨论的中心》《三重视角下的王肃反郑：学术史、思想史和知识史》等一系列论文^②，同时出版研究专著《魏晋儒学新论——以王肃和"王学"为讨论的中心》^③。郝氏的王肃经学研究，内容丰富，对王肃礼学多有涉及，特别是从学术史、思想史、知识史的角度来研究郑王礼学之争，颇有启示意义。李中华《王肃经学思想辨诂》，从王肃生平及其学术与政治、王肃的经学著述及其学术渊源、王肃经学的主要内容及其思想倾向、王肃经学评价及其意义等四个方面，对王肃及其经学思想进行了深入的分析，特别是对王肃经学的学术渊源、特点意义的分析，见解独到。^④此外，巴文泽《关于王肃经学思想的两点新解》^⑤、梁满仓《论王肃的经学思想》^⑥、孙玉权《王肃思想研究》^⑦等，均对王肃礼学有所探讨。

（四）直接研究

直接以王肃礼学为研究对象进行研究的，主要有以下几种：乐胜奎的《王肃礼学初探》，认为王肃礼学思想主要是由其天道观、礼论和政

---

① 郝虹：《王肃经学研究》，山东大学博士学位论文，2001 年。

② 郝虹：《三重视角下的王肃反郑：学术史、思想史和知识史》，《史学月刊》2012 年第 4 期；《魏晋儒学盛衰之辨——以王肃之学为讨论的中心》，《中国史研究》2011 年第 3 期；《王肃与魏晋礼法之治》，《东岳论丛》2001 年第 1 期；《王肃反郑是经今古文融合的继续》，《孔子研究》2003 年第 3 期；《王肃经学的历史命运》，载《中国古代社会与思想文化研究论集》第四辑，黑龙江人民出版社 2010 年版，第 56—74 页。

③ 郝虹：《魏晋儒学新论——以王肃和"王学"为讨论的中心》，中国社会科学出版社 2011 年版。

④ 李中华：《王肃经学思想辨诂》，载《儒家典籍与思想研究》，北京大学出版社 2010 年版，第 458—489 页。

⑤ 巴文泽：《关于王肃经学思想的两点新解》，《中国哲学史》2014 年第 4 期。

⑥ 梁满仓：《论王肃的经学思想》，《船山学刊》2019 年第 1 期。

⑦ 孙玉权：《王肃思想研究》，中国人民大学博士学位论文，2012 年。

治观三部分组成，是在与郑学相互辩难的过程中逐渐形成的，王肃礼说淡化了祭祀的宗教色彩，彰显了人道在祭礼中的重要性。① 刘柏宏的《开创与影响：王肃礼学义理及中古传播历程》，以王肃礼学为讨论中心，试图厘清王肃礼学义理的真实内容，及其对六朝礼学发展所产生的影响与效应。作者通过研究发现，现代经学论域中的王肃形象，其本质多是承袭清人论述的结果。《皇清经解》三礼类著作中，呈现对王肃及其说法持肯定者，占 13.2%，反对者占 58.8%，由此可知乾嘉学者评价王肃的整体态势。乾嘉学者因受制于恢复汉学、尊崇郑玄的立场，故多持两点以攻讦王肃：其一为指称王肃有心难郑；其二为指控王肃好伪造篡改典籍。清季民初时期受到皮锡瑞《经学历史》产生的经典教科书效应影响，因此导致现代经学研究者多在无意识当中承袭了皮氏的说法。刘氏的研究结论和方法对于王肃经学、郑王之争、魏晋学术史乃至中国经学史的研究都具有非常重要的意义。王启发的《王肃的礼记学及其后世影响》探讨了王肃《礼记》学的几个重要问题，如郊祭为周礼还是鲁礼问题，社祭的对象为人鬼还是地神问题，天子庙制之礼问题，三年之丧行祥禫之礼的约束问题，祫祭之礼大小问题等，同时论述王肃《礼记》学的后世影响。② 王氏该文关于王肃《礼记》学的探讨，对深入认识王肃礼学、推进王肃礼学研究有重要意义。

　　通过以上简要梳理可知，民国以来的王肃礼学研究主要呈现出以下特点：

　　第一，研究内容上，王肃礼学研究多与"郑王之争"或"伪书"公案有密切关系，今天来看这可以说是"层累地"造成的学术史问题；第二，研究时段上，民国时期和新中国前三十年的研究相对较少，改革开放以后特别是进入 21 世纪以后，相关研究可谓呈几何式增长；第三，空间分布

---

① 乐胜奎：《王肃礼学初探》，《孔子研究》2004 年第 1 期。
② 王启发：《王肃的礼记学及其后世影响》，《湖南大学学报》2016 年第 2 期。

上，大陆地区因特殊政治因素，学术研究曾一度中断，改革开放以后大陆地区的学术研究逐渐复兴并趋向繁盛；第四，研究成果上，"郑王之争"学术公案、王肃"伪书"公案的研究，取得了不少新进展，获得了新认识。

　　总体来说，民国以来的王肃礼学研究逐步深化，取得了很多成绩，但同时也有许多工作有待进一步开展。如"郑王之争"学术史梳理，郑王二人礼学、经学文献的系统整理，王肃礼学、经学的学术史研究，王肃礼学、经学的综合研究，王肃与《古文尚书》《孔子家语》"伪书"公案关系的深入探讨，等等。

后 记

　　光阴荏苒，岁月如梭。当年撰写博士学位论文时的情景还历历在目，一转眼毕业已近七载。本书是在我的博士论文的基础上修订、增补而成的，主要在章节布局、论证表述和引文规范等方面进行了重点修改。由于学力、时间所限，书稿还有不少问题有待进一步研究。

　　落实思树，饮流怀源。回想求学历程，最让我感激的是业师程奇立（丁鼎）先生。先生治学严谨，温文儒雅，博我以文，约我以礼。忝列门墙，亲炙恩师，可谓受益终生。博士学位论文从选题、谋篇到具体写作，先生都倾注了大量心血。书稿交付出版之际，先生又于百忙之中抽暇赐序。得遇良师，春风化雨，实乃人生至幸。在博士学位论文预答辩和答辩过程中，山东大学张克礼老师、王洲明老师、杜泽逊老师、李剑锋老师，山东师范大学陈元锋老师、王志民老师、王钧林老师、石玲老师、梁宗华老师，均对论文的框架设置和具体写作提出了许多宝贵的意见，在此谨向诸位先生表达深深的谢意。感谢求学路上的良师益友。特别感谢本、硕时期曾给予我学术启蒙和悉心指导的陈伯霖老师和赵满海老师；特别感谢读博时期雪中送炭，给予我莫大鼓励与帮助的彭彦华老师和刘彬老师。

　　本书的出版，有幸获得鲁东大学文学院和国际教育学院的经费资助。在此，特别感谢文学院院长胡晓清教授和国教院院长王东海教授。感谢高敏霞师妹通阅书稿并提出语句上的修改建议，谨致谢意。最后，感谢妻子于少飞多年来对我的关心支持和对家庭的辛苦付出。

本书是我博士阶段学习历程的一个小结。由于我才疏学浅、学艺不精，书稿舛误、罅漏之处在所难免，敬请学界同人不吝赐教。

马金亮

2022 年 2 月 20 日于烟台

责任编辑：姜　虹

图书在版编目（CIP）数据

魏晋南朝东海王氏研究／马金亮 著 . —北京：人民出版社，2022.10

ISBN 978－7－01－025260－5

I.①魏…　II.①马…　III.①家族－史料－研究－山东－南朝时代

　IV.① K820.9

中国版本图书馆 CIP 数据核字（2022）第 216646 号

魏晋南朝东海王氏研究

WEIJINNANCHAO DONGHAI WANGSHI YANJIU

马金亮　著

人民出版社 出版发行

（100706　北京市东城区隆福寺街 99 号）

北京九州迅驰传媒文化有限公司印刷　新华书店经销

2022 年 10 月第 1 版　2022 年 10 月北京第 1 次印刷

开本：710 毫米 ×1000 毫米 1/16　印张：24

字数：327 千字

ISBN 978－7－01－025260－5　定价：90.00 元

邮购地址 100706　北京市东城区隆福寺街 99 号

人民东方图书销售中心　电话（010）65250042　65289539